AF548114

Fernanda Alfieri
Veronica und der Teufel

Fernanda Alfieri

VERONICA UND DER TEUFEL

Die wahre Geschichte eines Exorzismus

Aus dem Italienischen von
Friederike Hausmann und Stefanie Römer

Die italienische Originalausgabe ist 2021 bei Giulio Einaudi editore unter dem Titel *Veronica e il diavolo. Storia di un esorcismo a Roma* erschienen.

Questo libro è stato tradotto grazie a un contributo per la traduzione assegnato dal Ministero degli Affari Esteri e della Cooperazione Internazionale italiano.
Dieses Buch wurde dank eines Übersetzungszuschusses des Italienischen Ministeriums für Auswärtige Angelegenheiten und Internationale Kooperation übersetzt.

Die Deutsche Nationalbibliothek verzeichnet diese Publikation in der Deutschen Nationalbibliografie; detaillierte bibliografische Daten sind im Internet über www.dnb.de abrufbar.

wbg Theiss ist ein Imprint der wbg.

Die Herausgabe des Werkes wurde durch die Vereinsmitglieder der wbg ermöglicht.
Satz: Arnold & Domnick, Leipzig
Umschlaggestaltung: Andreas Heilmann, Hamburg
Umschlagabbildung: Der Nachtmahr. Gemälde von Johann Heinrich Füssli, 1781. © akg-images
Gedruckt auf säurefreiem und alterungsbeständigem Papier
Printed in Germany

Besuchen Sie uns im Internet: www.wbg-wissenverbindet.de

ISBN 978-3-8062-4496-0

Elektronisch sind folgende Ausgaben erhältlich:
eBook (PDF): ISBN 978-3-8062-4575-2
eBook (epub): ISBN 978-3-8062-4576-9

Für Rosalia

Das Rezept ist immer dasselbe: Man beginnt mit der Geschichte von einem geheimnisvoll überlieferten oder wiedergefundenen Manuskript. Woher kommt es eigentlich, daß diese Fiktion nie aufgehört hat, die Schriftsteller zu verlocken, und daß einer nach dem anderen sie ganz unverfroren immer wieder aufgreift, als ob sie frisch wie am ersten Tage wäre.

HAZARD, *Die Krise des europäischen Geistes. 1680–1715.*

Inhaltsverzeichnis

I

Rom, ein Datum nahe an heute, ist aber nicht so wichtig

Meine Aufzeichnungen

Nur vage kann ich mich daran erinnern, wie die Dinge genau gelaufen sind, es ist Jahre her. Ich wollte in Rom eine Forschungsarbeit über einen Jesuiten zu Ende bringen, der Ende des 16. Jahrhunderts ein Traktat über die Ehe verfasst und sich darin überaus sorgfältig damit beschäftigt hatte, was die Eheleute im Bett tun oder nicht tun dürfen. Beseelt vom Streben nach Wahrhaftigkeit und Sorge um das Seelenheil der Gläubigen, schien er es zu weit getrieben zu haben bei seiner Betrachtung aller Ausdrucksmöglichkeiten körperlicher Liebe. Deshalb suchte ich im Archiv der Jesuiten nach archivalischen Beweisen dafür, dass sein Werk der Zensur zum Opfer gefallen war. Es muss zu Beginn des Winters gewesen sein, wahrscheinlich ging draußen wie so oft in Rom ein sturzbachartiger Regen nieder, der die Kronen der Pinien auseinander peitschte, als seien es umgedrehte Regenschirme. Der Lesesaal des Archivs geht auf eine Terrasse, die, wenn sie nass wird, auf ihrer spiegelnden Fläche das Grau des Himmels verdoppelt. Zwischen oben und unten gibt es kein Entrinnen. Wenn man ans Fenster tritt, um die Augen vom Entziffern der Texte zu erholen und in die Ferne zu blicken, stößt man in nicht allzu großer Entfernung auf ein anderes Grau, das sandgestrahlte Grau des Petersdoms. Wie ein Schiff nahe vor der Küste gleitet die Peterskirche scheinbar vorbei, in ihrer Monumentalität völlig unbeeindruckt vom Wüten des Unwetters über der Hauptstadt, die im Verkehrsgewühl und in den Fluten aus den überlaufenden Gullis unterzugehen droht.

All das nimmt man vom Lesesaal aus wahr, obwohl kein Laut von draußen hereindringt. Drinnen wird die Stille nur vom Rascheln umgeblätterter Seiten und vom Klicken angeschlagener Tasten unterbrochen: den Geräuschen der Forschenden, die Material für ihre Arbeiten finden oder zur weiteren Sichtung sammeln und über Monate und Jahre hinweg schweigend durchgehen, jeder für sich. Nicht immer ist es erlaubt, die Quellen zu fotografieren, deshalb müssen sie Wort für Wort, Zeichen für Zeichen in den Laptop getippt werden, auch wenn sie unleserlich sind. Das kann Tage oder Wochen dauern.

Schon jetzt hat mir meine Erinnerung einen Streich gespielt. Durchs Fenster sieht man keineswegs die Kuppel der Peterskirche in voller Größe, sondern nur einen kleinen romanischen Campanile. Wenn mich mein Erinnerungsvermögen schon so täuschen kann, sage ich mir, wie soll ich dann in der Lage sein, ans Licht zu bringen, was andere erlebt haben. Sicher ist jedenfalls, dass ich, während es draußen regnete und Himmel und Erde im Grau verschwanden, vergeblich auf der Suche nach Zensurakten war. Ich hatte schon an allen Stellen gesucht, wo ich sie zu finden hoffte, war der strengen Ordnung, nach der Archive aufgebaut sind, ergebnislos gefolgt und nun bereit zum Sprung. Wenn man das Gesuchte nicht dort findet, wo es sein sollte, betritt man mit einem Seufzer der Resignation und der Selbstermutigung das große, verschwommene Reich der Miscellanea. Hier, wo Rechnungsbücher und Gedichte, Andachtsbildchen und einzelne Merkzettel, Bruchstücke privater Korrespondenzen und Notizen für den Hausmeister vereint sind, ist die Zeit nicht berechenbar, weder die, die man für die Recherche braucht, noch die, aus der die Schriftstücke stammen. Die Papiere, die bei den Miscellanea landen, sind oft undatiert, zumeist auch ohne Unterschrift, und damit fehlt genau das, wodurch sie in die befestigten Zitadellen der exakt rekonstruierbaren Geschichte aufgenommen werden könnten. Ohne Vor- und Nachnamen und Geburtsjahr irren sie durch die Geschichte wie Waisenkinder ohne Geburtsurkunde, bis jemand in ihnen einen Hinweis auf ihre Herkunft und ihr Alter entdeckt.

Aus diesen unermesslichen Tiefen ist Veronicas Geschichte emporgetaucht und in meine Hände geraten, während ich etwas ganz Anderes suchte. Sie war eingehüllt in einen an den Rändern zerfledderten Papierumschlag mit einem Namen, der nicht der ihre war: *Esorcisazione di Maria*

Antonina Hamerani, ritenuta ossessa (1834–35) [Teufelsaustreibung der als besessen geltenden Maria Antonina Hamerani (1834–35)]. Derjenige, der dem Aktenbündel diesen Titel gab, hatte vielleicht nur einen kleinen Teil gelesen oder diesen Teil für wichtiger gehalten als den Rest. Aus bloßer Achtlosigkeit oder mit einem bestimmten Ziel, das sich in der verflossenen Zeit verlor, hat mir der Wächter über die Erinnerung Veronicas Geschichte als die einer anderen zugespielt. Eine andere Hand hat später den Namen *Maria Antonina* durchgestrichen und durch *Veronica* ersetzt. Dieser Archivar hat den ursprünglichen mit Respekt behandelt. (Was vorher geschrieben stand, darf nicht ganz gelöscht, sondern muss konserviert werden.) Auch wollte er nicht das letzte Wort haben. Vorsichtig und mit leichter Hand hat er einen Bleistift benutzt.

Das sind nur zwei der vielen Hände, die zu dem Aktenbündel beitrugen, das ich an einem verregneten Tag gefunden habe. Über dreihundert Blatt, von denen die meisten beidseitig beschrieben waren. Beim ersten Durchblättern ist mir sofort die Hand eines eifrigen Schreibers aufgefallen, der die ersten Seiten mit seiner winzigen Schrift gefüllt und den rechten Rand der rechten Spalte exakt in der Mitte eingehalten hat. Das sieht so aus, als wollte er das Geschriebene erst im Nachhinein ordnen, habe ich mir gedacht. Dieselbe Schrift wird später eckiger und geht achtlos über die unsichtbare Trennlinie zwischen rechter und linker Spalte hinweg. Vielleicht hatte es der Verfasser eilig und wollte möglichst alle Details einer unübersichtlichen Situation festhalten. Es blieb ihm keine Zeit, seine notdürftig hingeworfenen Notizen und die ebenso eilig verfassten Zeilen anderer Schreiber, die abwechselnd die restliche Hälfte der Quelle bilden, in eine präsentable Form zu bringen. Ich erkannte runde Schriftzüge, deren Buchstaben in der Eile die Zeile nach unten bogen. Eine andere Schrift wirkte ungeschickt und schien sich an die im Schönschreibunterricht erlernten Formen zu klammern. Die Hand einer ungebildeten Frau vielleicht. Hier ein dünner, spitzer Blockbuchstabe am Rand, dort, gegen die Mitte zu, plötzlich mit ungelenkem, fast gewalttätigem Schwung ausgezogene Kursiven. Die Schreiber scheinen es wahnsinnig eilig gehabt zu haben, ihre Zeugnisse niederzulegen, und müssen geschrieben haben, während sich etwas, das aus irgendeinem Grund festgehalten werden musste, mit großer

Geschwindigkeit vor ihren Augen abspielte. Niemand, das habe ich sofort festgestellt, hat eine Unterschrift hinterlassen, als ob der Verfasser keine Rolle spielte. Vielleicht hatte man an Ort und Stelle nicht daran gedacht, weil alle genau wussten, wem die ausufernde und wem die ungelenke Handschrift gehörte. Oder es schien zu genügen, einen Beweis dafür zu haben, dass es Augenzeugen gab und dass das Beschriebene tatsächlich geschehen war. Eines Tages würde dann jemand all diese Zeichen, die Spuren all dieser Hände in Reinschrift übertragen, um die Geschichte noch wahrer zu machen.

Bei Schließung des Archivs lag wohl das grauviolette, fast fluoreszierende Licht regennasser Winterabende über der Stadt. Wie so oft waren die Lampen im Flur zum Ausgang noch nicht eingeschaltet, ich hatte mein Garderobenschränkchen wahrscheinlich nur tastend und dank des schwachen Lichtscheins aus dem Treppenhaus gefunden. Meine Jacke, die dort seit Stunden hing, verströmte dumpfe Feuchtigkeit. Als ich sie zusammen mit meiner Tasche herauszog, schlug die Tür zu und löste einen vielfachen metallischen Widerhall aus. Wenn nur eine Tür schlägt, lässt sie Dutzende Türen anderer leerer Metallschränkchen zufallen. Die Dunkelheit in dem Korridor habe ich nie gemocht. Hier am Ende eines Tages hindurchzugehen, an dem man sich mit dem Leben von Toten beschäftigt hat, wirkt wie eine Bestrafung. Du hast in unser Leben blicken wollen? Dann musst du jetzt durch dieses Dunkel gehen. Hier könntest du einem von uns begegnen. Du hast es eilig hinauszukommen, du Feigling. Aber solange du im Neonlicht auf den gepolsterten Stühlen des Lesesaals sitzen konntest, hast du dich gierig über uns hergemacht und hast mit der Anmaßung dessen, der sich einbildet, alles zu durchschauen, bloß weil er heute lebt, in unserem Leben herumgewühlt. Da mussten wir dich gewähren lassen, weil wir auf dem Papier kein Recht auf Widerspruch haben. Jetzt aber können wir uns von hinten an dich heranmachen, dich die Treppe hinunterstürzen oder dir vielleicht nur leicht über die Wange streichen. Allein die Ungewissheit darüber, woher der Lufthauch kommt, würde dich schon in Angst und Schrecken versetzen.

Wie gewöhnlich tauchte ich, vermutlich erleichtert von dem Gedanken, endlich draußen zu sein, in den Lärm des spätnachmittäglichen Verkehrs ein. Danach habe ich sicher eine ganze Reihe von Dingen getan, an deren Abfolge ich mich nicht genau erinnern kann. In der Hoffnung, dass irgendein Lebender nach mir gesucht hatte, habe ich mein Handy eingeschaltet; beim Überqueren der Via della Conciliazione vorsichtig nach rechts geblickt. Bevor die Straße für den Verkehr gesperrt worden ist, rasten die Autos hier mit atemberaubender Geschwindigkeit über das holperige Basaltpflaster heran, ohne die Zebrastreifen zu beachten, an denen sich disziplinierte Fußgänger positionierten, in der Illusion, ein Recht zum Überqueren der Straße zu haben. Sobald die Straße frei war und ich möglichst schnell die andere Straßenseite zu erreichen suchte, habe ich einen Blick nach links auf die eindrucksvolle Kulisse des Petersplatzes geworfen. Diesmal kann mich meine Erinnerung nicht täuschen, denn sie lag tatsächlich da, als bläuliche Silhouette vor dem grauvioletten Himmel des frühen Abends. Vielleicht hat es nicht mehr geregnet.

Ich habe die Akte über den Exorzismus noch unzählige Male studiert, bei unterschiedlichem Wetter und zu verschiedensten Tageszeiten. Dennoch ist sie für mich immer mit dem flüchtigen Rest schwindenden Lichts zwischen dem Ende des Tages und dem Beginn der Nacht verbunden, in dem der exakte Punkt zwischen vorher und nachher fassbar zu sein scheint. Genau aber kann ihn niemand bestimmen.

Auch bei dem *Exorzismus* könnte man meinen, Anfang und Ende ließen sich anhand des Manuskripts exakt ausmachen. An einem Dezembertag des Jahres 1834 betrat eine kleine Gruppe von Männern ein Haus im römischen Stadtteil Sant'Eustachio, um an einer jungen Frau eine Teufelsaustreibung zu praktizieren. Exorzisten, Ärzte, bekannte und unbekannte Personen oder Passanten und schließlich weitere Exorzisten sollten sie in den folgenden Monaten aufsuchen. Die einen wollten den Teufel austreiben, andere hielten sie fest, wieder andere beobachteten sie bloß. Fast täglich schrieb jemand auf, was bei diesen Besuchen und in den vorausgegangenen oder darauffolgenden Stunden geschah. Am Anfang des nächsten Sommers gab die Gruppe das Vorhaben auf, und auch die Aufzeichnungen wurden beendet. Von diesem Augenblick an gingen die Lichter aus, die bis dahin Tag für Tag jedes Detail beleuchtet hatten, um zu klären, was in dem Mädchen vor sich ging. Ihre Stimmungen, Gesichtsausdrücke, Tonlagen, ihr Appetit, ihre Ausscheidungen, ihre Schlaf- und Wachzeiten, Gebete und häuslichen Tätigkeiten, die monatelang aufs Genaueste beobachtet worden waren, fanden keinen Niederschlag mehr.

Aber die Geschichte endet damit nicht. Die junge Frau lebte ebenso weiter wie einige ihrer Besucher, und ihr Leben hinterließ an anderen Stellen als in dem Aktenbündel über den *Exorzismus* Spuren. Andere Orte, andere Situationen, andere Archive. Schwer zu bestimmen also, wann die Geschichte wirklich endet, und um genau zu sein auch, wann sie wirklich beginnt. Sie hatte lange zuvor im Leben der beteiligten Personen ihren Anfang genommen, bis diese schließlich die Schwelle des Zimmers betraten und mit eigenen Augen die junge Frau beobachteten, wobei sie bereits eine Vorstellung von dem Bösen und der Art, wie es zu beseitigen war, mitbrachten, eine Vorstellung von menschlich und nichtmenschlich, von richtig und falsch. Noch weiter in der Vergangenheit hatte die Geschichte vielleicht mit dem Leben ihrer Vorgänger und mit vorbestimmten Schicksalen begonnen, mit Zufällen und Unfällen, die in eine bestimmte Richtung geführt hatten, und mit dem, was sie hinterlassen hatten. All diese anderen Anfänge müssen notwendigerweise hier Eingang finden, denn sie bilden den Stoff, aus dem die Menschen, denen ich in dem Zimmer in der Via di Sant'Anna begegnet bin, gemacht sind.

Ich habe versucht, Geburts- und Todesdaten ausfindig zu machen, um chronologische Bögen zu spannen und sie in Jahren, Monaten und wo möglich sogar bestimmten Tagen zu verankern. Sie sollten nicht im Meer der Zeit ohne Datum und festen Platz auf der Achse des Vorher und Nachher schwimmen, die wir so dringend brauchen. Den meisten Schreibenden konnte ich einen Namen geben, einigen auch ein Gesicht. Die Texte des *Exorzismus* ließen sich durch andere Schriftstücke ergänzen, die auf den Vorgang oder auf die beteiligten Personen verweisen. Durch diese Untermauerung kann das Geschehen mit vollem Recht Teil der befestigten Zitadelle der rekonstruierten Geschichte werden.

Dennoch dringt durch das fahle Dämmerlicht der Schriftstücke ein unbestimmtes Wispern, das jeden Versuch, die Ereignisse an die glatte Oberfläche einer stimmigen Erzählung zu bringen, zunichtemacht und sie in die Tiefe zieht. Diejenigen, die den *Exorzismus* schreiben, sind parteiisch und werden von vielfältigen Antrieben bewegt. Sie wollen beweisen, dass die junge Frau vom Teufel besessen ist, haben zudem Angst, sie leiden zu sehen, vor allem aber sind sie wütend, feststellen zu müssen, dass ihre Praktiken nichts nützen und die Schmerzen nicht vergehen. Die Exorzisten, die über das Mädchen schreiben, sind Verlierer.

Die Parteilichkeit des *Exorzismus* hat die Geschichte in meinen Augen fast zur Groteske gemacht. Was für eine Übertreibung, dachte ich beim ersten Lesen. Dennoch wollte ich die Schriftstücke abschreiben, um sie für das Archiv aufzuschlüsseln, sie auseinandernehmen, die einzelnen Teile gewissermaßen vergrößern, um sie aus der Nähe, aus der Ferne und von allen Seiten zu betrachten. Da stimmt etwas nicht, dachte ich bis zum Schluss. Daraufhin habe ich in dem Archiv, in dem ich die Akte an jenem vermutlich verregneten Tag gefunden hatte, weitergesucht, um weitere Spuren der Personen zu finden, von denen dort die Rede war. An dem Geschehen waren Angehörige des Jesuitenordens beteiligt, die sich, wie es ihre Lebensläufe nahelegten, mit ganz anderen Dingen beschäftigt hatten. Sie waren Lehrer, Missionare und Prediger. Nichts, was mit dem Kampf gegen das Böse im Körper der Frau zu tun hatte. Deshalb habe ich in anderen Archiven nachgeforscht, beispielsweise im Dokumentationszentrum einer kleinen Ortschaft im spanischen Aragon, im Regionalarchiv Oberrhein im Elsass, und zuvor schon in den italienischen Staatsarchiven in Rom, Turin und Bologna, in der Vatikanischen Bibliothek und in der Kommunalbibliothek von Pavia. In der Handschriftenabteilung der römischen Staatsbibliothek bin ich auf zwei Hefte gestoßen, in denen von den ersten zwei Monaten der Geschichte die Rede ist. Der Verfasser, ein Jesuit, trug den Namen Francesco Manera und ging in Veronicas Zimmer täglich ein und aus. Seine Aufzeichnungen werde ich *Tagebuch von Pater Manera* nennen.

Schließlich habe ich den *Exorzismus* ernst genommen. Es steckt so viel erzählenswertes Leben darin, dass man einen Roman daraus machen könnte, habe ich gedacht. Aber obwohl ich einen möglichen Anfang und ein starkes Bild gefunden hatte – so stark und lebendig, dass ich es fast vor mir sehe –, musste ich mir doch eingestehen, dass das Leben der Personen, die körperlich anwesend waren, redeten und beobachteten, jetzt nur aus Worten auf Papier bestand, und dass sich zwischen dem damaligen Leben und dem Papier von heute unzählige Trennwände erheben. Ich kann die vergangene Körperlichkeit nicht lebendig machen, das Licht, das sich in der Iris des Betrachters bricht, den Geschmack im Mund, die Kälte im Gesicht und an den Händen auf dem Weg zum Besuch der jungen Frau. All diese Dinge – Gesten, Körper, Gefühle, Zielsetzungen, ausgesprochene und nur gedachte Wörter – sind enorm wichtig für einen Roman, weil sie die Figuren lebendig und wahrhaftig erscheinen lassen. Dann fühlt und sieht man beim Lesen mit, sodass sich Traurigkeit einstellt, Freude oder Mitleid, der Speichelfluss zunimmt, der Herzschlag sich erhöht und der Atem kurz wird. So geht es dem Leser, wenn der Autor ganz über das Leben seiner Figuren verfügen und sie nach seinem Willen atmen, leiden oder lieben lassen kann. Er lässt sie sich bewegen und entscheidet über Zeit und Ort, denn er behandelt sie als Figuren, nicht als Menschen, die einmal gelebt haben und jetzt tot sind. Das ist, so habe ich mir oft gesagt, das Wesen des Erzählens.

Der Roman ist frei, die Geschichte nicht. Meine Aufgabe besteht nicht darin, mir in aller Freiheit vorzustellen, was die Menschen, die meine Quellen bevölkern, wohl gedacht und gefühlt oder wie sie miteinander gesprochen haben und was zwischen den Informationen, die die Quellen hergeben, geschehen sein mag. Ich habe es mit den Überlebenden eines Schiffbruchs zu tun. Jede Quellenangabe, über die ich verfüge, ist aus dem weiten Meer der verlorenen, vergessenen und nie beschriebenen Menschen und Dinge gerettet worden. Wohl wissend, dass ich trotz aller Anstrengung auf der Spur eines Überlebenden nicht alles und manches nur verstümmelt wieder auffinden kann, darf ich mir nicht erlauben, ihn nach Gutdünken von der einen an eine andere Stelle zu verschieben, ihm etwas anderes anzuziehen oder ihn – wenigstens gedanklich – etwas tun lassen, was mir oder dem Leser gefallen würde.

Bei der Restaurierung von Kunstwerken geht man meines Wissens heute folgendermaßen vor: Auf einer abgeblätterten Wand werden beispielsweise die Umrisse eines Freskos sichtbar, vielleicht das Bild einer Frau mit nach hinten geneigtem Kopf und ausgestrecktem rechten Arm, der nach unten zeigt. Reicht sie jemandem etwas? Empfängt sie etwas? Zeigt sie etwas? Wenn man das Gesicht erkennen könnte, wäre die Absicht zu erahnen. Wenn die Hand vorhanden wäre, könnte man die Geste verstehen. Bei der Restaurierung darf sich jedoch niemand erlauben, etwas in die Hand zu legen, eine Absicht erkennbar zu machen, aus den Augen ein Gefühl sprechen zu lassen. Das gilt als Täuschung und Profanierung. Stattdessen lässt der Restaurator die neutrale Farbe der Wand stehen, die Farbe der Leere, die des weiten Meeres der verlorenen Menschen und Dinge.

Eng nebeneinander liegen Fülle und Leere, das Vorher und Nachher, das Leben von damals, der Tod von heute und die Sehnsucht, ihm wieder Leben einzuhauchen und respektvoll ein neues Fresko entstehen zu lassen. Auch dies hat seine eigene Lebendigkeit und seine eigene melancholische Schönheit. Deshalb möchte ich zwischen der Zurschaustellung des Todes mit seiner unüberwindlichen Leere und der freien Wiederherstellung, die so tut, als hätte es den Tod nie gegeben und nichts sei verloren (unverschämte Freiheit, ich ersehne dich und verachte dich zugleich ein wenig: etwas für Romanciers), den Mittelweg der Vermutung wählen: Sofern es plausibel ist, sofern sich irgendwo ein Beleg dafür finden lässt, dass es so gewesen sein könnte, hielte die Frau eine Blume in der Hand, und zwar eine Lilie. Wenn ich diese meine Freiheit sozusagen auf Bewährung nutze, kann ich hoffen, eine plausible Umgebung für die Frauen und Männer meiner Quellen zu schaffen, plausibel Morgen- und Abenddämmerungen, Kälte, Wärme, Düfte, Stoffe und Stimmungen zu beschreiben. Zugleich akzeptiere ich, dass ich bereits jetzt diese Frauen und Männer, diese Morgen- und Abenddämmerungen, die Düfte, Stoffe und Stimmungen, ihre ganze Existenz in ihrem ursprünglichen Zustand sehen möchte; dass die abgeblätterte Wand die vermutete Rauheit annimmt, dass an den Kanten Grasbüschel wachsen und Tauben und Möwen nisten und der Marmor den vermutlich graublauen Himmel eines eiskalten römischen Nachmittags Ende Dezember vor hundert Jahren widerspiegelt.

Immer wieder werde ich den *Exorzismus*, das *Tagebuch von Pater Manera* und die Spuren, die ihre Autoren hinterlassen haben, aufsuchen, ebenso wie sie monatelang Veronicas Zimmer aufgesucht haben. Ich kann nicht anders. Letztlich weiß ich ja nur durch ihre Hartnäckigkeit etwas über das Geschehene. Und wenn ich etwas über sie weiß, dann nur, weil ich mich mit ebensolcher Hartnäckigkeit auf sie gestürzt habe.

II

23. Dezember 1834

Exorzismus

Pater Kohlmann ging mit Koadjutor Bruder Pietro Bechmans ins Haus der Besessenen, und es war der 23. Dezember nach dem Mittagessen.

Die Sonne, eben erst in den Steinbock getreten, ging gegen halb sechs unter. Der Himmel, am Nachmittag noch leicht bewölkt, wurde gegen Abend „glasklar". Seit Tagen war kein Regen gefallen, die Luft war trocken und beißend kalt. Das Thermometer am Observatorium des *Collegium Romanum* stieg den ganzen Tag nicht über vier Grad und sank während der Nacht, der kältesten des Jahres, auf fünf Grad unter null. Bereits Mitte November hatte die Wochenzeitung *Diario di Roma* von „Vorboten eines harten Winters" gesprochen. Am frühen Nachmittag stieg die schmale Sichel des abnehmenden Mondes über einem diesigen Horizont auf, der mit zunehmender Dunkelheit immer klarer wurde. Irgendwer hat sich die Mühe gemacht, das Himmelsgeschehen zu beobachten und stündlich zu notieren, aus Gründen, die nichts mit dieser Geschichte zu tun haben. Wer auch immer es war, konnte diese nicht kennen. Aber die Wetterverhältnisse dieses Dezembertages zu kennen ist wichtig. Die Seele stand über allem und befand sich auf der Reise in andere Dimensionen. Doch um sich mitzuteilen, brauchte sie den Körper, daher waren dessen Befinden, die Luft, die er atmete, das, wovon er sich ernährte, von großer Bedeutung.

Man muss wissen, dass es einem Jesuiten untersagt war, jemandem allein einen Besuch abzustatten, erst recht nicht, ohne den Bruder Pförtner informiert zu haben, der jeden Tag sämtliche Ausgänge und Ankünfte im Wachbuch vermerkte. Angesichts des nahen Ziels verließen die beiden Patres nach ihrer Mahlzeit aus Kräutersuppe, Kalbfleisch mit Reis und Obst das Ordenshaus vermutlich gemeinsam zu Fuß. Man sah zwei dunkle Gestalten in Mänteln aus schwarzer Anacoste über schwarzen, von einem doppelt um die Taille gebundenen Wollgürtel zusammengehaltenen Soutanen nebeneinander die Piazza del Gesù überqueren. Der Wind, der auch an diesem 23. Dezember über den Platz fegte, wehte ihnen beinahe die warmen Samtbarette davon, von denen ihnen nur alle zwei Jahre ein neues Exemplar zustand. Vielleicht kämpften sie sich deshalb mit gebeugtem Rücken und zwischen den Schultern eingezogenen Köpfen voran. Dass es auf der Piazza del Gesù immer windig war, rührte von ihrer exponierten Lage auf dem kapitolinischen Hügel und von der besonderen Anordnung der Straßen, die zu ihr führten, her. Aber der Volksmund behauptete etwas anderes. „Eines Tages ging der Teufel in Rom im Winde spazieren. Bei Gesù angekommen, sprach er zum Winde: ‚Ich habe da drin was zu tun, warte hier auf mich.' Seitdem ist der Teufel nicht wieder herausgekommen, und der Wind wartet noch vor der Tür." So hatte es Stendhal ein paar Jahre zuvor auf der Durchreise notiert, ohne weiteren Kommentar.

Die beiden dunklen Gestalten, die sich dem Wind entgegenstemmten, waren Pater François-Antoine Kohlmann und Koadjutor Bruder Peter Joseph Böckmann. Dank der Verzeichnisse ihres Ordens lässt sich mit Gewissheit sagen, dass der eine aus Frankreich kam, der andere aus dem Heiligen Römischen Reich Deutscher Nation. An den Füßen trugen sie Schuhe „von frommer Form, mit kleinen Eisenknöpfen". So wollte es die Regel. Hinter der Piazza del Gesù bogen sie links in die kurze Via Celsa ein, die sich nach einer sanften Biegung verengte. Vor Kurzem waren die vom gegenwärtigen Papst und seinen Vorgängern gewünschten Vermessungen nach jahrzehntelanger Arbeit abgeschlossen worden, und die Stadt hatte im Katasteramt zweidimensionale Gestalt angenommen: Rechtecke, Quadrate und Trapeze in Pastellrosa auf dem Cremeweiß der Straßen und Plätze, jedes einzelne Grundstück mit einer Parzellennummer versehen, die Höfe mit denselben Buchstaben gekennzeichnet wie die dazugehörenden Gebäude. Legt man Karte und Grundbuch nebeneinander, kann man jeder Parzellennummer die genaue Lage eines Gebäudes zuordnen, die entsprechende Hausnummer, die Funktion (Wohnhaus, Kirche, Lager), den Eigentümer, die Stockwerke, die Anzahl der Zimmer. Ein winziger Ausschnitt des Lebens zeigt sich, trotz des bürokratischen Muffs, den allein die Idee des Katasters verströmt.

Pater Kohlmann und sein Mitbruder Böckmann machten sich in der Parzelle 212 des Stadtviertels Pigna auf den Weg, von der Hausnummer 44 der Piazza del Gesù aus überquerten sie den Platz diagonal in südlicher Richtung, gingen durch die Via Celsa und bogen von dort rechts in die Via delle Botteghe Oscure ein, der sie bis ans Ende folgten, wo sie zur Florida wurde. Sie überquerten linker Hand die Piazza Sant'Elena und bogen gleich darauf rechts in die Via di Sant'Anna ein. Von hier, von der gleichnamigen kleinen Kirche, Parzelle 283 des Viertels Sant'Eustachio, waren es nur noch wenige Schritte bis zu ihrem Ziel. Man kann dieser Strecke bis zur ehemaligen Piazza Sant'Elena folgen, an deren Stelle sich heute der weitläufige Largo Argentina mit der Endstation der Straßenbahnlinie 8 befindet, die sich lautlos nähert, eine leise Gefahr im Lärm der Busse, Autos und Motorräder. Deshalb muss man vor den Schienen stehen bleiben, die einen von der Einmündung in die Via di Sant'Anna und von jenem Dezembernachmittag trennen, als Pater Kohlmann und Bruder Böckmann die enge Gasse zwischen dem Campo dei Fiori und dem Ghetto betraten.

Auf der rechten Seite befanden sich zwei- und dreistöckige Häuser, aus denen neben den Gerüchen der Läden und Handwerksbetriebe, einer Mischung aus Gemüse und Geflügel, Leim, Leder und Sägespänen, die Stimmen von Giuseppe dem Buchhändler, Giovanni Battista dem Schreiber, der Schusterswitwe, Pietro dem Obsthändler und Teresa der Katalanin und Gefährtin des Dieners Emanuele drangen. Auf der linken Seite kam erst die kleine Kirche Sant'Anna mit den muschelförmigen leeren Nischen beidseits des Eingangs und gleich danach das Waisenhaus. Tagsüber arbeiteten die hundertzwanzig Heimzöglinge in den Werkstätten der umliegenden Viertel. Man konnte sie lärmen hören, wenn sie abends heimkehrten. An das Waisenhaus schloss sich die Rückseite des imposanten Barnabitenklosters und seiner Kirche San Carlo ai Catinari an, ein Koloss mit einer langen graubraunen Mauer und hohen marmorumrahmten Fenstern mit so dichten Eisengittern, dass sie wie blind wirkten. Dahinter bleierne Stille. Vielleicht der Geruch von feuchtem Stein und Moos, das am Rand einer stets im Schatten liegenden Gasse wächst.

Bei der Hausnummer 52 angekommen – heute ist die Nummerierung eine andere – läuteten die beiden schwarzgekleideten Männer an der Eingangstür, durch die man zu den beiden Wohnungen des Hauses gelangte. Jemand erwartete sie bereits und führte sie über einen schummrigen Korridor die linke Treppe in den ersten Stock hinauf, dann durch ein Vorzimmer, ein Wohnzimmer und ein Arbeitszimmer. Falls die beiden Fenster, die zur Via di Sant'Anna hinausgingen, offen standen, sah man nur die bedrohliche blinde Mauer, die wirkte, als würde sie gleich herabstürzen. Über das einfallende Licht kann man nur Mutmaßungen anstellen. Aber dass es sich tatsächlich um dieses Gebäude handelte, lässt sich dank des damaligen Pfarrers mit Gewissheit sagen. Im Archiv des Vikariats von Rom werden die Kirchenbücher seiner Gemeinde San Carlo ai Catinari aufbewahrt. Straße um Straße, Haus um Haus wurden darin die Namen, das Alter, manchmal auch die Berufe aller Bewohner eingetragen. Dazu war ein jeder Pfarrer verpflichtet. Er hatte zu wissen, wer zur Beichte, wer zur Kommunion ging, wer ein anständiges Leben führte. Dank dieser pedantisch befolgten Anweisung kann man die pastellrosa Rechtecke, Quadrate und Trapeze der Katasterpläne mit den Listen des Pfarrers abgleichen und die Grundrisse der Häuser – die zweidimensionalen Abstraktionen dieser Häuser – mit Leben füllen. Somit kann man rekonstruieren, wo die Familie Hamerani wohnte, wie viele Personen in dem Haus lebten, wer in den kommenden Jahren hinzukam und ging. Und bestätigt finden, dass dort die junge Frau des *Exorzismus* lebte. Sie hieß Veronica, wie es auch auf seinem Deckblatt geschrieben steht. Doch in dem Manuskript selbst taucht ihr Name erst nach etlichen Seiten auf, anfangs ist sie nur *die junge Frau, die Besessene, die Kranke*. Ihr Name spielt keine Rolle. Das Augenmerk richtet sich mehr auf die Frage, wer widerrechtlich Besitz von ihr ergriffen hat. Für den Verfasser des *Exorzismus* stand an erster Stelle, dass sich der, der in sie gefahren war, zeigte. Denn dies wäre ein erster Akt der Unterwerfung, der erste Schritt, damit er verschwand.

Pater Kohlmann ließ sich nach Betreten des Hauses vom Vater der Besessenen, Signor Giovanni, berichten und hörte die merkwürdigen Dinge, die der Teufel tat. Dann betrat er das Zimmer der jungen Frau. Sie war ruhig. […]

Man fühlte ihr den Puls: Er war normal. Seit vier Jahren hatte sie nicht mehr gebeichtet, und wiederholte unter großem Wehklagen: Werde ich die heiligen Sakramente nicht empfangen? Werde ich in die Hölle kommen?

Sie wurde gefragt, ob sie die Beichte ablegen wolle. Sie antwortete: Oh, wie gern! Ja, ja.

Ob sie je daran gedacht hatte zu beichten? Sie antwortete: Ja. Aber wenn die Beichte begann, fühlte ich eine große Wut gegen den Priester in mir hochsteigen, und konnte nicht weitermachen. Wollte es tun, rief die Gottesmutter an, konnte aber nichts sagen.

Bruder Bechmans verließ das Zimmer. Die Besessene gab Pater Kohlmann haarklein Auskunft über ihr ganzes Leben, und dann sagte sie, dass sie die Beichte bei ihrem Pfarrer, dem hochwürdigen Pater Vincenzo [rectius: Tommaso] Manini, dem Kuraten von San Carlo ai Catenari, ablegen würde. Pater Kohlmann rief Bruder Bechmans wieder ins Zimmer. Die Besessene war ganz ruhig, und mit freundlichem Gesicht sagte sie zu dem Bruder: Empfehlt mich der Mutter Gottes. Dann zu Pater Kohlmann gewandt: Empfehlen Sie mich Gott in der Heiligen Messe, dass er mich von dem Dämon befreit, wenn nicht, werde ich erst im Tod Frieden finden, so Gott will.

Der Pater verabschiedete sich und sagte: Leben Sie wohl. Er wollte sie aber segnen. Nahm das Weihwasser. Legte die Hand aufs Bett. Gebot dem Teufel mit den Worten: Praecipio tibi Satanas, ut relinquas eam liberam donec confiteatur.[1] *Dann segnete er sie mit den Worten: Te cum prole pia benedicat Virgo Maria.*[2]

Bei diesen Worten fing die Besessene an zu schreien, warf die Beine in die Luft, spreizte die Arme, sodass sie nur noch mit dem Kopf und den Schultern drei oder vier Fingerbreit auf dem Bett lag, die Arme weit geöffnet und in heftiger Bewegung, der übrige Körper zitterte. Das Leintuch lag über ihr.

Dann fing sie mit lauter und wütender Stimme an zu schreien: Du Schandkerl, du Schandkerl, verschwinde, was hast du hier zu suchen? Wer hat dich geschickt? Warum mischst du dich ein? So schrie sie immer weiter.

Der Pater legte ihr seine Stola auf den Kopf.

---

1 Ich gebiete dir Satan, diese zu verlassen, bis sie beichtet.

2 Die Jungfrau Maria mit ihrem lieben Kind möge dich segnen.

Als er hörte, dass die Besessenheit begonnen hatte, kam der Pater Kurat, der bereits im Hause war, in das Zimmer und trat neben Pater Kohlmann. Dieser probierte es mit verschiedenen Befehlen und auf Lateinisch befahl er dem Teufel lateinisch zu sprechen.

Er antwortete: Ich will diese lästerliche Sprache nicht verwenden.

Der Pater bedrohte den Teufel mit den Strafformeln.

Der Teufel antwortete lachend: Ihr seid taktvoll.

Der Pater befahl: Exi.[3]

Er antwortete: Nein. Was geht dich das an? Heute nicht.

Wann wirst du verschwinden?

Er antwortete: Am dreizehnten.

Wann wird das sein?

Das sage ich nicht.

Wie heißt du?

Er antwortete: Das ist zu viel. Verschwinde.

Adiuro te ut mihi dicas nomen.[4]

An einem anderen Tag, heute nicht.

Der Pfarrer sagte dann zu Pater Kohlmann: Belegen Sie ihn mit Strafe, steigern Sie die Strafe (soll heißen, verwenden Sie die Strafformeln).

Der Pater drohte Strafen an: Sicut stella coeli, et aquas maris.[5]

Der Teufel fragte schreiend und vor Wut schnaubend: Wer hat dir das erlaubt? Gottvater, sagte der Pater. Und der Teufel: Ich werde ihm nie Ehre erweisen, und dabei lachte er.

Der Pater erhöhte die angedrohten Strafen, wenn der seinen Namen nicht nennen wollte. Er antwortete: Jetzt hast du mich erwischt, und er sagte, sein Name sei Satanas. Und da der Pfarrer dem Pater die notwendigen Dinge vorschlug, sagte der Teufel zu diesem: Verschwinde du Ignorant. Der Pater antwortete: Besser Ignorant als hochmütig. Er selbst sorgte dafür, der Besessenen Reliquien aufzulegen. Und diese warf sie weg. Dann sammelte sich viel Schleim in ihrem Hals, und sie bekam starken Brechreiz. Man sah, dass die junge Frau schwer litt und schreckliche Angst bekam, weil sie von Erstickungsanfällen ge-

---

3 Verschwinde.

4 Ich beschwöre dich, mir deinen Namen zu sagen.

5 Wie der Stern am Himmel und die Wasser des Meeres.

schüttelt war. Bei diesen Anfällen hob sie den Kopf, streckte die Arme aus, warf sich bleischwer zurück und von der einen auf die andere Seite, schüttelte heftig den Kopf und rief dann mit lauter, stockender Stimme um Hilfe. Manchmal machte sie mit dem Körper und den Armen heftige Bewegungen, wie ein Mensch, der sich nicht auf dem Pferd halten kann, das ihn in schnellem Trab davonträgt, sodass er auf und ab hüpft und von der einen auf die andere Seite schaukelt. Manchmal warf sie sich in die Arme zweier Tanten, die am Bettrand standen. Manchmal streckte sie die Arme aus und schrie, dass sie an beiden Händen festgehalten werden wolle. Dann spuckte sie so viel Schleim aus, dass ein Eimer damit halb gefüllt war. Sie sagte, sie leide starke innere Schmerzen, und schrie: Ah, innen, ah, innen.

All das dauerte ungefähr von der dreiundzwanzigsten Stunde bis pünktlich zur ersten Nachtstunde. Beim Schlag des De profundis kam sie mit einem Seufzer zur Ruhe. Sie zeigte eine heitere Miene und sprach ruhig über ihre heftigen Leiden.

Pater Kohlmann sprach ihr Mut zu und segnete sie. Sie küsste seine Hand, bat ihn, sie Gott zu empfehlen, und wurde ganz ruhig.

Der Pater kam um halb zwei ins Ordenshaus zurück, völlig verstört, aber auch tief berührt von dem, was er gesehen hatte. Und er versicherte, dass es sich ohne Zweifel um Besessenheit handelte, und erzählte gerade so viel, dass es glaubhaft schien.

Es war *halb zwei*, als die beiden Jesuiten ins Ordenshaus zurückkehrten. Zwei dunkle Gestalten, die durch finstere Gassen geschritten waren, die Schwärze der Nacht einzig vom Kerzenlicht zu Ehren der Madonnen in den Votivschreinen und ab und zu von „einer Laterne, mit langem geschmiedetem Arm" durchbrochen. So könnte man meinen. Tatsächlich war die Sonne, als sie beim Ordenshaus ankamen, erst vor knapp anderthalb Stunden untergegangen. Ihre Zeit folgte einem anderen Maß, das jahrhundertelang von der Dunkelheit und dem Licht bestimmt worden war, mithilfe der Sonnenuhren auf den Plätzen und Kirchtürmen: Es war *halb zwei* nach den italienischen Stunden, denen zufolge ein neuer Tag von vierundzwanzig Stunden bei Sonnenuntergang begann. Gegen Ende des 18. Jahrhunderts hatten die Franzosen neben ihren Heeren auch ihre

Zeitmessung nach Italien mitgebracht, die sich dort einbürgerte, um die Tage des Landes bis heute zu bestimmen. Aber dem päpstlichen Rom widerstrebte es, die Stundeneinteilung der Jakobiner zu verwenden, um Licht und Dunkelheit einen Namen zu geben. Betrachtete man es also aus französischer Sicht, aus der in den kommenden Jahrhunderten alle Uhren betrachtet werden sollten, entsprach jenes *halb zwei*, zu dem Pater Kohlmann und Bruder Böckmann an diesem Dezemberabend heimkehrten, ungefähr unserem heutigen neunzehn Uhr.

Einundfünfzig Männer bereiteten sich auf das Abendessen vor, das an einem „ersten Tisch", sodann an einem „zweiten Tisch" aufgetragen würde. Einundfünfzig schwarze Gewänder, einundfünfzig Winterhosen aus „Wildleder in gedecktem Ton" gingen an der „großen Pforte" vorbei, die ins Dunkel der Gartenarkaden hinausführte. Dort standen der „Quellbrunnen, die Zitronenbäume, und die Sammlung aus Fettpflanzen und anderen Gewächse" still in der abendlichen Kälte, während die einundfünfzig Männer über die breite Treppe zum großen Saal hinaufschritten, ihn durchquerten und das Refektorium betraten. An jenem Dienstagabend kam aus der Küche, obwohl der *Levitikus* der Jesuitengemeinschaften der römischen Provinz für diesen Wochentag „geröstetes Brot, Kalbsbraten, Eier und ein wenig Obst" vorsah, nur eine Mehlsuppe. Am Abend des 23. Dezembers ging es noch spartanischer zu als vorgeschrieben, vielleicht wegen des unmittelbar bevorstehenden Tages der Geburt des Herrn. Es finden sich keine Hinweise, ob Pater Kohlmann und Bruder Böckmann etwas aßen. Der Orden, dem sie angehörten, empfahl die körperlichen Bedürfnisse niemals zu vernachlässigen, da sie dazu dienten, für Gott zu wirken. Der Abend von Bruder Böckmann verliert sich im bodenlosen Dunkel der niemals aufgeschriebenen, oder, falls doch, nicht aufbewahrten Dinge. Der junge Deutsche, einfacher Koadjutor, noch Bruder und noch kein Pater, hatte an diesem 23. Dezember nur zusehen dürfen, wie auch die anderen zehn Male, bei denen er später in die Via di Sant'Anna kam.

Auch der Abend von Pater Tommaso Manini, dem Pfarrer von San Carlo ai Catinari, verliert sich im Dunkel. Wir wissen jedoch, dass Pater Kohlmann nach dem Ende der schweigend eingenommenen Mahlzeit, während der Lektor Mitteilungen und erbauliche Bibelstellen vorlas, von jenem Nachmittag und seinen Gefühlen erzählte und dass einer der Anwesenden die Worte des Paters niederschrieb. Ein Jesuit war verpflichtet, jeden Tag mindestens zwei Mal sein Inneres zu erforschen, wie es seine Ordensregel vorschrieb. Auch Pater Kohlmann war dem gewiss nachgekommen. So hatte er sich als *vollkommen ergriffen und entsetzt von dem, was er gesehen hatte,* entdeckt. Einem Exorzisten konnte das passieren. Auch sein französischer Mitbruder Jean-Joseph Surin hatte sich der Ergriffenheit nicht erwehren können, als er Zeuge des Entsetzens geworden war, das die Äbtissin des Klosters von Loudun peinigte, einer Kleinstadt im Nordwesten Frankreichs, einem von Katholiken und Protestanten umkämpften und von der Pest und den Religionskriegen zerstörten Landstrich. Man schrieb das Jahr 1634, Dutzende von Schwestern waren bereits von anderen Exorzisten erlöst worden, und der Verantwortliche für ihre Besessenheit war auf dem Scheiterhaufen verbrannt worden. Ihre Oberin, Jeanne des Anges, Johanna von den Engeln, jetzt voller Dämonen, wurde gemeinsam mit einigen anderen noch immer von Anfällen heimgesucht. Beim Anblick der Nonnen wurde Surin von einer „so großen Rührung ihnen gegenüber" erfüllt, dass ihm Tränen aus den Augen stürzten und er nicht anders konnte, als ihnen zu helfen, getrieben von einem unwiderstehlichen Verlangen, ihnen Erleichterung zu verschaffen. Wie er fühlte sich auch Pater Kohlmann angesichts seines Schreckens und seiner Ergriffenheit verpflichtet, der jungen Frau, zu der er gerufen worden war, beizustehen und, mehr noch, dem, was er gesehen hatte, einen Namen und eine Bedeutung zu geben. *Besessen*: Sie befand sich nicht nur in den Fängen des Dämons, der ihren Körper auch von außen hätte peinigen können, er war sogar in sie eingedrungen. Er hatte sich ihrer bemächtigt, gleich einem feindlichen Heer, das trotz des Widerstands der rechtmäßigen Bewohner in eine Stadt eindringt und sie besetzt.

Gewiss, der Dämon konnte sich nicht alles nehmen. Nicht die Seele, denn nur Gott vermag diese Schwelle zu überschreiten. Aber er hatte sich viel genommen. An einem bestimmten Punkt ihres Lebens war das Mädchen sich selbst geraubt worden, und wegen dieses Raubes war sie anderen in die Hände gefallen: dem, der sie besetzt hielt, und denen, die sie befreien wollten, die wie Pater Kohlmann zu wissen glaubten, was ihr widerfuhr und wie ihr zu helfen war. Man musste sie zurückholen, sie wieder sich selbst zurückgeben, vor allem aber der Kirche. Und zwar so schnell wie möglich, denn ihr Leid währte schon zu lang. Zu viel Zeit war vergangen, bevor Pater Kohlmann zu ihr kam.

III
Ohne Datum, bevor alles begann
Exorzismus

Nachdem Kardinalvikar Zurla in Palermo am Tag des 29. Oktobers 1834 verstorben war, wurde Monsignore Vizegerent Antonio Piatti, welcher nicht glaubte, dass das arme Mädchen besessen sei, zum Provikar ernannt, und so konnten die der Familie Amerani nichts tun. Im Dezember, dem Ende zu, wurde Seine Eminenz Kardinal Carlo Odescalchi, dem dieser Fall bereits zuvor zu Ohren gekommen war, zum Kardinalvikar gewählt, und es fiel ihm nicht schwer, dem zu glauben, auch wenn er die gegensätzliche Meinung von Kardinal Zurla und anderen des Vikariats kannte.

Lange war es um Gespräche zwischen Geistlichen, ungehörte Bitten und nicht gewährte Aufmerksamkeit gegangen. Es war die vage Zeit des Bevor: Bevor endlich eine Audienz gewährt wurde und die Macht, beschwert von einem feisten, satten Altersbauch oder geschwächt vom langen Fasten und der Buße, sich zuwandte und Gehör schenkte. Der Macht kann man leicht Konturen verleihen, weil jemand daran gedacht hat, sie in Porträts festzuhalten. Es sind die Gesichter der Männer an der Spitze der Kirche von Rom: die des Papstes, des Kardinalvikars, des Vizegerenten, des Sekretärs des Vizegerenten. Der Papst war der Bischof der Diözese von Rom, aber da er auch Vater der gesamten Kirche war, übernahm der Kardinalvikar seine eigentlichen Aufgaben und der Vizegerent unterstützte ihn dabei mithilfe des Sekretärs. Den beiden Letzteren oblag es, die Gesuche auszusieben, die aus den Reihen der 150 016 Seelen Roms kamen, aus einem Volk, das um Gehör, Hilfe, Dispens, Privilegien flehte.

Auch die Familie Hamerani hatte um Hilfe für ihre Tochter gebeten. Aber dem Sekretär des Monsignore Vizegerent, Abt Vincenzo Martini, war es erst nach vielen Anläufen gelungen, eine vertraute Person mit Placido Zurla, dem Kardinalvikar des Papstes, sprechen zu lassen und ihn zu bitten, etwas für die junge Hamerani zu tun. *Diese Unterhaltung verstört mich,* hatte der Kardinal geantwortet, mit seinem rosigen Kindermund zwischen schlaffen Wangen. Nach Zurlas Ableben am 29. Oktober wurde Monsignore Antonio Piatti zum Provikar ernannt. Also wandte sich der Sekretär des Monsignore Vizegerent an ihn und stieß abermals auf taube Ohren. Im Dezember jedoch, *dem Ende zu,* wurde Fürst Carlo Odescalchi vom Papst zum Kardinalvikar ernannt. Der Sekretär des Monsignore Vizegerent wagte einen neuen Versuch, und diesmal konnte er den Fall dem jungen, in den Rang des Kardinalvikars Seiner Heiligkeit erhobenen Prälaten darlegen, der ihm zuhörte, ihn dabei unter hohen geschwungenen Brauen mit sanften großen Augen ansah und versprach, sich zu kümmern. Kardinalvikar Fürst Odescalchi sprach mit Seiner Heiligkeit Papst Gregor XVI. persönlich, und der Papst erteilte seine Billigung, während sich die tiefen Furchen seitlich der Nase, die sich in einem markanten Bogen zu den schmalen Lippen herabzogen, noch mehr einkerbten. Daraufhin beriet sich Kardinalvikar Fürst Odescalchi mit dem Generaloberen der Jesuiten, Jan Philip Roothaan, der versprach, sich der Angelegenheit anzunehmen und sie einem der Seinen anzuvertrauen. Dem Holländer mit dem hageren Gesicht trieb es Sorgenfalten auf die schneeweiße Stirn, wenn er daran dachte, dass die zur Verfügung stehenden Kräfte innerhalb seines Ordens nicht besonders zahlreich waren. Dennoch wählte er unter den wenigen Dutzend Männern, über die er verfügte, einen aus.

So geschah es, dass sich die Aufmerksamkeit von Pater Kohlmann auf Veronica richtete. So geschah es, weil an einem Oktobertag des Jahres 1834 in Palermo ein Mann gestorben war, jener Mann, der in Vertretung des Papstes die 150 016 Seelen Roms lenkte, unter denen sich auch die der Veronica Hamerani befand, mit der er sich indes nicht hatte befassen wollen, aus Gründen, die zu erklären niemand sich bemüßigt gefühlt hatte. Seine persönlichen Unterlagen geben keinerlei Auskunft. In das Amt dieses Mannes, der den Papst vertrat, wurde kurzzeitig ein anderer eingesetzt und bald darauf wieder ein anderer. Ein gewisser Mann sprach mit diesem letzten Mann über die Seele der Veronica, der sprach mit dem Papst, dem Mann über ihm, über allen. Jener, der direkt unter dem Papst stand, sprach, nachdem er dessen Segen bekommen hatte, alsdann mit einem anderen Mann, der wieder anderen Männern vorstand, Männern eines religiösen Ordens, organisiert wie eine Miliz. Ihr General wählte einen aus, der sich um Veronicas Seele kümmern sollte. Der Mann, der direkt unter dem Papst stand, Kardinal Odescalchi, liebte diese wie eine Miliz organisierten Männer des heiligen Ignatius, er liebte sie so sehr, dass er eines Tages darum bitten sollte, einer der ihren zu werden, um den Preis, nicht mehr eine Stufe unter dem Papst, sondern weit darunter zu stehen. Hätte dieser Fürst und Kardinal die Jesuiten nicht geliebt, hätte die Geschichte nicht den Lauf genommen, den sie nahm. So geschah es vielleicht auch wegen dieser männlichen Liebe, dass sich die Aufmerksamkeit der Jesuiten auf Veronica Hamerani richtete.

Pater Kohlmann war damals dreiundsechzig und schaute hinter einer kleinen runden Brille hervor. Es waren die blauen Augen eines Deutsch-Franzosen, der im Jahr 1771 in einer Familie von Winzern und Böttchern zur Welt gekommen war. Diesen Berufen ging die Mehrzahl der Bewohner des uralten Ortes Kaysersberg im Elsass nach, der dem Heiligen Römischen Reich entrissen, aber im Herzen und in der Sprache noch immer deutsch war. „Alles in diesem Ort ist deutsch", notierte ein Beobachter aus England auf der Durchreise. Es gibt keine Biografie, die von Kohlmanns Kindheit spräche, kein von seiner Kinderhand beschriebenes Blatt. Dabei es ist wichtig zu wissen, woher er stammt, unter welchem Himmel er seine ersten Schritte tat. Heute erreicht man den Ort mit einem Überlandbus, von Colmar aus. Man steigt scheinbar im Nirgendwo aus, am Rand eines Waldes. Doch wenn man die kleine Brücke überquert und dem Weg entlang der Mauern folgt, tauchen sie plötzlich auf, die kleinen Fachwerkhäuser, niedrig und schief, dicht an dicht entlang der holprigen Gassen aneinandergedrängt und sich gegenseitig stützend, die Fassaden von Kletterpflanzen überwuchert. Über dem Tal steht die mächtige Burgruine, und auf den umliegenden Hügeln säumt dichter Wald die Weinberge.

Die Kinderzeit Pater Kohlmanns, der damals noch François-Antoine war, der Zweitjüngste von fünf Geschwistern, wurde vom jährlichen Ausholzen der Wälder, von der Weinlese und von den Glockenschlägen der

Heilig-Kreuz-Kirche bestimmt. Die Sonne brachte die bunten Glasfenster zum Leuchten, die beiden Schächer grausam verdreht ans Kreuz gebunden, mit verhülltem Haupt und darüber einem ungestalten tanzenden Teufel. Hinter der Altartafel bot die heilige Helena eine völlig nackte Hüfte dar, die feste Hüfte der Bäuerinnen, deren Nacken während der sonntäglichen Messe unter den zu Schnecken gedrehten und mit Haarnadeln festgesteckten Zöpfen hervorlugten. Am Altar hing ein ausgemergelter Christus aus Holz, mit großen schwieligen Füßen, den Füßen eines Mannes, der barfuß durch die Weinberge und das Gestrüpp am Dorfrand geht. Die Gottesmutter sah von unten zu ihm auf, das Gesicht zu einer Grimasse verzogen. Dass der Schmerz sie hässlich machte, spielte keine Rolle. Der heilige Johannes hatte einen lockigen Engelskopf und hervorquellende blaue Augen, wie die Kinder von Kaysersberg, wenn in einem allzu langen Winter der Hunger das Dorf fest im Griff hatte. Was jedoch nur selten der Fall war, denn dies war eine fleißige und gut organisierte Gemeinschaft inmitten fruchtbaren Landes.

Seit Jahrhunderten hatte jeder seine Aufgabe, jeder war auf seine Weise produktiv, angeleitet vom Magistrat, der alljährlich im Dezember neue Männer für die immer gleichen Aufgaben benannte: *Ratsbot*, *Kaufhausknecht*, *Laufferbot*. Die Dorfwache, der Zöllner, der Bote. Dann der Gastwirt, der Schankwirt, die Förster und vor allem der *gourmet*, der von seinem Haus an der Brücke die Qualität des Weins überprüfte und dessen Handel regelte. Aber der Wald voller Kastanien und Birken, dem sich das Holz für die Fässer und die Wärme im Winter verdankte, war auch ein Ort des Hinterhalts und manchmal gar des Todes. Auf dem Weg zur Burg hinauf war eine Magd auf der Suche nach Nestern vom Kuhhirten überfallen worden. Er hatte sie zu Boden geworfen, ihr das Mieder zerfetzt, ein Stück Stoff von ihrem Rock abgerissen, um sie damit zu knebeln und am Schreien zu hindern. Er hatte sie mit Gewalt genommen, während sie die Nester in der Hand zerdrückte. Im Jahr darauf hatte der Winzer aus Kintzheim auf seinem Weg nach Kaysersberg einen leblosen Körper rücklings auf der Straße liegen sehen. Es waren die bereits zur Hälfte von den Raben aufgefressenen Überreste des lothringischen Händlers gewesen, der bei den Héralds logiert hatte. Aus demselben Dickicht konnten Schüsse wie jener kommen, der den Winzer von Guibourg verletzt hatte, ohne dass irgendwer hätte sagen können, wer sie abgefeuert hatte. Nach dem Schuss hatte man auch seine Schreie bis ins Dorf gehört. Geschichten, die vor Gericht endeten und danach im kleinen Gemeindearchiv mit seiner Regalflucht und dahinter dem Fenster mit Blick auf die Weinberge. Geschichten, die der kleine François-Antoine Kohlmann als Kind vielleicht hörte, und die ihn auf den Gedanken brachten, dass das Obertor und das Untertor beidseits des Dorfes deshalb nachts verriegelt werden und die beiden Wächter hellwach sein mussten.

Kaysersberg schlief innerhalb der Burganlage, in der tiefschwarzen Nacht einer Zeit, in der die Menschheit noch nicht Herr über die Dunkelheit war. Wenn jemand um acht Uhr abends an die Tür klopfte, öffnete man besser nicht, denn sonst bekam man einen Fausthieb ins Gesicht, wie es dem Hufschmied passiert war, der in der Grand Rue ganz in der Nähe der Kohlmanns wohnte. In der Dunkelheit hörte François-Antoine das Heulen der Wölfe und die Schreie der Vögel aus dem Wald und das unaufhörliche Rauschen des Bachs, der hinter den Häusern vorbeifloss. Im Frühjahr fischte man dort nach Forellen und Lachsen, und im Winter schüttete der Metzger nach dem Schlachten des Schweins das Wasser hinein, mit dem er seine Werkzeuge gesäubert hatte. So wurde der Weißbach rot.

Wenn er unter dem Diebesturm vorbeiging, hörte François-Antoine hinter den fensterlosen Mauern, aus denen es kein Entrinnen gab, das Wehklagen des Diebes, der dort eingeschlossen war, um zu verfaulen. Wenn er über die Brücke ging, erschauderte er unwillkürlich beim Anblick des im Schandkäfig stehenden Verbrechers. Die Enge verbot den Delinquenten, sich zusammenzukauern und so zu verhindern, dass die Passanten ihnen ins Gesicht spuckten. Ein Gutteil des in Kaysersberg erlittenen und angerichteten Übels kam vom Wein, von dem Wein, von dem auch der Friede und die Ordnung im Dorf kamen. Der Magistrat ernannte den *gourmet*, der *gourmet* ernannte seine Böttcher und Transporteure und danach die Gastwirte, die den Wein unter ihren Aushängeschildern verkauften. Man ging *zum Ochsen*, *zum Engel*, *zum wilden Man*, *zum Rindfuß*, *à la Couronne*, um zu zechen. Man stieß auf das Übernatürliche und das Natürliche an, auf die Leichtigkeit, den Ernst und die königliche Krone.

Für den Wein plagten sich die Männer und Frauen von Kaysersberg ab, um die Pfähle aus Kastanienholz zum Anbinden der Reben zu beschaffen, und stritten sich mit denen aus Ammerschwihr um das Birkenholz, aus dem die Fässer gemacht wurden.

François-Antoines Kindheit endete abrupt, als er neun war und sein Vater starb. Die Last des Weinbergs und der fünf Kinder ruhte nun auf den Schulter seiner Mutter Judith und seines ältesten Bruders Joseph, der den Namen des Vaters trug und wie dieser *vigneron* wurde, ob er wollte oder nicht. Danach fragte niemand in dem kleinen Dorf alter Ordnung, in dem die Familie an erster Stelle stand. François-Antoine wurde nach Colmar ins Kolleg geschickt. Es kam der Winter mit seiner langen eisigen Stille. Es kam Weihnachten, und mit der *Sperrnacht* standen alle Spinnräder still, damit sich in den Fäden der neuen Spulen nicht die langen weißen Haare der seit Menschengedenken durch die Nacht wandernden *Frau Berchta* verfingen. Sie war nicht böse, doch war es besser, sie nicht zu verärgern. Das Kind, das in die Krippe gelegt wurde, hatte mädchenhafte Gesichtszüge, und man sagte, es gleiche ihr. Auf dem Heimweg von der Christmette hoffte man, dass die am Barbaratag geschnittenen Kirschzweige in der Zwischenzeit aufgeblüht waren. Denn dann würde es ein gutes Jahr werden.

Von hier stammte Pater Kohlmann, knorriger Rebling im Eis, der nicht stirbt, obwohl ihm alles ringsum derart Feind ist, wie es nur ein Winter der alten Ordnung sein kann. Er wurde in die Zeit der rechten Ordnung hineingeboren, in der Gott herrschte. Bald darauf geriet die Welt aus den Fugen.

IV

24. Dezember 1834

Erzählungen fremder Reisender

Am Morgen der Heiligen Nacht des Jahres 1834 hatten die „Weckbrüder", wie vorgeschrieben, im Ordenshaus der Gesellschaft Jesu um halb sieben französischer Stunde statt wie üblich um fünf Uhr zur Pflicht gerufen, ein jeder in dem ihm zugeteilten Korridor. Wie alle Tage waren sie nach einer Viertelstunde abermals vorbeigekommen, um in jeder Kammer nachzusehen, ob nicht noch irgendwer unter den Decken lag, sei es absichtlich oder unabsichtlich, sei es aus schändlicher Faulheit oder aus irgendwelchen gesundheitlichen Gründen. Zur Morgenandacht hatten sich die Stimmen von einundfünfzig Männern erhoben, und zum Frühstück hatten sich ihre Gaumen an den Süßigkeiten erfreut, die, wie immer am 24. Dezember, auf Tabletts angerichtet auf den Tischen des Refektoriums bereitstanden. Zur Mittagsstunde würden sie die erste Messe singen, am Nachmittag die zweite und dann nacheinander dem Generaloberen einen Besuch abstatten.

Fügt man die vielen Erinnerungen der Reisenden zusammen, die am 24. Dezember in Rom waren, kann man getrost behaupten, dass überall in der Stadt vom frühen Morgen an ein leises Klagen zu vernehmen war, erst weit entfernt und unbestimmt, dann immer lauter und deutlicher. Als die Morgendämmerung dem Tag wich und die Sonne an einem strahlendblauen Himmel emporstieg, sah man Männer in einer Prozession herannahen, die Gesichter unter spitzen Hüten verborgen. Sie kamen aus den Abruzzen, in Ziegenfelle gehüllt, getragen von diesem monotonen Klang und der Kälte der Berge. Am Ziel angelangt, neigten sich die Häupter zur Seite, die dunklen, von der Kälte verbrannten Gesichter tauchten endlich unter den Hüten hervor, der Blick hob sich von der Erde und heftete sich mit ostentativer Ergebenheit auf ein Wandbild der Muttergottes. Dann schwoll der Klang an, herausgepresst aus den Sackpfeifen, und setzte sich in einem seit Jahrhunderten unveränderten Auf und Ab fort. Die Männer spielten für die Madonnen in den Innenhöfen der Häuser, und wenn den Bewohnern zudem an einer Novene gelegen war, kamen sie für ein paar Münzen neun Tage lang wieder. Sie spielten für die Madonnen in den Votivschreinen an den Straßenecken und für die mitten unter den Waren in den Geschäften der Via del Corso. Dort erhob sich das nasale Klagen über den Girlanden aus Hunderten Würsten, über dem Gefieder von Truthähnen, die mit einer Zitrone im Schnabel zum Kauf angeboten wurden, über den Gold- und Silberfolien auf dem Kalbfleisch. Eine mystische Barbarei, ein lästiges Ärgernis, als kämen die Hirten und Faune aus den Wäldern der Antike zurück. So hatte es der junge Komponist Hector Berlioz als Stipendiat der Académie de France à Rome ein paar Jahre zuvor gesehen.

V

24. Dezember 1834

Exorzismus

*Am Tag des 24. Dezember ging Pater Kohlmann und nahm als Begleiter P. Francesco Manera mit. […] Nach seiner Ankunft empfahl der Pater der Besessenen auf Gott zu vertrauen und begann die Exorzismen [*am Rand: *Gefragt, wie sie heiße, gab sie zur Antwort: Satan].*

*Der Teufel begann plötzlich zu wüten und schüttelte das Geschöpf mit denselben Bewegungen wie beim letzten Mal, nämlich mit den Beinen in der Luft. Er sagte dem Pater tausend Unverschämtheiten, und dem Kardinal, der ihn geschickt hatte. Von diesem Mal an begann er gewisse Bewegungen und gewisse Antworten zu benützen, um die Anwesenden zu täuschen und sie glauben zu machen, die Sache sei Verstellung oder ein natürliches Übel. Zum Beispiel wischte er sich über den Mund, wie es ein Kranker im Krampf tun würde, und auf die Frage des Paters: Was ich in der Brust habe? antwortete er heuchlerisch, als müsste er sagen, was das Geschöpf in der Brust habe, und dann sagte er: Nadeln, Seife, Haare [*am Rand: *den Fluch betreffend].*[1] *Er bezeugte als Urheberin des Fluchs eine gewisse Francesca aus den Marken, die vor zwei Monaten aus Genzano weggezogen ist. Ihren Geburtsnamen jedoch wollte er nicht sagen, noch wie und mit was er gemacht worden war. Dann kam der Schleim mit denselben Anfällen wie beim letzten Mal bis ein Uhr nachts. Das Übrige wie beim letzten Mal. […]*

Pater Manera kehrte bestürzt nach Hause zurück, doch er erzählte nur wenig darüber, und ließ erkennen, dass er tief in Gedanken versunken war.

Man beachte, dass bei diesen ersten beiden Malen keine Sorgfalt darauf

1 Vermutlich Spiel mit der Doppeldeutigkeit des Lateinischen *in pecortale* („geheim, nicht ausgesprochen"), das wörtlich „in der Brust" bedeutet, A. d. Ü.

verwendet wurde, jemanden dabei zu haben, der alles niederschrieb, was während der Exorzismen geschah, nämlich Fragen, Antworten, Bewegungen.

Aber Pater Manera kümmerte sich darum, jemanden zu finden, der alles zu den zukünftigen Exorzismen aufzeichnen möge, und es fand sich der hochgeachtete Giovanni de Gasparis, Onkel der Besessenen. So wird dieses Tagebuch dem äußerst dienlich sein, der dazu bestimmt sein mag, Besessene zu exorzieren.

Nachdem sich wie tags zuvor alles beruhigt hatte, verließen die Patres am frühen Abend das Haus in der Via di Sant'Anna und kehrten zum Ordenshaus zurück. Um Mitternacht wartete die letzte gesungene Messe des Tages, die feierlichste auf sie. Il Gesù würde berstend voll sein, es galt zu verhindern, dass es zu Rempeleien kam. Wie sich die folgenden Stunden im Hause Hamerani gestalteten, ist nicht überliefert. Nach den Patres hatte sich vielleicht auch der Onkel Giovanni Degasperis verabschiedet, Buchhalter der ehrwürdigen apostolischen Kammer, zusammen mit seiner Frau Maria und deren ledigen Schwester Anna Maria. Vermutlich mussten sie sich wegen des Gedränges rund um die Verkaufsstände mühsam zu ihrem Haus mit der Nummer 525 durchkämpfen. Wie an jedem 24. Dezember wurde die Stadt, je weiter der Abend voranschritt, voller und lauter. Mit dem Kanonenschlag der Engelsburg schlossen alle Geschäfte. Stadt und Land strömten zur Christmette in Santa Maria Maggiore. Die müden Bauern setzten sich in den Nischen, den Kapellen und auf den Gräbern nieder und nickten ein, die wettergegerbten Gesichter beleuchtet von Aberhundert Kerzen zwischen den mit rotem Damast verkleideten Säulen. Einige Maler von jenseits der Alpen versuchten die ganze Nacht über, diese Züge auf Papier zu bannen, denn sie sahen darin eine Art noch unversehrter ursprünglicher Frömmigkeit. Wie in jeder Heiligen Nacht wurde das Jesuskind in Aracoeli in die von überquellenden Obstkörben und duftenden Blumensträußen umringte Krippe gelegt, während von den Kirchen der Chorgesang von Fürsten, Volk und Bauern zum Himmel emporstieg.

Pater Manera ordnete seine Gedanken hinter der noch immer glatten Stirn seiner dreiundsechzig Jahre. Er hatte unter dem Namen Francesco in

Neapel das Licht der Welt erblickt. So steht es in der *Vita*, die einer seiner Mitbrüder nach seinem Tod verfasste und veröffentlichte. Sie verrät nicht, zu welcher Stunde und in welcher Straße sein erster Schrei erklang. Aber vermutlich zerriss dieser Schrei eines Neugeborenen keine Stille, sondern ging im Lärm unter, der aus jedem Stockwerk der hohen Wohnhäuser in der Hauptstadt des Königreichs Neapel drang. An jenem Tag, dem 20. August 1798, war es drückend heiß, Gewitter brauten sich zusammen, wie Ferdinand IV. in seinem Tagebuch vermerkte. Der König hatte sich vergebens bemüht, seiner Unruhe während seiner protokollarischen Pflichten Herr zu werden. Alles schien ihm überlagert von einer unheilschwangeren, unbezwingbaren Schwere. Die Korrespondenz, die er den ganzen Vormittag erledigt hatte, war voller schlechter Nachrichten. Vielleicht ahnte er, dass Aufstände und Revolutionen bevorstanden. Wenige Wochen später sollte er in den Krieg gegen die Franzosen eintreten. Mit einem hastig und unter Zwang ausgehobenen Heer versuchte er, Rom für den Papst zurückzuerobern. Geschlagen nach Neapel heimgekehrt, floh er im Dunkel der Nacht nach Palermo und überließ sein Volk einer republikanischen Regierung. Am 20. August 1798 also war das, was der König notierte, lediglich eine seltsame ruhelose Benommenheit. Es musste der Gewittersturm, der vom Meer her einsetzende Wechselwind sein. Auch die Fremden, die sich auf der Durchreise in der Hauptstadt befanden, beschrieben seine Auswirkungen: Er umnebelte den Verstand, hielt die Gedanken in einer nirgendwo sonst je erlebten Mischung aus Beklemmung und Schlaffheit gefangen.

Vielleicht lag es an der Beschaffenheit der Luft, die am Tag seiner Geburt durch Neapel wehte, dass Francesco eine eigentümlich quälende Melancholie in die Wiege gelegt wurde, die ihn zeit seines Lebens begleiten sollte. Schnell und ohne es zu wollen, überkamen ihn Bedenken, gleich einem Stachel, der ihn zwang, an sich selbst und seiner Umgebung zu zweifeln, alles wieder und wieder nachzuprüfen, ohne jemals zum Ende zu finden, wochenlang Opfer seiner selbst. Vielleicht schlug er auch deshalb vor, schriftlich festzuhalten, was sich in der Via di Sant'Anna 52 zutrug. Er beauftragte Signor Degasperis, Buchhalter und Onkel der jungen Hamerani, damit und übernahm es auch selbst. Es war gängige Praxis, dass erfahrene Exorzisten für andere Exorzisten mitschrieben. Hier jedoch lag der Fall anders. Pater Manera war nicht vollends überzeugt, dass es tatsächlich der Teufel war, der den Körper des Mädchens schüttelte. Was, wenn es eine Krankheit war? Wenn es Verstellung war? Gewiss, es hieß schon etwas, dass es Pater Kohlmann gelungen war, dem, der aus dem Mädchen sprach, den Namen *Satanas* abzutrotzen. Es war ein erster Sieg des Exorzisten, den Ungehorsamen zu zwingen, ihm zu gehorchen und sich zu erkennen zu geben. Aber dieses Antworten in der Volkssprache und nicht auf Latein, dieses Missverstehen einer Frage Pater Kohlmanns mittendrin schürten Zweifel. Der Teufel, Inbegriff der Schläue, ließ sich wohl kaum auf frischer Tat ertappen. Und wer war jene *Francesca* aus Genzano, die diesen Zauber gewirkt haben sollte? Und warum hätte sie die arme Hamerani verhexen sollen? Das alles aufzuschreiben, Tag für Tag, würde helfen, Licht ins Dunkel zu bringen.

Das Wort und die Wahrheit sind fest miteinander verknüpft. So stand es geschrieben in der universellen und ursprünglichen Ordnung, die den Menschen mit der Schöpfung verbindet: Das Wort rief die Welt ins Leben (das Wort Gottes, das am Anfang aller Dinge steht), das Wort rückt den Menschen hin zu Gott und weg von den Tieren. Wie Gott in allen Dingen der Schöpfung seinen Stempel hinterlässt, kann der Mensch seinen im geschriebenen Wort hinterlassen: „In den wohlgesetzten Teilen einer Prosa oder eines Gedichts bildet der Mensch außerhalb den besten Teil seiner selbst ab." Und dass der Mensch Wörter erzeugt, ist umso natürlicher und notwendiger, denn „die Verbindung zwischen der Seele und der Zunge ist viel enger als die Verbindung zwischen der Seele und dem Leib". So hatte es Pater Manera Jahre zuvor in einem seiner Notizbücher vermerkt. Sie sind in einer runden und winzigen Schrift gefüllt mit dem niemals endenden Gedankenstrom, der sich irgendwann über das Papier ergießen muss, in der vergeblichen Hoffnung, er möge versiegen. Heute befinden sie sich im Archiv der Päpstlichen Universität Gregoriana, dem einstigen *Collegium Romanum*, wo er später lehren sollte.

VI
25. Dezember 1834
Exorzismus

Die beiden Patres besuchten sie am folgenden Tag, und derweil konnten sie behutsame Aufzeichnungen rund um die Umstände der Besessenheit wie auch der Familie vornehmen.

Die Geschichte der Familie Hamerani, ihres Zeichens Münzgraveure und Medailleure, steht in Enzyklopädien, Fachzeitschriften für Numismatik und Ausstellungskatalogen. Weit mehr liegt noch immer in den Archiven Roms begraben, insbesondere die Geschichte der unter diesem Namen geborenen oder eingeheirateten Frauen. Über den Fall der angeblich Besessenen aus der Via di Sant'Anna schweigen sich die offiziellen Biografien aus. Stattdessen wird erzählt, dass ihr Vorfahr aus München geflohen war, nachdem er sich der Liebe wegen duelliert hatte. Er war noch keine dreißig, von Beruf Graveur, und trug für den Rest seines Lebens die Male jenes Vergehens, das er um einer Frau und der eigenen Ehre willen begangen hatte, im Gesicht und auf dem Schädel. In Rom angekommen – es war das Jahr 1615 – hatte er die Tochter eines Goldschmieds geheiratet und eine Werkstatt eröffnet. Die bayrische Liebe geriet in Vergessenheit oder wurde vielleicht auch weggepackt, zu den Erinnerungen an eine stolze und hitzige, inzwischen ferne Jugend. Sorgsam ziselierten die Hände des Entstellten, der, als er noch Johann Andreas Hermannskircher gewesen war, mit diesen Händen einen Mann umgebracht hatte und der sich jetzt Giovanni Andrea Hamerani nannte, Kruzifixe, *Agnus Dei*, Hände und Füße aus Silber, die *ex voto* dargebracht wurden. Sein Sohn Alberto eröffnete eine Werkstatt in der Via dei Coronari, einer Gasse, über die man von der Piazza Navona zum Petersdom gelangt. Dort mussten alle Pilger auf ihrem

Weg zum Vatikan hindurch. Und dort flossen über Jahrzehnte hinweg Bronze, Silber und Gold in Aberhunderte Gussformen, aus denen sie als kleine Figuren zur Erbauung der Gläubigen wieder hervorkamen und sich dann in alle Welt zerstreuten. Jeder Fremde von jenseits der Alpen musste in der Werkstatt unter dem Ladenschild mit der Wölfin haltmachen, obwohl die Preise ziemlich hoch waren und einem manchmal auch antike Gemmen angedreht wurden, die alles andere als alt waren. Nach Rom kamen Experten aus aller Herren Länder, die sich mit Antiquitäten ebenso auskannten wie mit Fälschungen und Plünderungen. Lord Jenkins füllte unter Umgehung der Zollkontrollen die Häuser des englischen Adels mit sündhaft teuren Faunstatuetten. Baron von Stosch speiste gegen hohe Bezahlung die Edelsteinsammlung eines holländischen Kanzleibeamten. In diesem regen Handel, inmitten dieser in allen Zungen sprechenden und nach diesen kleinen Kunstobjekten gierenden Menschheit betrogen die Hamerani, vortreffliche Graveure aus bayrischem Geschlecht, gewiss ebenfalls. Doch „in Rom kommt alles ins Lot". Ein knappes Jahrhundert nach der Ankunft von Johann Andreas waren seine Nachfahren nicht nur die Medailleure des Papstes geworden, sondern hatten in ihrer Werkstatt eine spezielle Münzstätte eröffnet, die sämtlichen Bedürfnissen gerecht wurde, welche die alte vatikanische Münzstätte nicht zu erfüllen vermochte.

Später gerieten die Finanzen des Kirchenstaats in schwere Turbulenzen und mehr als fünftausend Menschen starben an Hunger und Not. Und so sehr der eine Papst die Hamerani favorisiert hatte, so wenig war ihnen sein Nachfolger gewogen. In der ersten Hälfte des 18. Jahrhunderts kamen die Aufseher, um sich Pressen, Wagen, Eisenrinnen, Prägestempel, Zangen und Blasebalge zu holen. Die Werkstatt blieb halb leer zurück, die Familie musste in ein gemietetes Haus umziehen. Derweil hatten sich die Inspektoren darangemacht, die Rechnungsbücher durchzusehen, und was sie entdeckten, war nicht nach ihrem Geschmack.

Signor Giovanni, Vater der Besessenen, mit dem Pater Kohlmann am 23. Dezember gesprochen hatte, war der Letzte eines Namens, der nicht mehr glänzte, es sei denn in der Erinnerung an den einstigen Ruhm, an jene Jahre, als die Kunden der Werkstatt *Zur Wölfin* noch im eleganten „langen Zimmer", einem von insgesamt siebzehn im Gebäude, auf den reich geschnitzten gelbgepolsterten Sesseln empfangen wurden, im Schein des goldenen Lichts, das durch die „brabanter" Vorhänge drang. Ein Jahrhundert lang waren diese Mauern Zeuge geworden, wie Metalle in einer tagtäglichen Abfolge aus geduldigen und präzisen Handgriffen ihre Konsistenz veränderten und unterschiedlichste Gestalt annahmen. Alles begann mit einem von den Hameranis gestalteten Wachsmodell auf Schiefer und weißem, scharlachrotem oder ockerfarbenem Pigment, während die Gehilfen, der Römer, der Mailänder und der Schweizer, den Schmelzofen mit Holz schürten und im Raum mit dem Prägewerk aus den „Matrizen" Formen schufen und entnahmen. Die Blasebalge pfiffen, das Gold schmolz, die Stempel prägten Blätter, Muscheln, Maskaronen, die Tiara und den Heiligen Geist für den Papst, der nicht der einzige Kunde war, den es zufriedenzustellen galt. Für Martin Folkes, den stellvertretenden Meister der Londoner Großloge, prägte man eine Medaille mit einer aufgehenden Sonne über einer Pyramide, einer Sphinx im Vordergrund und seitlich den zwei Säulen des Salomon. Die Höfe Europas verlangten Gedenkmünzen anlässlich eines Sieges über die Türken, der Eroberung einer Stadt, einer geschlossenen Allianz oder eines errichteten Palasts. England, Portugal, Holland, Schweden wollten ihren eigenen Ruhm in den kleinen Kameen verherrlicht sehen, die in der Via dei Coronari ziselliert wurden. Man bettete die Münzen bei der Grundsteinlegung ins Fundament der Häuser ein. Und es war tatsächlich ein Werk des „berühmten Amerano", das man in strömendem Regen an einem Dezembertag unter der Lateranbasilika einmauerte. Jede Notwendigkeit, etwas zu feiern, setzte ein sagenhaft kompliziertes Räderwerk aus Briefwechseln und Verhandlungen, Entwürfen auf Papier und Wachsmodellen in Gang, bevor der Ruhm zu seiner perfekten Verwirklichung in Metall fand.

In der Werkstatt der Via dei Coronari gingen die Wünsche der Mächtigen der Welt ein und mit jener besonderen Rändelung wieder hinaus, die nur die Hamerani zu gestalten wussten. „Er bediene sich unbedingt der Amerani und niemandes sonst", hatte der Architekt Luigi Vanvitelli aus Neapel an seinen Bruder in Rom geschrieben. Er sollte eine Münze für den im Bau befindlichen Palast von Caserta besorgen. Karl VII., König von Neapel, hatte den Entwurf aus der Werkstatt in der Via dei Coronari gesehen und war begeistert davon, wie die Pracht des Projekts zum Ausdruck kam. Königin Amalias Konterfei indes glich ihr nicht im Geringsten, und die Nase des Königs war gewiss so lang wie die echte, aber zu klobig. An der Ähnlichkeit musste noch gearbeitet werden. Doch wenn das Ergebnis enttäuschend war, so war das zweifellos die Schuld des Malers Giuseppe Bonito, des Urhebers des Porträts, das den Hamerani zugesandt worden war: „Bonito hat mein Gesicht vergessen", hatte die Königin gesagt. Es galt ein anderes von ihr zu finden, was umgehend geschah. Die Hoheiten warteten darauf, ihre Gesichter erneut auf kleinen Wachsmodellen zu sehen, und auf diese wartete vor allem ihr Architekt Vanvitelli, der garantiert hatte, „dass die Porträts Ähnlichkeit haben werden und dass es niemanden in Italien gibt, der sie gleichermaßen perfekt liefern könnte wie Signor Amerani".

Ferdinando, Giovannis Vater, hatte all dies sehen und dem Sohn erzählen können. Doch als er, mit knapp über dreißig, das Geschäft des Vaters erbte, sah sich Ferdinando nicht nur einem Haufen Schulden gegenüber, sondern auch zwei von fünf Schwestern, die es anständig zu verheiraten galt, sowie einer Sammlung aus Aberhunderten Prägestempeln, für die ein Käufer her musste, um der katastrophalen finanziellen Lage der Familie zu begegnen. Was alles andere als einfach war: Wem gehörten all die eingravierten Silhouetten, um das Profil des Papstes in die von ihm bestellten Münzen zu prägen, und zwar mit den Werkzeugen seiner Münzstätte? Der Papst wollte seine wertvollen leeren Silhouetten wieder und auch die seiner Vorgänger. Aber die Hamerani hatte es solche Mühe gekostet, sie herzustellen, dass allein dieser schöpferische Kraftakt schon Grund genug war, rechtmäßigen Anspruch auf ihren Besitz zu erheben, fand Ferdinando. Giovanni war erst wenige Monate alt, als eines Nachmittags im Dezember, angekündigt durch ein Billett am selben Morgen, der Antiquar der ehrwürdigen apostolischen Kammer ins Haus kam, um das Ganze zu begutachten. Johann Joachim Winckelmann senkte die hohe glänzende Stirn lange über die Schubladen, den kleinen, fast schon weiblichen Mund hochkonzentriert zusammengekniffen. Nach dem Deutschen kam ein Däne, dann ein anderer Experte, der keine Unterschrift unter das Dokument setzte, das er ausstellte. Aber – und das allein zählte – das Erbe wurde der Familie zuerkannt und konnte dank der Gutachten, welche die drei Experten hinterließen, in den kommenden Jahren verkauft werden. Kaufen sollte es kein Geringerer als der Papst.

In der Via di Sant'Anna herrschte nicht mehr wie zu Zeiten der Werkstatt *Zur Wölfin* ein ständiges Kommen und Gehen von ausländischen Sammlern und Gläubigen, die auf dem Weg zum Petersdom waren, und die Wünsche der Regenten Europas machten auf der Schwelle zu dieser düsteren Gasse kehrt. Linker Hand die Rückseite des Barnabitenklosters, zur Rechten dicht an dicht sechzehn Türen und Tore, darunter der Obst- und Geflügelladen, die Schreinerwerkstatt, der Matratzenmacher, die Schusterwerkstatt, die Knabenschule. Dazwischen wohnte im Jahr 1834 im ersten Stock der Hausnummer 52 „Amerani Giovanni, Grundbesitzer im Ruhestand", 71 Jahre, mit seiner Ehefrau Maria Vittoria Cecchi, 58 Jahre, der Tochter Maria Veronica, 19 Jahre, und „Gregori Anna Maria, 33, ledige Waise, Dienstmädchen, aus Jesi", die seit acht Jahren dort war und eben im Jahr 1834 gehen würde. Im zweiten Stock „Vitali Vincenzo, Priester, 41" mit „Steider Margherita, 31 Jahre, Bedienstete" und „Petrucci Giovanni Battista aus Vignanello, 19 Jahre, Student". Kaum angekommen, sollte auch Letzterer ausziehen, im selben Jahr, in dem sich die Hausangestellte der Hamerani von der Familie verabschiedete, in deren Dienst sie so lange gestanden hatte. Gab es da vielleicht etwas, vor dem man flüchten musste? Blättert man die Kirchenbücher der Pfarrgemeinde von San Carlo ai Catinari durch, sieht man, wie sich das Haus Nummer 52 im Lauf der Jahre in regelmäßiger Unregelmäßigkeit mit Seelen füllt und leert, die in den Registern erscheinen und auf Nimmerwiedersehen daraus verschwinden, umgebettet in die *libri mortuorum*. Unter dem Jahr 1815 entdeckt man andere Altersangaben, andere Namen, damals bewohnte die Familie Hamerani noch beide Stockwerke des Hauses. Neben der neugeborenen Maria Veronica gab es Maria Antonina mit acht Jahren, Maria Teresa mit sieben Jahren, einen Onkel, der Priester war, sowie drei Hausangestellte.

Weniger protokollarisch, aber nicht minder drastisch ist eine kurze, innerhalb des *Exorzismus* vermerkte Familiengeschichte, vermutlich Frucht der Nachforschungen der Patres.

Im Jahr 1801, am Tag des 18. Oktober am Fest des heiligen Lukas heirateten Signor Giovanni Sohn der Signori Ferdinando Hamerani und Antonina Fuga Signora Vittoria Tochter der Signori Vincenzo Cecchi und Teresa Lovatti. Aus dieser Ehe gingen acht Kinder hervor, zwei Jungen und sechs Mädchen, in dieser Reihenfolge.

1. *Maria Teresa*
2. *Giuseppe Maria*
3. *Maria Antonina*
4. *Maria Teresa*
5. *Anna Maria*
6. *Maria Giuseppa*
7. *Maria Veronica*
8. *Giuseppe Maria*

Die Erste, also Maria Teresa, verstarb mit einem Monat. Der Zweite, Giuseppe Maria, starb mit zweieinhalb Jahren. Die Fünfte, Anna Maria, lebte nur acht Tage. Die Sechste, Maria Giuseppa, wurde tot geboren. Der Achte, Giuseppe Maria, verstarb mit einem Monat. Die drei Schwestern, Maria Antonina, Maria Teresa und Maria Veronica hatten ein längeres, oder um genauer zu sein, ein weniger kurzes Leben.

Dies war die Geschichte von *Signor Giovanni Vater*, der Pater Kohlmann und Pater Manera am Ende des Jahres 1834 die Tür zu seiner Wohnung öffnete. Der erste der drei Männer hatte Kinder zur Welt kommen und sterben sehen, der zweite das Ancient Régime untergehen und der dritte noch dazu die Welt aus den Fugen geraten wegen seiner eigenen Gewissensnot.

VII
27. Dezember 1834
Tagebuch von Pater Manera

Um 9 Uhr französischer Zeit Besuch der Kranken. Sie bereitete sich gerade auf den Empfang des Allerheiligsten vor. Gegenüber der im Bett sitzenden jungen Frau befand sich ein schön geschmückter kleiner Altar mit mehreren brennenden Kerzen. Das Glockengeläut von San Carlo verkündet den Auszug des Allerheiligsten aus der Kirche. Kurz darauf hört man das Klingeln der Schellen und den hohen Ton der Stimmen, die die Psalmen beten. Der Kurat betritt das Haus und das Zimmer, gefolgt von mehreren Geistlichen mit den brennenden Fackeln und weiteren Messdienern, die sich rund um das Bett niederknien. Die Kranke empfängt die heilige Kommunion vollkommen ruhig und sanft wie ein Engel. Mir pochte indes heftig das Herz in der Brust und ich dachte im Stillen, dass es keinen geeigneteren Apparat an Dingen geben könne, um die Phantasie der jungen Frau zu entzünden und einen jähen Paroxysmus bei ihr hervorzurufen, sofern sich das in der Christnacht gesehene Phänomen nicht aus einem anderen Grund wiederholen sollte, zumal sie über den Zeitraum von drei Jahren hinweg die Kommunion nicht hatte empfangen können aufgrund des Hemmnisses der teuflischen Kunst. Sie verweilt für eine halbe Stunde in frömmster Dankbarkeit, bald in ihrem Andachtsbuch Gebete lesend, bald ihr Herz leise [nicht lesbar] C. ausschüttend. Hierauf eingetreten, um sie zu sehen, haben wir uns ungefähr eine dreiviertel Stunde darüber unterhalten, wie sie die Nacht verbracht hatte, nämlich gequält von den üblichen Anfällen bis morgens zur zwölften Stunde. Von Pater Kohlmann ermuntert in Gott zu vertrauen, antwortet sie mit Gesten voller Bescheidenheit, Unschuld und Vernunft und versetzt einen in Staunen über ihre ehrfürchtige und besonnene Wortwahl, ihre Sanftheit, Demut, Schamhaftigkeit, ihr barmherziges Mitleid mit anderen, Ergebenheit in den göttlichen Willen, Geduld und beharrliche Standhaftigkeit in ihrem Leid. Keinerlei Anzeichen, dass sie den schrecklichen Gast, der ihr Gesellschaft leistet, fürchtet. Sie lacht fröhlich und aus ganzem Herzen über das, was Pater Kohlmann über die Hartnäckigkeit ihres Dämons und über das Zurückweichen früher oder später vor der Kraft des Gebets sagt. Gefragt, in welchem Zustand ihre Seele sich während der Exorzismen befinde, antwortet sie: 1. dass sie sich des freien und tadellosen Gebrauchs der geistigen Fähigkeiten erfreue, um sich Gott zu empfehlen und mit dem Willen all dem zu widerstehen, was ihrem Körper geschehe; 2. dass sie eine Erregung von unbändiger Wut dem Exorzisten gegenüber verspüre.

Pater Manera hatte begonnen, ein Tagebuch zu führen. Es befindet sich zusammen mit seinen anderen persönlichen Papieren im Bestand der Nationalbibliothek Rom, genauer gesagt im „Fondo Gesuitico", einer Handschriftensammlung, die aus der mehrmaligen Auflösung des Ordens im Lauf des 19. Jahrhunderts hervorging. Ein Teil der Dokumentation ist beim italienischen Staat verblieben. Zwei Monate lang vertraute Pater Manera diesem Diarium alle Facetten seiner ständig wechselnden Gefühle an. An diesem Tag also hatte er den Eindruck gehabt, dass das, was in der Via di Sant'Anna geschah, zu viel für die reizbare Phantasie eines Mädchens war, das er *die Kranke* oder *die junge Frau* nannte. Wir wissen inzwischen, dass sie einen Namen hat, Veronica, ein Alter, neunzehn, und dass sie den Tod zweier Schwestern und eines Bruders wie auch den Schmerz und die Erschöpfung ihrer betagten Eltern erleben musste, sie, die einzige Erbin einer Familie von längst verblichenem Glanz. Erbin und Überlebende zugleich. Müsste ich sie auf Grundlage des Portraits, das Pater Manera von ihr zeichnet, beschreiben, würde das Bild einer Heiligen entstehen. Ich könnte ihr einen makellosen hellen Teint verleihen, ein sanftes Oval mit leicht vollen Wangen, den Kopf geneigt, die langbewimperten Augen niedergeschlagen. Der Inbegriff des frommen Mädchens, ganz Grazie, keinerlei Zwiespalt, keinerlei Verlockung. Das sagt nichts über sie aus, aber viel über ihren Beobachter. So hatte die Frau stets zu sein in den Vorstellungen der Männer, die sie zu befreien oder zu heilen versuchten:

> Unterwiesen in geheiligten Lehren, diszipliniert aus Tugend, zur Frömmigkeit neigend aus Gewohnheit, reich an

> christlicher Weisheit, und auf dass ihr nicht diese Narreteien im Kopf herumspuken, wie wir sie von den heutigen Erziehungslehren eingetrichtert bekommen, die uns junge Frauen als Reiterinnen, Tänzerinnen, Amazonen, Kutscherinnen, Komponistinnen und obendrein noch Dichterinnen, Dramatikerinnen und Miminnen bescheren. Sogar als Philosophinnen erdreisten sie sich, von Metaphysik, Zivilrecht, Mathematik zu schwadronieren.

Doch Pater Manera treibt an diesem Tag vor allem die Sorge um, sie könnten ihr schaden, könnten ihre Phantasie allzu sehr entfachen. Die Ärzte und Philosophen des vorigen Jahrhunderts hatten sich ausführlich mit der Imagination und dem Rätsel befasst, warum der Mensch hört und sieht und sich aus diesen Sinneseindrücken ein Wissen über die Welt bilden kann, ein durch abstrakte und allgemeingültige Vorstellungen nachvollziehbares und übertragbares Wissen. All das war dank der Einbildungskraft möglich. Wenn sich der Geist – erhabener, immaterieller Teil der Seele – aus den Eindrücken, die über die jämmerliche Materie der Organe in den Körper gelangten, ein Bild der Welt erschaffen konnte, dann allein wegen der Imagination, die in den filigranen Windungen des Gehirns all das einordnete, was von den Sinnesorganen gesammelt wurde. Die Phantasie war wegen ihrer Funktion als Pforte zwischen dem Inneren und dem Äußeren, der Materie und dem Geist, dem Singulären und dem Universellen eine so wertvolle wie empfindliche, da wegen einer Nichtigkeit entflammbare Kraft. Es konnte geschehen, vor allem bei Frauen, dass sie sich entzündete und die Oberhand über den Geist gewann und den ganzen Körper in Aufruhr versetzte. Die lebhaften Bilder aus der Welt der Sinne konnten den ganzen Menschen durcheinanderbringen. So war es in der Basilika des heiligen Markus in Venedig und im Dom zu Mailand notwendig geworden, die ausgestellten Reliquien zu bedecken, weil sich davor ständig das Gekreische und Geschrei von Frauen erhob und ihre Körper zu zucken begannen. Kaum hatte man die Reliquien bedeckt, hatten die Anfälle ein Ende gehabt. Wie und warum dem so war, blieb Gegenstand lebhafter Diskussionen.

Die Erfahrung, schrieb ein berühmter Abt aus Modena, zeige, „dort, wo man den Exorzisten nicht kennt, kennt man auch keine Besessenen". Und er erinnerte, um den Gedanken zu untermauern, an das Büchlein zweier Toulouser Ärzte, die auf Anordnung des Stadtparlaments die Fälle mehrerer vom Teufel besessener Frauen untersucht hatten, denen sie letztendlich nichts anderes als eine verwirrte Phantasie bescheinigten. Marianne, Françoise D., Françoise E. und Jeanne D. hatten in dem kleinen okzitanischen Dorf, in dem sie lebten, ein entsetzliches Schauspiel dargeboten. Die eine wälzte sich während der Messe auf dem Boden und schlug sich gegen die Brust, die andere irrte mit rollenden Augen durch die Gassen, der Bauch der Dritten schwoll in atemberaubender Geschwindigkeit an und ab, während sie jedem, der sich ihr näherte, in der Sprache ihrer Gegend gleich einem Bellen „Bayten! Bayten!" entgegenschrie. Die Doktoren hatten die Unglückseligen über mehrere Tage hinweg studiert, ihren Puls, die Temperatur, die Beschaffenheit der Exkremente und der ausgeschiedenen Körpersäfte, hatten bei jeder ein Übermaß an schwarzer Galle feststellen können, die sich im Hypochondrium staute und giftige Dämpfe erzeugte. Diese stiegen bis ins Gehirn auf und machten es für übersteigerte Bilder empfänglich, sodass die Imagination die Oberhand über alle anderen Fähigkeiten gewinnen konnte.

Auch Pater Manera war überzeugt, dass die Phantasie der Frauen besonders sensibel sei und eine Nichtigkeit genüge, um ihr fragiles Gleichgewicht zu erschüttern. Er hatte dies zum Thema einer wohldurchdachten und ausgefeilten Predigt gemacht und in seinem Heft mit dem Titel *Kanzelreden* transkribiert. Man müsse sich, sagte er (oder wollte er sagen? Hielt er diese Predigt später tatsächlich oder handelte es sich nur um eine hübsche, schriftlich fixierte Stilübung?), bei den Frauen vor der Zartheit ihrer scheuen Gesten, vor der Freundlichkeit ihrer Gesichter in Acht nehmen. So sanftmütig sie wirkten, könnten doch plötzlich die Säfte ins Ungleichgewicht geraten und die hochempfindliche weibliche Konstitution stören, den gesamten Leib erzittern lassen, das nervöse und lymphatische System durcheinanderbringen. Pater Manera besaß auch Grundkenntnisse in Physiologie, einer Physiologie des gesunden Menschenverstands, die sich seit einiger Zeit unter Ärzten und Intellektuellen verbreitete. Man dachte noch immer, ganz im Sinne der antiken Medizin, dass der Mensch dank des Wirkens der vier Körpersäfte – Blut, schwarze Galle, gelbe Galle, Schleim – gesund sei und erkranke, wenn sie aus dem Gleichgewicht gerieten. Doch die moderne Medizin begann zu erkennen, dass das, was den Menschen zusammen und am Leben hielt, ein raffiniertes Geflecht aus leicht erregbaren Fibern war. Nerven, die für das menschliche Empfinden verantwortlich von jedem Körperteil aus zum Gehirn führen, und leicht reizbare Muskeln, die sich zusammenziehen und strecken. Frauen hatten wie Kinder ein überaus zartes und anfälliges Nervensystem. Deshalb wurden sie rot im Gesicht, vergossen Tränen, stampften mit den Füßen, redeten wirr daher. Sie zu beruhigen konnte bis tief in die Nacht dauern.

Pater Manera war das bekannt, auch wenn er ein Gelübde abgelegt hatte. „Ich werde niemals ins Antlitz einer Frau blicken. Sollte es mir je widerfahren, zufällig eines anzuschauen, werde ich in einem Stoßgebet die Muttergottes anrufen", so hatte er es schriftlich in seinen Notizen zu den Exerzitien festgehalten. Weder er noch seine Mitbrüder durften einer Frau Zeit schenken, erst recht keiner jungen. Die Regel verlangte es, bei Frauen besondere Strenge walten zu lassen. Sich nicht in ein Gespräch verwickeln zu lassen, wenn man geschickt wurde, ihnen die Beichte abzunehmen, und in einem solchen Fall immer paarweise zu erscheinen. Der Begleiter sollte Beichtvater und Beichtkind beobachten, jedoch keinesfalls zuhören oder den Blick länger auf der Frau ruhen lassen. In dieser unablässigen Aufforderung, niemals ganz Auge, niemals ganz Ohr zu sein, schwang eine schmerzliche Überzeugung mit: dass die Zerbrechlichkeit *in primis* in den Augen dessen wohnt, der schaut, und in den Ohren dessen, der hört. Die Sinne des Mannes, der umfassende Keuschheit gelobt hatte, waren das Einfallstor für eine Kraft, die seine ganze Person zersetzen konnte.

Weder in Pater Maneras persönlichen Papieren noch in denen seiner Mitbrüder werden dergleichen Schwächen offen eingestanden. Dies war nichts, was man schriftlich festhielt. Diese innere Macht war derart penetrant, dass sie auch die Worte mit sich gerissen und über die Grenzen des Papiers hinausgetragen hätte. Einige Jahre zuvor hatte jedoch ein aus Korfu stammender Literat auf Durchreise in Rom, als er von seiner Leidenschaft für die Kunst der Antike erzählte, auch das abrupte Anschwellen der männlichen Physiologie beschrieben, dem nichts Einhalt gebieten kann, nicht einmal der Marmor. An einem Dienstag im Herbst des Jahres 1811 war er als Gast im Hause der Barberini durch eine Reihe von Zimmern gewandert, während sich die anderen Gäste im Salon lautstark unterhielten. Als plötzlich

> im zweiten Zimmer zwischen den anderen Dingen eine ruhende Diana zu sehen ist, ein Werk von Bernini. Während ich sie betrachtete […] verspürte ich Lust sie auf den Mund zu küssen, was mich zärtlich ergriff, und nach und nach, als ich sie küsste und wieder küsste, begann ich zu tun, was zu benennen ich mich schäme; und trotz all meiner plötzlichen Reue konnte ich, bevor ich ging, nicht anders als, acht Zimmer durchquerend, mich von ihr zu verabschieden und sie zu küssen und wieder zu küssen, wie aus einem Gefühl der Dankbarkeit.

Was Mario Pieri, so lautete sein Name, schildert, kann vielleicht helfen, Pater Manera und seine Mitbrüder besser zu verstehen, von denen ihn auf den ersten Blick Welten trennen. Als er die *junge Frau* betrachtet habe, hatte Pater Manera geschrieben, habe er gefürchtet, dass dieser ganze Apparat der Frömmigkeit ihr Schaden zufügen könnte. Das Tagebuch, das er zu führen begonnen hatte, sollte die Natur ihres Leidens erhellen, sollte der erste Schritt sein, es zu heilen. Doch im Grunde wusste er, dass der Erste, der womöglich den Eindrücken erliegen würde – war das Herz, das wie verrückt pochte, etwa kein Anzeichen? –, er selbst war. Er war unzählige Male in die Fänge dessen geraten, was er sah. Seinerzeit in Turin war Manera von seinem Vorgesetzten von seinen Pflichten als Professor entbunden und in die Berge geschickt worden, um sich zu erholen, weil die Mühsal des Unterrichtens seine Nerven zerrüttet hatte. Es war der Sommer 1825, er war siebenundzwanzig und schrieb jeden Tag auf, was ihm vor die Augen kam und welch unvermeidbaren Widerhall all das in seinem Fühlen fand. Die *sapins* der Haute-Savoie bei Einbruch der Dämmerung, die grausige Nacktheit der Berge, bedeckt von einem feuchten Schleier in den Abendstunden, rührten sein Herz an und ließen ihn etwas nie zuvor Empfundenes fühlen, das keine Traurigkeit war, auch wenn das, was er vor sich hatte, ein Szenario des Todes war, der Tod des Tages. „Allenthalben die entsetzlichen Spuren einer Trostlosigkeit, welche die Seele durchbohrt." Und Seen, und weitere Felsen und enge Schluchten, und Himmelsfetzen zwischen den Wolken, in denen sein Herz ein Abbild seines eigenen Zustands fand. Die zeitweilige Ruhe des Hamerani-Mädchens, die sich jäh ins Gegenteil verkehren konnte, erinnerte ihn womöglich an seine eigene Ruhe, eine derart fragile Ruhe, dass eine Tanne der Haute-Savoie genügt hatte, sie zu erschüttern. Tags darauf würde er zurückkehren, um zu sehen, ob die junge Frau standgehalten hatte. Oder, wie ich vermute, ob er angesichts ihres Schauspiels standhalten würde.

VIII
28. Dezember 1834
Tagebuch von Pater Manera

Wir betreten das Zimmer. Die junge Frau, den Kopf sanft auf der linken Hand ruhend und die Augen mit einem Tüchlein bedeckt, wirkte als würde sie schlafen. Sie schreckte hoch und ihr Antlitz verströmte engelhafte Frömmigkeit, und jungfräuliche Sittsamkeit. Sie wusste, dass sie an diesem Tag nicht die Kommunion empfangen konnte, sie erregte sich nicht im Geringsten. Ermahnung Pater Kohlmanns, um das Vertrauen in den allerheiligsten Namen Jesu zu stärken. Gefühlsregungen stiller und inbrünstiger Frömmigkeit, erweckt in der Seele der jungen Frau, deren Spiegel die Gefasstheit des Antlitzes ist. Kein Anzeichen einer erhitzten Phantasie im Gesicht noch in den immer ruhigen und heiteren Augen. Alsdann sprach man über die andere Male durchgeführten Exorzismen, über die Dinge, die der Dämon bezüglich gewisser Angelegenheiten gesagt hatte, über die Heimtücke und Hartnäckigkeit dieses teuflischen Feindes und über ähnlich hochwirksame Themen, um die Imagination selbst der gleichgültigsten Seelen anzuregen. Mir pochte freilich das Herz in der Brust und mir kamen mehrfach die Tränen bei Betrachtung der ungetrübten Seelenruhe in diesem Gesicht, das einem klaren, von einer Brise sanft gekräuselten See ähnelte. […]

Ah! Elender Jesuitenhund.

Der Exorzist: Was haben dir die Brüder der Gesellschaft getan?

Was sie mir getan haben? Sie machen mir alles kaputt mit der Erziehung. Sie verziehen meine Pflänzchen, wenn sie noch zart sind.

Der Exorzist: Aber dann zerstörst du alles.

Ja, das ist wahr, manchmal, aber sie kommen danach wieder.

Die Jesuiten waren wiedergekommen. Und zwar zwanzig Jahre zuvor, am 7. August 1814, auf Wunsch von Pius VII., der kurz zuvor aus dem Exil, in das ihn Napoleon gezwungen hatte, nach Rom zurückgekehrt war. Es war ein Sonntag, um acht Uhr morgens warteten hundert alte Patres, welche die vierzig Jahre währende Verfolgung ihres Ordens überlebt hatten, gemeinsam mit dem Kardinalskollegium in Il Gesù auf den Papst. Bei seiner Ankunft sah er sich Italienern, Spaniern und Portugiesen gegenüber. Der jüngste war sechzig Jahre alt, die meisten über achtzig. Der Reihe nach knieten sie, von anderen gestützt, mühsam nieder, um dem Papst die Füße zu küssen. Er sprach voller Milde zu den Alten, denen allem Anschein nach der schönste Tag ihres Lebens widerfuhr. Unter ihnen, so behauptete mancher, befinde sich auch ein gewisser Montalto, der 126 Jahre alt sei. In den folgenden Monaten hatten die alten Patres und die jüngeren Männer, die darauf hofften, eines Tages endlich einem als jesuitisch anerkannten Orden anzugehören, tief ergriffen die päpstliche Bulle gelesen und lesen gehört, die mit dem Wort *Sollicitudo* – Sorge, Angst um die gegenwärtigen Zeit – begann. Wo immer auf der Welt sie sich befanden, sangen sie das *Te Deum* und schrieben über diesen Moment mit einem Gefühl des Triumphes wegen der Wiedergeburt ihres Ordens, aber auch der Tragödie wegen der erlittenen Verfolgungen und der Angst vor denen, die sie kommen sahen.

Es hatte fast ein halbes Jahrhundert gedauert, bevor ihr Orden wieder in die Welt zurückkehrte. Inzwischen war Gottes Wille geschehen, und diesmal war es ein wohlmeinender Wille. Die Rückkehr des Ordens des heiligen Ignatius wurde nicht nur von der höchsten Instanz der Kirche willkommen geheißen, sondern vom Papst ausdrücklich als notwendig anerkannt, um einer für die Kirche immer tückischer werdenden Gegenwart die Stirn zu bieten. Die neuerstandenen Jesuiten mussten mit einer völlig anderen Welt als jener rechnen, die ihren Orden hatte erblühen sehen, bis der damalige Papst ihn im Jahr 1773 auflöste. In jenem unseligen Jahr waren es mehr als zwanzigtausend Männer gewesen, jetzt nur noch sechshundert, auf dieser Basis musste der neuen Gesellschaft Jesu der Wiederaufbau gelingen. Ein kleines Grüppchen, zusammengewürfelt und uneinheitlich nach Alter, Herkunft und Lebensläufen. Einige, die Ältesten, waren dem

Orden noch vor seiner Auflösung beigetreten und hatten am eigenen Leib Exil, Austritt und schließlich die Hoffnung auf Rückkehr erfahren. Der Generalobere selbst, der erste des neuen Kollegs, war zweiundsiebzig, und seine neue Herrschaft begann mit dem Segen eines alten, gerührten Papstes. Eine Welt gebrechlicher Männer, bereit zum Neuanfang.

Es gab Achtzigjährige, die willens waren, in ein anderes Land zu gehen und all ihre Wurzeln zu kappen. Sie waren jene ehemaligen Novizen, denen es in jungen Jahren wegen der Repressionen gegen den Orden nicht vergönnt gewesen war, Jesuiten zu werden, und die darum baten, nun welche zu werden. Manche betonten ihr Alter, weil es anrührte und belohnt wurde, besonders, wenn es über Verwerfungen und Irrfahrten erreicht worden war. So schrieb der sechsundachtzigjährige Rocco d'Aquino aus Benevento zusammen mit einem gewissen Antonio Stocco: „Wir mussten Verstoßung, Mord und Raub erdulden; und durch ein Wunder ließen sie uns am Leben, weil es Nacht war; sodass wir auf diese Weise aus Benevento fortgehen mussten." Und mit noch kindlicher, aber bereits zitternder Hand schloss er: „Ich sage euch, ehrwürdiger Vater, ich will kein Geld, ich will nichts, ich will nur wie P. Stocco sagen, wir sind Jesuiten und wir wollen in einem Kolleg der Gesellschaft sterben." Für andere war das fortgeschrittene Alter ohne jede Bedeutung. Als könnte ihnen die Zugehörigkeit zu einem wiedererstandenen religiösen Körper – einem großen kollektiven Körper mit einer jahrhundertealten Geschichte – eine zweite, unnatürliche Jugend schenken, ungeachtet der Körper der Einzelnen. In Modena gab es einen „alten Koadjutor [...] aber so kräftig, dass er wirkte als sei er sechzig Jahre alt und vielleicht noch jünger. [...] Er sagte, dass er sich danach sehne, wieder der Gesellschaft beizutreten, doch dass er eine Frau habe, die es ihm verbiete; dass er, wenn die Frau sterben sollte, sofort wieder eintreten würde. [...] Wenige Tage später ist die Frau gestorben."

Gebrechlich waren nicht nur die Körper, sondern auch die Häuser dieser Alten, deren karge Mittel den Verpflichtungen der neuen Zeit kaum standhalten konnten. Der Vergleich mit der Vergangenheit der Gesellschaft Jesu fiel schlecht aus, und in den Briefen der neuen alten Patres kam immer wieder das Gefühl der Unzulänglichkeit zum Ausdruck. So schrieb eine namenlose Hand über die Finanzen der Gesellschaft in Rom:

„Es ist bekannt, dass es vor der Aufhebung […] nicht wie heutzutage darum ging […] sich aus dem Chaos zu befreien und den Dingen Gestalt zu geben." Vorher hatte in allem eine vernünftige und förderliche Ordnung geherrscht, jetzt regierte das Durcheinander, und alles musste von Neuem geformt werden.

Auch die Bilanz der hinweggerafften Seelen war gnadenlos. Einst hatte man tagtäglich Hunderte von Beichten abgenommen, und es hatte nicht an Bekehrungen gefehlt, obschon sie nicht leicht zu erringen waren. Jetzt musste man sie mit Zähnen und Klauen erkämpfen. Die Kirche, in der die zurückgekehrten Jesuiten wirkten, war durchdrungen von einem Gefühl einstigen und erneut drohenden Unheils. Die Französische Revolution war die größte aller Zeiten gewesen, doch sie war seit Jahrhunderten vorbereitet worden. Sie war der Höhepunkt einer schon zu Luthers Zeiten begonnenen Verschwörung gegen die Kirche, die in Gestalt des flegelhaften Volksaufstands, der Republiken, des Kultes der gottlosen Vernunft, des Kultes eines Mannes namens Napoleon, der sich über jedwede Autorität erhaben glaubte, daherkam. Sie würde auch andere Gestalt annehmen können, man musste vorsichtig sein, gerade was Neuerungen anging, denen womöglich irgendeine Form von Subversion innewohnte.

Niemand wusste das besser als Pater Kohlmann, denn er selbst hatte die Revolution in Frankreich erlebt. Bevor sie ausbrach, hatte es auch in seinem Elsass Vorboten kommenden Unheils gegeben. Der Sommer 1788 war außergewöhnlich trocken gewesen, die Hitze einzig unterbrochen von schweren Hagelschlägen. Einmal hereingebrochen, hatte der Winter kein Ende mehr nehmen wollen. Die Obstbäume waren erfroren, und im Frühling hatte man sie alle zurückschneiden müssen. Obwohl er bereits im Internat in Colmar war, erfuhr er, dass sich der Maurermeister von Kaysersberg im Februar 1789 erschossen hatte. Man hatte ihn an seinem Schreibtisch vor dem Fenster sitzend gefunden, einen Arm auf dem Tisch, mit schlaff herabhängendem Kopf. Bei der Leichenschau wurden neben einem vom Schuss verbrannten Gehirn auch Unmengen an Flüssigkeit im Oberbauch entdeckt. Dies war ein Indiz für einen Zustand hypochondrischer Melancholie, schwarze Galle, die sich in den Hypochondrien, der Region unterhalb des Herzens, angesammelt und den Ärmsten gezwungen hatte, sterben zu wollen. Vielleicht ahnte er etwas. In der Nacht vom 21. auf den 22. Juli 1789 erreichte die große Angst auch Straßburg, wo das Rathaus gestürmt wurde. Zuerst zerschmetterten Steine die Fenster, dann wurden die Türen gewaltsam mit Eisenstangen aufgebrochen. Die Menge (vornehmlich Leute aus dem einfachen Volk, doch fehlten auch gut gekleidete Bürgerliche und Soldaten nicht) strömte gleich einer Sturzflut nach innen und warf Tische, Stühle, Sessel, Aktenmappen, lose Blätter zum Fenster hinaus. Die einen stürmten hinein, um zu zerstören, andere, um das, was weggeworfen wurde, aufzusammeln und wegzutragen. Der englische Reisende, der stehen geblieben war, um zuzuschauen, sollte niemals mehr den Blick des Jungen vergessen, der von einem Möbelstück zerquetscht wurde, während er versuchte, der Mutter die Diebesbeute zu reichen, die er bei der Plünderung ergattert hatte. Am Morgen danach waren die Straßen der Stadt voller Papier. Die Nachrichten verbreiteten sich langsam und verfälscht durch die Weitergabe von Mund zu Mund. Es hieß, ein Hochstapler, der sich für den Grafen von Artois, den Bruder des Königs, ausgab, ziehe durch die Dörfer und stachle unter Berufung auf einen Freibrief des Königs bis zum 15. August zur Revolte auf, und jeder könne sich anschließen, ohne Strafe fürchten zu müssen.

Im ganzen Elsass überfielen bewaffnete Bauern Burgen und Abteien und verbrannten die Urkunden ihrer eigenen Knechtschaft, als ob die Zerstörung der Archive ihrer Herren sie ein für alle Mal vom Zehnten und vom *Champart* befreien könnte. Es war die Zeit der Ernte, problematisch allein schon wegen der ungewöhnlichen Trockenheit, und die Furcht vor den zerstörerischen Plünderern ging um. Auch bürgerliche Landbesitzer wie die Kohlmanns konnten ins Visier geraten, weil es inmitten der allgemeinen Wut schwierig geworden war, sie von den Feudalherren zu unterscheiden. Derweil sorgte die Witwe Judith Kohlmann dafür, dass alles blieb, wie es war, damit die Töchter eine gute Partie machen konnten. So wurden die Schwestern Kohlmann mit zwei deutlich jüngeren Männern verheiratet, beide aus der Familie Gsell. Vielleicht gab es in der Hochzeitsnacht vor dem Haus der Frischvermählten wüstes Gelärm und Kuhglockengeläut, um die obszöne Abartigkeit dieser Wahl zu unterstreichen. So verlangte es der Brauch des *Charivari*, mit dem die Gemeinschaft seit

Jahrhunderten gegen ungehörige Verbindungen protestierte. Die Braut zu alt, der Bräutigam von niedrigerem Stand. Aber das war kaum von Belang, wenn die Ehre der Familie und zugleich das Erbe gerettet waren.

Ende des Jahres 1790 kam aus Paris der Befehl, dass alle Angehörigen des Klerus der Nation, dem Gesetz und dem König die Treue schwören und nicht weiter Diener Roms sein sollten. Viele widersetzten sich, manche beugten sich. Der Pfarrer von Kaysersberg floh in die Schweiz, um kurz darauf heimlich zurückzukehren. Von der Obrigkeit in einem Heuschober entdeckt, wurde er gefangen genommen und rittlings auf einem Esel dem Gericht überstellt. Judith rannte durch die Gassen, um die Frauen zusammenzutrommeln, und setzte an ihrer Spitze zum Sturm gegen die Bewacher an. Sie schrien derart laut, schimpften mit Stöcken fuchtelnd derart heftig, dass es ihnen gelang, ihn zu befreien. Er war der Mann, der ihre Kinder getauft, den betagten Eltern und den Kleinen, die ihnen von einem vorzeitigen Tod aus den Armen gerissen wurden, die letzte Ölung gegeben hatte. Diese ihre liebevolle, schlichte Ergebenheit hatte die von der Revolution geschundene Kirche nun bitter nötig. Und wieder zurück in ihren Häusern beteten sie zu ihrem alten Gott, dass dieser Irrsinn, der alles durcheinanderbrachte, ein Ende haben möge. Judith legte sich in ihr leeres Witwenbett. Eine andere fand in ihrem einen schnarchenden Ehemann vor, wieder eine andere traf bei der Heimkehr von ihrer Unternehmung den ihren betrunken unter der Tür an. Er hatte allein getrunken, weil die Revolution auch die Gasthäuser hatte schließen lassen.

Im Jahr darauf würden Dutzende von Ordensschwestern wieder nach Hause zurückkehren, nachdem sie aus ihren Klöstern verjagt worden waren. Die Gebäude und alles, was sich darin befand, wurden an den Meistbietenden verkauft. Manch einer machte Profit, und der Protestant und der Jude rieben sich bestimmt die Hände, sagten die Katholiken. Doch ausgerechnet in Mont-Libre – so hieß Kaysersberg jetzt in dieser neuen Zeit – riss sich ein gewisser Mayer, Angehöriger der Heiligen Römischen Kirche, das Kloster der Klarissinnen unter den Nagel, noch bevor es zum Verkauf angeboten wurde. Kurz darauf trafen ungefähr sechzig Missionare aus Paris ein, um dem ländlichen Raum eine neue Religion zu bringen, die den Geist von der Finsternis befreien würde. Sie brachten alle Glocken zum Verstummen. *Temple de la raison* schrieben sie auf die verschlossenen Türen der Kirchen. Die Menge kletterte auf den aufgeschütteten Berg aus Erde und Pinienholz im Chor der Kirche und errichtete darauf einen Altar. In Colmar wurde jedes religiöse Bild auf den Häuserfassaden zerstört.

Derweil hatten sich Tausende von Männern und Frauen aufgemacht, Frankreich zu verlassen. Auch das hatte man nie zuvor erlebt. Sie waren émigrés, auf der Flucht vor der größten Katastrophe, die es jemals auf Erden gegeben habe, wie sie sagten. In dieser Menschenflut, die am Tag der Erstürmung der Bastille zu strömen begonnen hatte, befanden sich Adlige und Bürgerliche, Mitglieder des Parlaments, Finanzdirektoren und Kleinbesitzer. Sie sammelten die Trümmer ihres verlorenen Status ein und machten sich auf den Weg, der Schimäre der Wiederkehr der alten Ordnung nachjagend, darauf hoffend, sie andernorts zu finden. Es gab auch den einen oder anderen Arbeiter oder Bauern, aber der Großteil waren Männer und Frauen des Klerus, die, erst ihrer Privilegien beraubt, dann gezwungen, der Verfassung die Treue zu geloben, und schließlich noch den Massakern des Septembers 1792 entkommen, in der Hoffnung aufbrachen, dass es noch irgendwo auf der Welt einen Ort gebe, an dem sie in den sicheren Armen der alten Kirche wären. Es war ein einziges Anflehen der Behörden um Pässe und Geleitbriefe, ein Flüstern von Gebeten auf den von den unerfahrenen Flüchtlingen ausgetretenen Schmuggelpfaden, ein Murmeln von Stoßgebeten in den schaukelnden Kabinen der Kutschen, die gebeugte Köpfe, hängende Doppelkinne und papierene Büßerwangen wackeln ließen. Wer hätte das gedacht nach einem Leben, das man damit verbracht hatte, für das Häufchen Seelen seiner winzigen Gemeinde Sorge zu tragen oder für die eigene, um aus der Klausur hinter Klostermauern heraus die aller anderen zu retten. Hinter der Grenze galt es auf die Großzügigkeit irgendeines Fürsten zu hoffen, der ein Feind der Revolution war, oder auf die bescheidene Freigiebigkeit einer Bäuerin, die an der Haustür bereit war, ihre drei Eier mit der Gruppe Ausgehungerter zu teilen, die im Tausch Segnungen anboten.

Aus Kaysersberg waren ungefähr vierzig Menschen aufgebrochen. Sie waren ins schweizerische Fribourg gegangen, wo man auch deutsch sprach und die Leute Priestern gegenüber wohlgesonnen waren. In der kleinen, auf einem Plateau gelegenen und halb vom Fluss Saane mit seinen Steilwänden aus schwarzem Fels umschlossenen Stadt lebten sechstausend Seelen, zu denen sich mit den Neuankömmlingen aus Frankreich weitere dreitausend gesellten. Hier erwartete sie kaum Luxus, kaum intellektuelle Kultiviertheit, eine bescheidene Ruhe. Ein Springbrunnen schmückte den einzigen Platz der Stadt, daneben hing der Schandkorb, in dem die Verbrecher zur Schau gestellt wurden. Am Portal der Kathedrale die Grimassen von Teufeln und die burlesken Figuren des Jüngsten Gerichts. Die adligen émigrés fristeten ein einfaches Leben. 3 Lire für Kost und Logie in der *auberge*, der Tanz im Saal im Preis inbegriffen. Es gab einen Priester, der nur alle drei Tage etwas aß und die beiden Fastentage im Bett verbrachte. Ein anderer hatte begonnen, künstliche Blumen herzustellen. Manche lernten zu sticken und zu stricken, manche lebten von Almosen. Jedes Dorf rund um Fribourg nahm einen französischen Priester auf. Auf den Tischen nur Dörrfleisch und Brot. Eier waren ein rares Gut. Man trauerte den französischen Gaumenfreuden nach.

François-Antoine war im Sommer 1792 angekommen, im Alter von einundzwanzig Jahren. Er war der junge Hauslehrer der Familie Vonderweid von Seedorf geworden, die die Vogtei über ein Dorf nördlich von Fribourg ausübte. Ihr Domizil mit seiner schmucklosen Fassade breitete seine Flügel zu einem weitläufigen Park hin aus, die Fenster ins üppige Grün gerichtet. Das Collège Saint-Michel, in das François-Antoine sich später zum Priesterstudium zurückzog, war noch karger. Es war vor über dreihundert Jahren im Auftrag eines Jesuiten erbaut worden, der ihm die Form einer Festung gegeben hatte, um die in diesem Grenzgebiet von den Protestanten bedrohten Seelen auch durch Mauern zu beschützen. Hier traf François-Antoine seinen Bruder Jean-Baptiste wieder, der wenige Monate zuvor als Novize eingetreten war. Sein anderer Bruder, der *vigneron* Joseph, wurde später in die Armée du Rhin, die französische Revolutionsarmee, einberufen. Im Lauf des Jahres 1793 desertierte er und lebte lange Zeit im Untergrund. Alle Männer der Familie Kohlmann verließen Kaysersberg, das nicht einmal mehr diesen Namen trug. Auch der ihre wurde mit ihrem Weggang Zug um Zug ausgelöscht. Er ist spurlos verschwunden aus Kaysersberg. Zurück blieben die Frauen, als Hüterinnen der Dinge und um die Reblinge anzubinden und gemeinsam zu beten. François-Antoine sah sie nie wieder, seine Frauen aus der alten Ordnung, Schwestern, Mütter und Bräute, wie alle Frauen es hätten sein sollen. Seit damals war er *Pater Kohlmann, Father Anthony* oder auch *Kholman, Cohlmann, Colmannus*. Jeder Ort, an dem er lebte oder durch den er auch nur für kurze Zeit kam, benannte ihn auf seine Art. Im Zimmer der Via di Sant'Andrea hieß er Pater Kohlmann, ob er wollte oder nicht, ob er es wusste oder nicht.

IX

29. Dezember 1834

Tagebuch von Pater Manera

Ermahnung Pater Kohlmanns an die Anwesenden, allesamt auf Knien, das Bekenntnis des lebendigen Glaubens, der Hoffnung, der Reue und des guten Vorsatzes abzulegen. Die junge Frau begleitet diese Bekenntnisse mit auf das Bildnis der Allerheiligsten Jungfrau Maria gerichtetem Blick, aus dem das Gefühl größter Verehrung spricht, während sich ihrer Brust der eine oder andere Seufzer entringt. Die Litaneien beginnen, die junge Frau antwortet: Ora pro me.[1] *Und um mit mehr Sammlung und Inbrunst zu beten, senkt sie die Stirn auf die rechte Hand. Bei den Worten Ab insidiis diaboli*[2] *überkommt es sie. […] Füße über dem Kopf, Haareschütteln, Grunzen, Zischen, tsch, tsch, tsch, begleitet von halbkreisförmigem Schwenken des Kopfes vorne. […] Evangelium des heiligen Lukas. Videbam Satan, sicut fulgur de caelo cadentem.*[3] *Schreie, Klagelaute tiefsten Schmerzes, Gebrüll und verschiedene, furchtbare Stimmen. Dieselben Worte dreißigmal und mehr wiederholt haben eine Abfolge von beinah ebenso vielen lebhaften [Bewegungen] grauenvollster Natur hervorgerufen, denen gegenüber die Verse Miltons, Alighieris und die Farben Michelangelos armselige und fahle Schatten sind. Die menschliche Sprache vermag nicht die Formen furchtbarsten Mitleids, tiefen Schmerzes, tödlicher Niedergeschlagenheit, vergeblicher unterdrückter Reue und rettungsloser Verzweiflung auszudrücken, mit denen der hochfahrende Geist in der Erinnerung an die uralte Niederlage und den Fall vom hohen Thron, auf den Gott ihn erhoben hatte, mit vielsagenden Gesten der ganzen Person verschiedene Haltungen einnahm. Der beste Schauspieler der Welt könnte dem mit all seinem Studium der Kunst nicht*

1 Bete für mich.
2 Vor den Fallen des Teufels
3 Ich sah den Satan wie einen Blitz aus dem Himmel fallen.

nahekommen. Als Anwesendem gefror mir das Blut in den Adern, als sie, sich kopfüber über den Rand des Bettes hinabstürzend, gleichwohl die Beine und den übrigen Leib ausgestreckt auf dem Bette ließ, herabfiel wie ein toter Körper und reglos so liegen blieb, atemlos, mit offenem Mund und starr aufgerissenen, trüben, bläulichweißen Augen, mit weit nach oben gerunzelter Stirn, mit an den Wurzeln gekräuselten und zum Boden herabhängenden Haaren. Es schien, als betrachtete sie obschon besinnungslos die allmächtige Hand, die den Blitz geschleudert hatte. Doch als sie sich kurz darauf aufgerichtet hatte und sich die Haare gleich einem Schleier vor das Gesicht schüttelte, ließ sie ein teuflisches Licht aus den brennenden und funkelnden Augen hervorschimmern, es hätte kein besseres Bild geben können von der in die Hölle verdammten Seele, einzig ohne die Strafe des Feuers, die hier in ihrer Materie nicht offenbar wurde. Es kostete sie beinahe den Hals, dass sie, als jene lebhafte und stumme Raserei sich mit einem Male gelegt hatte, abermals auf der anderen Seite wie tot herabfiel mit der Stirn nach oben und dergestalt, dass die bläulichen Augen in tödlicher Trostlosigkeit und unaussprechlichem Grauen von dort unten ein umso grausameres als weniger deutliches Bild boten.

„Ich sah den Satan wie einen Blitz aus dem Himmel fallen." Dreißig Mal hatte Pater Kohlmann diesen Satz aus dem Lukasevangelium wiederholt, während Pater Manera im Gesicht der jungen Hamerani die gehörnten Teufel mit den glotzenden Augen aus der Sixtinischen Kapelle entdeckte, die im Kreis um Minos aus dem Dunkel der Unterwelt hervorschauen. Er sah auch den melancholischen Teufel aus Miltons *Verlorenem Paradies*, den schönsten aller Engel und noch immer stolz in seiner verlorenen Größe. Nach der Veröffentlichung des Gedichts waren von der Literatur mit Vorliebe seine mehrdeutigen, als erschüttert geltenden Gesichtszüge beschrieben worden. Miltons Teufel war ein männlicher Teufel. Der, den Pater Manera nun sah, hatte die Züge einer Frau und langes, von ganz und gar menschlichem Schweiß an den Wurzeln gekräuseltes Haar (nun dürfen wir auch erfahren, dass Veronica langes, gelocktes Haar hatte, das bis zum Boden reichte, wenn sie sich mit nach hinten geneigtem Kopf aus dem Bett lehnte). Pater Manera konnte Ihn in ihrem Körper in seinem Tagebuch beschreiben, ohne sich zügeln zu müssen, im geschützten freien Raum der zu Papier gebrachten intimsten Gedanken, deren Spuren in einer Schublade verschlossen bleiben würden. Hier war es ihm gestattet, eine gewisse romantische Neigung auszuleben, die es in der Öffentlichkeit zu unterdrücken galt. Es war eine gefährliche Neigung, die sich leicht von der Nachahmung der Klassiker lösen und geradewegs in den Abgrund führen konnte: zum Kult der Freiheit, der persönlichen Gefühle, der Lüste und des Ungehorsams gegen die königliche Macht. Der Generalobere seines Ordens hatte all dies ausdrücklich verdammt. Der literarische und zulässige Teufel war der der *Göttlichen Komödie*. Pater Manera hatte dazu öffentliche Vorlesungen gehalten, als er Dozent an der königlichen Universität von Turin gewesen war, und ihn brachte er auch in das Zimmer in der Via di Sant'Anna mit. Dieser Teufel hatte unmenschliche Züge, viehisch und derb, bar jeder Verlockung. In Turin hatte Pater Manera den Teufel aus unmittelbarer Nähe gesehen. Um im Hörsaal über ihn sprechen zu können, hatte er ihn mit manischer Akribie studiert. Davon zeugen seine Notizbücher und die unzähligen losen Blätter, die der Vorbereitung seiner Vorlesungen dienten. Jedes Wort musste zerlegt, entkernt, in anderen Sprachen gesucht, mit Synonymen verglichen werden, um seinen Sinn und sein Erfordernis anhand der Wörterbücher von Cesari, Biagioli und der Accademia della Crusca zu überprüfen.

Pater Manera war 1824 in der Hauptstadt des Königreichs Sardinien angekommen, zehn Jahre nach dem Tag, als der König dorthin zurückgekehrt war. Nach einem kurzen Moment des Zögerns hatte Viktor Emanuel I. die Steinbrücke über den Po überquert, deren Bau die Franzosen beauftragt hatten, und anstelle der alten, von ihm hinterlassenen Festungsstadt eingeebnete Flächen vorgefunden, die große Boulevards verhießen. Gemeinsam mit dem Haus Savoyen waren auch die Männer des heiligen Ignatius zurückgekehrt. Ihnen wurde die Verantwortung für das *Collegio reale di educazione*, die königliche Bildungsanstalt, übertragen, eine Schule für die jungen männlichen Nachkommen der besten Familien, die zukünftigen Honoratioren, um sie in Herz und Geist heranzubilden. Hundertsechsunddreißig Zöglinge, in der Blüte ihrer Jahre zwischen Kindheit und Jugend, wurden von einer Handvoll Patres betreut. Einer war taub, ein anderer reagierte so empfindlich auf das Geschrei in den Klassen, dass er gehen musste, ein dritter hatte plötzlich aufgehört zu schwitzen und war dem Tod nahe, wieder ein anderer wurde vom Bandwurm ausgezehrt.

Die Jesuiten waren dem Herzen des Königs Viktor Emanuel und mehr noch dem seines Bruders und Nachfolgers Karl Felix niemals so nahe gewesen und niemals so schwach und außerstande, ihm zu dienen. Wenige Monate vor Pater Maneras Ankunft waren ihnen auch die Kollegien der Universität anvertraut worden und der Auftrag, jene liberalen Gedanken aus den Köpfe der Studenten zu vertreiben, die noch vor Kurzem für eine solche Unordnung gesorgt hatten, dass man ganze Fakultäten hatte schließen müssen, und die gewiss noch immer in Umlauf waren. Es waren vier Studenten gewesen, die sich am Abend des 11. Januar 1821 während einer Aufführung der *Diebischen Elster* im Teatro d'Angennes mit roten Mützen gleich denen der französischen Revolutionäre präsentiert hatten, bis die Polizei eingeschritten war; es waren Studenten gewesen, die sich tags darauf zum Zeichen des Protests in der Universität verbarrikadiert hatten: sechzig Verhaftungen, gut dreißig Verletzte. Binnen vier Monaten wuchs die Zahl derer, die Repressalien ausgesetzt waren, auf beinahe viertausend und die der Todesurteile auf etwa siebzig (von denen jedoch nur zwei vollstreckt wurden).

Es war eine Ehre für die Männer des heiligen Ignatius, die vom König selbst erteilte Macht über die Universität in Händen zu halten, die sie in der Vergangenheit mehrfach erfolglos zu erlangen versucht hatten. Sie als die Leidtragenden der Revolutionen konnten diese nun dort im Keim ersticken, wo sie zu glimmen begannen, in den Herzen und dem Geist der jungen Männer. Ihre Erfahrung machte die alten Patres und Lehrer stark, aber die gegenwärtige Jugend war derart anders und rätselhaft, derart leidenschaftlich, bereit, für etwas zu entbrennen, und das Gleichgewicht aller Dinge, die sich nur mit Müh und Not zu halten schienen, derart fragil und stets kurz davor, in die Brüche zu gehen, von Kräften unbekannten Ursprungs auf den Kopf gestellt. Man musste überall hinschauen, die fiebernden Körper einer eisernen Disziplin unterziehen, und die Seelen von der diabolischen Illusion fernhalten, sie könnten selbst entscheiden.

Pater Manera traf bei seiner Ankunft auf diesen bleiernen Horizont aus Erwartungen und Unruhe, gegen den sich die breiten und rechtwinkligen Straßen der Hauptstadt des Nordens mit ihren mittelhohen und gleichförmigen Wohnhäusern abhoben. Viele befanden sich noch im Bau: Der Plan der Herrscher, die ihr Territorium wieder an sich gerissen hatten, nahm mit langsamer Regelmäßigkeit Gestalt an. Das Licht war nie grell, gewisse Tage waren nebelgrau, obschon man an klaren Winternachmittagen die schneebedeckten Alpen sehen konnte, die sich bei Einbruch der allzu frühen Dämmerung zartrosa färbten. Seine Geburtsstadt hingegen hatte recht hohe Wohnhäuser, und auf den Dächern konnte man umhüllt vom Duft der Orangen und unter einem porzellanblauen Himmel umherspazieren. In den Straßen von Turin gab es keine Madonnen in Wandaltären, die die Nächte erhellten, wenn nur das leise Plätschern des Rinnsals in der Mitte der Straße zu hören war. In dieser schachbrettartigen Hauptstadt, in der jedes Feld, die sogenannte *Isola*, ein Viertel darstellte, lebten nur hunderttausend Seelen. Man könne fast denken, sie sei unbewohnt, eine schöne Statue ohne Leben, hatte ein französischer Besucher gemeint. Doch auf dieser nüchternen Harmonie lastete die Bürde der bedrohlichen Zeiten. Die vergangenen Revolutionen verhießen zukünftige, im hitzigen Stimmengewirr der Cafés unter den Arkaden konnten sich neue zusammenbrauen. Und eine Bürde war auch die Unzulänglichkeit der Jesuiten, die diese unruhigen Zeiten im Namen seiner Majestät bezähmen mussten. Die vor Kraft und Ideen strotzenden jungen Männer sollten dazu gebracht werden, Theologie zu studieren, allesamt, auch wenn nicht alle Priester werden würden. Regelmäßige Exerzitien und streng überwachte Ausgangsvorschriften in den Kollegien. Auf dass niemand sich in irgendein Café schleiche, auf dass niemand sich in einer Vereinigung zusammenschließe, auf dass man keine Frauen treffe. Abends mussten alle, Lehrer wie Schüler, in das *Collegio di San Francesco da Paolo* zurückkehren, neben der Kirche mit der schmucklosen Fassade in der Contrada Po. Dort wohnte auch Pater Manera, in der Hausnummer 35.

Ich wollte mir ein Bild davon machen, wo Pater Manera seine Tüchtigkeit und seine Angst kultiviert hat. Der große Block des Kollegs ist heute in mehrere Gebäude unterteilt. Ich konnte das der Kirche des heiligen Franziskus besichtigen. Vom langen Kreuzgang übriggeblieben ist ein langer Korridor mit einigen Kickertischen und von den Decken hängenden Fähnchen, erfüllt vom blauen Licht eines klaren Märzmorgens, das durch die Lünetten dringt; im Hof blickt man auf die Rückseite der Geschäfte aus der Via Po; die Gebäude in öffentlicher Hand seien der Verwahrlosung anheimgegeben, klagt der Pfarrer. An der Hauswand, von der der Putz abblättert, lehnt ein verrostetes Fußballtor. Auf der anderen Seite der schnurgeraden langen Straße mit ihren Laubengängen, wie es sie in Neapel nicht gab, gelangt man, wenn man in Richtung Piazza Castello geht, heute wie damals zur Universität. Der quadratische Innenhof mit seiner doppelten Loggia, zu dem die Hörsäle, die Bibliothek, der Anatomie- und Physiksaal hinausgehen, hallte von Männerstimmen in Piemontesisch und Französisch wider. Doch sie sollten auch die Sprache Dantes beherrschen.

Diese Aufgabe oblag Pater Manera mit seinem Lehrstuhl für Redekunst und Literatur. Er war fünfundzwanzig Jahre alt. Sein Vorgänger war zweiundsechzig und derart belesen, dass die Studenten ihn als wandelnde Bibliothek bezeichneten. Unmittelbar nach seiner Ankunft erkannte Pater Manera die Schwierigkeit, es mit ihm aufzunehmen. Er musste sich die gesamte bis dahin in Italien und Europa erschienene Literatur vornehmen, sie dort attackieren, wo sie schädlich war oder im Individuum Gefühle der Freiheit hervorrief, und dort fördern, wo sie die richtigen sittlichen Werte einflößte: den frommen Gehorsam Gott, dem Papst und dem König gegenüber. „Der Literat dient der Religion. In ihn blicken wie in einen Spiegel die Ungebildeten. Sein Vorbild ist höchst wirksam." Seit Jahren arbeitete ein Netzwerk aus Männern, Priester und Notabeln, Adlige und Bürgerliche, daran, die Seelen mithilfe guter Bücher zu gewinnen. Obwohl eindeutig in der Minderheit, waren auch Frauen an dieser Unternehmung beteiligt. Sie beschafften, verteilten, druckten moralische Werke, Dissertationen über die Religion, geistliche Übungen. Als Pater Manera damals noch in den Kinderschuhen steckte, waren sie eine in Turin auf Betreiben eines ehemaligen Jesuiten gegründete Geheimgesellschaft und wirkten, indem sie sich mit Kontakten in ganz Europa abstimmten. Gegen Ende des Jahrhunderts, als die Macht in den Händen von Regierungen lag, die nichts für die Religion übrighatten, war dies fast schon eine Art geheimer Widerstand. In den Turiner Jahren des Pater Manera waren sie aus der Deckung gekommen und zählten Staatsfunktionäre und Vertreter der angesehensten Familien zu ihren Mitgliedern. König Karl Felix selbst schützte und finanzierte sie.

Pater Manera kannte viele von ihnen und ihren Plan, in dem er bald zu einer wichtigen Größe wurde. Ihm oblag es indes nicht, den *Canzonette Sacre* von Tornielli, den *Rime* von Sappa, der *Maria Concetta* von Coppola, den von den Mitgliedern dieser Gruppe geliebten Autoren des frommen 18. Jahrhunderts zu mehr Bekanntheit zu verhelfen, sondern durch seine Tätigkeit in der königlichen Universität sämtlichen antiken und modernen Klassikern zu Leibe zu rücken. Die *Göttliche Komödie* zu lehren bot vielleicht die perfekte Synthese von allem, von Literatur und Theologie, von christlichen und bürgerlichen Tugenden. „Das Genie Dante war ein Wunder Gottes." Aber um sein Vorhaben in die Tat umzusetzen, konnte er sich nicht auf sich selbst verlassen. Jedes auf das Podium getragene Wort musste mit einem Apparat aus Synonymen, philologischen Elementen, Übersetzungen und Interpretationen anderer versehen werden. Also tauchte der pflichteifrige junge Manera, um nichts dem Zufall zu überlassen, um Irrtümern vorzubeugen, in den Text ein und versank darin. „Dante hat den Grund des Malebolge berührt. […] In grausamen Farben beschreibt er in Gänze Lage und Zustand des Ortes, mithin jenen ganzen Grund, einschließlich der inneren Wand des Grabens, die ihn als Kreis umschließt: Er ist ganz aus Fels […] erdfarben wie oft an den Abhängen des Vesuvs."

Das, was er in der jungen Frau in der Via di Sant'Anna sehen konnte, war nicht nur das Gesicht Satans, dem er in der Literatur begegnet war, sondern auch das seiner zerquälten, unbesiegbaren Unzulänglichkeit.

X

31. Dezember 1834

Das Jahr 1834 ging im Nebel zu Ende, der abends nach einem leichten Nieselregen aufgestiegen war. Zur Vesper in Il Gesú, am Tag vor dem Fest der Beschneidung des Herrn, würde auch der Papst kommen, begleitet vom Zug der Kardinäle mit den Fackeln, die ihm vorangingen. Die Musik dreier Orgeln unterhielt die Menge, in der sich Arm und Reich mischte, während die *padri cercatori*, zuständig für das Einsammeln der Almosen, aufpassten, dass die anwesenden Wohltäter nicht belästigt wurden und dass es keine Diebstähle gab. Die Novizen hatten den Tag über freigehabt. Einer von ihnen hatte den Orden verlassen. Draußen in den Straßen sangen kleine Grüppchen volkstümliche Lieder, die Glück und Segen bringen sollten. Sie gingen in die Häuser, zogen bis in die obersten Stockwerke von Tür zu Tür, mit großen Säcken auf dem Rücken für die zum Dank erhaltenen Geschenke. Vielleicht läuteten sie auch an der Haustür in der Via di Sant'Anna.

Dann war es dunkel geworden. Die Temperatur sank bis auf den Gefrierpunkt, und auf dieser Schwelle ging ein Jahr ins nächste über. Während dieses Übertritts konnten sich für einen kurzen Moment alle Zeiten versammeln, die Toten neben den Lebenden. Plötzlich saß Ferdinando Hamerani, Giovannis Vater, wieder „in Pelz gehüllt an seinem alten Sekretär" in seinem Arbeitszimmer im ersten Stock, den „Augenzwicker" auf der Nase, und zeichnete etwas für den Papst. In den tausend Schubladen des Schreibtischs Wachsmodelle, Andachtsbücher mit erbaulichen Bildern, Etuis mit dem – noch immer beträchtlichen – Rest dessen, was von den Medaillen und Münzen der Vorväter übriggeblieben war. In den Pausen holte er, auf seinem grünen, stark zerschlissenen Kissen sitzend, eine seiner zwei Pfeifen mit silbernem Mundstück hervor, öffnete eine der zehn randvollen Tabakdosen aus Terrakotta, um zu rauchen. Der Rauch stieg langsam vor den Portraits des Erasmus, der zwölf Cäsaren, seiner Mutter Teresa, der keuschen Susanna empor, die zusammen mit unzähligen anderen Gesichtern von den vollen Wänden auf das ovale Bildnis seines Vaters blickten.

Maria Antonia, seine Antonia, Ehefrau und Mutter der Erben Hamerani, spielte in dem ihr vorbehaltenen Appartement mit den vier Zimmern auf ihren beiden Cembalos. In der Loggia, die sich zum Innenhof auftat, trugen zehn Zitronenbäumchen goldene Früchte. Im Speisezimmer mit den weißgerahmten kolorierten Landkarten an den Wänden wurde in Kelchen aus „ausländischem" Kristall spanischer Wein aus einer der vielen Flaschen im Keller kredenzt. Anna Maria, das Dienstmädchen, bereitete in der Küche das Geflügel zu, das sich noch kurz zuvor im Käfig neben dem Bratspieß seines Lebens erfreut hatte. Vielleicht richtete sie auf den Majolika-Platten aber auch, wie in römischen Haushalten üblich, in einem Gasthaus bestellte Speisen an (auch das Brot kam von einem Bäcker, da es, wie Fremde erstaunt feststellten, verboten war, zu Hause zu backen). Der in Grau gekleidete Diener trug die Platten gemeinsam mit den Suppenterrinen aus chinesischem Porzellan auf. Unter den Gästen weilte der Architekt Ferdinando Fuga, Antonias Vater, der in Rom lebte, wenn er nicht gerade in Neapel oder Palermo Häuser baute, die dem Gleichgewicht der Vernunft gehorchten, getragen von der Harmonie der reinen Linie, ohne jedoch auf den überreichen Schmuck zu verzichten, der sich für bedeutende Gebäude ziemt. Die beiden Kleinen, Gioacchino und Giovanni, schliefen im Zimmer neben dem mütterlichen Appartement. Das Cape des Vaters, das *ferraiolo*, hing über der Bank im Entrée. An der Treppe zitterte das Flämmchen in der „kleinen Lampe" mit ihrem strahlenden Messingstern.

Ferdinando war nicht reich wie seine Vorväter und würde einen Teil der Stempelsammlung verkaufen müssen, doch war nicht alles verloren. Goethe hatte der im unteren Stockwerk gelegenen Werkstatt mit ihrer von zwei großen Bögen flankierten Tür einen Besuch abgestattet, um seine Münzsammlung um wertvolle Stücke zu erweitern. Dabei war ihm vom Erben Ferdinando persönlich das Portrait des Ahnherrn Johann Andreas Herrmanskircher gezeigt worden, der auf deutschem Boden wegen einer unglücklichen Liebe verunstaltet worden war und zum Gründervater eines erfolgreichen Künstlergeschlechts in Rom wurde.

Bei Tagesanbruch waren Ferdinando, Antonina, Gioacchino, die Dienerschaft wie auch die Münzsammlung der Familie wieder in der Vergangenheit untergetaucht. Im Haus in der Via di Sant'Anna blieb einzig Giovanni zurück, mit dem Wenigen, was von seiner Sippe und vom Erbe seiner Väter überlebt hatte. Die geschlossenen Läden der leeren Werkstatt im Erdgeschoss, das fahle Morgenlicht in der engen Gasse, das Glockengeläut der Kirche San Carlo ai Catinari. Die Listen von den Dingen der Toten werden im Staatsarchiv in Rom aufbewahrt und erzählen von ihnen. Von Wetterbeobachtungen für das Jahr 1835 indes fehlt jede Spur. Über die Beschaffenheit des Lichts und der Luft an jenem Morgen und an den darauffolgenden Tagen lässt sich nichts sagen.

XI
1. Januar 1835
Exorzismus

Der erste Tag des Jahres wurde als günstig erachtet, um ihr die Kommunion zu erteilen und sie zu exorzieren. Zur dreizehnten Stunde empfing sie die Kommunion, mit einigen Beschwerden im Hals. Ungefähr zur vierzehnten Stunde kamen die Patres Kohlmann und Manera. Eine dreiviertel Stunde danach begannen die Exorzismen.

Heiligenlitaneien.

Ab insidiis diaboli:[1] *entsetzliche Schreie, die Beine in der Luft, der Leib derart gekrümmt, dass sich die Knie gut eine Handbreit hinter dem Kopf befanden und die Beine, fortwährend in der Luft, weit mehr noch bald bis zur Wand, bald über den Rand des Bettes ragten. Gestank im Zimmer, dem Mund des Geschöpfs entströmt. Kreischen, heuchlerisches Gelächter, Schreie, Klagen, Verzweiflung, danach Erbrechen und Enge im Hals und Erstickungsanfälle.*

*Pater Kohlmann legt ihr das Bildnis der Jungfrau Maria auf. Du Schandkerl, verschwinde, du gehst mir auf den S… Die Verehrung von der da [*am Rand: *Diese letzten Worte wurden nach einer Pause gesagt und man erkannte klar, dass der Dämon sagen wollte, die Verehrung der Muttergottes peinige ihn mehr als alles andere].*

Du bist dreckig, Alter, ich will dich foppen, du bist ein Hundsfott. Strapazen und Atemnöte, wie oben. Oh mein Gott, oh innen drin, mir wird so eng.

Ipsa Dei Mater imperat.[2]

Schreie. Ich mag nicht mehr antworten, es ist genug: Ich mag nicht mehr antworten. Ich will dich foppen.

---

1 Vor den Fallen des Teufels

2 Die Mutter Gottes selbst befiehlt es.

*[*Am Rand: *Der Arzt, der vor einiger Zeit ins Zimmer kam, fühlte den Puls, befand ihn für normal und nicht der starken Anstrengung und den Krampfanfällen im Hals und im Körper entsprechend.]*

Dignare me laudare te,[3] *mehr als hundertmal wiederholt.*

Verschwinde. Anzeichen von Wut und Ärger. Schreie, Gelächter und Zittern, dann herzzerreißendes Schluchzen. Zittern des Kopfes als ja und nein. Strapazen des Geschöpfs, grausame Schreie, Pfiffe, während es das Antlitz verbirgt und sich die Ohren zuhält, mit den Fäusten vor der Stirn das Gesicht verbirgt.

Man schrieb und schickte umgehend einen zweiten Bericht an den Kardinalvikar.

Irgendwann kehrte das Geschöpf zur Verwunderung der Anwesenden wieder zu sich selbst zurück, sittsam lachend und voller Natürlichkeit und Arglosigkeit denen dankend, die für sie gelitten hatten. Und sie bat den Pater Exorzisten herzlich, sein Kruzifix küssen zu dürfen, legte es sich, kaum hatte sie es erhalten, sofort auf der rechten Seite unter die Brust, wo sie die grausamsten Schmerzen empfand.

Wenn man Pater Kohlmanns Leben nachspürt, könnte man meinen, dass er nie zuvor Exorzist gewesen war. Handelte es sich um Dinge, über die in den offiziellen Biografien nicht gesprochen werden durfte? Gleichwohl wurde er im Zimmer in der Via di Sant'Anna als solcher anerkannt. Stundenlang hatte er im Auftrag, ihn auszutreiben, mit dem gesprochen, der sich – davon war er überzeugt – des Mädchens bemächtigt hatte und sie befehligte. Und so hatte er am 23. Dezember begonnen, erstmals mit ihm zu sprechen: „Ich befehle dir zu verschwinden." Hunderte von kurzen Formeln füllen die Seiten des *Exorzismus*. Ein Sammelsurium von Litaneien, Ausschnitten aus dem offiziellen Ritual der katholischen Kirche und den Evangelien, Gebetsformeln, deren Quelle ich nicht ausfindig machen kann, und lateinischen Sentenzen, die Pater Kohlmann aus dem Stegreif erschuf. Wie Pfeile verschoss er giftige Worte in der Sprache seiner Kirche, um seine Autorität zu untermauern und den Teufel auf diese

3 Gib mir die Gnade, dich zu loben

Weise zu erniedrigen, rasend zu machen, zu kränken, zu bändigen. Zur Antwort bekam er Worte aus den tiefsten Niederungen der Volkssprache. Dies war ein ungebildeter Teufel (oder tat er nur so?), und er gab sich vor allem über den Körper zu erkennen. Er kommunizierte über dessen Klagelaute, dessen Verrenkungen und einen seltsamen *Gestank*. Leidende Körper hatte Pater Kohlmann zuhauf gesehen. Er hatte ihren Geruch, ihre unkontrollierten Laute, den letzten Atemzug vor dem Ende erlebt.

Es war das Jahr 1799, das letzte des Jahrhunderts, in dem er zur Welt gekommen war, und es hatte mit einer höchst seltsamen Röte am Horizont begonnen. An diesem 1. Januar deutete man die nie zuvor am Himmel erblickte Farbe als Vorzeichen des Blutes, das in Europa noch vergossen werden sollte. Auch die Eiseskälte, die monatelang Flüsse, Pflanzen, Mensch und Tier fest im Griff hatte, erst in ganz Italien, dann darüber hinaus von Wien bis Paris, ja überall auf der bekannten Welt, kündete von kommendem Tod. Der Rhein war zugefroren, die Poststraßen des Reiches unterbrochen, in den Wäldern spalteten sich die Bäume. Im Februar, als es etwas milder wurde, öffnete die Erde ihre Poren und ließ die lange in ihren Eingeweiden zurückgehaltenen Dämpfe entweichen. Ein Erdstoß begleitete das Entströmen der Dunstnebel aus den tiefsten Tiefen des Untergrunds. Dann kam der Regen, der bis in den Sommer hinein anhielt und die Felder in Sümpfe verwandelte.

Pater Kohlmann war noch keine dreißig. Unter Führung eines einstigen Tiroler Soldaten namens Niccolò Paccanari zog er mit einer Gruppe von überwiegend französischen Priestern, die vor der Revolution geflohen waren, unter dem Namen *Gesellschaft vom Glauben Jesu* predigend durch Europa und stand verletzten Soldaten bei, um sie im Sterben zu begleiten. In jenem letzten Januar des Jahrhunderts litten auf dem Land rund um Padua, wo Pater Kohlmann mit seinen Reisegefährten angekommen war, die Seidenraupen, die Reben, der Mais, litten die Menschen an Katarrhen und einem Stau der Säfte, die aufgrund der Feuchtigkeit nicht ausgeschieden werden konnten. Wie die Erde wurden sie vom Regen durchtränkt und entwickelten, da sie nie schwitzen konnten, „rheumatische Fieber", „Anginen", „Schnupfen", „Augenflüsse" und „Wundrosen". Aus den Städten Venetiens und der Lombardei, die den Franzosen entrissen wurden, kamen Tausende verletzte Soldaten. Man suchte nach Leintüchern und Lumpen, um die Blutungen zu stoppen, aber die Truppen Bonapartes hatten alles an sich genommen, bevor sie sich nach fast zweijähriger Belagerung still und heimlich davonmachten. Danach waren die Österreicher von einer jubelnden Menge begrüßt worden, aber wie ihre Vorgänger verlangten auch sie schon bald Matratzen, Strümpfe, Vieh und Brot im Tausch gegen Privilegien, die nie gewährt wurden, oder Geld, das nie gezahlt wurde. Dann sah man die Kosaken auf ihrem Weg ins Piemont vorbeiziehen, und obwohl sie nicht anhielten, ließen einen allein schon ihre finsteren Mienen und ihre unverständliche Sprache vor Angst erzittern. Zwischen Juni und August wurden weitere elftausend erwartet, die auf viertausendfünfhundert Pferden in vier Kolonnen eintreffen sollten, eine nach der anderen im Abstand von zwei Tagen.

Anfangs waren Pater Kohlmann und seine Gefährten für französische Reformer gehalten und verjagt worden. Aber im Zivilkrankenhaus hatte man sie schließlich behalten. Sie nahmen röchelnd hervorgestoßene Beichten in venetischen Dialekten ab, letzte Lebenszeichen aus den rheumastarren Körpern, die vom feuchten Klima der Terraferma ausgezehrt waren. Im Sommer, als ein starkes Erdbeben die Mitte Italiens in Schutt und Asche legte und am Himmel über dem Horizont ein Regenbogen erschien, reiste Pater Kohlmann wieder nach Pavia ab, wohin auch das Oberkommando der kaiserlichen Militärhospitäler umgezogen war. Dort traf er auf mehr als zehntausend Soldaten, Österreicher, Russen, Ungarn, Böhmen, Slaven, Walachen und französische Gefangene, die Verletzten auf dem Boden ausgestreckt, weil es kein Stroh mehr gab, um Lager zu errichten. Um sie zu hören, musste er sich flach hinlegen und das Ohr ganz nah an ihre Münder führen. Es war kaum möglich, in diesen undeutlich krächzenden Lauten etwas Menschliches zu entdecken. Wenn man sie nicht dazu bringen konnte, zu beichten oder sich im letzten Moment von ihrem ketzerischen Glauben loszusagen, musste man ihnen wenigstens die Hand führen, um sich mit einem *mea culpa* auf die Brust zu schlagen. Ein winziges Zeichen genügte oder auch ein paar Tränen der Reue wegen früherer Sünden und der Freude wegen der nahen Befreiung. Was machte es schon, dass der Schmerz in diesen letzten Momenten des Lebens unerträglich war. Das Leben im Diesseits zählte nicht, es galt an das danach zu denken. Binnen zwei Monaten hatte Pater Kohlmann auf diese Weise vierzig Protestanten bekehrt, ein Erfolg, der ihn und die Männer seiner Gruppe zu Kaplanen des Heeres im Dienst Kaisers Franz II. von Habsburg-Lothringen machte. Auf italienischem Boden zählte man allein bei den kaiserlichen Truppen fast fünfzigtausend Verletzte. Es waren Männer, die aus der Kälte kamen, gewöhnt an gemäßigte Sommer, und nun nicht nur von den Strapazen der Schlacht auf die Probe gestellt wurden, sondern vor allem von der feuchten Hitze, die sich in den Schützengräben staute, in denen sie Nacht um Nacht verbrachten. Um sich Mut zu machen, tranken sie, die an Bier gewohnt waren, Wein. Binnen fünf Tagen starben sie vom Fieber und der Ruhr ausgetrocknet. Sie starben inmitten ihrer Exkremente und denen der anderen. Sie starben vor Hunger. Der Hunger war unter den Soldaten und unter den Zivilisten allgegenwärtig. Bald schon wurde mit Mäusekot vermengtes Brot verkauft.

Derweil starb Ende August in Frankreich auch der Papst nach zehntägigem Leiden an der Ruhr, doch erst im Oktober läuteten in allen Städten die Glocken zu seiner Beisetzung. Der Herbst brachte neue Gefangene und die Kälte mit sich, und es fehlte an Holz, das für die Wagen beschlagnahmt worden war. Das französische Heer verlor an Boden und musste nach Padua zurückkehren, wo sechzehntausend Mann und elftausend Pferde einquartiert wurden. Unzählige fielen dem heimtückischen Fleckfieber zum Opfer, das durch Schweiß und Atem übertragen wurde und für mehr Tote verantwortlich war als die Schlachten. Im Regen wurden auch die Ochsen von einem Übel dahingerafft, das ihr friedliches Widerkäuen jäh unterbrach. Sie begannen zu zittern, die Augen tränten, jaucheartige Körpersäfte flossen aus ihren Leibern, begleitet von unerträglichem Gestank. Pater Kohlmann erkrankte, die Krätze bemächtigte sich seiner und seiner Mitbrüder. Im Herbst kratzten sie sich wie die Wahnsinnigen zwischen Menschen und Tieren im Todeskampf. Aber das Übel ging vorüber, und, wieder gesund, brach er Anfang des Jahres 1800 nach Preußen auf. Mit Beginn des neuen Jahrhunderts machte er sich auf, lutherische Seelen in der Hauptstadt zu erobern.

Es hatte eine Zeit gegeben, in der seine Bestrebungen von Erfolg gekrönt, seine Beharrlichkeit und Aufopferung belohnt worden waren. Nun, angesichts der Krampfanfälle der letzten Hamerani, konnte Pater Kohlmann sich nicht davonstehlen. Er würde den Beleidigungen, den Lügen, ja den Schlägen, wenn nötig, widerstehen. Er musste wissen, dass dies nur eine der Formen war, in denen sich das Böse offenbarte. Er war ihm in der Vergangenheit bereits unzählige Male begegnet und hatte es besiegt.

XII
2. Januar 1835
Exorzismus

Im Haus einer guten Familie glaubte man entdeckt zu haben, dass eine junge Frau von 18 Jahren, seit vier Monaten verheiratet, welche höchst wunderliche Gesten und Gebärden machte, vom Teufel besessen sei.

Eine andere junge Römerin wies Anzeichen von Besessenheit auf. Der Beweis war erbracht worden, als man Weihwasser auf den Tisch gestellt hatte und sie zu schreien begann *Bringt dieses Dreckswasser weg!* Es hatte nichts gefruchtet, sie aus Rom fortzuschaffen, auch außerhalb hatte sie keinen Frieden gefunden. Demnach war es keine Frage der schlechten Stadtluft, von der man annahm, sie zermürbe mit ihrer Feuchtigkeit die Nerven und rufe dadurch Krampfanfälle hervor. Der Kardinalvikar war auf dem Weg zum Petersdom darüber in Kenntnis gesetzt worden, ein Bote hatte ihn auf der Straße eingeholt. Dort standen sie also auf der Brücke zwischen den auf der Balustrade emporragenden Engeln, die Kuppel des Petersdoms zur Linken. Unterhalb das Rauschen des Flusses.

Als Pater Kohlmann und Pater Manera den Kardinalvikar aufsuchten, um ihm von den Geschehnissen im Hause Hamerani zu berichten, schickte er sie auch zu dieser jungen Frau. Die beiden sahen genug, *um sie für besessen zu halten*. So steht es im *Exorzismus* geschrieben, ich kann dies weder widerlegen noch bestätigen, noch habe ich Anhaltspunkte, um mich auf die Suche nach weiteren Informationen zu ihrer Person zu begeben. Was bleibt, ist das Bild einer am Tisch sitzenden jungen Frau aus gutem Hause und ein plötzlicher Schrei, der die Versprechen zukünftiger Freuden zunichtemacht, eine erst kürzlich gefeierte Hochzeit, ein Neubeginn, ja der Neubeginn schlechthin innerhalb jener Ordnung, die die

Töchter seit Jahrhunderten von den Vätern an die Ehemänner übereignete. Ein Geflecht aus Erwartungen von zukünftigem Eheglück und Schwangerschaften, eine nach der anderen, löste sich an einem Januartag in Nichts auf.

Auch das Gesicht der jungen Frau kann ich mir nicht vorstellen. Für Pater Kohlmann und Pater Manera jedoch war die *Besessene* ohne Namen und Gesicht wichtig, weil sie sie gesehen hatten und weil sie bestätigte, dass das Böse unter ihnen war. Es galt, die junge Hamerani zu exorzieren, bis sie befreit war. Es ging nicht nur darum, sie zu befreien, sondern auch zu zeigen, wer der Stärkere war. Die gesamte Kirche wurde hiermit auf die Probe gestellt. Es war schon spät an diesem Tag, aber sie schauten bei ihr vorbei, um zu sehen, wie es ihr ging, und fanden sie *in natürlichem Zustand*. Wenn sie so war, war sie vollkommen anders. Sie war ruhig, sie war anständig, sie war liebenswürdig und fromm, wie es eine Frau immer sein sollte, die Gott oder einem Ehemann treu ergeben war.

XIII

4. Januar 1835

Tagebuch von Pater Manera

Besuch derselben. Meist ruhig. Verschiedene Fragen und Antworten: Es fühlt sich an, als befände sich in meinem Inneren eine ganz dünne Person, die mich überall schlägt.

Der obere Teil der Seele unversehrt während der Paroxysmen. Gesammelt betet sie zu Gott und widersetzt sich nicht nur all dem an Unflätigem und Frevelhaftem, das der Dämon in den verschiedenen Bewegungen des Körpers und in der Rede benutzt, sondern auch den unterschiedlichen Gefühlen, die im unteren Teil erwachen: Wut, Ärger, Trauer. Sosehr die Seele auch die Verbundenheit mit Gott aufrechterhält, kommt sie dennoch nicht umhin, Erregung und Aufruhr zu erleiden, wie jemand, der eingebettet im Schoß eines Schiffchens auf hoher See von einem tobenden Sturm getroffen wird.

Pater Manera bat Veronica, die Wahrheit über sich selbst zu sagen, zu erzählen, wie stark sie innerlich zerrissen war, um den guten Teil und den bösen in ihr zu finden, den unschuldigen und den komplizenhaften. Aber wie konnte sie etwas über sich sagen, wenn sie nicht bei sich war? Und mit welchen Worten konnte sie es sagen? *Es fühlt sich an, als befände sich in meinem Inneren eine ganz dünne Person, die mich überall schlägt.* Das klingt nach ihren Worten, nach der Beschreibung eines neunzehnjährigen Mädchens. Aber hätte sie sich nicht die Worte der Patres geliehen, hätte sie vermutlich nicht vom *oberen Teil* und vom *unteren Teil* (der Seele oder des Körpers? Und wo begann Erstere und endete Letzterer?) sprechen können. Wer hier spricht, ist kein anderer als Pater Manera, und mit ihm das männliche Vokabular einer uralten Kultur, Wörter aus Disputen im Hörsaal und theologischen Traktaten, die der religiöse Orden, dem er angehörte, jahrhundertelang ausgesprochen und niedergeschrieben hatte, im Versuch, das unergründliche Geheimnis zu entschlüsseln, das dem Menschen innewohnt. Die Brüder selbst mussten sich mit diesen Instrumenten beobachten und ihrem Oberen Bericht erstatten, von dem Moment an, wenn sie sich entschlossen, Männer des heiligen Ignatius zu sein. So wollte es die Regel.

An allererster Stelle galt es, sich zu erforschen und von sich zu erzählen. Hierfür standen eigens fertige Karten der Seele, Wörter, Bilder bereit, die von anderen Männern im Zuge ihrer emsigen Selbstergründung zusammengestellt worden waren. Es gab eine obere und eine untere Seele, auch wenn es sich immer um eine einzige, unteilbare und unsterbliche Seele handeln musste. Die obere war der Sitz des Willens und des Intellekts, der wahrhaft menschliche Teil einer Person, der sie einzigartig machte und von den Tieren unterschied. Die untere war der Ort des Verlangens und der Ablehnung, des Leidens und der Freude, der Wahrnehmung und der Illusion. Sie brauchte den Körper, um handeln, Augen, um sehen, einen Mund, um schmecken, Hände, um tasten und Haut, um fühlen zu können. Der Körper war ihr Werkzeug, um sich Kenntnisse über die sinnlichen Dinge zu verschaffen, aber auch der Ort, um ihren jeweiligen Zustand spürbar werden zu lassen. Je nach Verfassung geschahen im Körper unterschiedliche Dinge. *Affekte* waren ein Aufwallen im Körper von unsichtbaren und nicht greifbaren, aber überaus wirkmächtigen Kräften, in der Lage, das fragile Gleichgewicht zu stören, auf das sich das Lebendigsein stützt. Welche Beschaffenheit hat die Traurigkeit, konnte man sie ertasten? Welche Dichte das Verlangen? Keine. Man konnte sie nicht ertasten, aber man konnte sie als Last auf der Brust fühlen oder als Beklemmung beim Atmen. Sie brannten wie Feuer, stachen wie Nadeln, hieben wie Sturmböen, verfinsterten wie Wolken.

Die Theologen wussten, dass diese unsichtbaren und machtvollen Kräfte einen so weit bringen konnten, dass man ihnen vollkommen ausgeliefert war. Daher musste man die Symptome, Ursachen, Gründe und Folgen wie auch die Gegenmittel kennen, um dem, der davon übermannt worden war, mit den notwendigen Kuren beizustehen und ihn in den Zustand eines von der Vernunft geleiteten menschlichen Wesens zurückzuversetzen. Die Patres wussten von Aristoteles und vom heiligen Thomas von Aquin, der dies eingehend studiert und für seine Kirche in unumstößliche Gültigkeit verwandelt hatte, dass die Affekte entstanden, sobald eine Sache sich den Sinnen bot und die Imagination ihrer gewahr wurde. War es eine gute Sache, erwuchs daraus das Verlangen, sie zu besitzen, war es eine schlechte, Ekel. Während dies geschah, brausten vom Herzen Lebensgeister über die Arterien in den Körper und Blut von der Leber aus, das über die Venen überallhin transportiert wurde. Es war ein ständiges Erhitzen und Abkühlen, Zusammenziehen und Ausdehnen, je nachdem, ob man Verlangen oder Ablehnung verspürte.

Die subtilen *Bewegungen*, die sich innerhalb des Körpers abspielten, entsprachen den Affekten: Das Herz dehnte sich und wurde aus Freude und Verlangen weich; es zog sich zusammen aus Schmerz und Trauer; es erkaltete vor Angst; der Zorn entzündete es und machte die Stimme rau und laut, den Atem schnell; der Körper verzehrte sich vor Neid; die Röte ging einher mit der Scham, die Blässe, das Zittern und das Zähneklappern mit der Angst; der Schmerz brach als Wimmern, Stöhnen und Wehklagen hervor; die Liebe machte die Worte zart. Der Schoß einer Frau konnte aus Verlangen nach einem Mann tief wie ein Abgrund werden und ihr eine unglaubliche Wut verleihen. Etwas Subtiles und nicht Greifbares, das in der Seele geschah, konnte den gesamten Menschen aus der Bahn werfen. Man sah es nicht, man konnte es nicht berühren, aber man musste es dennoch ergründen, verstehen und die gutartigen von den bösartigen Kräften unterscheiden. Die Rettung jedes Einzelnen stand auf dem Spiel: Das menschliche Wesen, so wie es ist, mit seiner blanken Empfindsamkeit, jederzeit bereit, sich wegen einer Nichtigkeit zu erregen und sich von einer Welt voller Versuchungen gefangen nehmen zu lassen, kann das Reich Gottes nicht betreten.

Auf diesem Menschenbild hatten die Jesuitenpatres jahrhundertelang ihre Regeln für sich und die anderen aufgebaut. Die Medizin und die Philosophie der Antike, die von den Patres der Vergangenheit in ihren *Summae* zusammengefasst worden waren, hatten dafür als unanfechtbare Grundlage gedient. Pater Manera stand in der Tradition dieses Erbes, das ihn mit Pater Kohlmann und mit all seinen Mitbrüdern in Vergangenheit und Gegenwart verband. Aber er war ein Mann seiner Zeit und wusste auch, dass sich Risse aufgetan hatten, dass diese Sicht der Seele und des Leibes, die seinen Orden jahrhundertelang zu einem unübertrefflichen Beobachter des Gewissens gemacht hatte, weder die einzige war noch die mächtigste. Es war im Lauf des vorherigen Jahrhunderts geschehen, an dessen Ende er zur Welt gekommen war. Die Medizin hatte begonnen, die Nerven in den Mittelpunkt jener Empfindsamkeit zu rücken, die zuvor mit dem Aufbrausen der Lebensgeister und des Blutes, mit dem Wirken der unteren Seele erklärt worden war. Man hatte zu denken begonnen, der Mensch werde von einem hauchfeinen Bündel aus Fibern zusammen und am Leben gehalten, die auf jeden kleinsten Reiz aus der äußeren Welt reagierten. Die Sinne und die Körpermaterie waren die alleinige Brücke zum Bewusstsein, und die hochgradige Feinheit des Nervensystems der einzige Unterschied zwischen Mensch und Tier. Das Herz war nicht mehr der pulsierende Motor für alles. Jetzt war es das Gehirn, das dominierte, mit seinen hauchfeinen Windungen, die jede einer bestimmten Eigenschaft einer Person entsprachen. Auf diese Weise konnte man durch die genaue Betrachtung des Schädels den Charakter, die Fehler, die geheimsten und schändlichsten Absichten eines jeden erraten. Niemand mehr wollte von der Seele sprechen. Der Körper, die nackte, niedere Materie war jetzt die Königin. Vergebens hatten die Zensoren die neuen Physiologiebücher aus Frankreich, der Mutter aller Revolutionen, auf den Index gesetzt.

Pater Manera wusste das, denn er las regelmäßig jene Zeitungen, die Auskunft über die neuesten wissenschaftlichen Erkenntnisse gaben. Er schrieb Auszüge aus Artikeln ab, kopierte die Titel der rezensierten Werke, erstellte Listen davon. Es war seine Art, sich der Realität zu bemächtigen, Ordnung im Chaos des unendlichen menschlichen Wissens zu halten. Das hatte er schon früh von seinem Lehrer Juan Andrés y Morell gelernt, der ihn schon als Kind unter seine Fittiche genommen hatte, nachdem sein Vater Mariano Nicola Manera gestorben war. Andrés war noch vor Francescos Geburt nach Italien gekommen, als die Jesuiten aus den Herrschaftsgebieten der spanischen Monarchen vertrieben wurden. Hunderte von Männern machten sich damals auf den Weg, im Gepäck eine kleine Leibrente von eben jenem Staat, der sie verjagte. Kaum genug, um zu überleben. Manch einer legte den Habit ab und wandte sich dem Anwaltsberuf, dem Handel unterschiedlichster Dinge oder der Literatur zu, als Hauslehrer, als Literat oder als Bibliothekar. In Italien angekommen, pilgerte Juan Andrés y Morell zwischen Mantua und Ferrara, Venedig und Pavia hin und her und betätigte sich als Hauslehrer, Literat und Bibliothekar.

Nachdem er sich vom Namen und der Sprache her zum Italiener verwandelt hatte und zu Giovanni geworden war, lebte Andrés mit und von der italienischen Literatur, oft gefangen in den Nöten der Gegenwart, in der er vorübergehend weilte. Er führte ein Leben als Ehrengast in Künstlerkreisen und Akademien sowie bei anspruchvollen Gönnern. In diesem Balanceakt zwischen Prestige und Unbequemlichkeiten verfasste er das siebenbändige Werk *Dell'origine, progressi e stato attuale d'ogni letteratura* [Ursprung, Entwicklungen und heutiger Stand jeglicher Literatur] und eiferte im Wettstreit mit der *Encyclopédie* Diderots und D'Alamberts darum, das Wissen der Menschheit zu bündeln. Die Franzosen hatten Gott aus dem Wissen der Menschen getilgt, in der festen Überzeugung, einzig die Vernunft könne die Menschheit in eine strahlende Zukunft führen. Aus Sicht des im Exil lebenden Jesuiten jedoch konnte es ohne göttlichen Funken kein menschliches Denken, ohne Vertrauen in dessen Pläne keinen Fortschritt geben. Beweis dafür war alles, was vom Anbeginn der Zeit bis in seine Gegenwart zu Worten geronnen war, von einer Seite der bekannten Welt bis zur anderen, von der Dichtung bis zur Chemie, von der Geschichte bis zur Medizin. Und damit dies der ganzen Welt bekannt würde, war es seine Aufgabe, es zu klassifizieren und eine Zusammenfassung davon in Druck zu geben. Eben das war für Andrés die Literatur, etwas weitaus Größeres als das, was man wenige Jahre später unter diesem Begriff zu verstehen begann. Unermüdlich rezensierte er in den *Efemeridi letterarie* Werke, schrieb für die *Novelle letterarie* und knüpfte auf diese Weise Verbindungen, die zu einem beeindruckenden Bücheraustausch zwischen Spanien und Italien führten. Nur dergestalt würde sich die Seuche der aufklärerischen Ideen eindämmen lassen.

Während sich in nahezu jeder ehrbaren Familie ein spanischer Ex-Jesuit als Hauslehrer einnistete (im Hause Leopardi war es der Mexikaner De Torres, der starb, als Giacomo neun Jahre alt war), während sich der Buchmarkt mit spanischer Literatur füllte und eine Republik der Literatur aus vertriebenen Jesuiten sich darum bemühte, die Sprache Cervantes' zu rehabilitieren, während französische Truppen auf die Halbinsel einmarschierten, Herrschaftsordnungen fielen, die seit Jahrhunderten existierten, und neue Republiken entstanden, kam Andrés in Neapel an. Dorthin hatte Ferdinand IV. im Sommer 1804 nach Wiederherstellung seiner Monarchie die Jesuiten zurückgerufen, um die Ordnung wiederherzustellen. Sie brachten so viele Bücher in ihren Koffern mit, dass es Andrés und zwei seiner Mitbrüder gelang, eine neue Jesuiten-Bibliothek einzurichten. Der Spanier wurde ihr Präfekt und bekam bald darauf auch die Verantwortung für die königliche Bibliothek übertragen. Jedoch nicht vom Bourbonenkönig, sondern von Joseph Bonaparte, den Napoleon nach der Eroberung Neapels 1806 anstelle des Königs auf den Thron setzte. Der Orden des Ignatius wurde abermals aufgelöst und seine ausländischen Mitglieder aus dem Königreich vertrieben. Alle, außer Andrés, der seiner Gelehrtheit wegen geschätzt wurde und den alten wie den neuen Regierenden nützlich war. Jeden Morgen sah man ihn über den Treppenaufgang der Studenten in der Königlichen Bibliothek eintreffen. Schnellen Schrittes durchquerte er die Räume entlang des prächtigen Hauptsaals, verweilte in dem des 15. Jahrhunderts und dann im Handschriftensaal, wo sich seine Schüler zu ihm gesellten. Die Königliche Bibliothek war dank der Liebenswürdigkeit des spanischen Bibliothekars ein behaglicher Ort. So erinnerte sich ein französischer Reisender an diesen obligatorischen Zwischenhalt der Grand Tour durch Italien.

Francesco Manera war acht Jahre alt und schon eifrig am Lernen. Kurz darauf gab ihn sein Vormund, der Notar Don Gaetano, in die Obhut zweier Hauslehrer, die ihn zu einem unersättlichen Leser und regelmäßigen Besucher der Bibliotheken und Zirkel, darunter auch jenem rund um Andrés, machten. Der junge Kopf mit den rabenschwarzen Haaren fing also an, sich über Bücher zu beugen, die Hand begann die Feder zu halten und in winzigen runden Buchstaben zu schreiben, die großen hervorstehenden Augen begannen über die von ihm und anderen dichtbeschriebenen Seiten zu fliegen. Von damals an bis an sein Lebensende las und schrieb Francesco, als kleiner Waisenjunge in die Welt gelehrter Erwachsener aufgenommen, und fand in diesen beiden Tätigkeiten seinen Königsweg für die Welt. Vielleicht war die Verbissenheit, mit der er im Lauf seines Lebens Tausende von Blättern füllte, kopierte, überarbeitete, umschrieb und auf jedem Papierschnipsel, der ihm in die Hände fiel, Notizen machte, nichts als eine endlos wiederholte Geste der Dankbarkeit für den neuen Vater, den er um den Preis, nur noch Augen, Verstand und Worte zu sein, bekommen hatte. So kam es auch, dass er, während er las, kopierte, archivierte, Bekanntschaft mit dem Zweifel und der brüchigen Natur des Wissens über die belebten Körper der Männer und der Frauen machen konnte und begriff, dass die antiken Anschauungen, denen sein religiöser Orden nach wie vor anhing, mit ihren brausenden Lebensgeistern, dem sich erhitzenden Blut, der von jeder kleinsten Gefühlsänderung erschütterten Seele, nicht die einzigen waren. Sein Lehrer Andrés hatte geschrieben, die Geschichte sei ein verschlungener Pfad, der auch rückwärtsführen, Umwege einschlagen könne, der aber immer weitergehe. Und die moderne Wissenschaft galt es nicht zu fürchten, sondern zu kennen. Kein Wissen sollte Angst machen, wenn sein Studium bedeutete, es zu erobern und der Welt erneuert zurückzugeben.

Deshalb vielleicht kopierte und glossierte Pater Manera in seinen Notizensammlungen eifrig auch die verdammten Autoren wie Boccaccio und Machiavelli und rekonstruierte ihr Schicksal, indem er sich über die besten Ausgaben auf dem Laufenden hielt. „In einer hochgelobten Übersetzung der gesammelten Werke Machiavellis, die in Frankreich zur Publikation kommt, liest man eine historische Vorrede, in der mit trefflichen und teils unbekannten Argumenten die geheimen Motive des Krieges aufgezeigt werden, der über eine so lange Zeit seinem Gedenken galt."

Deshalb vielleicht brachte er ein paar Tage später einen Arzt zu Veronica mit, um sie zu untersuchen. Im Übrigen war seinem Lehrer Andrés zufolge auch die Medizin eine Form der Literatur. Er hatte ihr in seinem *Dell'origine e progressi* ein Kapitel gewidmet, das selbst die modernsten Theorien einschloss, welche dem Körper eine immer größere Bedeutung dabei zuerkannten, die Charaktereigenschaften des Menschen, seine Handlungen, sogar seine Gedanken zu bestimmen. Mehr noch, Andrés hatte gar gehofft, dass das Studium des Gehirns „uns den Menschen immer besser kennenlernen lassen möge", jene Mechanismen, welche die Intelligenz, das Gedächtnis, die Sinne steuern. So hatte er einen Arzt aus dem Piemont, Vincenzo Malacarne, in einem Brief wissen lassen, dass ihm bei der Obduktion des Gehirns von an Kretinismus Erkrankten eine Deformation des Schädels aufgefallen sei, begleitet von einer Anomalie des Kleinhirns, wie sich bei der anatomischen Sektion herausstellte. Das war ein Beweis dafür, dass die Krankheit das Gehirn veränderte und das Gehirn wiederum das Verhalten. Von wegen Blut und Geister, die aufbrausen, von wegen *untere Seele* und *Affekte*, die den Willen, die Neigungen, die Zusammenbrüche beherrschten. Auch unter den Jesuiten, hatte Andrés ihm geschrieben, habe es Gehirne gegeben, die nach der Krankheit nicht mehr dieselben gewesen seien. Sein Mitbruder Boscovich, ein renommierter Mathematiker, Chemiker und Physiker, sei, vom Wahnsinn gepackt, eines jämmerlichen Todes gestorben. Sein Gehirn, „wie viele Nervenfasern mag es gehabt haben und wie übel zugerichtet waren sie wohl nach seiner Krankheit?"

War auch die junge Hamerani vom Wahnsinn befallen?

XIV
8. Januar 1835
Exorzismus

Sie besuchten die Kranke wie üblich.

Mehr steht nicht da. An diesem Tag wurde Veronica zwanzig. Aber die ganze Stadt hatte sich versammelt, um Kardinal Placido Zurla die letzte Ehre zu erweisen, dessen sterbliche Hülle in perfekt erhaltenem Zustand aus Palermo eingetroffen war.

XV
9. Januar 1835
Exorzismus

Sie besuchten die junge Frau. Pater Manera brachte Doktor Andrea Belli mit, damit er die junge Frau in statu naturali sehe, bevor er sie in Besessenheit sehe.

In das Zimmer der Via di Sant'Anna trat ein Mann mit pockennarbigem Gesicht, wulstigen Lippen, die Wangen von blau-violetten Flecken übersät, die wenigen Haare vorzeitig ergraut. Andrea Belli, der Chirurg der Jesuiten. Man kann ihm körperliche Gestalt geben, weil er sich selbst in seinen in unzähligen Bibliotheken und römischen Archiven aufbewahrten Aufzeichnungen detailliert beschreibt. Die Fülle seiner Schriften macht es schwer zu entscheiden, was hier von ihm erwähnt werden soll. Zuallererst fällt einem die enzyklopädische Gelehrsamkeit auf. Seitenlange Ergüsse lassen einen beim Lesen beinahe einschlafen vor Langeweile, bis plötzlich ein Funken Leben aufscheint und aus der von all den Wäldern, Nymphen, Hirten, Grabsteinen und alten Erinnerungen verursachten Lethargie reißt. Andrea, wie er sich oft selbst in seinen Unterlagen nannte, als wäre er jemand anders oder als wagte er aus Bescheidenheit nicht „Ich" zu sagen, war das Objekt täglicher Selbstbeobachtung. Ein ständiges Sich-Ergründen, Sich-Beurteilen, Sich-Verzeihen und Schreiben darüber, hin- und hergerissen zwischen der beschämenden Erkenntnis der eigenen Gebrechlichkeit und dem schmeichelhaften Selbstbild heldenhafter Tugend. Vielleicht schrieb er über sich, weil ihn sein Äußeres jeden Tag an den Tod gemahnte und dieses Sich-auf-Papier-Verewigen der Versuch war, ihm zu trotzen. Vielleicht aber auch, weil im 16. Jahrhundert, als man in der Medizin noch an Wunder glaubte, bereits der Arzt, Philosoph und Mathematiker Gerolamo Cardano vom eigenen Gesicht, dem eigenen peinlich fülligen Körper geschrieben und die Kraft der Natur in ihrer irdischen und mächtigen Nacktheit gefeiert hatte. Somit setzte sich Andrea Belli auf die Schultern von Riesen und distanzierte sich – zumindest abends bei Kerzenschein in seinen privaten Aufzeichnungen – vom naiven Glauben an das Übernatürliche, dem die Ärzteschaft zu seiner Zeit noch anhing, vor allem in der Stadt des Papstes.

Als er sieben Jahre alt war, hatten ihm die Pocken das Gesicht verunstaltet und ihn seiner Haare beraubt. Um seine Kahlheit zu kaschieren, hatte er eine Perücke bekommen, für die er sich zutiefst schämte. Jedes Mal, wenn er aus dem Haus ging, fühlte er sich wie der Jude, der jeden Samstag mit den im Ghetto gekauften Matzen den Platz überquerte und von den Leuten verspottet wurde. Er muss diese Szene mit eigenen Augen gesehen und den Juden als Inbegriff des Nichtswürdigen empfunden haben, über den man nur höhnisch lachen kann. Ihm hingegen kamen die Tränen, und noch im Alter von fünfunddreißig Jahren dachte er daran zurück und verfasste einen Reim der bitterkomisch klingen sollte:

> An Jahren eben erst sieben / der Krankheit der Pocken entgangen / im Gesicht viele Schrammen / für immer mir blieben. / Verloren gingen die Haare / in der Farbe von goldenem Braun / und nicht der zarteste Flaum / mehr zierte den Kürbis, den lieben. / Gewoben in seltsamer Form / brauchte es für den Kopf / zwei Locken und einen Zopf / und obenauf ein Toupet. / So eilt Messer Giacobbe / samstags mit schnellem Schritte / über des Platzes Mitte / die Azyma in der Hand. / Ringsum lachten die Leute / und mir rot vor Scham / und ergriffen von Gram / eine Träne die Wange benetzte.

Noch zwei Jahre nach seiner Krankheit schämte er sich so sehr, dass er wie ein Besessener um sich schlug und schrie, als man ihm für den Besuch im Petersdom die Perücke aufsetzen wollte. Doch dann nahm ihn sein Vater Filippo mit und erzählte ihm von der Passion Christi, und wieder kamen ihm die Tränen, diesmal jedoch wegen der Herzkammern, Arterien,

Venen, Poren, Muskeln und Nerven des Gottessohnes. Wieder zu Hause schlug der Vater ihm vor, all die gehörten Begriffe und ihre Synonyme zusammen mit seinen Vorstellungen auf kleinen Karten zu notieren. Aus diesen ersten Eindrücken eines neunjährigen Kindes entwickelte sich die Idee einer Enzyklopädie der Literatur und des gelehrten Wissens, an der er noch als Erwachsener arbeitete und deren Bedeutung erst die Nachwelt erkannte. Seit jenem Abend, als er die Passion Christi und das Wort Gottes vernommen hatte, das Fleisch geworden war, Nerven, Haut und Adern, begann er ohne Unterlass Wörter und mit ihnen die Welt zu katalogisieren und wollte Chirurg werden.

Als neunzehnjähriger Student betrat Andrea erstmals das Gebäude der Sapienza und fand sich im Schatten der beeindruckenden Arkaden, die sich über drei Seiten erstrecken, und vor der atemberaubenden Fassade der Barockkirche Sant'Ivo mit ihrer sich spiralförmig in den Himmel schraubenden Laterne wieder. Die acht Hörsäle, die sich die Studenten der Medizin, der Rechtswissenschaften und der Theologie teilten, gingen zu dem prächtigen rechteckigen Innenhof hinaus, den ich auf meinem Weg in das heute dort untergebrachte Staatsarchiv oft bewundert habe. Das Licht jedoch erreichte kaum den Boden, und der Lärm vom Markt auf der angrenzenden Piazza Navona und aus dem Viertel Sant'Eustachio war mitunter derart heftig, dass er die Stimmen der Professoren erstickte und sie innehalten und abwarten mussten, bis er wieder abebbte. Die für akademische Zwecke ungeeigneten dunklen Räume im Erdgeschoss wurden als Ställe und Scheunen vermietet, bis auf einen, der als Anatomiesaal diente. Doch weil man drinnen kaum etwas sehen konnte, wurden die Körper meist draußen auf dem Hof geöffnet, wo es nach Pferdemist roch und sich die Rufe der Händler von jenseits der Mauern mit denen der Verkäufer mischten, die sich hier versammelten. Oft trat der Tiber über die Ufer und setzte die Arkaden unter Wasser, wo sich das erhaben Akademische mit dem Prosaischen vermengte, wenn Dozenten, Studenten, Tiere, Heuballen, Antrittsvorlesungen und Exkremente aufeinandertrafen. Auch im Stockwerk darüber galt es die eine oder andere Widrigkeit zu ertragen. Es konnte vorkommen, dass der Professor anstelle seiner Chirurgenanwärter im Hörsaal lebhaft ihre Geschäfte diskutierende Bankiers vorfand. Es konnte vorkommen, dass eine Decke herunterfiel, und zwar nur einen Augenblick, nachdem – ein Wunder! – alle den Saal verlassen hatten.

Hier studierte Andrea Belli, um Chirurg zu werden, wofür drei Jahre an der Universität nötig waren. Nach dem ersten Jahr erwarb man den akademischen Grad des *baccelliere*, nach dem dritten den des *licenziato*, und erst nach einer öffentlichen anatomischen Sektion mit anschließender Disputation den des Doktors. Um sich Arzt nennen zu dürfen, musste Andrea diese drei Stufen nochmals durchlaufen, da es sich um zwei getrennte Ausbildungen handelte. Die Chirurgie hatte zwar seit der Zeit, als sie noch Sache der Barbiere war, durchaus an Ansehen gewonnen, war aber erst seit zwanzig Jahren eine akademische Disziplin. Andrea studierte Botanik, Anatomie, theoretische und praktische Medizin, vergleichende Anatomie von Mensch und Tier, Geburtshilfe und Chemie. Zur Ausübung beider Berufe, dem des Arztes und dem des Chirurgen, erlangte er die Approbation, für die man praktische Erfahrungen vorweisen musste. Sein Praxiswissen sammelte Andrea Belli in den beiden großen Hospitälern Roms, im Ospedale di Santo Spirito, vor allem aber im Arcispedale di Santa Maria della Consolazione, wo Quetschungen, Brüche, Schürfungen – Chirurgenfälle also – behandelt wurden.

Rom produzierte jeden Tag Unmengen an Quetschungen, Brüchen, Schürfungen. Von Kutschen überrollte Passanten, von Gerüsten gestürzte Maurer, Tischler mit tiefen Schnittwunden, von Huftritten verletzte Stallburschen, Müller, denen der Mahlstein zum Verhängnis geworden war, und Opfer von wüsten Prügeleien endeten im großen Männersaal des Arcispedale di Santa Maria della Consolazione. Zu Beginn des Sommers kamen auch die Erntehelfer aus den Bergen. Sie versammelten sich auf der Piazza Montanara, dann wanderten sie über die Via Appia hinaus zu den Feldern, wo sie den ganzen Tag unter der sengenden Julisonne schufteten. Vom Tau durchnässt, nächtigten sie im Freien, man sah sie auf der großen Treppe von Santa Maria in Aracoeli oder unter den Arkaden der Gebäude auf dem Kapitol. Wer Fieber bekam, landete in Santo Spirito, und wem die Sonne den Kopf verbrannt, wem ein Axthieb die Hand verletzt oder der Tritt eines anderen erschöpften und wütenden Mannes die inneren Organe zerrissen hatte, der kam ins Arcispedale della Consolazione.

Für Doktor Belli war dieser Ort sein zweites Zuhause. Er war nicht nur Oberchirurg, sondern hatte auch die Ehre, das Archiv und die Bibliothek zu leiten. Zusammen mit ungefähr dreißig Männern und nur zwei Frauen, der Äbtissin und der Bediensteten für den Frauengang, aß und schlief er dort. Er hatte jeden Winkel erforscht, besser vielleicht als die Körper seiner Patienten. Er wusste, dass man durch eine schmale Tür seitlich des Frauengangs auf eine Terrasse gelangte, auf der einst eine Myrte gepflanzt worden war, ein prachtvoller, uralter Strauch. Wenn die Leichen seziert wurden, Festtage für die Studenten, holte man ihre Zweige. Vielleicht hielt man es auch im März 1813 so, zu seiner dem Auge und dem Sehsinn gewidmeten Antrittsvorlesung im Hospital. Noch grünte die Myrte auf der Terrasse, und man nutzte ihre Zweige bei den Amputationen, den Kauterisationen, für die Sterbenden, Toten und Genesenen. Ein Jahr später, 1814, wurde sie anlässlich der Rückkehr von Papst Pius VII. bis zu den Wurzeln gekappt, als Freudenfeuer die Nacht zum Tag machten und die Straßen von Teppichen aus Zweigen bedeckt waren. Der fünfundzwanzig Jahre alte Andrea Belli freute sich über diese Rückkehr. Im selben Jahr trat er unter dem Namen Liso Samiense der Accademia dell'Arcadia bei.

Bald darauf wurde er zum festbestallten Chirurgen der Jesuiten ernannt. Eine Stellung, die es ihm zusammen mit seiner Arbeit als Oberchirurg im Arcispedale di Santa Maria della Consolazione und als Assistent andernorts erlaubte, in auskömmlichen Verhältnissen zu leben und sich seinen zwei großen Leidenschaften hinzugeben. Enthaltsam bis zur Askese in Hinblick auf Frauen, wie er sich ständig in seinen Schriften attestierte, gab er Unsummen für Bücher über das antike Latium aus, die ihm als Inspirationsquelle für gelehrte Aufsätze dienten. In ihnen verband sich, wie er selbst befand, die Exaktheit des antiquarischen Details mit der Intensität des Gefühls, wie sie die Schönheit einer mit den Überresten der Antike übersäten Natur in einem wissensdurstigen und empfindsamen Herzen wie dem seinen hervorzurufen vermochte. Dann war da noch die Sammlung päpstlicher Münzen und Medaillen, von denen er vierhundert besaß. Er hatte sogar eine Münze von Papst Zacharias aus dem 8. Jahrhundert, doch die aus Gold im Wert von 5 Scudi des amtierenden Pontifex mit der Darstellung der allerheiligsten Apostel, von der nur acht Stück geprägt worden waren, fehlte ihm noch. Im Übrigen brauchte man nicht zu hoffen, dass die Sammlung jemals vollständig sein würde. Es war, als wollte man ein Herbarium anlegen, das alle Pflanzen der Welt enthielt. „Ein wahnsinniger Traum, Märlein aus Fabellande". Es dürfte Doktor Belli gewiss beeindruckt haben, am 9. Januar des Jahres 1835 das Haus der Erben der berühmten Hamerani zu betreten. Dennoch beschränkte er sich in seinem seit Jahren geführten Tagebuch, in dem er stets links auf der Seite den Betreff und rechts die jeweiligen Überlegungen dazu notierte, auf den wie immer in der dritten Person abgefassten Eintrag: „Die Jesuitenpatres nehmen ihn mit, um die angeblich Besessene zu untersuchen. Bei diesem ersten Besuch konnte er nichts Außergewöhnliches feststellen."

Im Tagebuch von Pater Manera hingegen steht: *Besuch mit Doktor Belli. Unwahrheiten, Widerrufungen der jungen Frau, dass sie Theologie studiert habe und dass ihre Schwester dem Wahnsinn verfallen in Campo Marzio gestorben sei.*

XVI
Rom, Januar 1827
„Processus“ der Seligsprechung und Heiligsprechung des ehrwürdigen Diener Gottes Francesco Saverio Maria Bianchi

„Ich heiße Maria Antonina Hamerani, ich bin in Rom geboren, und meine Eltern sind Signor Giovanni Hamerani und Signora Vittoria Cecchi, beide durch Gottes Gnade noch am Leben. Ich bin zwanzig noch nicht vollendete Jahre alt. Ich lebe zur Probe in diesem altehrwürdigen Kloster, weil ich mich danach sehne und hoffe, hier den Schleier zu nehmen.“

Wer hier spricht, ist *die Schwester*, die laut Pater Maneras Tagebuch angeblich *dem Wahnsinn verfallen gestorben* war. Sie spricht aus einem im Vatikanischen Apostolischen Archiv aufbewahrten, umfangreichen Band aus einem Zimmer des Klosters Santa Maria im Viertel Campo Marzio zu uns. Es ist das Echo ihrer zwanzigjährigen Stimme, zurückgeworfen von den Wänden eines kalten Besuchszimmers an einem Januartag acht Jahre zuvor. Sie möchte Benediktinerin werden. Sie erzählt, wie sie dank der Fürsprache des ehrwürdigen Barnabiten Bianchi durch ein Wunder geheilt wurde. In jenen Jahren gab es zwischen Neapel und Rom dank seiner Fürsprache so viele Heilungen, dass man beschloss, einen Prozess einzuleiten, um ihn erst selig- und dann heiligzusprechen. Daher hatte man in jenem Jahr 1827 begonnen, nach Zeugen seiner Wunder zu suchen, und die gesamte Familie Hamerani hatte sich zu Wort gemeldet. Alle außer Veronica, die damals zwölf war, und ihrer älteren Schwester Teresa. In einem Zimmer des Barnabitenklosters bei San Carlo ai Catinari hatten Giovanni Hamerani, seine Gemahlin Maria Vittoria, Tante Anna Maria sowie der Diener Tommaso als Augenzeugen berichtet, was mit Antoninas Leib und

Seele geschehen war, alle aus ihrer persönlichen lebhaften Sicht, aber allesamt überzeugt, dass sich irgendwann ein Wunder ereignet hatte und die Familie vom Außergewöhnlichen berührt worden war. Die Krankheit war vergangen. So entsetzlich Antoninas Leiden gewesen waren, so unbändig war ihre wiedergewonnene Lebensfreude. Es sind dieselben Blicke – abgesehen von dem des zwischenzeitlich vielleicht verstorbenen Dieners Tommaso –, die sich ein paar Jahre später auf das Bett von Veronica, der letzten lebenden Tochter, richteten. Hätte es nicht ein Wunder gegeben, das bezeugt werden musste, und jemanden, der heiliggesprochen werden sollte, hätten wir niemals erfahren, dass die Familie Hamerani schon seit geraumer Zeit mit dem Schmerz und dem Übernatürlichen vertraut war. Schon Jahre zuvor waren Ärzte und Priester in dem Haus in der Via di Sant'Anna ein und aus gegangen und hatten sich zwischen Aderlässen und Segnungen über die ohnmächtig in die Kissen eingesunkenen, schweißnassen Köpfe junger Frauen gebeugt. Jahre letzter Ölungen, der Tod stets auf der Schwelle.

„Mein Name ist Giovanni Hamerani. Ich lebe von meinen Erträgen und so gut wie möglich. Alle acht Tage empfange ich die Sakramente der Beichte und der Kommunion."

„Ich heiße Anna Maria Cecchi, ich bin Römerin und Tochter des verstorbenen Vincenzo Cecchi und der Signora Teresa Lovatti, durch Gottes Gnade noch am Leben. Ich bin unverheiratet."

„Ich heiße Tommaso Sibboni und bin Römer. Seit zehn Jahren bin ich Diener im Haus der Familie Hamerani. Ich lebe von meiner rechtschaffenen Arbeit, wie es sich gebührt."

So öffnen sie also, damit das Wunder zutage gefördert werde, die Tür des Hauses in der Via di Sant'Anna und gewähren Einblick in ihr tägliches Leben. Gut vorbereitet von denen, die ihren verehrungswürdigen Bruder als Heiligen sehen wollten (für die Barnabiten auf der anderen Straßenseite war ein neuer Heiliger in ihrem Orden keine Kleinigkeit), erinnern sie sich an die winzigsten Details von Antonias Krankheit, um Licht ins Dunkel dessen zu bringen, was nur für möglich halten kann, wer glaubt. Ihren Aussagen lauschend, mussten die Berater der Ritenkongregation mit Verstand erfassen, wie viel von dem, das sich eben diesem Verstand entzog, wahr sein konnte. Mit anderen Worten: das Wunder. Argumente dafür und dagegen, Beweise, Plädoyers, Widerlegungen, Zitate und schließlich Schlussfolgerungen, um das nicht zu Bestätigende zu bestätigen. Auf diese Weise entstanden die Heiligen, aus einer Mischung aus verzweifelten Erfahrungen und dem Wunsch, im Mittelpunkt Seiner Liebe zu stehen, aus unerwarteten Wendungen, Verfahren und Aktenbündeln. Jedes Mal wurde das Rätsel des vermeintlich unheilbar kranken Körpers, der plötzlich wieder ins Leben zurückkehrte, dem prüfenden Blick sachkundiger Männer unterzogen.

Es war Papst Benedikt XIV. gewesen, der im Jahrhundert zuvor die Medizin zum Rapport antreten ließ, um dabei zu helfen, das Natürliche vom Übernatürlichen, die körperliche von der wundersamen Genesung zu unterscheiden und besser bestätigen zu können, was das Werk des Heiligen war und was der normale Lauf der Natur. So füllten sich die Akten mit Berichten über Auskultationen, Palpitationen, Farbe und Dichte ausgesonderter Körpersäfte, an- und wieder abschwellende Bäuche, die Beschaffenheit von Exkrementen, verabreichte Substanzen und Aderlässe. Aus den Gutachten der Ärzte und den Erzählungen der Patienten ergaben sich Körper von aus heutiger Sicht bizarr anmutender Gestalt. Bevor Antoninas untersuchter, berührter, beschnüffelter, von Schmerzen geplagter Körper auf wundersame Weise genas, waren seine Milz und Leber derart verstopft gewesen, dass sie sämtliche andere Organe an Größe übertrafen. In ihrem aufgedunsenen Bauch sah man eine Wasserkugel von einer Seite zur anderen rollen. Die Finger der linken Hand waren wie Würste, der Mund ein blutiger Brunnen bei jedem Husten, die Füße rot-violett verbrannt von den Senfumschlägen, die sie aus langen Ohnmachten erwecken sollten.

Neben Antoninas von der Krankheit grauenhaft entstelltem Körper erscheint in der Erzählung am Rand plötzlich auch die kleine Schwester. Hier hat sie endlich einen Namen, Veronica, sie ist die jüngere Tochter, die es vor der Qual zu beschützen gilt, die die ältere erdulden musste. Veronica war fünf Jahre alt, als sich der Tod im Zimmer am Ende des Korridors, in dem die dreizehnjährige Antonina schlief, erstmals zeigte. Seit jener Zeit kam und ging er, wobei er vielleicht nie mehr ging, sondern verborgen hinter der Tür lauerte, obschon man ihn weit weg wähnte und seine Stimme nicht mehr zu vernehmen glaubte. Wenn er nah war, versetzte der Tod „der Antonina" – so nannten sie die Ihren, in der Angelegenheit des Heiligen befragt – plötzliche Stöße, die ihr den Leib zur Seite krümmten, als wollte er sich verdrehen, und die sie winseln, knurren und toben ließen wie einen hungrigen Hund im Zwinger. Dann hörte „Tante Nanna", die unverheiratet war und der Familie Hamerani im Haushalt zur Hand ging, auf zu bügeln und lief nach hinten, um ihr „Karaffen voller weißem Zeug" zu geben. In der Zwischenzeit wurde der alte Tommaso nach dem Chirurgen geschickt, um sie zur Ader zu lassen. Der gab dem Diener einmal, als er ihn holen sollte, zur Antwort: „Ich werde nicht kommen, guter Tommaso, denn ich will nicht, dass sie uns stirbt." Dann kam der Pfarrer, und bei weit aufgerissenen Fenstern, damit Luft hereinkam, und geschlossenen Fensterläden, weil das Licht trotz des Schattens der Klostermauer von San Carlo ai Catinari zu grell war, umringten alle Antoninas Bett und warteten darauf, dass sie starb. Alle außer Veronica. Sie wurde mal allein, mal zusammen mit ihrer Mutter im Zimmer gegenüber der Loggia eingeschlossen, um ihr den Anblick ihrer Schwester zu ersparen, die sich in ihrem Bett krümmte und wand. Einmal war der Tod kurz davor, Antonina zu holen, und ließ sie über mehrere Wochen mit schiefem Mund zurück, bis er dank der Gnade des heiligen Joseph wieder gerade wurde.

Doch eines Tages im Jahr 1821 „geschah es […] dass mich inmitten der Familie starker Ekel erfasste und er war so stark, dass er mir beinahe Erbrechen verursachte. Ich aber wollte damals nichts sagen, ich versuchte, ihn zu unterdrücken und mich so zu geben, dass die Eltern nichts hiervon bemerkten, ich setzte mich wie gewöhnlich zu Tisch und bemühte mich, so viel wie möglich zu essen, obwohl ich kaum eine Speise zu mir nehmen konnte", erzählt Antonina. „Wegen einer gewissen Angst, die sie hatte, wenn sie sich in schlechter Verfassung befand, schlug ihre Gesundheit um", sagt der Vater. „Ich sage also, dass die genannte Maria Antonina im Alter von ungefähr vierzehn Jahren an Fieberschüben zu leiden begann, die einer starken Angst entsprangen, deren Natur, glaube ich, hier nicht weiter erklärt werden muss", sagt die Mutter. „Die Antonina begann an Fieberschüben zu leiden, und sie sagten mir, sie würden durch eine gewisse Angst hervorgerufen“, sagt die Tante Anna Maria.

Alle wussten, dass etwas Schreckliches vorgefallen war, und sie wussten genau, worum es sich handelte, aber niemand war bereit, es laut auszusprechen (zwecklos, in den Dokumenten danach zu suchen, manche Dinge bleiben für immer in der Familie). Seit diesem Vorfall kamen die „bedrückenden Beklemmungen“, die „krankhafte Veränderung der Galle“ und ein derart aufgeblähter Bauch, dass eine Frau in der Kirche fragte, ob sie ein Kind erwarte. „Sie war nicht mehr die Antonina von vorher.“ Dem alten Tommaso, der zuvor „geriebenes Brot oder eine andere Suppe mit ein paar Fischstückchen“ für sie zubereitet hatte, wurde aufgetragen, nur noch „Hühnerbrühe“ zu bringen, „und in diesen letzten Tagen nahm man nicht einmal mehr Kalb, um Suppe zu bereiten“. Bis zu jenem Nachmittag, als Antonina sich das „Bildchen“ des seligen Francesco Saverio Maria (ihres „Großväterchens“, wie sie ihn nannte), das sie trotz größter Erschöpfung immer bei sich trug, genau dort auf den Bauch legte, wo der Arzt hatte hineinschneiden wollen, um die gestauten Säfte abfließen zu lassen, und ihrer Mutter zuflüsterte: „Seht nur, wie schön er ist, wenn er sich nur meiner erbarmen könnte.“ Daraufhin sprachen sie gemeinsam das *Vaterunser*, das *Ave-Maria* und das *Gloria*. Während sie betete, fiel die Mutter, obwohl sie am Fuß des Bettes kniete, in eine Art Schlaf, und als sie wieder erwachte und Antonina mit normaler Stimme reden hörte und sie zwischen den bereits aufgeschüttelten Kissen sitzen sah, konnte sie es nicht glauben und rief: „Kann das wahr sein?“ Und alle weinten vor Freude, als „die Antonina“ kurz darauf in die Küche kam, wohin die Mutter und die Tante geeilt waren, um den alten Tommaso zu bitten „geschlagenes Eigelb“ zu bringen. Sie stand mit nackten, vollkommen glatten Füßen da, die keinerlei Verbrennungen von Senfpflastern mehr aufwiesen, und hielt den Nachttopf in Händen, voll mit Wasser, klar und hell wie einst, als sie gesund war. Kurz darauf setzten ihre „Segnungen“ wieder ein, ihre Menstruation, von der alle, auch der Vater, wussten, dass sie lange ausgeblieben war.

Damals äußerte Antonina erstmals den Wunsch, ins Kloster zu gehen, aber ihre Mutter schickte sie zurück ins Bett. Nicht, weil sie an ihrer Genesung zweifelte, die sich dem ehrwürdigen Francesco Saverio Maria verdankte, sondern um ihren Gehorsam auf die Probe zu stellen. Das Noviziat, sagte sie ihr, könne sie auch zu Hause haben. Inzwischen hatte Antonina wieder einmal Blut gespuckt, aber alle dachten, das komme daher, weil sie sich mit einer Nadel die Zähne gesäubert habe.

So erzählten die Hamerani im Januar 1827, während man aus ganz Italien Geschichten von den Wundern des ehrwürdigen Bianchi zusammentrug, von dessen Gnade auch sie berührt worden waren. Zu jener Zeit waren noch drei Töchter, Antonina, Teresa und Veronica, am Leben. Im Jahr 1835 wurden Maria Vittoria und Giovanni gebeten, erneut von damals zu berichten. Und so taucht im *Exorzismus* eine weitere *Geschichte von Maria Antonina* auf. Ob sie ergriffen waren, als sie sich für die Jesuiten zurückerinnerten, die herausfinden wollten, was mit ihrer letzten Tochter geschah, steht nicht geschrieben. Sie erinnern sich also an Antonina, wie sie ins Kloster eintrat, an ihre feierliche Einkleidung, an ihre Begleiterin Fürstin Maria Luigia Torlonia beim letzten Besuch der Familie vor der Zeremonie. Sie war die Gemahlin des Fürsten Domenico Orsini, der als weltlicher Thronassistent das Privileg hatte, auf dem Podest neben dem Heiligen Stuhl zu stehen, und der inzwischen sogar zum Senator ernannt worden war. Zu Ehren der angehenden Nonne Antonina wurde im Hause Hamerani ein Mittagessen ausgerichtet, zu dem sich hohe Prälaten, Barnabitenpatres, Verwandte und *der eine oder andere Freund der Familie* um den Tisch versammelten. 1200 Scudi waren zu diesem Anlass ausgegeben worden, zudem tausend für die Mitgift und weitere vierzig für die jährliche Rente. Es war ein Fest gewesen, die Familie bereitete sich darauf vor, ihre älteste Tochter, die den Namen Maria Francesca Saveria annahm, Christus zur Braut zu geben.

Drei Jahre später starb ihre Schwester Teresa. Und wieder ein Jahr später verschied auch Antonina mit ihrem neuen Namen hinter den Mauern des Benediktinerinnenklosters in Campo Marzio. Ihre Mitschwestern erinnerten sich an sie als ein Vorbild für Glaube und Tugend, die von ihrer schwachen Gesundheit ständig auf die Probe gestellt worden seien, was dazu geführt habe, dass sie noch größer wurden. Schon eine Kleinigkeit genügte, um ihrem zerbrechlichen Körper Schaden zuzufügen, eine im Kohlbecken der Novizin geplatzte Kastanie, die sie leicht am Auge verletzt hatte, ein Luftzug. Kurz vor ihrem Tod hatte sie darum gebeten, ein letztes Mal ihre Mutter und Veronica, die einzig verbliebene jüngste Schwester, zu sehen. Die Mutter Oberin hatte ihrer Bitte angesichts der außergewöhnlichen Umstände ausnahmsweise stattgegeben. Sie versicherte, dass sie kurz danach heiter und gelassen entschlafen sei.

Antoninas Körper war seziert worden, die Sachverständigen hatten in den Lungen eindeutige Spuren einer Entzündung gefunden. Als sie noch lebte, war sie durch ein Wunder geheilt worden, nun galt es herauszufinden, auf welche Weise das körperliche Übel das Wunder hatte besiegen können. Aber irgendjemand hatte *auf indirektem Weg* durchsickern lassen, dass *die gute Francesca Maria oft weinte und nachts schrie und sich hin und her wälzte*, und zwar so heftig, dass die Laienschwester nicht mehr in der Zelle nebenan schlafen wollte. Ob dem tatsächlich so war, lässt sich heute nicht mehr nachweisen, denn die Aufzeichnungen des Klosters in Campo Marzio sind verlorengegangen. Sie hatte schon als kleines Mädchen an ähnlichen Anfällen gelitten. Wenn sie von Angst ergriffen wurde, sah man sie auf dem Bett umhergehen, *im Nachthemd, und sie machte die seltsamsten Laute und Dinge: Dann ließ sie sich völlig gesammelt zu Boden fallen, und manchmal vollkommen unruhig.* Jemand hatte hinzugefügt: *Solche Absonderlichkeiten und Rasereien entsprachen ganz und gar denen der beiden anderen Schwestern Maria Teresa und Maria Veronica.*

Aus heutiger Sicht könnte man meinen, dass im Haus Hamerani vor allem die Sprache des Leids gesprochen wurde. Zu belegen ist dies nicht mehr durch die Millionen von Wörtern, die in den Zimmern im ersten Stock der Via di Sant'Anna erklangen. Niemand kennt die alltäglichen Worte, ohne die keine Geburten, Kinder, Tode, Frühstücke, Mittagessen, Abendessen, Spaziergänge auf dem Land, Gottesdienstbesuche denkbar sind. Mit Sicherheit hat irgendjemand die Geburt des ersten Kindes verkündet und dann, einen Monat später, seinen Tod, hat irgendwer dem Koch befohlen, etwas zuzubereiten, oder vermeldet, dass das Essen auf dem Tisch stand, hat die Mädchen gemahnt, aufrecht zu sitzen, hat die Unfolgsamste bestraft, die Folgsamste gelobt. Bestimmt gab es ein herzhaftes Lachen, einen überraschten Schrei, ein leises Stöhnen während einer der acht Empfängnisse – mindestens acht Liebesnächte also im Leben der Eheleute Hamerani –, ein leises Flüstern spielender Schwestern, ein kindliches Buchstabieren des Alphabets, ein wütendes Brüllen eines ungeduldigen Vaters. Aus heutiger Sicht könnte man meinen, dass sich die Hamerani ständig über ein Krankenbett beugten. Auf dem Kissen stets der Kopf einer Tochter, unter den Decken ein schmerzgekrümmter Mädchenkörper, geschüttelt von einem unsichtbaren Feind, dem man einen – wieder aus heutiger Sicht – niemals endgültigen Namen zu geben versuchte. Krampfanfälle, Fieberschübe oder Dämon, es beschleicht einen der Verdacht, dass diese Namen den Hamerani das Gefühl gaben, sie wüssten, womit sie es zu tun hatten, sie könnten das Fremde in ihren Töchtern benennen und es so in die Welt des Bekannten überführen und vielleicht bändigen.

XVII

14. Januar 1835

Exorzismus

Da jede Nacht um halb zwei die Besessenheit begann, die bis zwölf Uhr morgens nach den italienischen Stunden dauerte, und da während dieser langen Besessenheit jede Nacht der Teufel ziemlich gesprächig war und manchmal Dinge sagte, auf die man sich einen Reim machen konnte, trug Pater Manera Signora Vittoria, der Mutter der Besessenen, auf, so viel wie möglich von dem aufzuschreiben, was der Teufel gesagt hatte, denn sie blieb im Zimmer der Tochter und war dort fast immer wach. Die gute Frau erklärte sich dazu bereit, jeden Morgen schrieb und schickte sie Pater Manera einen Bericht all dessen, was in der vorangegangenen Nacht geschehen war.

Man begann ab der Nacht des 14. Januar, einem Mittwoch.

Kurz nach halb drei hat er zu sagen begonnen: Blitze, Pfeile, Unglücke mögen ihn treffen. Und ich habe ihm gesagt: Auf wen bist du böse? Und er hat geantwortet: Auf wen auch immer ich will. Du, Alte, kommst mit deinen Schmeicheleien, damit ich etwas sage, aber ich rede nicht mehr und es wird sich nie mehr etwas von dem bewahrheiten, was ich sage.

Maria Vittoria Cecchi, Tochter von Vincenzo, war achtundfünfzig Jahre alt. Als sie an einem Oktobertag frischvermählt mit Giovanni das Haus der Familie Hamerani betreten hatte, war sie fünfundzwanzig gewesen. Sie kam aus einer Familie von Maurermeistern. Ihre Mutter, Teresa Lovatti, war Tochter einer Familie von Baumeistern. Die Kräfte, die diese Heirat bewirkt hatten, waren dieselben, die vierzig Jahre zuvor Maria Antonia Fuga als Braut Ferdinando, Giovannis Vater, zugeführt hatten. Ein Kreis aus Künstlern und Handwerkern entwarf zwischen Akademie- und Zunftversammlungen Bauwerke und plante strategische Hochzeiten. Doch während in der einen Generation noch die Tochter eines Architekten, der im Dienst von Fürsten und Päpsten stand, mit dem Sohn eines Medailleurs mit ähnlichen Auftraggebern verbunden worden war, übergab man in der nächsten die Tochter eines Maurermeisters an einen zwar erwachsenen, aber sich noch immer in der Lehre befindlichen Waisenjungen, dessen Erbe sich dem Verkauf des Erbes seiner Vorväter verdankte. Papst Pius VII., den Giovanni später so unbeholfen porträtierte, hatte erst vor Kurzem nach der heftigsten Zäsur in der langen Geschichte der Nachfolger Petri sein Amt angetreten, sein Thron stand auf tönernen Füßen, bedroht von Napoleons Anmaßungen. Der Devotionalienhandel blühte nicht mehr wie einst. Die Besucher Roms von jenseits der Alpen verlangten nicht mehr nach dem erbaulichen Trost katholischer Symbole, sondern nach der rationalen Klarheit des heidnischen Geschmacks, und die Konkurrenz unter den vielen nach wie vor offenen Medaillenwerkstätten war groß. Dennoch führte ein nicht uneigennütziges Geflecht aus horizontalen und vertikalen, aus göttlichen und menschlichen Kräften Giovanni und Maria Vittoria in den heiligen Bund der Ehe, Gewohnheiten und uralten Formeln folgend, die alles verbinden und besiegeln, und im tiefsten Inneren darauf hoffend, dass alles bleiben möge, wie es schon immer war.

Niemand weiß, ob Maria Vittoria in ihrem Zuhause voller Schwestern mit Angst oder Sorge an ihr künftiges Leben über der Münzwerkstatt in der Via di Sant'Anna dachte, wo ihr Zukünftiger und seine Mutter sie erwarteten. 245 Scudi wurden im Voraus für die Aussteuer aus Seidenstoff der Brüder Pinchetti bezahlt. Ihr Vater Vincenzo würde jährlich 40 Scudi für ihren persönlichen Unterhalt sowie einmalig ungefähr 3000 Scudi als Mitgift zahlen in der gleichen Höhe, wie sie die Mutter des Bräutigams vierzig Jahre zuvor in die Ehe mitgebracht hatte. Im selben Jahr brachte bei eben dem Notar, der die Urkunde für Maria Vittoria und Giovanni aufsetzte, eine Marchesa 4000 Scudi als Mitgift in die Ehe mit einem Marchese ein. Die Brautsteuer von Clementina Guglielmi, einer alten Jungfer ohne Titel, belief sich auf 450 Scudi, in Raten zu zahlen. Eine Kuh wurde auf 40 Scudi geschätzt, was dem Wert einer mittelalten Stute entsprach. Ein gebrauchter Mantel war 3 Scudi wert, drei Schirme kosteten einen Scudo und ein Bett in bestem Zustand 20.

Das Hochzeitsbett, das auf Maria Vittoria wartete, stand unter dem Gemälde eines Florentiner Malers, das Christus zeigte, wie er nach dem letzten Abendmahl im Garten Gethsemane betete, während Judas ihn verriet. In einer blaugrünen Nacht rieselte goldener Staub aus Licht auf sein liebliches Haupt, während ihn ein in Samt und Brokat gekleideter Engel mit wächsernem Gesicht und ausgestreckter Hand voller zärtlichem Mitleid ansah.

Die Zeugung war eine rätselhafte und unverständliche Angelegenheit. Man nahm an, der feinste Bestandteil des männlichen Samens, die *aura seminalis*, wirke auf das am weitesten entwickelte Ei von denen, welche die Frau hervorbrachte. Bei Kontakt mit dem Ei weckte besagter Zeugungsstoff den bereits vorgeformt darin ruhenden Homunculus, indem er ihm einen Bewegungsimpuls versetzte. Diese Bewegung war der Beginn des Lebens und würde von da an unverzichtbar sein, um es zu erhalten. Der Impuls gab allen Teilen des Lebens Form, Proportion und Ordnung. Das Ei begann zu wachsen, bis seine Hülle barst und es von den Eileitern mit außerordentlichen, wurmartigen Anstrengungen gleich denen des Darms in die Höhle des Uterus geschoben wurde. Dort schlug das Ei Wurzeln wie eine Pflanze. Diese Beobachtung hatten die Anatomen bei der Leichenschau einiger Frauen gemacht, die direkt nach dem Liebesakt gestorben waren, dasselbe hatten sie bei Hündinnen und Stuten gesehen. Sie hatten zu den Eierstöcken hin gewundene, angeschwollene, feuerrote Eileiter entdeckt, ein verlässliches Zeichen für die Wirkung der Aura des männlichen Samens.

Eine Tochter, Maria Teresa, wurde geboren, die jedoch nur einen Monat lebte. Ein Sohn, Giuseppe Maria, kam zur Welt, der kaum älter als zwei Jahre wurde. Ein zweiter und letzter Sohn, der den Namen des ersten trug, starb ebenfalls nur einen Monat nach der Geburt. Maria Antonina und die nach der unglücklichen Erstgeborenen benannte zweite Maria Teresa entkamen zumindest fürs Erste dem Tod, der sich allzu oft die Frucht der beharrlich ausgeübten heiligen ehelichen Pflicht holte. Und wegen dieser Pflicht empfing Maria Vittoria abermals, doch Anna Maria weilte nur acht Tage auf Erden, und Maria Giuseppa, die danach kam, nicht einmal einen Augenblick. Als Maria Veronica im späten Frühling des Jahres 1814 empfangen wurde, kehrte der Papst aus der Gefangenschaft in Frankreich nach Rom zurück. Kurz bevor Veronica zur Welt kam, versammelten sich die europäischen Mächte in Wien, um nach den Wirren der letzten fünfundzwanzig Jahre die Ordnung wiederherzustellen. Ob diese Ordnung die Rückkehr zum ursprünglichen Zustand oder den Aufbruch zu neuen Ufern bedeutete, darüber streiten sich die Gelehrten noch heute. Sicher ist, dass mit dieser neuen Ordnung die Jesuiten zurückkehrten, herbeigerufen von Papst Pius VII. im August 1814.

Die Nachricht, dass der Papst in Rom den Orden der Jesuiten wiederhergestellt habe, erreichte Pater Kohlmann im Dezember jenseits des Atlantiks. Pater Kohlmann, damals *Father Anthony*, feierte sie im Kolleg von Georgetown. Man sang das *Te Deum* und das *Veni Creator*, und er hielt eine bewegende Predigt, wie jemand notierte. Maria Vittoria trug mit ihren fast vierzig Jahren zum siebten Mal ein Kind aus. Derweil bereitete sich der inzwischen fast gänzlich erblindete Juan Andrés y Morell in Neapel auf seine Abreise nach Rom in Begleitung des jungen Francesco Manera vor. „Mein griechisch-lateinisch-spanisch-gallisch-italienischer Lektor", so hatte er ihn den Mitbrüdern in einem Brief vorgestellt. Geschrieben hatte ihn Francesco selbst, nach Diktat. Im Herbst 1816, nachdem die beiden aufgebrochen waren, schleuderte der Vesuv hinter ihnen glühende Felsbrocken aus zwei Kratern. Hin und her geworfen in der schaukelnden Kutsche, konnte der alte blinde Jesuit hören, wie sich der Lärm der Stadt, die er vom ersten Moment an geliebt hatte, immer weiter entfernte. Dann vernahm er den Wind, der ihm den Brodem der Pontinischen Sümpfe ins Gesicht wehte, und später vielleicht die Worte seines Assistenten, der ihm die Erhabenheit des Jupitertempels von Terracina oben auf dem Gipfel des schroffen Berges schilderte, hinter dem sich in der Ferne der Monte Circeo tiefblau aus dem Meer erhob, und die Warnung der Wachen des Torre di Epitaffio an der Grenze zum Kirchenstaat, sich vor Überfällen der Briganten in Acht zu nehmen. Und schließlich die von vielen als beklemmend empfundene Stille der Campagna Romana. Vermutlich waren auch Gebete zu hören, von denen es keinerlei Zeugnis gibt. Die beiden Männer erreichten Rom im November. Manera trat sein Noviziat bei den Jesuiten an. Andrés starb in einer Januarnacht im Jahr darauf, nachdem er in einem

Platzregen bis auf die Knochen nass geworden war und sein gebrechlicher Organismus dem nichts entgegenzusetzen hatte.

Über Maria Vittoria und das Leben, das sich in ihr regte, oder über Veronicas Geburt nach all den schrecklichen Kindstoden ist nichts bekannt. Pater Manera wählte die Nacht, um über diese einzig verbliebene Tochter zu schreiben. Im *Exorzismus* war es allein die Mutter, die Veronica beim Namen nannte.

XVIII
15. Januar 1835
Tagebuch von Doktor Andrea Belli

„Er kehrt erneut zu der zurück, die Veronica Amerani hieß, aber er geht nicht von echter Besessenheit aus. Sie wohnte gegenüber von Sant'Anna de'Falegnami, sie war zwanzig Jahre alt und Jungfer."

XIX
15. Januar 1835
Exorzismus

Pater Kohlmann hielt zuerst eine kurze Predigt, um den Glauben der Anwesenden zu beleben. Die junge Frau lag im Anschein großer Frömmigkeit im Bett. Man betete die Heiligenlitaneien. Die Besessenheit brach hervor und Schreie, Klagelaute, und die Beine in der Luft, verkrampft und zitternd. Man fuhr mit den Litaneien fort.

A spiritu fornicationis.[1]

Stärkere Wutausbrüche, Zischen, tsch, tsch, tsch, Beine mit großer Schnelligkeit hoch und herunter.

Es folgten die Gebete des Rituals. Mehrmals wurde wiederholt:

A spiritu fornicatoris.[2] *Schreie, Unruhe, und die Beine wie oben.*

Befehl zu verschwinden: Exi Asmodee.[3]

Nein, nein.

In nomine Mariae.[4]

Schreie, Klagelaute.

Praecipio ut respondeas quo mense, et die, et qua hora tibi exeundum erit. Responde. Statim. Noli contendere.[5]

Körperliche Qualen, um die Antworten zurückzuhalten.

Da hast du die Antwort, Schandkerl.

---

1 Vom Geist der Unzucht.

2 Vom Geist der Unzucht.

3 Verschwinde, Asmodäus.

4 In Marias Namen.

5 Ich befehle dir, zu antworten, in welchem Monat und Tag und zu welcher Stunde du verschwinden wirst. Antworte. Sofort. Kämpfe nicht.

Responde.[6]

Ich hab dir den Tag gesagt. Schwachkopf.

Repete, non recordor.[7]

Lügner. Du liest Tag für Tag die Messe, und sagst, dass du dich nicht daran erinnerst.

Responde.[8]

Krämpfe im Körper. Bisse.

Auflegen des Bildnisses der Muttergottes.

Schreie, Raserei, Verzweiflung, Zittern.

Per Virginem Matrem Dei.[9]

Schon wieder die! Was bist du nur für ein Schwachkopf.

Dic nomen tuum.[10]

Ich will mich nicht von einem dummen Sack entdecken lassen.

Gegen dreiundzwanzig Uhr dreißig kam der Schleim im Hals. Das ging so bis um ein Uhr nachts. Dann kehrte das Geschöpf zu sich selbst zurück. Sie beruhigte sich innerhalb eines Moments. War gelassen.

Doktor Belli wohnte den Exorzismen einige Zeit bei, ging jedoch mit wenig Interesse auf und ab und zeigte sich in jeglicher Weise gleichgültig: Dann ging er, wobei er erkennen ließ, dass seine Anwesenheit Zeitverschwendung war und dass er nichts außer rein natürlichen Dingen gesehen hatte.

---

6 Antworte.

7 Wiederhole ihn, ich erinnere mich nicht.

8 Antworte.

9 Durch die Jungfrau Maria, die Gottesmutter.

10 Sag deinen Namen.

XX
Nächtliche Aufzeichnungen von Vittoria Hamerani
Exorzismus

Als die zwei Patres gingen, sagte er: Besser so, dass einmal ein Ende ist mit dieser Synagoge, und dass sie abhauen. Ah! auf der ersten Stufe sollen sie sich das Bein brechen, das Genick, dieses verdammte Dreckspack. Dann fing er wieder an: Diesen Arzt, den mag ich sehr, weil er mich nicht belästigt, wie es dieser Mönch, dieser Alte tut, ich will zu ihm gehen und ihm einen Kuss geben.

Was konnte Andrea Belli von den *rein natürlichen Dingen* wissen, die bei Frauen vorkommen? Im Arcispedale della Consolazione wurden auch Frauen behandelt, in einem eigenen Gang gegenüber der Männerabteilung. Es gab Platz für ungefähr zwanzig Patientinnen, auch doppelt so viele, wenn man sie zu zweit in die Betten legte, wie es in den feuchtfröhlichen Zeiten der Stadt, im Karneval oder im Oktober, oft geschehen konnte. Der Saal war noch derselbe wie vor über dreihundert Jahren, erbaut über einem doppelten Boden, damit der Luftzug die Miasmen vertrieb. Hinter den hohen Fenstern konnte man den Himmel sehen, nicht aber den Horizont. Von außen jedoch hatte, wer vorbeiging, durch die Eingangstür freien Blick auf die Betten. Es gab weder einen Vorraum noch eine Abtrennung zwischen den einzelnen Betten noch zwischen den Betten und dem Operationstisch. Nicht selten mussten die Frauen mitansehen, wie einer anderen der Leib aufgeschnitten wurde, während sie so laut schrie, dass man es noch draußen auf der Straße hörte, die vom Platz vor der Kirche zum Forum Romanum hinabführte.

Doch Frauen sollten schweigen, mahnte die Inschrift neben dem gemauerten Kamin: Das Schweigen war ihre schönste Zier, denn „seit Anbeginn der Welt, seit die Frau redet, redet sie schlecht". Sie sollten still sein, die Verbrannten, die mit gebrochenen und verrenkten Gliedmaßen, die Krebskranken, die Wäscherinnen, die Spinnerinnen, die Landarbeiterinnen, die Witwen, die Jüdinnen und die Römerinnen aus den lärmenden Gassen, in denen sie geboren waren oder in die es sie aus den Marken auf der Suche nach Arbeit verschlagen und in unglückliche Ehen getrieben hatte, wo sie sich abrackerten und Augen, Hände und ihr Herz verloren. Caterina, Eheweib des Francesco Morelli, die Schürfwunden auf beiden Wangen trug und sagte, das seien menschliche Kratzspuren, Carolina, verehelicht mit Gaspare Cornacchia, die hingegen versicherte, ihre Knieverletzung rühre von einem Unfall her, und Giovanna, Witwe des Antonio Maretti, der eine böswillig gesinnte Person beinahe das Ohr abgebissen hatte. Die Geprellten, die Zerschundenen, die Zerfetzten und die Kauterisierten lagen unter einem grünen oder türkisen Tuch auf mit Strohsäcken gepolsterten Eisenbetten.

Bei Einbruch der Dunkelheit ging das bei jedem Luftzug zitternde bläuliche Licht der großen Lampe in der Saalmitte an, und die vor Schwäche, vor Angst und von den Ausflüssen ihrer Körper fahlen Gesichter wurden noch fahler. Und wenn die Kälte kam, wurden die in den Betten nahe dem Kamin beinahe gekocht, alle anderen blieben wegen der „karbonischen Säure", die der Glut entströmte, wach. Also ließ Doktor Belli einen neuen Ofen setzen und darüber hinaus die Wände mit einem arsenhaltigen Präparat gegen die Wanzen streichen. Dies hieß für ihn, sich der Behandlung der Frauen in der Praxis zu widmen. Was er aus medizinischer Sicht in der Theorie über sie wusste, hatte er von seinem Professor für Geburtshilfe an der Sapienza gelernt, dem berühmten Doktor Francesco Asdrubali.

Vor Ausbruch der Revolutionen, die Europa bis ans Ende seines Jahrhunderts ins Chaos stürzten, war Asdrubali vom Papst zum Erlernen dieser Disziplin nach Frankreich geschickt worden, um das Wissen um das werdende Leben in die Hörsäle der römischen Universität zu bringen und den unfähigen Händen der Engelmacherinnen zu entreißen. Das von ihm verfasste Lehrbuch war dem Studenten Andrea Belli erst mehr als dreißig Jahre nach Asdrubaldis Auslandsaufenthalt in die Hände gefallen, doch wehte einem bei der Lektüre noch immer ein Hauch Frankreich entgegen.

Dieser machte sich vor allem in der Bedeutung bemerkbar, die man dem Einfluss der Leidenschaften auf den Körper und umgekehrt der körperlichen Materie auf die Gefühle, die Empfindungen und den Willen beimaß. Nicht, dass Asdrubali zu der Zeit, als Andrea Belli seine Vorlesungen hörte, unbedingt frankophil gewesen wäre (als die Römische Republik ausgerufen wurde, gehörte er zu denen, die erwogen, lieber aus dem Dienst zu scheiden, als den Anhängern Napoleons den Treueeid zu schwören), aber er scheute sich nicht davor, als Materialist zu gelten, indem er gleich vielen französischen Ärzten und Philosophen die These vertrat, dass die Materie der Nerven und der Säfte, die den Körper antrieb, auch dazu beitragen konnte, Einbildungen hervorzurufen und die Gemütszustände entscheidend zu verändern.

Die Namen der von der heiligen Indexkongregation verbannten französischen Autoren tauchen in seinem Werk nicht auf. Doch selbst wenn, hätte er zu der Zeit, als es nachgedruckt und von Studenten wie Andrea gelesen wurde, unter der neuen Regierung, die den Papst verjagt und seine Kongregationen aufgelöst hatte, keine kirchliche Zensur fürchten müssen. Die kehrte erst ein paar Jahre später mit Papst Pius VII. zurück. Einige Handbücher von Professoren, die wie Asdrubali an den kaiserlichen Akademien gelehrt hatten, wurden damals auf den Index gesetzt, weil sie dem Körper als treibender Kraft des Lebens vernunftbegabter Wesen huldigten, weil sie die Bedeutung der gewichtlosen und immateriellen Seele leugneten, die doch alles bestimmte, und weil sie jede Tatsache einzig und allein darauf zurückführten, dass sich unter dem Impuls von Sinnesreizungen Nervenfasern zusammenzogen und ausdehnten. Die Beobachtung des weiblichen Körpers und die Verbindung von Materie und Geist, vor allem im Zustand der Schwangerschaft, der aus Sicht der Ärzte die Krönung des natürlichen Schicksals einer Frau bedeutete, schienen dies kaum widerlegbar zu beweisen.

Aus Asdrubalis Buch kannten seine Studenten den Fall der Signora N., einer Römerin, die, im vierten Monat schwanger, wegen der Krankheit und dem plötzlichen Tod ihres Mannes von großer Trauer erfasst wurde. Am 22. März 1796 hatten sich die Föten in ihrem Inneren in bisher nie da gewesener Unruhe zu regen begonnen, gequält in den Tagen darauf von unaufhörlichen Krämpfen. Dann setzte eine seltsame Ruhe ein, die Brüste der Frau schwollen auf unnatürliche Weise an, der Bauch wurde kalt und sie wurde von einem unbezwingbaren Verlangen nach Essen heimgesucht. Erst im dreizehnten Monat brachte sie verschrumpelte, blasse und vom gleichen herpetischen Hautausschlag, wie ihn der Vater gehabt hatte, bedeckte Zwillinge zur Welt. „Wenn das nicht das Gesicht vom Herrn Alissandro ist!", hatten zwei Bauern, die in der Stadt waren und ihn gekannt hatten, beim Anblick der Neugeborenen gerufen. Nicht wenige bezweifelten die Tugend der Witwe, indem sie die außergewöhnlich lange Schwangerschaft auf das Beisammensein mit einem anderen Mann direkt nach dem Tod ihres Gemahls zurückführten. Professor Asdrubali jedoch war der Meinung, die heftigen Leidenschaften der Mutter hätten die Föten derart geschwächt, dass sie nicht in den üblichen neuen Monaten hätten heranreifen können, weshalb mehr Zeit für die Schwangerschaft nötig gewesen sei. Dies rettete nicht nur die Ehre der Witwe, sondern war, grundsätzlich betrachtet, der Beleg dafür, dass eine moralische Ursache eine Störung von großem Ausmaß im mütterlichen Körper hervorrufen, sogar die Föten in Mitleidenschaft ziehen und eine Spätgeburt auslösen konnte.

Ein Philosoph der Antike hatte die Leidenschaften als Gift des Geistes bezeichnet, und der Schweizer Arzt Samuel-Auguste Tissot hatte sie erst vor Kurzem als Konvulsionen der Seele definiert, die die körperliche Maschine in ihrer Gesamtheit aufs Heftigste erschütterten. Was eine Leidenschaft binnen eines Augenblicks in allen Organen eines Individuums bewirken konnte, dazu würde selbst das raffinierteste und mächtigste Gift niemals in der Lage sein. Die einzigartige Beschaffenheit eines jeden Körpers hatte einen entscheidenden Einfluss auf die Gemütszustände. Denn vieles hing von den Temperamenten ab, von der besonderen Zusammensetzung der Säfte innerhalb eines jeden Individuums also. Und vieles vom Geschlecht.

Bei den Frauen zeigten heftige Gefühlsregungen oft überraschende Symptome, die vom einfachen Volk als übernatürlich gewertet wurden. Betroffen waren vor allem die wohlhabenden Städterinnen, die ein luxuriöses Leben führten und von exzellenten Köchen ein Allerlei aus unnötig scharfen Speisen vorgesetzt bekamen. Die Nerven dieser Frauen wurden dadurch zunehmend beweglich und machten sie besonders empfänglich für die Wucht der Gefühlsregungen, was tragischste Auswirkungen zur Folge hatte. Geistestrübungen, Unruhe und Wahnvorstellungen, denen sie sich nicht entziehen konnten. Alles erschien ihnen enorm, und das Gewicht dieser Enormität zog alles in den Uterus, der Opfer und zugleich Auslöser war. So konnte es den Frauen gehen. Höhlenschlunde, gefräßig und grausam, in der Lage, alles zu verschlingen, einschließlich ihrer selbst. Die Chirurgie bestätigte es: Ihr Körper konnte Gegenstände über Jahre verbergen, wie bei jener Bäuerin, die von Professor Sisco behandelt worden war, dem Lehrer der Chirurgie von Doktor Belli. Ihr Uterus hatte sich ein ganzes Holzpessar einverleibt und perfekt erhalten, das ihr zehn Jahre zuvor wegen eines drohenden Gebärmuttervorfalls eingesetzt worden war.

Auch Veronica Hamerani, „Jungfer", war womöglich Opfer ihres eigenen Körpers.

XXI
Noch immer der 15. Januar 1835
Tagebuch von Pater Manera

In mir aufkeimende Zweifel und der Verdacht der Täuschung aus folgenden Gründen: 1. Zur Schau gestellte Verwirrung der jungen Frau zu Beginn der Gebete, von mir der Furcht zugeschrieben, von Doktor Belli und den anderen zur Messe herbeigeeilten Personen auf frischer Tat ertappt zu werden. 2. Anstrengungen und Unruhe weniger heftig und natürlicher während des Paroxysmus. 3. Unterbrochener Satz während einer Schmähung des Exorzisten. 4. Englisches Wort, im falschen Sinn des konkreten Klangs der Vokabel verwendet. 5. Mehr als alles hat es mich heftig beunruhigt zu sehen, dass, als ich Pater Kohlmann sagte, er solle auf derselben Frage bestehen und er mir antwortete: Ich habe keine Puste mehr, lieber Pater, ich muss mich ein wenig erholen, die junge Frau, die den Kopf auf das Kissen gebettet mit geschlossenen Augen dalag, ein eindeutig menschliches und natürliches Lachen gezeigt hat, hervorgerufen durch die Antwort des Paters. Ein Lachen, das sie sogleich zu unterdrücken versucht hat, indem sie die Augen fest zusammenkniff und das gewohnte Gackern von sich gab. Die in mir aufkommenden Zweifel haben meinen Verstand in einen dichten Nebel gehüllt und mich mit dem Geist des Überdrusses und der Langeweile erfüllt, sodass ich gänzlich aufgehört habe, für die junge Frau zu beten, ich habe mich mit Doktor Belli unterhalten, um gern seine gegensätzliche Meinung zur Echtheit der Besessenheit zu hören, ich habe mit Signor Degasperis gesprochen, der sehr stark an der Tatsache zu zweifeln begann. Ich habe mich vor mir selbst geschämt, dass ich dem so leicht Glauben schenkte. […]

Ich habe beschlossen, mich mit dem Vorwand, keine Zeit zu haben, aus dieser Sache zurückzuziehen. Nach Hause zurückgekehrt, habe ich Pater Massa mein Herz geöffnet, der wegen einer kleinen privaten Bagatelle ebenfalls von dem einen oder andern Zweifel erschüttert wird. Bei der Offenbarung meines Inneren wachsen die Zweifel immer mehr, und das Nachdenken darüber vervielfacht im Geist die Gründe für den Argwohn. Mein lautes und erregtes Sprechen wühlt den Geist auf und entzündet die Phantasie des genannten Paters aufs Heftigste. Nach den Litaneien suche ich das Zimmer des Paters General auf. Dort ist bereits Pater Kohlmann eingetreten. Ich spreche mich bei Bruder Bosch aus, der sich bei meinen Worten sofort dem Zweifel beugt. Ich bitte ihn um Stillschweigen. Dann gehe ich, um mit dem Pater Sekretär zu sprechen, der mir zuhört und meinen Worten Bedeutung beimisst. Ich werde von Bruder Bosch gerufen. Ich trete ein, um den Pater General zu sehen, ich offenbare ihm voller Unruhe die Gründe meines Zweifelns, ich erlebe ihn äußerst besorgt; er hört sich meine Worte gleichmütig an, zeigt, dass er meine Einwände nicht für belanglos hält, und entlässt mich mit der Anordnung, ich solle nicht weiter Zeit verschwenden und meinen Geist in Unruhe versetzen, sondern mich voller Frieden dem Studium der Fastenpredigten hingeben. Ich nehme den letzten Teil seiner Rede gern an und gehe sofort zu Pater Kohlmann, um ihn um Verzeihung zu bitten, dass ich nicht mehr sein Begleiter sein kann, weil unser Vater es anders wünscht. Ich gehe zutiefst beunruhigt zu Bett.

Wie seine Mitbrüder wusste wohl auch Pater Manera, dass das Leben ein Unterfangen ist, das ständiger Anstrengung bedarf. Nicht, dass die Menschen ihr Schicksal selbst in der Hand gehabt hätten. Es lag in der Hand Gottes. Nichts gehörte ihnen. Weder die Zeit noch der Körper, weder das Verlangen noch die Stimme noch das Leben. All das musste behandelt werden, als wäre es eine vorübergehende Leihgabe, und durfte niemals missbraucht werden: Es durfte weder zerstört noch ausschließlich zur Befriedigung eigener Interessen oder Bedürfnisse genutzt werden. Alles war – noch vor der Menschwerdung, vor der Geburt und ohne, dass wir diesbezüglich ein Mitspracherecht hätten – auf ein vorbestimmtes Ziel ausgerichtet. Unsichtbare Bahnen verliefen zwischen dem Anfang der Dinge und ihrem Ende, der gesamte Kosmos war von ihnen durchwoben und wurde von ihnen gestützt, solange man sie respektierte.

Über die Ursachen und das Wesen der natürlichen, belebten und unbelebten Dinge wussten Pater Manera und seine Mitbrüder dank Aristoteles Bescheid, der noch immer besser als jeder andere Philosoph erklären konnte, warum sich alles in einer großen, erstaunlich geordneten Komplexität aufrechterhielt, jedes Ding an seinem Platz, gemäß der ihm zugewiesenen Funktion. Doch die Menschen, die im Gegensatz zu allen anderen Lebewesen Verstand besaßen und die, erschaffen nach dem Ebenbild Gottes, einen göttlichen Funken in sich trugen, bewegten sich auf Bahnen, die heller leuchteten und zugleich dunkler waren. Denn die tausend Reichtümer ihrer Seele, das Strömen der Lebensgeister, die alle Teile des Körpers am Leben hielten, die Abertausende Poren überall auf der Haut machten sie empfänglich für die Welt und brachten sie durcheinander. Die Menschen waren im Licht und in der Dunkelheit, die Sinne offen für Erkenntnisse und Täuschungen, die Ohren offen für alle Stimmen, die des Inneren und des Äußeren. Die Stimme des göttlichen Willens war die einzige, der es zu folgen galt, weil sie jeden Menschen auf der – bis zum Betreten unsichtbaren – Bahn seines wahren Lebens voranführte, zur richtigen Zeit und zum richtigen Ort. Alle waren in der Hand Gottes. Aber man musste sie berühren und spüren, in welche Richtung sie einen schob bei all dem Durcheinander aus guten und schlechten Regungen, welche die Seele ständig, von außen und von innen, in ihren oberen und unteren Teilen aufwühlten. Die Wahrheit wohnte in jedem Menschen, doch konnte sie derart verborgen sein, dass man sie ein ganzes Leben lang nicht fand oder sogar im Glauben, sie gefunden zu haben, der schlimmsten, vom Widersacher eingeflüsterten Lüge folgte.

Daher war es unerlässlich, sich im Unterscheiden zu üben. Unterscheiden hieß, aufmerksam in sein Inneres zu schauen, um das Gute vom Schlechten zu trennen. Das Innere war ein Ort, den jeder besaß, und dort wohnte die Wahrheit. Aber man konnte dort nicht allein hineinschauen, obgleich man nur allein die große Trostlosigkeit überwinden konnte, wenn sich eine solche Leere auftat, dass man sich in der Wüste wähnte, ohne irgendeine Präsenz am Horizont, und Gott in weiter Ferne, ein blinder Vater. Auf der Suche nach Seiner Stimme bedurfte es eines spirituellen Führers, der einem half, sie aus dem Ballast der Eitelkeiten, falschen Eingebungen und Versuchungen herauszufiltern, sie vom Staub der Illusion zu befreien. Dies konnte Wochen, Monate, manchmal sogar Jahre dauern.

Sie ist seltsam, die Stimme Gottes, mächtig und doch so schwer zu hören. Und nach all dem Unterscheiden, Schauen und Hören fand man sich am Ende doch niemals selbst. Denn niemand existierte getrennt vom Willen Gottes. Die Menschen waren nur dank Ihm hier auf Erden, und sein Wille war der einzig wahre. Alles lag in seiner Hand, aber es lag in der Hand jedes Einzelnen, ob es gelang, sie zu berühren und ihren sanften Schub zu spüren.

Daher hatte Pater Manera seinen Mitbrüdern und dem Pater General Einblick in sein gepeinigtes Inneres gewährt. Pater Roothaan kannte ihn gut. Er war sein Vorgesetzter in Turin gewesen, er hatte sich jemand wie ihn als Professor für Literatur in der Hauptstadt des Königreichs Sardinien gewünscht. „Ich hätte gern einen italienischen Pater, der mir hilft, so schnell und viel wie möglich einen Italiener aus mir zu machen", hatte der Holländer nach Rom geschrieben. Die Vorlesungen des jungen hochintellektuellen Jesuiten aus Neapel füllten die Hörsäle bald bis auf den letzten Platz. Es gelang ihm, den „mächtigen" Alessandro Manzoni zu treffen, der es – wie Manera in einer seiner Vorlesungen sagte – „mit jener keuschen Lucia, jenem heiligen Federigo, jenem berühmten Bekehrten" verstanden hatte, „das träge Italien" zu bezaubern, die Schamlosen zu beschämen, die verhärteten Herzen zu erweichen wie niemand je zuvor. Dank Manzonis Macht, die Literatur zu erlösen und zu verwandeln, hatte er sich in dessen Gegenwart unendlich klein gefühlt und unendlich dankbar für das Geschenk der Schönheit, das der große Schriftsteller ihm mit seinen Worten gemacht hatte. So dankbar, dass er ihm, wäre er nicht Priester gewesen, die Hände geküsst hätte. Sein Sachverstand verschaffte ihm die Gunst der königlichen Familie, in deren Privatkapelle er sogar die Messe las. Doch irgendetwas knirschte. Vorwarnungen drohender Katastrophen. „Als ich gerade auf einen Stuhl gestiegen war, um eine Mücke zu töten, zerbrach er, und ich fiel wie ein Stein zu Boden, die Hand und das Handgelenk unter dem Gewicht meiner ganzen Person. Strafe Gottes und Bestrafung meiner übermäßigen Empfindsamkeit."

Manch einer konnte ihn nicht leiden. Als Pater Manera eines Tages während seiner Vorlesung von seinem Manuskript aufsah, begegnete er dem Blick eines gewissen Angelo Brofferio, seinem ironischen Lächeln unter den scharfen Falten seitlich der Nase und den zusammengezogenen Augenbraunen über tief liegenden Augen. Später einmal sollte Brofferio Dichter und Abgeordneter des Königreichs Italien werden, damals jedoch war er dreiundzwanzig Jahre alt, hatte bereits einen Abschluss in Jurisprudenz und saß im Publikum, weil ihm ein Advokat während einer abendlichen Salonkonversation von dem unverzichtbaren Spektakel des „Jesuiten in der Hölle, der es mit allen Teufeln aufnimmt [...] Etwas, das man sich einfach ansehen muss" erzählt hatte. Zu jener Zeit hielt Pater Manera seine Vorlesung wegen der immer zahlreicher werdenden Zuhörerschaft im Anatomiesaal der Universität, dem größten Raum des Gebäudes. Auf den ersten Blick war er Brofferio als „gut aussehender Mönch. Blasses Gesicht, hohe Stirn, rabenschwarzes Haar, lebhafte Augen, wohlgestalteter Mund, ovales Kinn, sympathische Stimme, aufrechte Haltung" erschienen.

Seinen Vortrag hielt Pater Manera nicht vom Podium herab, sondern an einem Tischchen, mit der *Göttlichen Komödie* vor sich. Am Ende der Vorlesung hob er das Buch an die Lippen und küsste es. Auf Brofferio wirkte diese Geste unglaublich süßlich und lächerlich, und beim Verlassen des Hörsaals machten er und sein Begleiter sich darüber lustig. Sie zogen gerade richtig vom Leder, als er plötzlich eine Hand auf der Schulter spürte. Es war die von Pater Manera, der ihm freundlich für seine Kommentare dankte und ihn einlud wiederzukommen. Ab da wurde Brofferio ein regelmäßiger Gast in den Akademien des Jesuiten, um ihn aus reinem Vergnügen mit frivolen Sonetten und Heldenliedern gegen die Tyrannen aller Zeiten zu ärgern, die eine gefährliche Begeisterung beim Publikum hervorriefen. Indem er seine Vorlesungen besuchte, um seine Scherze mit ihm zu treiben, hat Bofferio ein wunderbares Porträt von Pater Manera hinterlassen. Unter den Papieren des Jesuiten befindet sich auch ein Brief von ihm. Brofferio hatte ihm eine selbst verfasste Kanzone geschickt, *Dantes Klage*, mit der Bitte um seine Meinung. Auch der Schriftsteller Vincenzo Monti hatte sie gelesen und war begeistert, der Text wurde noch im selben Jahr veröffentlicht, ungeachtet der sicheren Kritik des Meisters. Die Bitte um eine literarische Begutachtung war nur ein Vorwand für eine weitere Mitteilung: Es scheine ihm geboten, den Jesuiten wissen zu lassen, dass ein

Spottgedicht über ihn in Umlauf sei. So diente die Literatur als Vehikel für die Verhöhnung des Priesters und der Tyrannen. Pater Manera gelang es nie, ihn zu bezwingen und auf seine Seite zu ziehen. In Turin war ihm der unbelehrbare Teufel begegnet, in Gestalt des jungen brillanten Piemontesen mit den antimonarchischen Ideen.

Dann waren da noch die Abstürze in die dunkle Tiefe der Melancholie, von denen weder der König noch seine Studenten und erst recht nicht seine Feinde wissen durften. Nur seine Patres durften sehen, was sich hinter dieser perfekten Laufbahn verbarg. Sein Freund Agostino Gervasio, der ihn schon als kleinen Jungen gekannt hatte, riet ihm aus Neapel, es mit den intellektuellen Anstrengungen nicht zu übertreiben, vor allem nicht im feuchten und kalten Klima des Nordens, dem man nur künstlich mit Öfen abhelfen konnte.

> Neapel, 23. Oktober 1835
>
> Ich bitte Sie vor allem, nicht die notwendige Ruhe zu vernachlässigen; wer viel mit dem Geiste arbeitet, so gebietet es die Gesundheit, muss viel und gut bedeckt schlafen. Ich rate Ihnen daher ausdrücklich, den Geist nicht fortwährend intensiver Beanspruchung zu unterziehen und ihn während des Tages zwischendurch mit angenehmen Dingen zu zerstreuen. In diesem Klima, das so verschieden von dem Ihrer Heimat ist, heiße ich den Gebrauch von Öfen für nicht gut, deren Gebrauch, wie ich meine, Ursache der in der Lombardei so häufigen Peripneumonien ist. Jener beinahe augenblickliche Übergang von der warmen Umgebung in die feuchte und kalte Umgebung ist ein sicherer Grund für die Erkrankung der Lungen. […] Wenn Euer Hochwürden sichere Kenntnisse von dieser Sache haben wollen, empfehle ich Ihnen, das Werk von Tissot zur Gesundheit der Gelehrten zu lesen oder jenes wenngleich nicht so elegante, so doch vollständigere des Signor Pujati zu demselben Gegenstand.

Seit der Antike wurden Krankheit und intellektuelle Betätigung miteinander in Verbindung gebracht. Der melancholische Gelehrte, erdrückt von Gedanken, verdorrt vor Einsamkeit, träge vom Sitzen, geisterte als zählebige Vorstellung durch die Zeit. Galen hatte mit eigenen Augen gesehen, wie ein berühmter Grammatiker, so oft er sein Fach lehrte, von der Fallsucht heimgesucht wurde. Petrarca hatte epileptische Anfälle bekommen, sobald er seinen Geist anstrengte und litt, wieder genesen, unter Herzklopfen, das erst nachließ, sobald er aufhörte zu studieren. Die Vorstellung lebte selbst dann noch weiter, als die Medizin Mitte des 17. Jahrhunderts begann, nicht mehr nur den Säften (insbesondere der schwarzen Galle), die sich uralten Theorien zufolge in bestimmten Körperregionen stauten und krankmachende Dämpfe erzeugten, eine zentrale Rolle im Funktionieren der menschlichen Maschine zuzuschreiben, sondern auch den Nerven, von denen man glaubte, sie könnten sich entzünden, anspannen und entspannen. Sie lebte auch dann noch weiter, als das Gehirn – jahrhundertelang als zweitrangig erachtet – neben dem Epigastrium und dem Herzen an Bedeutung gewann, bis es schließlich zur Schaltstelle sowohl für die Gedanken als auch die Gefühle erklärt wurde.

In Tissots Werk *Von der Gesundheit der Gelehrten*, das Pater Manera von seinem neapolitanischen Briefpartner empfohlen worden war, hatte die Humoralpathologie bei Diagnosen und Heilmitteln nach wie vor ihren festen Platz neben der neuen Physiologie. So konnte man dort lesen, dass das Denken durch eine Wirkung der Seele auf das Gehirn entstehe. Diese Wirkung erzeugte eine Erschütterung, die, wenn sie länger andauerte, dazu führen konnte, dass das Gehirn ohne jeden Sinnesreiz von allein Ideen zu erschaffen begann, die sich dem armen, erschöpften Gelehrten sodann ständig aufdrängten, ohne dass er sich ihrer erwehren konnte. So war es Pascal geschehen, der sich nach allzu heftiger gedanklicher Anstrengung eingebildet hatte, einen Abgrund voll Feuer neben sich zu haben. Ein toskanischer Maler glaubte sich bis zu seinem Tod von eben dem Luzifer verfolgt, dem er in einem Gemälde schreckliche Züge verliehen hatte. Ständig erschien der böse Geist vor ihm und warf ihm vor, dass er ihn in so hässlicher Gestalt dargestellt hatte. Durch die heftige Bewegung des Gehirns, fügte Tissot hinzu, würden die Säfte dorthin getrieben, *in primis* das Blut.

Deshalb hatte ein Gelehrter aus Bologna jedes Mal, wenn er morgens vor dem Aufstehen meditierte, aus der Nase zu bluten begonnen. Zu viel Blut im Kopf hatte Schlaflosigkeit und Delirium zur Folge, wie sich bei einem Priester zeigte, der, nachdem er zu lange und feurig gepredigt hatte, zu zittern und stammeln begonnen hatte und dann dem Wahnsinn verfiel. Oder es raubte dem Körper von einem Moment auf den anderen alle Kraft. So war ein Mann in Frankreich, der die Nächte mit Studieren verbrachte, mit der Feder in der Hand und die Augen auf das Papier geheftet in Gliederstarre verfallen. Er war erst nach geraumer Zeit entdeckt worden und erholte sich nicht mehr. Auch bestand die Gefahr des Schlafwandelns. Ein Student aus Leipzig konsultierte im Schlaf den Castelli, ein medizinisches Wörterbuch. Man sah ihn verdrießlich werden, wenn er ein Wort nicht fand, und lächeln, wenn er es entdeckte.

Auf die Verhärtung des Gehirns schließlich, das wegen der allzu starken Beanspruchung Schwielen bildete, ließ sich der Verlust des Gedächtnisses zurückführen. Doch die sitzende Lebensart schädigte den gesamten Körper, indem einzig die Kraft des Herzens das Blut zirkulieren ließ, wodurch es nur noch mühsam alle Gefäße erreichte. Die Säfte flossen nicht ab, sondern stockten und verdarben im Inneren. Das Wasser ließ die Gelenke anschwellen und drang bis ins Gehirn. Die Gelehrten schlossen sich in Zimmern ein, in denen die Luft von den Ausdünstungen während der Anstrengung des Geistes modrig geworden war. Versäumten sie, auf sich zu achten, bedeckten sich die Zähne mit einer dicken Schicht Stein und fielen irgendwann aus. Weil dadurch auch das Kauen erschwert wurde, entwickelten sich in ihren wie Säcke aufgeblähten Bäuchen stinkende Flatulenzen. Es gab keinen Denkprozess, der den Körper nicht schwächte. Auf diesen Zusammenhang zwischen Ausflüssen, Ergüssen, Stauungen, Austrocknung der Körpersäfte und Vibrationen, Kontraktionen und Ausdehnungen der Nervenfasern richtete man besorgt den Blick. Der große Erfolg von Tissots Werk, das in mehreren Sprachen in ganz Europa in Umlauf war, bestätigt dies. Auch das Buch seines italienischen Kollegen Doktor Giuseppe Antonio Pujati aus Padua erfreute sich einer gewissen, wenngleich nicht ganz so spektakulären Verbreitung.

Hin- und hergerissen zwischen dem Stolz des Vaters auf die allseits anerkannte Tüchtigkeit des Sohnes und der Sorge wegen einer Art Sog, in die sein Ziehsohn und Bruder in Christus hineinzugeraten schien, behielt auch der Obere in Turin, Pater Roothaan, Pater Manera ständig im Blick. Und er erstattete dem Pater General in Rom regelmäßig schriftlich Bericht über ihn. Hätte es diese Pflicht zu schreiben nicht gegeben, der Pater Roothaan eifrig in einer Mischung aus Fürsorge und Anzeige (geriet ein Bruder auf vermeintliche Abwege, wurde er zurechtgewiesen) nachkam, wüssten wir heute nichts über Pater Maneras Zustände, über die Worte, die sie beschrieben.

> Turin, 7. Dezember 1824
>
> Die Lehre und die Übung des Stils führt er mit einer Methodik und Beständigkeit durch, die wahrhaft erstaunen. Seine Vorlesungen sind außerordentlich gut besucht, und regelmäßig nehmen hochgelehrte Personen daran teil, Professoren, angesehene Schriftsteller, Rechtsanwälte und Staatsbedienstete, und um ihnen ohne Nachteil für ihre Ämter weiter beiwohnen zu können, haben sich viele zusammengetan, um die Bitte vorzubringen, dass dieser Unterricht zu einer passenderen Uhrzeit stattfinden möge. […] Pater Manera quält sich indes, da seine Aufgaben über seine Kräfte gehen.

> Turin, 26. Februar 1825
>
> Sein Leiden, das er in den Beinen hatte, wodurch er nicht mehr als drei Schritte in seiner Kammer gehen konnte, und das ihn bisher gezwungen hat, das Bett zu hüten, legt sich seit zwei oder drei Tagen, und er kann bereits wieder ein wenig umhergehen. Ich hoffe in Kürze sagen zu können, dass er genesen ist und es ihm gut geht. Es schmerzt mich ein wenig und macht mich, fast möchte ich sagen, melancholisch, in ihm einen Melancholiker zu sehen; zumindest erweckt er oft diesen Eindruck. Er macht sich, glaube ich,

> übermäßige Sorgen, die wir bekämpfen, die sich aber nicht so leicht von den Verstandeskräften besiegen lassen, so gut diese auch sein mögen. Denn es ist wahr, dass selbst der mit den reichsten Talenten und mit den einzigartigsten Gaben Gottes immer noch ein Mensch ist, und immerdar ächzt unter dem Joch der bedauernswerten Menschheit!
>
> Turin, 8. Juni 1825
>
> Pater Manera geht es nicht gut, und wahrscheinlich wird er in die Bäder und vielleicht noch an einen anderen Ort gehen müssen, um sich zu erholen.
>
> Turin, 3. August 1825
>
> Er war derart zerrüttet, dass er den Unterricht einige Tage früher hat beenden müssen, um sich nicht gänzlich zugrunde zu richten.

Auch Pater Roothaan, seinerseits von den Anstrengungen der letzten Monate erschöpft, wurde von Erbrechen und Ohnmachtsanfällen heimgesucht. Also verschrieben die Ärzte sowohl ihm als auch Pater Manera Brunnenkuren und die Natur, weit weg von den Hörsälen, den Bücherstapeln auf den Schreibtischen, den unsäglichen Mühen im Dienste Seiner Majestät Karl Felix. Geopfert für Thron und Altar. Nach Beendigung seiner Kur gab der Holländer den Neapolitaner in die Obhut eines Mitbruders. Aber er behielt ihn weiterhin im Auge. Er schrieb ihm jeden Tag, um über sein Befinden auf dem Laufenden zu bleiben. Zehn Jahre später, in Rom, sah sich Pater Roothaan abermals den alten Sorgen dieses Mitbruders, der ihm lieb wie ein Sohn war, gegenüber. Er wusste, was zu tun war. Diesmal befahl er ihm, nicht mehr in die Via di Sant'Anna zurückzukehren, und die Gehorsamspflicht zwang Pater Manera, sich zurückzuziehen. So wollte es die Regel. Zumindest in der Theorie.

XXII
In der Nacht vom 16. auf den 17. Januar
Aufzeichnungen von Maria Vittoria Hamerani
Exorzismus

In dieser Nacht zwischen der achten und neunten Stunde hat der böse Geist so zu sprechen begonnen: Eine Zecke ist abgefallen, die andere wird allmählich abfallen. Und kurz darauf hat er zu sprechen begonnen, mit den Worten: Pater Manera, diese Zecke, wird sich hier nie mehr zeigen. Und kurz darauf hat er erneut zu singen begonnen, mit den Worten:

Pater Manera, diese Zecke,
wird sich hier nie mehr zeigen
wird in seinem Kloster bleiben
und der Teufel, der wird lachen
Tralali Tralala

Dieses Lied hat er ungefähr viermal wiederholt, dreimal zum Schluss voller Hohn lachend. Tralali Tralala, Tralali Tralala. Und am Ende hat er gelacht und dann gesagt: Wie schön. Und dann hat er wieder angefangen zu sprechen: Ah! Sterben soll er, verrecken soll er, dieser Pater Manera.

XXIII
17. Januar 1835
Exorzismus

Pater Massa erfuhr von Pater Kohlmann, dass er von unserem Pater General bestimmt worden war, ihn zu begleiten, um der Besessenen beizustehen. Pater Kohlmann und Pater Massa besuchten sie und fanden sie ruhig und heiter vor.

XXIV
Ohne Datum
Persönliche Aufzeichnungen von Pater Tommaso Massa

„Er war, ob von Natur aus oder durch Krankheit, eines Auges gänzlich beraubt.“

Was wir über Pater Massa wissen, der anstelle von Pater Manera in die Via di Sant'Anna geschickt wurde, verdanken wir den Aufzeichnungen einer namenlosen Hand auf einem einzelnen Blatt Papier, das nie den Weg zu den anderen *Summaria vitae* fand, den im römischen Generalarchiv der Gesellschaft Jesu aufbewahrten Lebensbeschreibungen ihrer Männer. Nach seinem Tod wurde von anderer Hand ein weiteres Blatt hinzugefügt. Doch keiner hat je die beiden Fragmente bearbeitet, die Fakten geprüft, die Lücken gefüllt und einer Geschichte, die den Verfassern offizieller Biografien vermutlich zu bescheiden erschien, Gestalt verliehen.

Wenn das Ordenshaus, wo er als Erwachsener bis an sein Lebensende wohnte, nichts weiter über ihn preisgibt, heißt es, dort zu suchen, wo er zur Welt kam. Vielleicht lässt sich dann begreifen, weshalb er sich in einem bestimmten Moment seines Lebens monatelang hartnäckig über den Körper von Veronica Hamerani beugte, um ihn zu befreien, und in welcher Form ihm das Böse bereits zuvor begegnet war. Also bin ich nach Bologna gefahren, wo die Geschwister Massa mit ihrer jeweiligen Familie, wie ich herausfand, in einem großen Eckhaus zwischen der Via degli Oliari und der heute verschwundenen Via Pietrafitta lebten. Das Haus, in dem Pater Massa als Tommaso Maria Camillo zur Welt kam, beherbergte unzählige Bewohner, angefangen bei den Familienmitgliedern über die Angestellten des Kolonialwarengeschäfts bis hin zur Dienerschaft. Für die Pfarrer, die jedes Jahr eine nach der andern die Wohnstätten ihrer Gemeinde zählten, war es das „Haus Massa". Allein auf Seiten Giuseppes, des Vaters von Tommaso, gab es sieben Brüder und Schwestern, zur Welt gebracht von Marianna Pavesi aus Parma. Dort hatte die vom Großvater und Namensgeber gegründete Firma Tommaso Massa und Söhne ebenso eine Niederlassung wie in Imola und Genua, der Stadt ihrer Herkunft. Von der Seerepublik aus traten die Massa ihren Siegeszug als Kaufleute und Bankiers an, handelten mit Gewürzen, Wein und Kaffee, siedelten nach Bologna über, die nie völlig devote Stadt des Papstes, vornehm und geschäftig, doch ohne hektische Betriebsamkeit, mondän und großzügig. Die Lieferung von Zimt für die Erfrischungen, die man den hundertfünfzig geladenen Gästen im Rahmen eines Konzerts des vierzehnjährigen Mozart Ende März 1770 im Palazzo Pallavicini reichte, wurde der Firma Massa mit 12,10 Lire entgolten, Mozart bekam 205.

Der Stammvater und zwei seiner Söhne, Giuseppe und Francesco, beschlossen, sich dauerhaft in der Via Pietrafitta niederzulassen und den Palazzo sowie das Geschäft des reichen Gewürzhändlers Moreschi zu übernehmen, während ein weiterer Sohn, Agostino, die Geldgeschäfte führte. Eben hier kam Tommaso unter Pius VI. an einem Oktoberabend zur Welt und wurde umgehend getauft. In der Stadt wurden damals täglich um die zehn Neugeborene sofort nach der Entbindung getauft, auf dass der Tod sie nicht holte, solange sie noch keine Seele besaßen. Gleichzeitig wurden ständig und überall in Bologna Heiligenbilder in langen Prozessionen von einer Kirche zur anderen getragen, und im Teatro Zagnoni wurde *La morte di Semiramide* aufgeführt. Unter den fünf Bögen des fast vierhundert Jahre alten Laubengangs befanden sich die Eingänge zu den beiden großzügigen Geschäftsräumen und daneben der ins Haus. Um hinauf in die Wohnungen zu gelangen, ging man durch einen von Arkaden gesäumten Innenhof, an den eine breite Treppe, die Keller und die Rückseite des Geschäfts grenzten.

Während man dieses feuchte (der Kanal des Flusses Reno lag ganz in der Nähe) Viereck durchquerte, in den das terracottafarbene Licht nie direkt einfiel, da der Palazzo zwei hohe Geschosse und darüber noch Kornspeicher besaß, konnte man vom Duft der Gewürze und des Kaffees verführt werden, in den sich von Zeit zu Zeit der Geruch der Ställe des Gasthauses *Aquila nera* im Nachbarviertel Voltone de' Gessi mischte. Üppige Düfte, denen sich ein solcher Reichtum und Glanz verdankten, dass der Stammvater Tommaso, als sein gleichnamiger Enkel zehn Jahre alt war, gemeinsam mit 451 Honoratioren der Cisalpinischen Republik zu der von Napoleon anberaumten verfassungsgebenden Versammlung nach Lyon beordert wurde. Doch der Ahnherr Tommaso war dem Ruf nicht gefolgt, vielleicht weil er zu alt war oder nach Ankunft der Franzosen bereits das Seine getan hatte. Er gehörte zu den vermögenden Bürgern Bolognas, denen die Regierung Aktien aufgezwungen hatte, um ihre Schulden zu tilgen. Eine Forderung folgte der anderen, ein kontinuierliches Auspressen von Geldern und Kräften seit jenem Fronleichnamsfest im Jahr 1796, als viertausend bewaffnete Männer durch die Porta San Felice in die Stadt eingedrungen waren und die entsetzten Bewohner nach rechts flüchteten und beinahe die Prozession auflösten. Auf der Piazza Maggiore hatten sich Kanonen gesammelt und auf den Stufen der Basilika San Petronio die erschöpften Soldaten. Napoleon nahm Bologna in Besitz und übertrug dem Senat der Stadt die Macht, und nicht wenige hofften, damit würde die Stadt ihre einstige Autonomie wiedererlangen, die sie vor fast vier Jahrhunderten verloren hatte, als Bologna dem Kirchenstaat einverleibt worden war. Am 4. Dezember versammelten sich die Senatoren und Repräsentanten der Stadt und des Umlands in San Petronio und beschlossen die Verfassung. Und auch das war ein außergewöhnliches Ereignis, das Gutes zu verheißen schien. Doch die Verfassung sollte nie in Kraft treten.

Jene Jahre des Übergangs von einem Jahrhundert zum nächsten waren gänzlich vom Kommen und Gehen ausländischer Invasoren bestimmt. Erst waren es die Franzosen, nach ihnen für kurze Zeit die Österreicher und dann wieder die Franzosen, doch die Versprechen auf Freiheit wurden nie eingelöst. Und sie waren die Zäsur zwischen Kindheit und Jugend für den Enkel Tommaso, zwischen Apotheose und Niedergang für die Männer der Familie Massa, der er angehörte, und zwischen Überfluss und Hunger für die Stadt, in der er zur Welt gekommen und aufgewachsen war. Alles litt inmitten der Arkaden, der Kanäle und der zu Gefängnissen und Lagerhallen umgewandelten Kirchen, auch die ihres Habits beraubten Nonnen und Priester, die bei gutmütigen Familien Unterschlupf gefunden hatten. In den Straßen wurde das Inventar der Klöster verkauft, während auf der Wiese vor San Francesco fast täglich Erschießungen von Briganten stattfanden. Als solche wurden auch die Bürger, darunter viele vom Land, bezeichnet, die sich weigerten, die soundsovielte Steuer auf das Mehl zu bezahlen, und die jungen Männer, die sich der Wehrpflicht widersetzten. Und fast jede Nacht kam es zu unzähligen Raubüberfällen, obwohl die Straßen seit Kurzem beleuchtet waren. Die vorbeiziehenden Heere richteten sich in den Häusern ein. Die Stadttore blieben geschlossen, sei es wegen der Angriffe fremder Truppen oder rebellischer Bauern.

1801 war das Jahr der Unruhen und der großen Hungersnot, die Dragoner überwachten die Bäcker, die Regierung ließ ein Frachtschiff aus Russland kommen, „mit einer Art gerösteten Brotschnitten, von denen eine Scheibe, wenn sie zu Boden fiel, wie Glas in tausend Stücke zersprang". Der Verkauf fand in der ehemaligen Kirche Sant'Antonio in San Mamolo statt, vor der zum Schutz Wachen postiert waren. Anstelle von Wein trank man Wasser mit Lakritzstangen, das sich davon dunkel färbte. Dem Hunger fielen vor allem die Landbevölkerung und jene aus den Bergen zum Opfer, die auf der Suche nach Arbeit in die Stadt gekommen waren. Das Fieber indes raffte unterschiedslos alle dahin, die Armen und die Reichen. Auch jene, die sich in den Jahren des allgemeinen Elends bereichert hatten. Es holte sich auch den Großvater, dessen Namen Tommaso trug. Zu Beginn des neuen Jahrhunderts starb der Vater Giuseppe, der ihm den Nachnamen gegeben, und unmittelbar darauf die Mutter Marianna, die ihn zur Welt gebracht hatte. Die Kaufleute, die vierzig Jahre zuvor mit ihren Waren, ihren Handelsgeschäften und ohne Land aus Genua gekommen waren, verließen die Welt nun als Grundbesitzer wie einst nur die Adligen. Zu solchen waren sie geworden, als die Landgüter, Weideflächen, Wälder und Mühlen von ungefähr hundert inzwischen aufgelösten Klöstern verkauft worden waren. Alle gutbetuchten Bürger der Cisalpinischen Republik, darunter auch die Familie Massa, hatten Anleihen zugunsten der Regierung unterzeichnen und sich dann als Aktionäre notgedrungen auch am Verkauf der enteigneten Besitztümer beteiligen müssen.

Im Jahr 1802 schneite es bis weit in den April hinein, und das Unternehmen der Kaufleute und Grundbesitzer fand sich auf einen Schlag ohne den Gründer und einen Kompagnon wieder, dessen Nachkommen nun eine riesige Summe zustand. Tommaso wurde von seinen Onkeln mit einem stattlichen Erbe von 16 000 Lire (der Wert des großen Hauses der Familie mit Ladenlokal belief sich auf 55 000) ausbezahlt. Diese Auslagen, die die Onkel für ihn und seine Brüder bestreiten mussten, dazu die immer schlechter gehenden Geschäfte in Genua, die beiden großen Bologneser Geldgeber Zanoja und Pichat, die den Geldhahn wegen des drohenden Konkurses abdrehten, sowie die Regierungswechsel brachten die Firma Massa und Söhne langsam, aber sicher an den Rand des Ruins. Und irgendetwas – worüber ich keine schriftlichen Zeugnisse habe finden können – brachte Tommaso dazu, das Haus Massa, in dem er geboren war, zu verlassen. Mit zwölf Jahren verschwand er aus dem vom Pfarrer der Chiesa dei Santi Fabiano e Sebastiano geführten Register, ganz wie ein paar Jahre zuvor der Großvater, dann der Vater und die Mutter. Im Jahr 1803, dem Todesjahr der Mutter, schaut am Ende der langen Reihe der Geschwister Massa eine weitere Marianna hervor. Der flüchtige Schatten einer kleinen Schwester, Frucht einer Geburt, bei der Mutter und Kind starben. Die letzte Zeile zwischen dem jüngsten Bruder und dem Hausverwalter, gefolgt von der Dienerschaft, dem Koch und dem Laufburschen. Im Jahr darauf ist auch sie verschwunden. Doch Tommaso lebte weiter. Hat er vielleicht damals, an einem mir unbekannten Ort, in einer Zeit ohne Spuren ein Auge verloren? Erkrankte er schwer und wurde woanders hingeschickt, wo man sich um ihn kümmerte, während die gesunden Geschwister in dem großen Haus mit dem Ladenlokal blieben?

Das Manuskript des *Exorzismus* trägt in weiten Teilen seine Handschrift. Nicht, weil er ihn von Anfang an verfasst hat, schließlich stieß er erst später hinzu, um den zweifelnden Pater Manera zu ersetzen, sondern weil er sich irgendwann die Mühe gemacht hat, Ordnung zu schaffen und den Text neu abzuschreiben. Aus einem Grund, der sich mir bis heute nicht erschließt, wurde der Fall der Veronica Hamerani, die einige vom Teufel besessen glaubten, während andere sie für hysterisch oder durchtrieben hielten, für ihn ungeheuer wichtig.

XXV
18. Januar 1835
Exorzismus

Die Patres Kohlmann und Massa gingen und trafen im Hause Amerani Monsignore Wisman und Signor Knight an, den berühmten englischen Arzt, außerdem Hochwürden Signor Ehrenhoefer, den Kuraten und Domherrn von Sankt Stefan in Wien, und Signor Miles, einen irischen Priester. Vor den Exorzismen hielt Pater Kohlmann die übliche kurze Predigt. Heiligenlitaneien. Heiliger Antonius. Die Besessenheit brach auf die übliche Weise hervor, Schreie in unterschiedlichen Lauten, Beine in der Luft und Heulen […].

Beurteilung des englischen Arztes: Dieser Arzt wohnte allen Exorzismen bei und blieb bis zur ersten Nachtstunde, um zu sehen, wie das Geschöpf zu sich zurückkehrte nach der entsetzlichsten Unruhe von fünf Stunden, denn die Exorzismen begannen zur zwanzigsten Stunde und dauerten bis ungefähr zur vierundzwanzigsten, danach begann der Schleim und dauerte bis zur ersten Nachtstunde: Danach kehrte die junge Frau zu sich zurück.

Der Signor Doktor selbst stellte sich beim Ausbruch der Besessenheit zur Rechten der Besessenen ans Bett und konnte ihr für fast eineinhalb Stunden den rechten Arm halten und den Puls mit der Bewegung seiner Uhr messen, die er über dem Bett hielt.

Danach ließ er sie los und ging um das Bett herum, um ihre überaus heftigen Bewegungen und höchst seltsamen Stellungen zu beobachten: Man kann sagen, dass er nichts anderes tat, als sie gründlich zu studieren und jede kleinste Sache abzuwägen. […]

Nachdem das Geschöpf zu sich zurückgekehrt war, war er überrascht, sie nach einer […] so heftigen Unruhe so ruhig und heiter zu sehen: Er fühlte ihr für sieben oder acht Minuten den Puls und befand ihn für regelmäßig und ruhig.

Er bot an, sein Urteil schriftlich abzugeben, wenn die Patres dies wünschten.

Im Haus in der Via di Sant'Anna gab es viele vorübergehende Besucher, allesamt gerufen, um ihre Meinung zu den Geschehnissen kundzutun. An jenem Tag herrschte ein richtiggehendes Gedränge aus fachkundigen Männern. Doch den verbliebenen Aufzeichnungen zufolge wurde nur ein einziger der Anwesenden von wem auch immer nach seiner – auch schriftlich festgehaltenen – Ansicht gefragt. Er hieß Sir Arnold James Knight, kam aus Sheffield und hatte in Edinburgh Medizin studiert, wo er im Jahr 1811 mit einer Arbeit über die Gicht seinen Doktortitel erhielt. Während seiner zwanzig Jahre an der Royal Infirmary, die noch recht jung war, aber bereits Zehntausende von Kranken behandelt hatte, sah er vor allem die ausgezehrten Körper von Arbeitern, die zu viel Staub eingeatmet hatten.

Er kannte das Asthma der Stein-, Klingen- oder Gabelschleifer, ihre schmutzige und schlammverkrustete Verfassung, den ausgehusteten schwarzen Schleim. Er kannte die der Feilarbeit oder der Arbeit in den Sesselmanufakturen geschuldete grünliche Gesichtsfarbe der dort beschäftigten Frauen. Ihr rasselndes Keuchen kam von dem Staub, der sich in den Lungen sammelte. Die ganze Stadt war davon durchdrungen, weil die umliegenden Hügel den Austausch der Luft verhinderten. Doktor Knights Bericht über die Situation der Arbeiter von Sheffield hatte weltweit für Aufsehen gesorgt und war sogar bis ins Parlament gelangt, ohne dass sich jedoch das Geringste änderte. Und die Ersten, die keine Veränderung wollten, waren die Schleifer selbst, die sich, wie Doktor Knight schrieb, tatsächlich ein möglichst kurzes Leben wünschten. Die Schleifer wollten sterben. Ein längeres Leben bedeutete, ein unzumutbares Schicksal in die Länge zu ziehen.

Angesichts dessen, was Doktor Knight in dieser Stadt aus Fabrikschloten und Ruß publizierte, deren Bewohner kaum älter als vierzig wurden, zählte die Hysterie wohl eher zu den kleineren Problemen. Dennoch dürfte der Arzt als Student darüber gelesen haben. An der Universität Edinburgh lehrte seinerzeit der renommierte Professor William Cullen, der 1769 eine Klassifizierung aller bisher bekannten Krankheiten veröffentlichte. Einer jahrhundertealten medizinischen Tradition folgend erstellte er für die Hysterie eine lange Liste von Symptomen: Rumoren der Eingeweide, das Gefühl eines rollenden Balls im Magen und in der Kehle, Konvulsionen, labiler Geist und am Ende der Krise heller Urin, ein klinisches Zeichen, das auch Doktor Knight im Fall der jungen Hamerani für charakteristisch hielt. Neu an Cullens Klassifizierung war der Begriff der „Neurose" für ein Krankheitsbild, das seit jeher einer Affektion der weiblichen Gebärmutter zugeschrieben wurde. Sie konnte sich wie ein aufgeschrecktes Tier aufbäumen, wenn sie nicht durch Schwangerschaften und die Praxis einer ausgewogenen, aufrichtigen und ehelichen Vereinigung ausreichend in Bewegung gehalten wurde. Cullen zufolge war es das Nervensystem, das vor allem bei denen, die ein komfortables Leben führten, egal ob Mann oder Frau, plötzliche Stimmungswechsel hervorrief. Gut zehn Jahre später jedoch sah Cullen, als er erneut über die unklaren Symptome dieser tückischen Krankheit schrieb, ihre Ursache in einem Überfluss an Blut in der Gebärmutter. Demnach war die Hysterie also, wie von der Medizin seit Jahrhunderten angenommen, eine typische Krankheit des weiblichen Geschlechts, Ergebnis und gleichzeitig Ausdruck der hochgradigen Empfindsamkeit der Frau. Auch Cullens Nachfolger an der Universität Edinburgh schenkten ihr höchste Aufmerksamkeit. Im Herbst 1780 war die Hysterie sogar Thema der Eröffnungsvorlesung des akademischen Jahres. Der Redner begründete seine Entscheidung mit der Häufigkeit der Krankheit, unter der seiner Aussage zufolge unzählige Frauen litten, mit schwerem Schaden für die gesamte Menschheit. Das Leiden entsprang sowohl den Nerven, die über den gesamten Organismus verteilt waren, weshalb sich die Krise in jedem Körperteil manifestieren konnte, als auch der Gebärmutter, sprich dem Überfluss an Blut darin. Das wiederum bestätigte die vollkommen weibliche Natur der Krankheit und gleichzeitig die krankhafte Natur des weiblichen Geschlechts. Die Suche nach den Ursachen der Hysterie förderte eine erschreckend lange Liste zutage. Zorn, Freude, Hass, sexuelle Phantasien, unmäßiges Begehren und Verlangen, Neid, Angst, zu aromatische oder ekelerregende Gerüche, Spirituosen, Tee, Kaffee und Tabak, Grübelei, venerische Ausschweifungen, längerer Aufenthalt in Hitze und feuchter Luft, kalte Füße, zu viel Essen, eine sitzende Lebensart, übermäßige Bewegung, Ausbleiben der Menstruation. Die Verwirrung konnte von irgendeinem äußeren oder inneren Faktor ausgelöst werden und alles im Körper und in der Seele, im Kopf, im Herzen, in den Beinen, im Bauch, den Adern und Nerven erfassen. Die für die Frau so notwendige Gelassenheit war ständig wegen der zur Unausgeglichenheit neigenden weiblichen Natur in Gefahr. War die Krise erst einmal ausgebrochen, flossen die Säfte, deren Ausscheidung gesellschaftlich am liebsten totgeschwiegen wurde, in beispielloser und peinlicher Menge hervor. Ein Schwall Urin zusammen mit dem gesamten, vom Körper wegen einer Blockade der Transpiration bis zu diesem Moment zurückgehaltenen Schweiß. Dies waren die Vorstellungen vom Körper, die Doktor Knight an der Wende von der klassischen Medizin der Säfte zu jener neuen der Nerven vermittelt bekommen hatte, und aus dieser Sicht betrachtete er später die junge Hamerani.

Nach seiner Rückkehr nach Sheffield im Jahr 1835 hielt er zu Beginn des neuen Schuljahrs die Eröffnungsvorlesung am Sheffield Mechanic's Institute, das zur Alphabetisierung der Fabrikarbeiter der Stadt gegründet worden war. Vor einem protestantischen Publikum beschwor er die außerordentliche Frömmigkeit der Katholiken. Unter einem bleigrauen Himmel schilderte er den sechshundert Anwesenden, den Industriellen, Philanthropen und Honoratioren der Stadt, dass man in Rom bei Glockengeläut unter einem leuchtendblauen Himmel erwachte, dass der Sonnenuntergang stets von den lieblichen Klängen der Abendandacht untermalt war, gesungen von einem solchermaßen der Frömmigkeit ergebenen Volk, dass es sein Heil weder in den Gasthäusern noch im Alkohol suchte, und dass die inmitten einer blühenden Natur und jahrhundertealter Kunst aufwachsenden Kinder einen natürlichen Sinn für die Schönheit entwickelten, der sie als Erwachsene enthaltsam machte. In jenem von der katholischen Religion gesegneten Flecken Erde spazierten die Kinder mit ihren Eltern gemeinsam im Sonnenschein durch die Straßen, anstatt von trunk- und spielsüchtigen Müttern und Vätern misshandelt zu werden wie in den Arbeiterfamilien hier in der Stadt. Wenn auch die Tage der Bevölkerung von Sheffield von Messen, Rosenkränzen und Gebeten bestimmt würden, könnte der Verrohung, unter der sie litten, Einhalt geboten werden. In den protestantischen Zeitungen hagelte es Proteste gegen den papistischen Doktor, der wohl zu viel Umgang mit den Jesuiten gehabt hatte.

Über den unschicklichen Körper jedoch, dessen Puls er in der Via di Sant'Anna gefühlt hatte und den die Jesuiten nicht zu befreien vermochten, verlor er kein Wort. Er hatte nichts für die junge Frau tun können. Dem, der ihn eingeladen hatte, genügte es, dass der Arzt die Machtlosigkeit seiner Disziplin bestätigte, denn zu diesem Zweck hatte ihn Monsignore Nicholas Wiseman dorthin gebracht. Wiseman hatte Veronica mit seinen sehr hellen Augen unter den dichten Brauen aufmerksam beobachtet: Er war dreiunddreißig Jahre alt, hatte aber noch immer das runde Gesicht und die rosigen Wangen des *niño*, den seine verwitwete Mutter zusammen mit dem kleinen Bruder aus ihrer Geburtsstadt Sevilla weggebracht hatte. Im Jahr 1805 waren sie mit der *Melpomene* in Portsmouth gelandet. Auf der großen Insel begann für Nicholas eine traurige Kindheit, die dreizehn lange Jahre dauerte und die er mit neunzig anderen Schülern im katholischen Kolleg von Durham verbrachte, einer Zumutung aus regennassem grauem Stein und einer unbekannten Sprache. Die andalusische Sonne, unter der der Kaufmannssohn gespielt und laufen gelernt hatte, war in weiter Ferne. Hier war er eine katholische Waise in einem Land voller Protestanten, vor denen es sich zu hüten galt.

Unter dichten Wolken begann er, sich zurückzuziehen und sich in Büchern zu vergraben, und während seine Altersgenossen sich atemlos in Wettrennen verausgabten und immer stärker wurden, ließ er in seinem Inneren Worte wachsen, im Abseits einer stillen Traurigkeit. Man hielt ihn für dumm und zurückgeblieben, aber Nicholas lernte die alten Sprachen und träumte. Als Zwölfjähriger kannte er bereits die Karte von Rom auswendig, sodass er an jenem Tag im Dezember 1818, als er tatsächlich dort eintraf, seinen Reisegefährten genau sagen konnte, in welcher Straße oder auf welchem Platz sie sich befanden. Er hatte die Stadt so oft in seinen Träumen besucht, dass er, als im Fenster der schaukelnden Kutsche die Kuppel des Petersdoms am Horizont auftauchte, kaum glauben konnte, dass er wach war. Er war sechzehn, es war ein klarer Dezembernachmittag und er hatte eine achtwöchige Reise von Liverpool nach Livorno hinter sich. Er hatte gesehen, wie ein Mann über Bord gegangen und von den Wellen verschluckt worden war, wie ein Hund auf der Suche nach Wasser an Bord kam und von tollwütigen Krämpfen geschüttelt ebenfalls im

Meer endete, wie ein Schiff in Feuer aufging, wie der Kutscher den Engländern in der Nähe von Florenz mit einer Geste bedeutete, dass die Briganten, sollten sie ihnen begegnen, kurzen Prozess mit ihnen machen würden: Auf der Straße lagen verfaulende Leichen. Endlich in einem heruntergekommenen Gasthaus angekommen, wo sie ein notdürftiges Lager bekamen, warnte der Kutscher sie wortlos, wie bei Italienern üblich, indem er sich mit dem Daumen über den Hals fuhr, als wollte er sich die Kehle durchschneiden, woraufhin sich die Engländer zu Tode erschrocken in ihren schäbigen Zimmern verbarrikadierten.

All das hatte er sich nicht vorstellen können: So hatte es nicht in seinen Büchern der Antike gestanden, aus denen er sich sein Bild von Rom erschaffen hatte. Dort kam auch kein Vincenzo vor, der achtzigjährige Pförtner des Päpstlichen Englischen Kollegs, wo er die nächsten Jahre verbrachte. Vincenzo trug altmodische Schuhe mit Silberspangen und aus seinem zahnlosen Mund kam ein freudiger Gruß in einer unbekannten Sprache. Er hatte sich weiterhin um das Gebäude gekümmert, als die Franzosen das Institut 1798 schlossen. Zwanzig Jahre lang hatte er die langen Korridore, die breiten Treppen und die Zimmerfluchten bewacht, die Bibliothek mit den wahllos in die Regale gestopften Büchern, die sich Nicholas mit eiserner Disziplin vornehmen würde. Erst vor Kurzem war das Kolleg wieder geöffnet worden, das Geld war knapp, weshalb es anfangs nicht einmal ein Dutzend Seminaristen hatte. Zusammen mit den anderen stand Nicholas jeden Morgen um halb sechs auf, erbat eine halbe Stunde lang Gottes Hilfe, kleidete sich an und ging zur Morgenandacht. Nach einem spartanischen Frühstück aus Tee mit Milch und trockenem Brot (Butter gab es nur sonntags) machte sich die ganze Gruppe zum Unterricht ins *Collegium Romanum* auf, zu den Repetitorien in Theologie und Philosophie und zu den dreitägigen Exerzitien. Er war weder jemals allein, abgesehen von dem einen Mal im Monat, wenn er, wie es die Regel vorschrieb, zur Beichte ging, noch mit einem seiner Kameraden enger befreundet, mit denen er betete, lernte, aß, spielte (mit dem Ball, nicht aber mit Würfeln oder Karten).

Seine Jugend verbrachte er also in einem Käfig der Disziplin, dem er erst nach dem Ende seiner Ausbildung entkam (so zumindest erinnerte er sich als Kardinal von Westminster rückblickend an jene Jahre). Ab da begann für den jungen Priester die Freiheit, der nun endlich stundenlang durch die geliebten Straßen spazieren und vor allem ganze Tage in den schummrigen Räumen der Vatikanischen Bibliothek verbringen konnte, während draußen die Stadt im Sommerlicht flirrte. Jahrelang beschäftigte er sich mit den syrischen Kodizes, die er während der Ferien ganz für sich allein hatte, weil sich in dieser Zeit kein anderer Gelehrter in den Lesesaal verirrte. Manchmal war er derart frustriert, dass ihm die Tränen kamen, wenn er in der Loggia des Englischen Kollegs über diesen fremdartigen Zeichen grübelte, während die anderen sich ihre wohlverdiente Erholung gönnten. Doch mit vierundzwanzig veröffentlichte er die *Horae syriacae*, die Licht ins Dunkel des vatikanischen *Codex* brachten, der das Alte Testament auf Syrisch überlieferte, und erzielte einen solchen Erfolg damit, dass er umgehend zum Professor für altorientalische Sprachen an der *Sapienza* ernannt wurde.

Rückblickend war er davon überzeugt, dieses unentwegte Arbeiten habe ihn als Jungen vor jeder Versuchung bewahrt. Er erinnerte sich nur an seine Beklommenheit, als der Papst ihm befahl, den Engländern in der Via del Corso zu predigen. Er hatte nichts dagegen tun können, weder gegen den Befehl noch gegen die Beklommenheit. Schon war die Freiheit wieder dahin, und er fand sich als Rektor des Kollegs wieder, das ihn als Jungen aufgenommen hatte. Ab da verbrachte er seine Tage mit Antrittsreden, mit dem Empfang junger Engländer, deren Berufung es zu prüfen galt, mit der Verabschiedung älterer, die in die Welt entlassen wurden, um zu predigen, was Rom sie gelehrt hatte, mit wöchentlichen Besichtigungen der Schönheiten der Stadt mit den Kollegiaten und obendrein noch mit den altorientalischen Handschriften der Vatikanischen Bibliothek, als deren größter Experte er inzwischen galt, sowie Abendessen und Konversationen. Katholische Besucher Roms aus England erinnerten sich später daran, dass er in einem Salon vor einem in andächtiger Stille lauschenden Publikum mit lauter Stimme Walter Scott vorlas.

Sobald Nicholas, inzwischen Monsignore Wiseman, die Gelegenheit hatte, sich in sein Zimmer zurückzuziehen, ließ er sich an seinem Schreibtisch nieder, dem Zentrum eines regen Briefwechsels zwischen Gelehrten aus Deutschland, Frankreich und England. In diesen Briefen nahm zwischen detailversessenen philologischen Diskussionen der Traum einer katholischen Religion Gestalt an, die endlich das geteilte Europa einen würde, ausgestreckte Hände über die Grenzen hinweg, in der Lage, jeden Feind zu besiegen, indem man zusammenstand. Er war unter Protestanten aufgewachsen und wusste, dass man immer auf der Hut sein musste, selbst in der Stadt des Papstes. Eines Tages würde er auf die Insel seiner Kindheit zurückkehren und alles dafür tun, sie erneut mit Rom zusammenzuführen. Als er Veronica sah, trug er sich vielleicht schon mit dem Gedanken abzureisen. Doch noch wurde er jeden Dienstag im Palazzo Odescalchi erwartet, in den Räumen von Kardinal Weld, um seine *lectures* über die „connexion between Science and Reveald Religion" zu halten. Die Wissenschaft konnte dem Glauben dienen, auch, indem sie ihre Machtlosigkeit eingestand. Eben deshalb, vermute ich, nahm Monsignore Wiseman Doktor Knight mit zu der jungen Besessenen.

XXVI
19. Januar 1835
Tagebuch von Pater Manera

Nach der Messe wurde ich dringend zu Signor N. N. gerufen, der sich, angetrieben von der Liebe, die er auf zärtlichste Weise für die Gesellschaft Jesu empfindet, bemüht, mich mit schlüssigen Argumenten von der Durchführung der Exorzismen abzuhalten und Pater Kohlmann über mich dazu zu bewegen, der angeblichen Besessenheit keinen Glauben zu schenken. Er fügt hinzu, er halte es nach eingehender Beratung mit einer bedeutenden Person für geboten, mir mitzuteilen, was er von einem Beichtkind erfahren habe, dass nämlich der C. N. N. von Weihnachten 1833 bis zum Dreikönigsfest dieses Jahres unkeusche Handlungen mit besagter junger Frau [Veronica] begangen habe, wobei er selbst sie in ihrer Wohnung aufsuchte, und das oft zweimal in der Woche, und sich dabei für einige Zeit den Vorwand zunutze machte, einem Kranken dieser Familie die Beichte abzunehmen, um sich freier austoben zu können. Der genannte Priester fügt hinzu, man müsse den C. N. N. als einen Wolf betrachten, der die Herde auffrisst, und es sei daher nicht verwunderlich, dass er selbst mit raffinierter Arglist Veronica verleitet habe, so zu tun, als sei sie besessen. Die Glaubwürdigkeit der Person, die mir ein solch streng gehütetes Geheimnis enthüllt hat, ihr gezeigter Eifer um der Ehre der Gesellschaft willen, haben in mir die Wunde des Zweifels und des Verdachts geöffnet. Mir sind andere Gründe in den Sinn gekommen, um an der Wahrheit der Sache zu zweifeln. Am selben Morgen erhalte ich Besuch vom jungen Gioazzini, der meinen Verdacht bestärkt, indem er mir vom Urteil des Arztes erzählt, welcher der jungen Frau seit dem ersten Entstehen des Übels Beistand geleistet hatte. Nach dem Essen um 22 Uhr 30 Besuch der Kranken. Während Pater Kohlmann mit ihr spricht, beäuge ich sie aus einer Ecke des Zimmers argwöhnisch und schon auf den ersten Blick erscheinen mir ihre Taten und Worte durch Täuschung gefärbt. Nach einiger

Zeit unterbreche ich mein Schweigen und befrage sie zu jenem Lachen, das während des vorletzten Exorzismus in ihr aufgestiegen war, in der Hoffnung, sie auf frischer Tat ertappt vielleicht straucheln zu sehen. Die Einfachheit und Aufrichtigkeit der Antwort der jungen Frau genügte, um den Nebel zu lichten und meine Seele mit Verwirrung zu füllen. Nun bin ich im Inneren so überzeugt von der Wahrheit, dass daran zu zweifeln mich mit schwerer Schuld beladen würde.

Der Befehl des Paters General, den Exorzismen in Zukunft fernzubleiben, vermochte Pater Maneras Sorgen kein Ende zu bereiten, noch hinderte er ihn daran, das Haus in der Via di Sant'Anna zu betreten. Die Gehorsamspflicht war eine Gewissensfrage. Wenn das Gewissen verlangte, das Gegenteil von dem zu tun, was von einer menschlichen Autorität befohlen war, wie sollte man es da zum Schweigen bringen? „Jeder Geist wie der meine, der nicht über die Dinge hinwegsehen kann, sondern nachdenkt und sie durchdringt", hatte er zehn Jahre zuvor angesichts seiner Unfähigkeit, seine Sorgen zu unterdrücken und sich der Lehre zu widmen, an den damaligen Generaloberen geschrieben. Auch diesmal konnte er nicht anders, als hinzusehen und sich Sorgen zu machen. Hier, in seinem römischen Tagebuch, schrieb er an sich selbst, teils sehr vorsichtig, ohne Namen zu nennen. Es ging nicht nur um den Versuch, Licht ins Dunkel zu bringen und sich zugleich literarisch zu betätigen, indem er seine persönlichen Überlegungen und widerstreitenden Gefühle hinsichtlich des teuflischen Schreckens schwarz auf weiß festhielt, sondern auch darum, Spuren eines Verdachts zu hinterlassen, der, wenn er entdeckt worden wäre, das Ansehen einer jungen Frau, ihrer Familie und des frevelhaften Herrn Niemand zerstört hätte. Und das der Gesellschaft Jesu, die sich seit Wochen abmühte, die Dämonen aus einem geschändeten Körper zu vertreiben, in den nicht der Teufel, sondern ein Mann aus Fleisch und Blut eingedrungen war. Vor allem Pater Kohlmann, der felsenfest an die diabolische Natur jener Konvulsionen glaubte, wäre jämmerlich blamiert gewesen. Ich habe weder weiterführende Hinweise zu besagtem Gioazzini gefunden, dessen Nachnamen man offensichtlich schreiben durfte, noch zu *C. N. N.* Ob dieses C. für *Conte* steht? Für *Cavaliere*? Oder vielleicht für *Canonico*, einen Domherrn also, oder für *Curato*, einen Pfarrer?

Zugegeben, ich habe nicht einmal versucht, dieser abscheulichen Verbindung weiter nachzuspüren, auf die Pater Manera anspielt. Nicht weil sie mir nicht plausibel erschiene, sondern weil ich nicht wüsste, wo mit der Suche beginnen. Wenn es ein Graf war, in welchem Archiv hätte er eine Erinnerung hinterlassen? Wenn es ein Domherr war, ein Mann der Kirche, wäre die Angelegenheit unter der Hand geregelt worden, mit einer Versetzung des betreffenden Prälaten. So liefen die Dinge, und so laufen sie wohl noch heute.

XXVII
20. Januar 1835
Tagebuch von Pater Manera

Veronica hat Pater Kohlmann den Grund für die von ihr in der heutigen Nacht ausgestandene Angst berichtet. Sie wurde von einer schweren Benommenheit überwältigt, als ob sie eine große Menge Opium genommen hätte, in der Art, dass alle Sinne und Glieder gefesselt waren, ihre Seele aber gleichzeitig wahrnehmen und sehen konnte. Und sie spürte drei Personen über ihren Schultern, die sie niederdrückten und daran hinderten, sich zu bewegen. Währenddessen kam nicht weit von ihrem Bett entfernt ein riesenhafter und vollständig nackter Mann mit schamlosen, obszönen Gesten auf sie zu, um sie zu vergewaltigen. Und während er sich langsam näherte, stöhnte die Arme innerlich, betete in ihrem Herzen und versuchte mit aller Kraft, die heilige Mutter Gottes anzurufen, doch es gelang ihr nicht. Endlich, als das Monster sich schon über sie warf, vermochte sie die Zunge zu lösen, den Namen Marias auszusprechen, und bald verschwand der ganze Spuk.

Pater Kohlmann wusste mit Sicherheit, wie leicht sich der Körper selbst bei der gedanklichen Berührung einer Frau erregt. Nicht dass er von dieser Kenntnis Spuren hinterlassen hätte, die dies offen zugegeben hätten. An keiner Stelle seiner Schriften ist von einer Frau, von Begehren oder Lust die Rede. Doch ich kann nicht umhin, einen Schatten all dessen in den Berichten über ihn seit den ersten Jahren seines Priesterlebens zu erkennen. Als einer der *émigrés* auf der Flucht vor der Französischen Revolution war er in Fribourg zum Priester geweiht worden. Einige Jahre später schloss er sich im Frühjahr 1796 zwei anderen jungen Priestern auf der Durchreise an. Deren Geschichten erzählen von dem, was er werden und dann vierzig Jahre später auch sein sollte, als er Ende Januar den Bericht einer

Zwanzigjährigen anhörte, die mit der Versuchung kämpfte. Ein Teufel in übermenschlicher Größe näherte sich ihrem Bett, um sie gegen ihren Willen zu besitzen. Wenn Pater Kohlmann verstehen konnte, was eine junge Frau über ihr schwaches Fleisch berichtete, so deshalb, weil er mit seinem eigenen Körper einen erbarmungslosen Kampf geführt hatte. Sein Körper musste sehr intensiv reagieren, wenn er die unerbittliche Kasteiung verdiente, der Pater Kohlmann ihn unterwarf.

Als Vorbild dienten ihm die beiden Priester, die ihm in Fribourg auf ihrem Weg nach Turin begegnet waren, wo sie Pässe für die Weiterreise nach Rom zu bekommen hofften. Sie wollten vom Papst die Anerkennung ihrer kleinen Gruppe von Männern wie François-Antoine Kohlmann, die sie in jenen Jahren auf der Flucht vor der Französischen Revolution um sich geschart hatten, als religiöser Orden erreichen. In dieser Zeit legten sie Tausende Meilen zurück und unterwarfen sich selbst und alle, die der Gruppe angehören wollten, einer eisernen Disziplin. Sie erzogen sich selbst dazu, auf eine Welt, die sie zurückgewiesen hatte, zu verzichten, und nährten den Traum, das verlorene Reich Gottes auf Erden wiederzuerrichten. François-Léonor de Tournély war der Sohn eines Musketiers der königlichen Garde und einer taubstummen, gläubigen Frau, die häufig Zustände religiöser Ekstase durchlebte. Charles de Broglie war der Sohn des Marschalls von Frankreich Victor-François de Broglie, der bis zur Erstürmung der Bastille drei Tage lang das Amt des Kriegsministers innegehabt hatte. Die beiden waren kaum zwanzig, als sie das revoltierende Paris verließen, um sich in die Österreichischen Niederlande zu retten. In einem kleinen Kloster, in dem sie Aufnahme fanden, blieben sie zwei Jahre unter der geistlichen Führung eines ebenfalls aus Frankreich geflüchteten Abtes. In der Erwartung, dass sich der Plan Gottes deutlicher abzeichnen würde, sammelten sie sich im Gebet und folgten den Ordensregeln des Ignatius von Loyola. Jenseits der sattgrünen, feuchten Wiesen und des Waldes, der ihre Bleibe umgab, stand die Welt in Flammen, und der Feuerschein der französischen Waffen, die die Grenze bedrohten, reichte anscheinend bis zu ihrer Klause, in der die Stille nur von gemurmelten Gebeten durchbrochen wurde.

Während Charles der Welt entsagte, stellte sein Vater in Koblenz, ein paar Dutzend Meilen weiter nordöstlich ein Heer aus fünftausend französischen Adeligen als „Armee der Prinzen" zusammen. In der kleinen Stadt am Rhein hatten sich Emigranten aus dem hohen Adel zusammengefunden, die auf eine erfolgreiche Konterrevolution hofften. In diesem neuen Versailles lebten die Brüder des Königs, der Compte d'Artois und der Compte de Provence, die mit ihren Geliebten und einem Heer von jungen Damen aus den raffiniertesten Bordellen in die grenznahe Stadt am Mittelrhein geflüchtet waren. Als wäre die Bastille nie erstürmt worden, feierte dort eine bereits untergegangene Welt einfach weiter. Es hieß, an allen Ecken der Stadt sei Musik und Gelächter zu vernehmen. Um die Gastwirte zu bezahlen, schob die – noch – vermögende Kundschaft diskret ein paar Dutzend Goldmünzen über den Tresen und genoss die staunende Dankbarkeit und die unterwürfigen Bücklinge. Alle Bäcker mussten für die von allerlei Leckereien übersättigten Schlemmer feine weiße Brötchen backen, als *Entrée froide* zwischen einem Fischgang und Wild, das für viel Geld von wer weiß woher herbeigeschafft worden war. Auf dem Höhepunkt der Prasserei warf man ganze Körbe voll dieser Brötchen und anderer Delikatessen auf die Straße. Die Armee der Prinzen schloss sich der antifranzösischen Koalition unter Führung Preußens und Österreichs an, deren Feldzug am 20. September 1792 mit der Kanonade von Valmy sieglos abgebrochen wurde. Dass ein zusammengewürfelter Haufen Sansculotten ohne militärische Erfahrung die Invasionstruppen zur Umkehr hatte zwingen können, dafür machten viele auch das ausschweifende, verweichlichte Leben in Koblenz verantwortlich. Am Tag nach Valmy rief der Konvent in Paris die Republik aus.

Ab da begann auch für Marschall De Broglie ein unstetes Leben im Dienst russischer und englischer Heere quer durch Europa. Sein Sohn Charles machte sich mit seinem Gefährten ebenfalls wieder auf den Weg. Im Zeichen des blutenden und aus Liebe zur Welt brennenden Herzens Christi wollten sie als *Gesellschaft vom Heiligen Herzen Jesu* das Reich Gottes auf Erden wiedererrichten. Sieben Jahre später schloss sich die Vereinigung der von Niccolò Paccanari gegründeten *Gesellschaft vom Glauben Jesu* an. In der Zwischenzeit waren im Mai 1794 drei junge Soldaten dazugestoßen, nämlich Xavier de Tournély, der Bruder von François-Léonor, Maurice de Broglie, der Bruder von Charles, und Jean-Marie le Blanc.

Jean-Marie war in Koblenz Feldadjutant gewesen, trat der Gruppe der jungen Asketen jedoch in der Unschuld seiner zwanzig Jahre an Körper und Seele unbefleckt bei. Er hatte als auffallend schöner junger Mann gegolten. Als sein Gesicht wenig später durch die Pocken von Kratern übersät war, die Augen unter den geschwollenen Lidern zu schmalen Schlitzen verengt, nahm er diese Verunstaltung als einen Segen an. Endlich war er nur noch eine Hülle schmutziger, schrundiger Haut unter einem schweißgetränkten, staubigen Mantel und ging barfuß einher. Im Feldlager des Marquis von Saint-Simon, wo er zwei Jahre zuvor als Adjutant gedient hatte und nun als wandernder Büßer zurückkehrte, erkannte niemand diesen Armseligen, der mit seiner schmutzstarrenden Hand um ein Almosen bat. Jean-Marie empfand eine derart wollüstige Freude an seiner abstoßenden Wirkung, wie er sie nie zuvor erlebt hatte. Er hatte seine Eigenliebe überwunden und erregte nur noch Ekel. Er musste den Menschen nicht mehr gefallen.

Neben Jean-Marie schloss sich Joseph Varin der Gruppe an, der seit fünf Jahren durch Frankreich, die Schweiz und Deutschland geirrt war. Kaum zwanzigjährig war auch er in die Armee der Prinzen eingetreten, noch mit dem ganzen Ungestüm seiner Kindheit, als er voller Lust an Jagd und Waffen auf der Spur wilder Tiere in die Wälder verschwunden war und seine Kleider im Dickicht zerschlissen hatte, um dann blutend und erschöpft in das große Anwesen in Besançon zurückzukehren, wo der warme Widerschein der Kronleuchter in den Fenstern signalisierte, dass im Salon das Abendessen serviert wurde. In Koblenz hatte Joseph mit eigenen Augen das ausschweifende Leben der *émigrés* gesehen und verfolgt von diesen Bildern schlaflose Nächte verbracht. Die Frauen, alle Frauen, boten sich jedem an, sofern er nur zahlte, und Joseph war viele Male nahe daran gewesen, eine zu kaufen. Eines Nachts war er einer dieser Frauen so nahegekommen, dass er in der Dunkelheit ihren Duft wahrnahm und ihm verfallen wäre, hätte er nachgegeben. Eine solches Versprechen von Ekstase hatte er nie zuvor erlebt und glaubte, sterben zu müssen. Nur mit letzter Kraft hatte er sein Zimmer erreicht. Die schlaflose Nacht, von der er nicht sagen konnte, ob sie nicht sogar mehrere Tage dauerte, hatte er zusammengekauert damit verbracht, das *Memorare* des heiligen Bernhard zu wiederholen und die Gottesmutter anzuflehen, dass sie als Frau ihn vor den anderen Frauen beschütze. In einer Julinacht klopfte Joseph dann an die Tür der kleinen Gemeinschaft französischer Asketen, die in Venlo an der Grenze zwischen den Niederlanden und dem Deutschen Reich Station machten. Wenige Stunden zuvor war seine Mutter in Paris ein Opfer der Guillotine geworden. Mit einem scharfen Schnitt hatte die Weltgeschichte Josephs Lebensgeschichte durchtrennt. Den Soldaten gab es nicht mehr, den berittenen französischen Adeligen, den die Liebe zu den Frauen in Versuchung gebracht hatte, gab es nicht mehr. Es gab nur noch einen in Lumpen gehüllten Mann, der barfuß durch Europa irrte.

Diesem Kreis von Asketen aus dem verlorenen Adel Frankreichs hatte sich Pater Kohlmann, der Sohn eines bürgerlichen *vigneron* im April 1796 angeschlossen. Von Fribourg aus hatte er die Gruppe in dem zehn Stunden Fußmarsch von Stuttgart entfernten Göggingen erreicht. Dort standen er und seine Mitstreiter unter dem Schutz Gottes und des Kurfürsten von Trier und Fürstbischofs von Augsburg Clemens Wenzeslaus, eines Sohnes des polnischen Königs und sächsischen Kurfürsten Friedrich August II. Nachdem er bei Ausbruch der Revolution seinen Neffen, dem Compte d'Artois und dem Compte de Provence, den Brüdern Ludwigs XVI., in Koblenz Asyl gewährt hatte, beherbergte er nun die anderen, die frommen Gegner der Revolution. Diese Letzteren bildeten in demselben Maß, in dem der Hof in Koblenz in Ausschweifung und Anmaßung schwelgte, einen Hort der Kasteiung und Strenge. Von ihren Körpern war kaum etwas geblieben. Gegen Hunger und Durst reichte ein Stück Brot und ein Glas Bier am Tag. Aufstehen im Morgengrauen, Meditation, Gebete und Geißelungen auf die hageren Rücken. Nichts durften die anderen ohne Tournélys' Erlaubnis tun, nicht einmal einen Tropfen Wasser trinken oder einen Brief schreiben. Jeden Freitag beschuldigten sie sich auf Knien vor den anderen selbst und schrieben die Vergehen der Mitbrüder auf ein Blatt Papier, um sie öffentlich zu verlesen. Nachts fand jeder für wenige Stunden Ruhe auf einem Strohsack, der nur durch einen groben Leinenvorhang vom Lager der anderen getrennt war. In den bitterkalten Winternächten hingen Eiskristalle in den Bärten. Wenn sie um vier Uhr in der Frühe aufstanden, kam ihr Atem aus hungrigen Bäuchen.

Jeden Morgen hofften sie, nachts nicht von den Trugbildern der Rundungen, Schenkel, Busen und Hüften heimgesucht worden zu sein, die einige von ihnen, solange sie der Welt angehört hatten, genossen, andere nur ersehnt hatten. Denn sie wussten, dass der Körper in der Nacht, sobald der Wille nicht mehr Wache hält, attackiert wird, und fürchteten bei jedem Erwachen die Niederlage, wenn sie unter ihrer rauen Decke Feuchtigkeit spürten. Doch die Disziplin würde ihre Körper austrocknen lassen und die letzten Widerstände der Seele brechen. Sie würden derart ausgelaugt sein, dass mit ihren Körpern auch ihre Geschichte verschwände und sie vergessen konnten, Franzosen zu sein. Sobald sie den Mund aufmachten, wurden sie für Revolutionäre gehalten. Wer wäre unter diesen Umständen bereit, sich von ihnen segnen zu lassen? Wer würde sich ihre Predigten anhören? Wer sie zu Erziehern seiner Kinder machen? Es war besser, ohne die Welt auszukommen, denn es gab keine sichere Zuflucht, die nicht von den Unwägbarkeiten des Lebens anderer abhing.

Wenn sie nicht vom Waffenlärm vertrieben wurden, dann war es der Tod ihres Wohltäters, der ihnen bis dahin seine Residenz zur Verfügung gestellt hatte. Deshalb mussten sie im September 1796 auch dieses letzte Refugium verlassen. Die Lombardei, Bayern, Böhmen und Österreich schlossen ihre Grenzen für französische Emigranten. Vor den Truppen der Republik flohen sie in vier Tagesmärschen nach Regensburg, wo es die Donau zu überqueren galt. In der Zwischenzeit hatten sich der Gruppe weitere *émigrés* angeschlossen. Insgesamt sechzig Männer, allesamt Franzosen, fuhren auf einem Floß über den Fluss. Fast alle waren Priester, doch es gab auch Chrysostome de Razac, den Sousseigneur der Pagen des künftigen Königs Ludwig XVIII.

In Passau angelangt, übernachteten sie sieben Wochen lang in einem heruntergekommenen ehemaligen Jesuitenkloster auf Stroh in einem einzigen Schlafsaal. Wie all diese Männer zurechtkamen, seit sich der Gruppe auch eine Prinzessin mit fünf ihrer Damen angeschlossen hatte, ist nicht überliefert. Aber die Truppen Moreaus waren ihnen auf den Fersen, und alle Ausländer mussten Passau verlassen. In acht Tagen erreichten die frommen Angehörigen des erloschenen französischen Adels per Schiff Wien.

Doch auch auf Wien lastete die militärische Bedrohung. Die kaiserlichen Truppen hielten die Stadt besetzt, um sie gegen das anrückende Heer Bonapartes zu verteidigen, weshalb den dreißigtausend dort lebenden Ausländern befohlen wurde, Wien innerhalb von vierundzwanzig Stunden zu verlassen. Diesmal trug die Vorsehung das Gewand des Kaisers in Person, denn er bot den französischen Asketen eine Zuflucht wenige Meilen außerhalb der Stadt an der Kreuzung der Straßen nach Böhmen und Mähren. Es war das Frühjahr 1797. Von Hagenbrunn aus, wie das kleine Straßendorf hieß, reichte der Blick über die weite Ebene bis zu den Höhenzügen Ungarns. Ein umfriedeter großer Garten mit Gemüsebeeten, Obstbäumen und breiten, schattigen Wegen lud zu meditativen Spaziergängen ein. Die bäuerliche Bevölkerung beäugte die *Franzosen* als Angehörige aus Feindesland und wegen ihrer unerhörten Strenge und Magerkeit mit Misstrauen. Nur die kleine Rosalie, obwohl weiblichen Geschlechts, hatte, weil sie noch ein Kind war, Zutritt bei den Fremden, um ihnen Eier zu bringen. In den kahlen Räumen hörte sie wohl murmelnde Stimmen, die beteten, die heiligen Schriften rezitierten und die Rolle des Beichtvaters oder Büßenden einnahmen. Was tun die da, mag das Mädchen gefragt haben. Die Patres üben sich in der Beichte, um sich auf den Augenblick vorzubereiten, wenn sie diese Mauern verlassen und sich überall in Österreich, überall in der Welt um die Seelen der Menschen kümmern, hat man Rosalie vielleicht geantwortet.

XXVIII
24. Januar 1835
Tagebuch von Pater Manera

Besuch von Gioazzini, der mir viele Lügen über die Familie und den Fall Veronica erzählt. Brief von Doktor Belli, der mir in aller Höflichkeit und aus Liebe zum Jesuitenorden rät und mich dringend bittet, dem Hause Amerani fernzubleiben.

Im Tagebuch von Doktor Belli findet sich kein Hinweis auf die Familie Hamerani und die angebliche Liebe ihrer Tochter zu einem namenlosen Mann. In seinen persönlichen Papieren ist jedoch viel von seiner unglücklichen Liebe zu einer Frau namens Maddalena Colombo die Rede, deren Ehemann Belli höchstpersönlich zu einer Stelle als Praktikant im Arcispedale della Consolazione verholfen hatte. Mit zwanzig Jahren war er zum ersten Mal der Macht der Liebe begegnet und ihr erlegen. Als Maddalena ein Jahr später Witwe wurde, liebte Belli sie noch immer und konnte nicht aufhören damit, doch er blieb ihr fern. Wer hätte ohne zu schaudern sein von Pockennarben entstelltes Gesicht zu lieben vermocht? Wer diesen von Jahr zu Jahr immer tiefer eingesunkenen Körper? Er hatte früh die Herzenspein kennenlernen müssen, wenn er auf Briefe keine Antwort bekam, wenn seine Blicke nicht erwidert wurden.

Lange hatten seine Lippen vergebens geschmachtet, bis sie sich schließlich zusammenpressten und den bitteren Geschmack des Verzichts gewaltsam, aber würdevoll hinunterschluckten, ohne jedoch ganz aufzugeben. Von unwiderstehlicher Wut gepackt, wütete er eines Tages derart gegen seine Angehörigen und das Krankenhauspersonal und machte sich bei allen so verhasst, dass er fürchtete, jemand könnte ihn umbringen wollen. In jener Nacht schlief er im Freien auf den Stufen von Aracoeli und verbrannte danach seine Schriften. Vielleicht fasste er zu diesem Zeitpunkt erstmals den Gedanken, dass er, wenn die Natur ihn nicht als Glied ihrer Kette aufnehmen wollte, über dieser Kette, ja über der Natur selbst stehen konnte. Niemand sollte bei seinem Anblick mehr erahnen, wie sich sein junges, ohne Liebe ungewollt gealtertes Herz verzehrte. Er beschloss, diese Liebe, die er nicht erlangen konnte, nicht zu wollen. Für ihn sollte sie ausschließlich Studienobjekt sein. Deshalb hielt er vor seinen Kollegen im März einen Vortrag über den Seelenschmerz und die Liebe als Krankheit, die zum Tode führen kann. „Diese Erörterung ist sein Abbild", notierte er in sein privates Tagebuch, das erst nach seinem Tod veröffentlicht werden sollte und außer seinem Ruhm seine heldenhafte Gesinnung enthüllte. Im Jahr 1818, ein Jahr, nachdem er die Liebe erstmals als Krankheit behandelt hatte, sezierte Doktor Belli die Leiche des Marchese Massimi und küsste zum ersten Mal – ein weiteres erstes Mal – den Fuß eines Papstes. Ab diesem Zeitpunkt ersehnte er nur noch diese Art von Küssen, und fremde Haut betrachtete er nur noch als Material, das er mit dem Seziermesser einritzen konnte, um durch das daraus hervortretende rote Rinnsal den Mechanismus des Körpers zu heilen. Doktor Belli glaubte felsenfest an die heilende Kraft der Aderlässe.

Was ließ sich mit dem weiblichen Körper machen, den man nicht lieben konnte? Man konnte Blut abnehmen, musste aber Vorsicht walten lassen, um nicht Sehnen zu durchtrennen, wie Belli dies 1822 versehentlich geschehen war. Wenn die Frau an Durchfall litt, durfte man den weiblichen Körper hingegen nicht zur Ader lassen. Durch diesen Fehler war eine von Bellis Patientinnen 1824 in Ohnmacht gefallen. 1833 hatte er ein wirksames Mittel gefunden, um bei einer Frau die monatlichen Blutungen wieder in Gang zu setzen. Im Leichnam einer Jungfrau, die sich dem Leben in Klausur geweiht hatte, fand er nach Öffnen des Brustkorbs ein ungewöhnlich großes Herz und ein Aneurysma der Aorta descendens, das erkläre ihm, warum das Mädchen zu Lebzeiten krankhafte Lachanfälle von bis zu einer Stunde gehabt hatte. Der weibliche Körper wurde oft von den Anstrengungen des Geburtsvorgangs überfordert, wie es Bellis Mutter bei ihrem achtzehnten Kind ergangen war. Aus dem weiblichen Körper konnte auch Milch austreten, wie ein Berufskollege 1817 in einem nachmittäglichen Vortrag im

Arcispedale della Consolazione ausführlich darlegte. Drei Prosektoren sezierten die Brustwarzen in von Rosenwasser und Essig geschwängerter Luft. Die Stücke mussten später feierlich beigesetzt und zwanzig Messen für die Seele, die dieses Fleisch bewohnt hatte, gelesen werden. Im *Arcispedale* war dies schon seit einigen Jahrhunderten üblich.

Viel leichter war es, ein Schwein zu sezieren, weil männliche oder weibliche Leichen, sofern sie nicht aus dem Krankenhaus stammten, vom Gouverneur Roms freigegeben werden mussten. Die Körper wurden unter freiem Himmel und von Mücken umschwärmt oder aber direkt im Leichenschauhaus aufgeschnitten, bis Doktor Belli endlich einen eigenen Seziersaal einrichten ließ. Der Arzt drang mit nackter Hand in den zwischen den Beinen weit geöffneten Muttermund ein, griff mit fester Hand die Fruchtblase samt Fötus und zog sie heraus. Eine zweite Hand zog währenddessen an der Nabelschnur und eine weitere drückte auf die Bauchdecke. Das nach oben geschobene Gewand der Frau ließ einen weißen Bauch und runde Gesäßhälften erkennen. Weiß waren auch die gebauschten Ärmel, aus denen die Unterarme des Mannes hervorschauten, die dabei waren, tief in den Körper der Frau einzudringen. Die Nägel der kräftigen Hände waren sorgfältig gepflegt. So war das Geschehen im Handbuch der Geburtshilfe von Professor Asdrubali dargestellt.

Doktor Bellis Liebe nahm eine andere Richtung, eine Frau spielte nie mehr eine Rolle. Im *Diario di Roma* erklärte er mehrmals öffentlich seine Liebe zu den Jesuiten, denen er so häufig eindringliche Lobeshymnen widmete, dass die Betroffenen selbst ihn wissen ließen, so sei es zu viel und er solle sich im Ton zurücknehmen. Doch er hatte genügend geschrieben und die Patres genügend in den Himmel gehoben, um ihr Arzt und Chirurg zu werden. Anfangs war er sich nicht sicher, ob sie ihn tatsächlich schätzten, und schrieb in sein Tagebuch, dies eines Tages mit ihnen klären zu wollen. Vielleicht waren diese Überlegungen aber auch nur Ausdruck eines „lausigen Fiebers“, das ihn eine Woche lang niedergeworfen hatte. Jedenfalls erhielt er seitdem 120 Scudi von der Gesellschaft Jesu und im Dezember einige Kapaune.

„Wirst du also mit einer Frau schlafen?“, fragte er sich selbst in seinem *Dialog zwischen Andrea Belli und einem sprechenden Schatten.*

Und er antwortete sich selbst: „Pah, ich habe es nur einmal getan: Die arme Frau glaubte daran, in mir aber war bloß ein flüchtiger, blitzartiger Taumel. Unsere Komödie hatte weder Hand noch Fuß, und bevor sie richtig anfing, war sie zu Ende." In seinem Tagebuch hielt er fest: „Die Frau: ein Miststück, eine Hündin auf zwei Beinen. In der Frau und der Melone hat sich getäuscht selbst Salomone."

XXIX
28. Januar 1835
Tagebuch von Pater Manera

Der Vater der jungen Frau besucht mich und gibt, von mir befragt, einen genauen Bericht der Erziehung, die er Veronica und ihren beiden bereits verstorbenen Schwestern hat angedeihen lassen. Strenge und Sanftheit ins beste Verhältnis gesetzt.

Gioazzini, über dessen Identität ich nach wie vor nichts weiß, hat bewirkt, dass systematisch Fragen gestellt wurden. Und die gewissenhaften Aufzeichnungen Pater Maneras haben mir die Tür zum Hause Hamerani geöffnet, sodass ich sehen konnte, wie Giovanni persönlich sich der Erziehung seiner Töchter widmete und sie nie aus den Augen ließ. Niemand durfte sich ihnen nähern, kein spontaner Einfall oder Eigensinn sie vom geschuldeten Gehorsam abbringen. Wenn eines dieser Mädchen sein kleines Haupt erheben und sich gegen die Furcht einflößende Autorität des Vaters stellen wollte, dann musste dieser Versuch, als eigenständige Person wahrgenommen zu werden, umsichtig in die Schranken gewiesen werden. Der Vater hatte gelernt, sich zunächst nichts anmerken zu lassen und abzuwarten, bis sich die Gemüter abgekühlt hatten. Am darauffolgenden Tag jedoch wurde die kleine Rebellin, die glaubte, sich durchgesetzt zu haben oder in ihrem Trotz unbeachtet geblieben zu sein, zur Seite genommen und mit sanften Worten so gedemütigt, dass sie in Tränen ausbrach. Das heftige Schluchzen war das Schuldeingeständnis, die Scham, für die die Worte des Vaters ihr Herz geöffnet hatten. Dann musste sich die Ungehorsame niederknien und die Muttergottes um Vergebung und um Hilfe anflehen, damit sie *in Zukunft* nicht rückfällig werde. Wenn es denn eine Zukunft gab, dann war damit eine Zeit ohne Fehl gemeint, die die kleine

Sünderin der Gottesmutter verdankte, die sich ihrer erbarmte, und dem Vater, der sie die Kunst lehrte, alles Lebendige in sich ersterben zu lassen. Wenn es denn eine Zukunft gab.

Giovanni erzählte, dass die kleine Veronica in einer so vollkommen verinnerlichten Unterwürfigkeit aufgewachsen sei, und zwar schon von frühester Jugend an, dass sie fast als angeborene Charaktereigenschaft erschien. Mit den Worten: *„Los! Gehen wir zu Papas Lehrstunde … wer weiß, wie lang sie dauern wird?"*, holte sie ihre Schwestern zu Giovannis täglicher Predigt, die bis zu einer Stunde dauern konnte. Die jüngste Tochter, die auf so viele Totgeburten gefolgt war, verbrachte viele Jahre damit, Perlen für Rosenkränze aufzufädeln und ihre Puppen als Nonnen zu kleiden. Die mussten dann auf Knien beten, erbauliche Schriften lesen und beichten, wie sie dies in der Kirche beobachtet hatte. Derweil wuchs, dessen war sich ihr Vater sicher, in ihrem Herzen die Gewissheit, nie zu heiraten. Zwei Bewerber, für die Giovanni selbst gesorgt hatte, wies sie ab. Der erste war ein Angehöriger der Nobelgarde, der nur die Söhne der besten Familien Roms angehören durften, der zweite ein junger Mann *bürgerlicher Herkunft*, der ebenso wenig wie der erste namentlich bekannt ist. Ihr Vater sprach mit ihr über Ehemänner, als Veronica noch mit Puppen spielte und sie in absoluter Frömmigkeit leben ließ.

Dies erzählte Giovanni Hamerani Pater Manera, der seinerseits alles niederschrieb. Beim Zuhören war sich der Jesuit wohl bewusst, dass Menschen nach außen als vollständig gezähmt erscheinen können und dennoch in einem Winkel ihres Herzens eine dunkle Macht bewahren, bereit, jederzeit hervorzubrechen. Beweise dafür hatte er täglich im *Collegium Romanum*, in dem er als Lehrer tätig war. Dutzende Jungen stellten sich Tag für Tag in Zweierreihen an, um mit dem Gongschlag das Klassenzimmer zu betreten, mit dem Gongschlag das Klassenzimmer zu verlassen und wiederum mit dem Gongschlag ins Refektorium zu gehen, sorgfältig darauf achtend, dass sie zwar die Mütze, nicht aber die Schuluniform trugen, denn ansonsten mussten sie die ganze Essenszeit kniend verbringen. Mit dem nächsten Gongschlag begaben sich die Schüler in den Gemeinschaftsraum, wo sie unter der Leitung der Rhetoriklehrer erbauliche Schriften lasen oder Reden für das Streitgespräch verfassten und diskutierten. Doch dann genügte ein Wolkenbruch vor dem Gottesdienstbesuch in der Kirche auf der gegenüberliegenden Seite des Platzes, dass eben diese Schüler lachend und einander schubsend die Treppen zum Innenhof hinunterstürmten, um die schwingenden Röcke der Mägde zu sehen, die sich, von den adligen Familien geschickt, um die jungen Herren vor dem Regen zu schützen, am Eingang drängten, weil sie das Gebäude nicht betreten durften. Unter den dunklen Regenschirmen im strömenden Regen waren die weiblichen Wesen unverzichtbar, um zu verhindern, dass die jungen Männer auch nur einen Tropfen abbekamen, doch sie hatten keinen Zutritt zu diesem allein den Angehörigen des männlichen Geschlechts vorbehaltenen Ort, weil man ihre Präsenz allzu sehr fürchtete.

Diese Episode hatte man als Beispiel schweren Fehlverhaltens der Berichterstattung für wert befunden und ließ strenge Strafen folgen. Eine derartige Disziplinlosigkeit galt jedoch als typisch männlich und so offen vorgetragen, dass sie als ganz unschuldig und durchaus zähmbar galt. Diese Lehre hatten die Ordensleute des heiligen Ignatius aus jahrhundertelanger, erfolgreicher Erziehung der Jugend Roms und der ganzen Welt gezogen. Im Hause Hamerani, wo der einzige männliche Erbe gestorben war, bevor er laufen gelernt hatte, ging es nicht um diese Art von Fehlverhalten. Der Ungehorsam der Frau war heimtückischer und konnte sich unter einem äußerlich bescheidenen Verhalten verbergen. Dafür waren die vielen, ihr selbst nicht zugänglichen Körperhöhlungen der Frau verantwortlich.

Deshalb befragte Pater Manera auch Veronica. Hatte sie je geliebt? War sie jemals ungehorsam?

XXX
Noch 28. Januar 1835
Tagebuch von Pater Manera

Man kann wohl behaupten, dass Veronica in einen jungen Mann verliebt war, und zwar aus dem folgenden Umstand, den Veronica selbst mir mit wunderbarer Unschuld geschildert hat. Bei ihren Besuchen der in der Nähe liegenden Kirche San Carlo, um die Messe zu hören und die Predigt an Festtagen, bemerkte sie, dass ein junger Mann ihr gegenüber sie anstarrte. Als dies öfter vorkam, errötete das arme Mädchen, wurde traurig und fragte sich verwundert: Warum nur schaut der da mich an anstatt wie alle anderen den Prediger? Um sich von dieser Belastung zu befreien, offenbarte sie sich dem Kuraten und bat ihn, für Abhilfe zu sorgen. Doch vergebens. Als eines Sonntags die Magd durch Hausarbeiten verhindert war, erbat Veronica, ohne an eine mögliche Gefahr zu denken, von ihrer Mutter die Erlaubnis, allein in die Kirche zu gehen. Sobald sie in der Nähe des Altars auf Knien tief ins Gebet versunken war, wurde ihr von dem oben erwähnten jungen Mann ein Platz angeboten. Ihr Missfallen, aber auch ihr Unmut waren so groß, dass sie sich alsbald erhob, dem jungen Mann mit dem Ausdruck ihres Ärgers den Stuhl zurückgab und leise, aber deutlich sagte: Oh! Wisst Ihr, was ich Euch sage? Behaltet diesen Stuhl, mit dem ich nichts anfangen kann, und kümmert Euch um Eure eigenen Angelegenheiten. Nach diesen Worten ging sie in den hinteren Teil der Kirche und setzte sich neben eine verheiratete Frau. Als sie sich jedoch erheben wollte, um zu gehen, bemerkte sie, dass der genannte junge Mann dort stand, wo sie vorbeimusste. Daraufhin zog Veronica sich geschickt in einen Beichtstuhl zurück und kniete nieder, als wollte sie beichten, in der Hoffnung, dort nicht gesehen zu werden, sodass der junge Mann annehmen musste, sie sei nicht mehr in der Kirche und seines Weges ging. Während sie nun in dieser Haltung betete, spürte sie ein Klopfen hinter ihren Fußsohlen und bemerkte, als sie sich ganz vorsichtig umdrehte, aus dem Augenwinkel, dass es der Mann war, der sie mit seinem Gehstock berührte. Veronica bewegte sich nicht, bis er vielleicht die Hoffnung aufgab, ihre Standhaftigkeit überwinden zu können, und verschwand. Wenig später kehrte auch Veronica selbst heim, nicht ohne Furcht und Reue über ihre Unvorsichtigkeit, allein in die Kirche gegangen zu sein.

Veronica zwischen Haus und Kirche, Veronica zunächst auf dem kurzen Weg zwischen Haus und Kirche von der Magd begleitet und dann allein, Veronica, die sich in einen Beichtstuhl flüchtet. Anscheinend gibt es kein Entrinnen für sie, weder vor dem Begehren eines Mannes, der sie verfolgt, noch vor den Männern, deren Schutz sie unausweichlich anvertraut ist: dem Vater, der sie erzieht; dem Pfarrer, den sie um Hilfe bittet; Pater Manera, dem sie berichtet. Das Gesetz der Väter lautet: Geh nicht allein aus dem Haus, triff keine eigenen Entscheidungen. Es zu missachten, ist eine schuldhafte Übertretung und zeitigt verheerende Folgen. Siehst du, was es heißt, allein aus dem Haus gehen zu wollen ohne Begleitung der Magd? Ein Mann, der es auf dich abgesehen hat, wird dich verfolgen, du kannst dich mit Worten wehren, aber dein Nein vermag nichts gegen seinen Willen. Man kann an Veronicas Bericht glauben, auch wenn es nicht notwendig genauso gewesen sein muss. Man kann sich durchaus vorstellen, wie zwischen dem Kirchengestühl eine weibliche Gestalt den Verfolger abzuschütteln versucht und sich schließlich im Beichtstuhl versteckt. Wie ein alabasterfarbener Lichtstrahl die von Weihrauch, Wachs und vom Staub der Paramente geschwängerte Atmosphäre durchbricht. Wie in der Tiefe die Versuchung, den Widerstand aufzugeben, lauert, die Veronica in ihrer vor Scham bebenden Brust und in den zusammengepressten Knien auf der Bank fühlt, deren Härte nur durch die Falten ihres Rockes abgemildert wird. So kann es gewesen sein, aber das spielt nicht die entscheidende Rolle. Das, was in Veronicas Bericht wesentlich zutage tritt, ist das Gesetz der Väter mit seinem Netz unterschiedlicher Kräfte, die auf sie einwirken, sie festhalten und niederdrücken. Und das muss bis zu einem gewissen Grad funktioniert haben.

Aber auch die Väter darf man nicht als allmächtig und als stolze Sieger betrachten. Demselben Gesetz war auch Giovanni Hamerani unterworfen, der sie zur Welt gebracht hatte. An einem bestimmten Punkt musste er, der es liebte, architektonische Entwürfe zu zeichnen, das Handwerk des Münzgraveurs und Medailleurs ergreifen. Er konnte nicht mehr anders, als dem Namen seiner Väter gerecht zu werden, musste aufhören, sich mit perspektivischen Fluchtpunkten und Schattenwürfen zwischen Giebeln und Säulen zu beschäftigen. Vielleicht war das kein großer Verlust für die Architektur, und Giovannis Auseinandersetzung mit der Kunst seines Großvaters mütterlicherseits, des bedeutenden Architekten Ferdinando Fuga, war über akademische Übungen nicht hinausgekommen. Aus dieser Studienzeit seiner Jugend ist außer einer kurz vor seinem dreißigsten Lebensjahr angefertigten Skizze nichts überliefert. An der Zeichnung lässt sich ablesen, dass sie in einer Stunde gleichförmigen, schrägen Lichteinfalls angefertigt wurde, nicht aber, ob im Sommer oder Winter, und Giovanni muss an der Ostseite des Augustusforums gesessen haben. Links sind die Säulen des Tempels für Mars Ultor zu erkennen, darauf ein Campanile, der einige Jahrzehnte später einstürzen sollte; rechts die Stirnseite des *Arco dei Pantani*, des Zugangs zum Forum. In diese Richtung gehen zwei weibliche Gestalten, deren Kopftücher im Wind flattern, wohingegen die Pflanzenbüschel an den Ruinen ganz ruhig herunterhängen. Eine der beiden Frauen trägt einen Korb auf dem Kopf, die andere wird von einem Mann mit weiten Hosen und Hut aus unklaren Gründen an der Hand gewaltsam fortgezerrt. Die drei scheinen auf einer Wiese, die keine Wiese ist, zu schweben.

Um das Handwerk seines Großvaters väterlicherseits fortzuführen, musste Giovanni zum Stichel greifen. Vor Augen die Medaillenentwürfe, die seine Väter groß gemacht hatten. Tusche, Stift, Gouache, Rötel, Bleiweiß auf einem in Quadrate unterteilten Hintergrund, imposante, auf Wolken und Drachen thronende Figuren, Adlernasen und Doppelkinne in Seitenansicht. Musterhaft das Profil Benedikts XIV. vor dem kulissenartigen Hintergrund großartiger Kirchen. Musterhaft die Fluchtlinien und Wolken, die sich auftürmen und zerstieben, als würden sie einander am unendlichen Himmelskreis auf dem Papier verfolgen. Und die bärtigen Heiligen mit dem Nimbus, die besorgt auf den leeren Thron zu blicken scheinen? Es ist der leere Stuhl Petri nach dem Tod Clemens' XIII. Doch unmittelbar darauf folgt das Bild Clemens' XIV. mit der Unterschrift *elevat pauperes* auf der Rückseite: Zu sehen sind zwei Frauen, die eine jung und blühend mit einem nackten Kind auf dem Arm, die andere links am Boden alt mit erschrecktem Gesichtsausdruck, ausgezehrten Brüsten und Haaren, die ihr wie die Tentakel vom Kopf stehen. Als nächster ist Pius VI. an der Reihe, begleitet von einem geflügelten bärtigen Alten mit noch geschmeidigem, kraftvollem Körperbau, der mit einer Sichel auf Frauen mit entblößter Brust losgeht, während ein Engel daneben Mitleid erfleht.

Giovanni fertigt indessen ein Wachsmodell von Pius VI. ohne Tiara. Die schweren, müden Lider wirken wie ein Zeichen der Zeit: Wenige Monate nach der Fertigstellung des Modells nahmen die Franzosen am 10. Februar 1798 die Engelsburg ein. Rom kapitulierte schnell, auf den Plätzen wurden Freiheitsbäume mit der roten Mütze an der Spitze errichtet, die jedoch ebenfalls schnell wieder verschwanden. Es gab keinen Applaus, kein Feuerwerk und keine triumphalen Umzüge, sondern lediglich ein paar Demonstrationen fanatischer Anhänger der Französischen Revolution und ansonsten betretenes Schweigen der überraschten Masse. (So der Bericht eines Beobachters, der den Franzosen wenig geneigt war.) Auf jeden Fall jubelten einige, die seit Langem auf die Befreiung von jahrhundertealter Unterdrückung gewartet hatten, während andere, die ihre Welt zusammenbrechen sahen, im Irrenhaus landeten. Wie Giovanni Hamerani darüber dachte, ist nicht überliefert. Man weiß nicht, ob die Begeisterung seiner Jugend für die klaren Harmonien der Antike bei ihm wie bei anderen Handwerkern und Künstlern im Rom des ausgehenden 18. Jahrhundert eine Sehnsucht nach der Republik ausgelöst hat.

Nach dem Fall der Republik gab es erst im Sommer 1800 einen lebendigen Papst – Pius VI., der die Stadt zwei Jahre zuvor verlassen hatte, war nur als Leichnam zurückgekehrt –, und Giovanni konnte als Medailleur in die Fußstapfen seiner Väter treten. Aus der Werkstatt Hamerani gingen nicht nur „konkave, muschelförmige Siegel [hervor], um Waren, [...] Beipack- und Durchgangsgüter zu stempeln, [...] längliche Siegel [...] um große Lederballen zu verplomben, [...] außerdem geprägte Siegel aus Kupfer für Tabak", sondern auch eine Jahresmedaille, die den fast sechzigjähren Pius VII. allzu jung und mit allzu vielen Haaren darstellte. Als Bewunderer der antiken Kunst wollte Giovanni dem verehrungswürdigen Abbild vielleicht etwas klassische Zeitlosigkeit verleihen. Doch obgleich es im Interesse des Papstes und seiner Kardinäle gelegen haben mag, ein Zeichen von Erneuerung zu senden, dürften die jugendlichen Wangen auf manchen befremdlich gewirkt haben. Jedenfalls wurde Giovanni bei der Herstellung der Medaille des folgenden Jahres von dem gelehrten Antiquar und Bildhauer Vincenzo Pacetti beraten. Er war Leiter der *Accademia di San Luca* in diesen schwierigen Jahren, als nach dem Sturz der päpstlichen Herrschaft und der Errichtung der Republik die gewohnten Wettbewerbe nicht mehr stattfinden konnten, keine Preise und Unterstützungen mehr vergeben wurden und viele der antiken Kunstwerke, von denen sich die Mitglieder der Akademie hatten inspirieren lassen, geraubt und nach Frankreich verschleppt worden waren.

Pacetti war der richtige Mann für die Leitung der Akademie, allerdings nicht so sehr wegen seiner künstlerischen Fähigkeiten (einige seiner Restaurierungen zeitigten verheerende Ergebnisse). Stattdessen besaß er ein besonderes Geschick, je nachdem wen er vor sich hatte, einmal dreist, dann wieder unterwürfig aufzutreten. Trotz seiner vielfältigen Aufgaben als Leiter der Akademie fand er Gelegenheit zu häufigen, sorgfältig in seinem Tagebuch verzeichneten Besuchen im Hause Hamerani, wo er sich der Verbesserung des päpstlichen Profils widmete und dafür zwei Kupfermedaillen erhielt. Mit Pacettis Hilfe zeigte die Medaille des Jahres 1801 den Heiligen Vater mit einer sehr ausgeprägten Kieferpartie, die sicher der Wahrheit eher entsprach. Doch das Gesicht war nach wie vor länglich und die Haut glatt wie die eines Jugendlichen. Ganz zu schweigen von der völlig verunglückten Rückseite, auf der viel zu dick geratene Sonnenstrahlen hinter einem Berg hervorbrachen und drei Kuppeln in der Form kleiner runder Bignès beschienen, die die Peterskirche darstellen sollten.

„Die Medaille war so unklar und schlecht gemacht“, dass man sie unmöglich in Umlauf bringen konnte, „ohne eine Menge berechtigten Spott zu ernten“, notierte zufrieden Tommaso Mercandetti, der, bis zu seinem wenig erfreulichen Ausscheiden an der Werkstatt beteiligt, nun Giovannis direkter Konkurrent war, obwohl er keinen guten Ruf hatte: Wenige Monate zuvor hatten ihn vierzig Wachleute in seinem Haus verhaftet. In einer Vollmondnacht waren sie mit großen Laternen und Feuerwaffen angerückt und hatten ihn unter der Anklage der Münzfälschung festgesetzt. Nun aber kamen die gleichen päpstlichen Wachen, die ihn verhaftet hatten, mit der Bitte, in kürzester Zeit eine Medaille herzustellen, um diejenige Hameranis zu ersetzen. Mercandetti arbeitete achtzehn Tage und achtzehn Nächte ohne Unterlass, er schlief auf dem Stuhl, ohne sich auch nur einmal umzuziehen, und lebte von Brühe, Schokoladenmilch und Kaffee. Nachdem er das Werk vollbracht hatte, schlief er vor Erschöpfung zwei Tage durch. Wegen der besonderen Eleganz der von ihm geschaffenen Medaille war von einem Pakt mit dem Teufel die Rede.

Dennoch wollte an höchster Stelle jemand, dass Giovanni Hamerani weiterhin die Medaillen für Seine Heiligkeit schuf. Im Jahr 1804 kündigte die Presse die feierliche Präsentation der Medaille groß an. Die Geschichte fand weiterhin den Weg in die Werkstatt in der Via di Sant'Anna, um sie von dort in kleinen bronzenen Formen wieder zu verlassen. Mit der Medaille von 1804 feierte man mit ein paar Jahren Verspätung die Reformpolitik Pius' VII. aus dem Jahr 1801, die durch Aufhebung jahrhundertealter Hindernisse im Lebensmittelhandel der Wirtschaft auf die Beine helfen wollte. Die Medaille zeigt auf der einen Seite den Papst mit Tiara, auf der Rückseite eine weibliche Figur inmitten von Füllhörnern voller Früchte, Blumen und Ährenbündel. Das Ganze „hervorragend geprägt", kommentierte die Zeitung *Diario di Roma*.

Im folgenden Jahr feierte eine weitere Medaille die Rückkehr des Papstes aus Frankreich, wo er an der Krönung Napoleons teilgenommen hatte. Sie war wiederum, wie die Zeitung berichtete, „hervorragend geprägt". In den Reihen der Redaktion, die darüber entschied, welche Nachrichten in der Stadt verbreitet werden sollten, gab es anscheinend immer noch Unterstützer des letzten Hamerani. Im zweiten Bericht hatte sich jedoch bereits das Wörtchen „ziemlich" eingeschlichen. Im darauffolgenden Jahr wurde sein Name nur noch kurz erwähnt. Die letzte Medaille Giovannis feierte die vom Papst in Corneto Tarquinia errichtete Salzgewinnungsanlage. Zu sehen war eine Gestalt mit einem Füllhorn und zu ihren Füßen Geräte für die Salzgewinnung. Danach nichts mehr. Mercandetti eignete sich erneut den Titel des päpstlichen Medailleurs an und behauptete, er sei von

Giovanni darum betrogen worden. Giovanni verkaufte die letzten, nach der Verkleinerung der Werkstatt durch seinen Vater verbliebenen Prägestempel und gab, nachdem er es einige Jahre mit Devotionalien versucht hatte, schließlich wegen Tuberkulose, wie es in Kollegenkreisen hieß, ganz auf. Doch es lag an den Zeiten, die dem religiösen Leben abhold waren.

Im Februar 1808 nahmen die Franzosen Rom erneut ein, Napoleon gliederte den größten Teil des Kirchenstaats dem Kaiserreich an, und der Papst wurde im Juli 1809, nachdem er sich lange im Quirinal verbarrikadiert hatte, eines Nachts in aller Heimlichkeit nach Grenoble und dann nach Savona verbracht. Zu Ehren des Kaisers wurde das *Te Deum* gesungen und die Stadt nachts feierlich erleuchtet. Da auch das traditionelle Pferderennen auf der Piazza Navona stattfand, schien alles beim Alten zu bleiben. Doch eines Tages wurden die Tore zum Ghetto, gleich neben der Via di Sant'Anna, abgebaut, und ehemalige Nonnen bevölkerten nach der neuesten Mode gekleidet die Straßen. Mercandetti wurde zum kaiserlichen Medailleur ernannt. Giovanni Hamerani hingegen erbte in den Albanerbergen einen alten Palazzo, wie im Bestand der *Trenta Notai Capitolini* [dreißig Notare Roms] im römischen Staatsarchiv vermerkt und vom *Exorzismus* bestätigt wird: *Signor Giovanni Hamerani besaß ein großes und schönes Anwesen in Genzano und beschäftigte dort als Verwalter einen gewissen Giuseppe Paoletti, der eine gewisse Caterina zur Frau hatte.*

Die kleine Ortschaft zählte wenig mehr als dreitausend Einwohner und lag auf einem der Hügel über dem erloschenen Vulkankrater des Lago di Nemi. Damals wie heute führten steile, dicht bewachsene Hänge bis an den See, dessen Oberfläche fast leblos wirkt. Die Ufer waren zu schmal oder zu steil, um dort mit einem Boot anzulegen oder sich niederzulassen und von dort aus das blauschwarze Loch zu betrachten, das bis tief in die Erde reicht. Auf der Höhe des Hügels und über der Ortschaft lag auf der senkrecht zum See abfallenden Felswand der Palazzo der Familie Cesarini, der ehemaligen Herren von Genzano. Sie hatten zweihundert Jahre zuvor die mit Ulmen bepflanzte Alleen anlegen lassen, die sich im Sommer in grüne, schattenspendende Tunnel verwandelten, und außerdem die Straße, die vom Gipfel bis ins Tal führte. Sie trug den Namen ihrer Erbauerin, der

Herzogin Livia, die gegen den Willen ihrer Familie statt Nonne zu werden geheiratet hatte.

An beiden Enden der Straße stand jeweils eine Kirche. Von unten aus gesehen schien die Chiesa Vecchia auf dem Gipfel mit ihrer weißen Fassade wie am Himmel zu schweben. Längs der Straße drängte sich ein Haus ans andere. Es waren Mietshäuser, in denen jedes Zimmer von einer Familie belegt war, ohne Rücksicht auf die Größe des Zimmers oder die der Familie. Ein paar Zimmer beanspruchten die jeweiligen Eigentümer, in den übrigen hausten streitsüchtige Eheleute, hungrige Kinder, schwer zu beaufsichtigende, aufmüpfige Mädchen, undankbare, zu Gewalt neigende erwachsene Söhne und verarmte Witwen. Das Schreien der Neugeborenen vermischte sich mit dem Fluchen der Väter, die Geräusche drinnen mit dem Klappern der Holzpantinen der Frauen draußen auf dem Weg zum Brunnen an der Straße. Mit großen Kupferkannen auf dem Kissen ihrer dicht gelockten Haarpracht liefen sie zur *Fonte Clementina* am Treppenaufgang der Chiesa Vecchia. Ihre Wangen waren rau, die Röcke schmutzig, und sie gingen schnellen, entschiedenen Schritts mit durchgedrückten Rücken unter der schweren Last heimwärts. So haben Fotografen noch Anfang des letzten Jahrhunderts die Frauen auf ihren Bildern festgehalten.

Der Abend senkte sich über dieses Stimmengewirr herab wie die Müdigkeit über die Arbeiter in den Weinbergen, wo die meisten Männer beschäftigt waren. Aber auch Frauen übernahmen dort Aufgaben, neben dem Spinnen und dem, was sie „Haus"arbeit nannten, obwohl ihr Haus nur aus einem einzigen Raum mit einem Strohsack und einem Herd bestand. In dieser Enge wurden sie schwanger und gebaren ihre Kinder, manchmal sogar ganz unerwartet spät. So war es einer gewissen Lucia im Palazzo Velli neben dem *Oratorio degli Agonizzanti* passiert, die mit neunundvierzig Jahren einen Sohn zur Welt gebracht hatte und kurz darauf Witwe geworden war. Vielleicht betrachtete der eine oder andere ihr Witwentum als die gerechte Strafe für dies ungeheuerliche Wunder in zu hohem Alter.

Anfang Dezember 1807 war in einem Zimmer im zweiten Stock der Eigentümer des Palazzo, der Geistliche Pietro Velli gestorben. Während draußen noch die letzten Zikaden des Sommers in den Ulmenalleen zirpten, verstarb Don Pietro, Gemeindepfarrer von Santa Maria in Trastevere und Abkömmling einer bedeutenden römischen Familie, nach kurzer Krankheit im Alter von kaum sechzig Jahren einsam, ohne ein Testament zu hinterlassen. Zwei römische Cousinen erbten das dreistöckige Gebäude mit seinen dreißig um einen Innenhof angeordneten Zimmern, die von fast ebenso vielen Familien bewohnt wurden. Zum Erbe gehörte noch ein weiterer Palazzo in der Nähe mit zwanzig Zimmern und einem Garten namens „Casalaccio", der in miserablem Zustand war. In den sieben Zimmern, die der Priester einst bewohnt hatte, fand sich nur wertloses Zeug, das kaum etwas einbrachte. Die Kredenz und der lange Tisch im Eingangsbereich waren in so schlechtem Zustand, dass man sie nur den Holzwürmern überlassen konnte. Auf die fünfzehn wertlosen Stühle im Nebenzimmer hätte sich wie schon zu Lebzeiten des Priesters niemand setzen dürfen. Das eiserne Bettgestell, der Betstuhl und die Kommode, auf denen Velli die Last seiner Seele und seines Körpers abgelegt hatte, blieben stehen und setzten Rost und Schimmel an.

Zwei Jahre lang blieben die Zimmer verschlossen. Das durch die halb verfaulten Fensterläden eindringende Licht fiel auf schäbige, nie benutzte Stühle, auf Spinnweben und auf das Holzmehl unter der von Würmern zerfressenen Kommode. Ratten huschten durch die Zimmer, ohne etwas zu fressen zu finden, ein Skorpion hing reglos an der Wand. Ab und an jedoch kamen Holzpantinen vorbei, machten vor der Kommode halt und nahmen einmal eine Serviette mit, ein anderes Mal ein einfaches Leintuch und beim nächsten Mal ein Handtuch. Es gab auch noch die „standesgemäße Kleidung", den „Biberpelz" des verstorbenen Priesters und eine Menge völlig aus der Mode gekommenes „Gewand" des städtischen Adels, alles zusammen nicht einmal einen halben Scudo oder 50 Baj wert. Die Holzpantinen machten sich schnell wieder aus dem Staub, begleitet vom Rascheln der unter ein Hemd oder einen Rock gestopften Stoffe. Nach und nach wurde die Kommode geleert, vielleicht verschwanden auch die zwei Leuchter auf der Anrichte. Schloss sich die Tür wieder, kehrte in die Räume des verstorbenen Priesters Stille ein, während das Treppenhaus vom Geschrei der Lebenden widerhallte. Aus den im feuchten Tuffsteinkeller gelagerten Fässern stieg der Geruch von Rotwein herauf.

Im August 1809 brach Giovanni Hamerani eines Morgens früh mit seinem Fuhrwerk auf, um sein Anwesen in Genzano zu besichtigen, nachdem seine Tanten Beatrice und Settimia, die unmittelbaren Erbinnen Pietro Vellis, gestorben waren. Er wollte den Palazzo in der Via Livia, das Casalaccio und einen Weinberg außerhalb des Ortes in Augenschein nehmen. Während der achtzehn Meilen langen Fahrt auf den holprigen Pflastersteinen der Via Appia unter der brennenden Augustsonne entrollte sich vor seinen Augen ein Panorama, das viele Reisende auf ihrem Weg durch die römische Campagna schon damals und in den kommenden Jahrzehnten bewundern, beschreiben und darstellen sollten, verängstigt, zugleich aber fasziniert von der unendlichen Ödnis und jahrhundertealten Verwahrlosung. Giovanni musste diesen Weg nehmen, um zu seinen neuen Gütern zu kommen. In Genzano war die Luft gut, dorthin zog man sich in die Sommerfrische zurück, um der Stadt und ihren gefährlichen Ausdünstungen zu entfliehen. Beim Aufbruch aus Rom waren die Albaner Berge nur als graugrüner Schattenriss über der sonnverbrannten Ebene wahrzunehmen. Sobald Giovanni die stadtnahen Villen hinter sich gelassen hatte, durchquerte er eine Wüstenei aus Ruinen von Tempeln und Grabmälern. Auf einige von ihnen hatte man von Zinnen bekrönte und mit Strebemauern verstärkte Türme errichtet, die längst selbst wieder zu unförmigen Steinhaufen zerfallen und von Efeu überwuchert waren. Andere Ruinen beherbergten die Hütten von Arbeitern in den Weinbergen oder von Viehhirten, denen man ab und an begegnete, wenn sie mit langen Piken bewaffnet ihre Herden aus Umbrien oder anderen Gegenden nach Rom trieben.

Die lange Bogenreihe der Aqua Claudia neben der Straße und die großen Pinien boten in den heißesten Stunden unter dem wolkenlosen Himmel gelegentlich ein wenig Schatten, sofern man nicht wagte, eine der wenigen Osterien zu betreten. Als Poststationen unentbehrlich, sahen sie doch ebenso wenig vertrauenerweckend aus wie die zerlumpten und kränklichen Gestalten, die dort Halt machten. Danach ging es in die bewaldeten Hügel, wo man in tiefen Schatten eintauchte. Der Weg führte durch Ariccia mit dem Palazzo der Familie Chigi und seinen üppigen Gärten, über die Piazza Bernini, die sich wie eine Theaterkulisse öffnete, und dann über kurvenreiche, holprige Straßen unter Bäumen wieder abwärts bis zu dem weithin bekannten Brunnen am Waldrand. Nach einer kurzen freien Strecke voller Felsblöcke, Ziegen und Buschwerk mündete der Weg endlich in die Ulmenallee nach Genzano. Unter dem grünen, von Lichtflecken durchbrochenen Blätterdach der uralten Bäume fuhr der Wagen über die Piazza mit dem Springbrunnen hinauf zur Via Livia.

Von unten sah man einen Streifen Himmel zwischen den Häusern. Links erhob sich das Casalaccio wie ein Sarazenenturm ohne Meer darunter. Der Palazzo Velli, nun Hamerani, war der bedeutendste Bau in der Straße. Aus den an den quadratischen Hof angrenzenden Räumen drang der Geruch von frischem Brot aus der gemeinsamen Backstube, von Pferdemist aus der Sattlerei, von Weinschimmel aus den Kellern und von den vielen Menschen, die sich an den Türen versammelt hatten, um den neuen Eigentümer zu beäugen. Im Palazzo und im Casalaccio wohnten insgesamt vierzig Familien, überwiegend Arbeiter in den Weinbergen mit ihren sonnverbrannten Gesichtern und zusammengekniffenen Augen unter der ledrigen Stirn. Für die Eigentümer stand der ganze zweite Stock des Palazzo zur Verfügung. Giuseppe Paoletti und seine Frau Caterina, seit den Lebzeiten Pietro Vellis das Hausmeisterehepaar, führten Giovanni hinauf. Sobald die Fensterläden aufgestoßen waren, fiel von Staub gedämpftes Licht auf die Anrichte, den schäbigen, langen Tisch und den Stuhl aus Nussbaumholz im Vorraum. Die Hausverwalter selbst lebten seit Jahren mit ihren vier Töchtern unter dem Dach. Auch die älteste Tochter, die bereits ein Kind hatte, wohnte mit ihrem Ehemann noch bei den Eltern.

Seit 1809 konnte die Familie Hamerani die Sommermonate in Genzano in der Beletage im zweiten Stock über dem Zwischengeschoss ihres Palazzo verbringen. Sie und die anderen Sommerfrischler, die vor der schlechten Luft aus der Stadt flohen, hielten sich ab Juni in den Albaner Bergen auf. Um an den Lago di Nemi zu gelangen, musste man einen steilen Pfad nehmen, der bei der Rückkehr sehr anstrengend war. Deshalb brach man vorzugweise früh am Morgen auf, um nicht völlig erschöpft vom Aufstieg heimzukehren. Zwischen zwölf und zwei Uhr erstarb das Leben. Keine Stimme war mehr zu hören, nicht einmal die der Bauern in den Weinbergen. Selbst der ehemalige Polizeispitzel, der nun seine Tage damit verbrachte, mit den Beinen im Wasser Flachs rotten zu lassen, zog sich unter die Steineichen zurück und puhlte sich die Blutegel von den Waden.

Wenn die Sonne am Horizont versank, verließen die Familien das Haus, um in Grüppchen unter dem grünen Dach der Ulmen zwischen Genzano, Castelgandolfo und Albano zu lustwandeln, immer wieder anzuhalten und zwischen den Bäumen hindurch die Aussicht zu genießen. In der kühlen Abendluft aß man Kringel und trank Wein dazu. Grillen zirpten, Leuchtkäferchen tanzten, Kinderstimmen, Tanz- oder Wanderlieder, der Ruf eines Käuzchens, einer Schleier- oder Zwergrohreule waren zu vernehmen. Das Mondlicht ließ die Silhouetten der Häuser wie riesige Marmorblöcke aussehen. Um diese Zeit erholte man sich von der Hitze des Tages, doch es war nicht ratsam, bis nach dem *Ave-Maria* draußen zu bleiben, denn dann fing man sich in der Kühle schnell ein Fieber. Von den Feldern stiegen feuchte, todbringende Schwaden auf. Deshalb musste man die Schlafzimmerfenster schließen, die anderen konnten offenbleiben.

Als die Familie Hamerani in den Sommermonaten als neue Eigentümer des glanzlosen, von unzähligen Mietern bewohnten Herrenhauses nach Genzano kam, war Giovanni ungefähr sechsundvierzig Jahre alt, seine Frau dreizehn Jahre jünger und die Töchter Antonina und Teresa noch klein. Teresa konnte sich wohl gerade auf den Beinen halten und an den wurmstichigen Stühlen von Priester Velli hochziehen. Die ein Jahr ältere Antonina dagegen wollte vielleicht durch die Zimmerflucht rennen, aber die an den Fesseln eng geschnürten Stiefelchen mit den runden Kuppen sollten sie zur Contenance anhalten. Ihr Bruder Giuseppe Maria hätte schon forscher auftreten können, wäre er nicht schon mit zweieinhalb Jahren gestorben. Zwei Schwesterchen sollten dasselbe Schicksal erleiden, bevor schließlich Veronica zur Welt.

Jedes Jahr im Juni, wenn sich die bodentiefen Fenster am Balkon auf die Via Livia hin öffneten, konnte man unten auf der Straße den großen Teppich für das Blumenfest zu Fronleichnam sehen. Am Donnerstag machten sich Dutzende Frauen und Kinder ans „Abzupfen“: Nelken und Ginster für Gelb, Myrte und Fenchelblüten für Grün, Nelken und Rosen für Rot, Geißraute für Lila, Stechwinde für Braun und Hellgrün, wiederum Nelken für

Weiß: So wurden alle Blütenblätter nach Farbe und Duft in große Körbe verteilt und im größten Haus in der Straße, dem Palazzo Hamerani, aufbewahrt, wo sie im dunklen Bauch seiner Keller aus Tuffstein ihre leuchtenden Farben bewahrten. Der Duft stieg nach oben und erfüllte in der warmen Freitagnacht den ganzen Hof. Von Samstagabend bis zum frühen Sonntagmorgen wurden die Blütenblätter einzeln zu Mustern zusammengelegt. Am Vormittag begrüßten Freudenschüsse die Prozession, die Blaskapelle und die Menschenmenge, die sich zu beiden Seiten des Blumenteppichs drängte. Am nächsten Tag stürmten Kinder mit Engelsflügelchen an den nackten Schultern und flatternden blauen Bändern in den Haaren wie eine Lawine von der oben gelegenen Chiesa Vecchia auf den Blütenblättern die Straße hinunter. Ob Teresa, Antonina und Veronica jemals an diesen Wettrennen teilgenommen haben, bevor die Krankheit sie ereilte?

Mit größerer Wahrscheinlichkeit nahm die Familie Hamerani von ihrem kleinen privaten Chor aus an den Messen in dem direkt an das Casalaccio angrenzenden *Oratorio degli Agonizzanti* teil. So steht es in einer Beschreibung des Palazzo, den Giovanni einige Jahre später anfertigen ließ, als er das Anwesen verkaufen wollte. Von den Kirchenbänken aus wirkten die Menschen in dem Chor wie schwebend, von der Welt getrennt. Die Menge der Gläubigen blickte mit ihren großen, dunklen Augen nach oben, deren Schimmer Besucher Genzanos als Geschenk des Bacchus deuteten. Den Wein, der ihre Augen rötete, stürzten sie in Kaschemmen hinunter, in denen Maultiere und Esel ein und aus gingen und auf dem schmutzstarrenden Boden ungeduldig mit den Hufen scharrten. Spinnweben hingen von den geschwärzten Balken, und nur wenig Licht drang durch schmale Spalte in der Decke. In seinen Strahlen wirbelte Staub und der Rauch des Herdes, der den ganzen Raum erfüllte, weil die Türen des Vorder- und des Hintereingangs immer offenstanden, um Durchzug zu schaffen. Außer den Tieren trieben sich zwischen den Holzbänken bettelnde Kinder in schmutzigen, herunterhängenden Hosen herum, die den Gästen aufdringlich bis an die Tische folgten. Sobald man die Osteria verließ und in die Seitenstraßen geriet, fand man sich in einer Kloake unter freiem Himmel wieder und kam vor lauter Dreck und spitzen Steinen kaum voran. „Genzano ist ein barbarischer Ort. An jedem Sonntag Messergefechte. Die

Mütter zu den Kindern: ‚Du wirst ammazzato (getötet werden).' Gegen die Fremden, die forestieri", schrieb Émile Zola am Ende jenes Jahrhunderts.

Auch der Hausmeister des Palazzo Hamerani hatte einen Menschen umgebracht. Giovanni Hamerani war davon überzeugt, dass ihm nicht zu trauen war, insbesondere, seit er entdeckt hatte, dass Paoletti und seine Frau in dem Palazzo, den sie bewachen sollten, Dinge stahlen. Um seine Pflicht als Hausherr und Familienvater zu erfüllen, sah er sich veranlasst, die beiden zu entlassen. Doch schon kurz darauf begann sich Antonina, die bis dahin kerngesund gewesen war, schlecht zu fühlen. Wenig später ging es auch Teresa schlecht. Die Pocken zeichneten die Gesichter beider Schwestern für immer. So geht es, wenn ein Fluch im Spiel ist: Heute ist man noch gesund, am nächsten Tag sterbenskrank. Dass die Frau des Hausmeisters dies im Schilde geführt hatte, ging aus ihren eigenen Worten hervor, denn sie verkündete überall: *Dafür werden Signor Giovanni und seine ganze Familie bezahlen müssen.* Auch Veronicas Anfälle waren möglicherweise durch die Rache dieser Barbaren verursacht, in deren Hände die Familie Hamerani durch ihre Erbschaft geraten war. Der Teufel konnte aufgrund eines Fluchs in die Körper von Frauen eindringen. Und jene *Francesca*, deren Namen Veronica während einer Sitzung der Teufelsaustreibung ausgesprochen hatte, war vielleicht, von der Hausmeisterin angestiftet, die Urheberin. So schrieb eine anonyme Hand im *Exorzismus.*

Den Fluch von Genzano erwähnte die Familie allerdings nicht, als sie im Rahmen des „processus" für die Heiligsprechung des Paters Francesco Saverio Maria Bianchi als Ehrwürdiger Diener Gottes detailliert zu den Qualen ihrer Tochter Antonina und darüber befragt wurde, wie diese und mit ihr alle Mitglieder des Hausstands die Wunderheilung erlebt hatten.

Als mögliche Bestätigung für den Fluch von Genzano kann jedoch eine Tatsache gelten, die Pater Manera in seinem Tagebuch anführte. Veronica war eines Tages in die Kirche zur Beichte gegangen,

als eine alte Frau, die sie sehr genau gemustert hatte, ihr einige Fragen stellen wollte, z. B. wo sie lebe usw., worauf die junge Frau, gewohnt, in der Kirche nicht zu sprechen, mit wenigen Worten Antwort gab. Die Frau aber fixierte sie erneut und sagte dann leise: Ave-Maria, heilige Muttergottes, löse diesen Fluch.

XXXI
Ohne Datum
Exorzismus

1. Die junge Besessene muss mit aller Klugheit und möglichen Umsicht, gleichzeitig aber mit aller Festigkeit und Autorität geführt werden.

2. Sie ist einzuüben in der Praxis des Gebets, der Demut, des Gehorsams und der Kasteiung.

3. Folgendes kann man verordnen:

1. *Tägliches Meditieren*
2. *Tägliche geistliche Erbauung*
3. *Allgemeine und besondere Prüfung*
4. *Tägliche Beichte und Kommunion. Man kann die Kommunion als Mittel der Demütigung auch verweigern.*
5. *Einige tägliche Kasteiungen wie Geißelung und das Tragen eines Bußgürtels.*
6. *Gewissensprüfung, wie und wann es der leitende Pater für angebracht hält.*

4. Es erscheint angebracht, der jungen Frau die Kommunion in der Hauskapelle zu erteilen und sie so viel wie möglich aus dem Bett aufstehen und sie so auch die Patres empfangen zu lassen.

5. Vielleicht wäre es gut, sie einen Ausflug mit der Kutsche machen zu lassen, damit sie außerhalb der Stadt Luft schnappen kann.

6. Die Exorzismen außerhalb des Bettes in der Hauskapelle durchführen, falls nötig, auf einem Stuhl festgebunden.

7. So mit ihr sprechen, dass sie sich als unvollkommenes Wesen und ihren Fall als gar nichts Außergewöhnliches begreift: Man soll sie zur Demut anhalten und sie nötigenfalls demütigen.

Wie befreit man jemanden von einem Fluch? Wie kann man den Teufel aus dem Körper einer jungen Frau vertreiben, die nicht wenige der Täuschung oder der Hysterie verdächtigen? Pater Massa hält in seinen regelmäßigen Schriftzügen das einzuhaltende Procedere fest. Dieses Organisieren und Protokollieren sollte helfen, zumindest mit Worten etwas festzuhalten, was eigentlich ungreifbar blieb. Damit musste man den Kampf gegen das Böse beginnen. Vielleicht hatte Pater Massa dieses Vorgehen während seiner Studien- oder Berufszeit gelernt, als er noch nicht Geistlicher war. Oder aber es war schlicht sein unfreiwilliges Erdendasein als Waise und ohne ein Auge, das ein methodisches Vorgehen von ihm verlangte. In den Kirchenbüchern von Bologna, wo er als Kind gelebt hatte, taucht er nicht mehr auf, ist aber als junger Mann wieder in Bologna zu finden, im Immatrikulationsregister der Königlichen Universität mit Eintrag am 10. Januar 1810.

Viele seiner Mitstudenten kamen aus den aufgelösten Fakultäten von Modena und Ferrara. Die Hochschule von Bologna war nach den Umwälzungen der zurückliegenden Jahre wieder vielbesucht. Die neuen napoleonischen Gesetze und die Verwaltung der aufgelösten religiösen Orden erforderten gut ausgebildete Bürger. Auch Söhne von Kaufleuten wie Tommaso durften Anwälte werden und den unspektakulären Stammbaum der Familie, der im besten Fall vorteilhafte Eheschließungen mit Grundbesitzertöchtern vorwies, mit einem Doktortitel verzieren. Nach den neuen Bestimmungen konnte man in drei Jahren Natur- und Völkerrecht, Zivil- und Strafrecht, Notariatskunde und Volkswirtschaft studieren. Über allem standen jetzt die neuen Gesetzbücher und Verfassungen. Das alte System der Gesetzesauslegung durch Glossen und Fußnoten galt als überholt. Auch die Professoren mussten sich der Kontrolle durch die Behörden unterwerfen und nachweisen, dass sie nicht weiter den alten Methoden folgten. Man musste bei Strafe des Rauswurfs größte Zurückhaltung und äußerste Disziplin üben, um es nicht an Respekt gegenüber der ehrwürdigen Institution fehlen zu lassen, die die künftigen Notabeln des Königreichs Italien ausbildete.

Eine Zulassung zum Studium erhielt man nur, wenn man ein von der Polizei ausgestelltes, einwandfreies Führungszeugnis vorlegen konnte, und die Behörden behielten im Einverständnis mit den Dozenten die Studenten ständig im Auge. Eine universitäre Miliz rekrutierte außerdem all diejenigen, die keine körperlichen Behinderungen hatten und mindestens vier Fuß und elf Ellen groß waren, zu Kompanien von etwa achtzig Mann. Zu den zweimal wöchentlich stattfindenden militärischen Übungen und zu den Vorlesungen hatten die Studenten in Uniform zu erscheinen. Tommaso durfte, laut eines vom Rektor ausgestellten Zeugnisses, an der studentischen Miliz nicht teilnehmen. Lag es daran, dass er nur ein Auge hatte? Wie kam der Student Massa mit diesem Verbot zurecht? Wie kompensierte er die fehlende Geselligkeit, die Bewegung und all die Freiheiten, die seine Kommilitonen in diesen Jahren so reichlich genossen, wie es später nie mehr der Fall sein würde?

Die Polizei und der Rektor der Königlichen Universität von Bologna ließen es an Appellen nicht mangeln, Disziplin zu üben und die Heiligkeit der Gesetze zu achten (auch in Zeiten der Revolution und weltlicher Herrschaft galten die Gesetze als heilig, allerdings standen die Gottheiten, denen sie geweiht waren, außerhalb der Kirche). So bekam es ein Student namens Neri mit der Justiz zu tun, weil seine Billard-Partien im Café an der Strada Maggiore regelmäßig in Prügeleien ausarteten. Sinnlos, ihn der Universität zu verweisen und nach Padua zu schicken, wo er, bevor er in Bologna sein Unwesen trieb, schon einmal rausgeflogen war. Ein Student namens Roveri aus dem Departement Mincio wurde wenige Tage nach Tommasos Immatrikulation an derselben Fakultät in der Via Galliera an Kopf und Arm verletzt. Der Student Ubaldino hatte auf seine Zimmerwirtin Signora Teresa Orlandi und auf deren Tochter geschossen, von der er wohl glaubte, sie sei in der Miete inbegriffen. Drei Studenten hatten den jungen Goldschmied Zanetti von hinten angegriffen, ihn sterbend liegen gelassen, und dann auf der Piazza Maggiore die Lichter der Verkaufsstände umgestoßen. Andere hatten die Verkäuferinnen in der Via degli Orefici mit Eiern beworfen. In dem immer gut besuchten Caffè degli Stelloni hatte es einen Toten gegeben. Der Student Bergonzi war Zeuge geworden, wie ein Unbekannter seinen Freund Grasselli beleidigte, indem er ihm mehrmals auf den Fuß trat, ihn dabei anstarrte und schließlich zum Duell herausforderte. Nur wenige Stunden zuvor hatten die beiden wie jeden Nachmittag in Bergonzis Studentenbude beim Lernen zusammengesessen und waren dann zur Entspannung ins Café gegangen.

Junge Männer in gemieteten Zimmern, auf dem Schreibtisch vielleicht die in der Buchhandlung Gnudi und Penna gestohlenen Bücher. Spätnachts lärmende Gruppen von Draufgängern, die nach einem Kneipenbesuch in der Contrada Pellacani die Wachstation ausraubten. Einsame junge Männer wie der Student Scalvigni, der durchdrehte, sich für Don Quijote hielt und den Bibliothekar bedrohte. Fern von ihren Familien verzockten sie ganze Vermögen beim Spiel und besuchten die Freudenhäuser in der Contrada Centotrecento und im Borgo di San Marino, wo auch die Schulen für Landwirtschaft und Botanik angesiedelt waren. Die Professoren richteten vergebens Beschwerden über diese teuren und unmoralischen Zerstreuungen an den Rektor. Wenn die Studenten nicht zu Laura Carboni oder Luigia Pellagalli in der Via Centotrecento gingen, blieben immer noch die Huren der Via San Vitale, die von den jungen Herren sogar noch beschimpft wurden, nachdem die sich wie Raubtiere auf sie gestürzt hatten. Am meisten begehrt, am meisten befummelt, am meisten herabgewürdigt.

Im französischen Königreich Italien wurden käufliche Frauen, die außerhalb der ihnen zugewiesenen Viertel in der Stadt aufgegriffen wurden, drei Monate lang eingesperrt, fremde ausgewiesen. So Massimiliana Gruzner, die versucht hatte, damit durchzukommen, dass sie ihren Namen in Rosa Bianchi änderte. Sie war achtundzwanzig Jahre alt, hatte „eine hohe Stirn, dunkle Augen und einen ordentlichen Mund" und war als Kellnerin aus Bozen, wo sie niemand wollte, weil ihr Bruder sie geschwängert hatte, nach Bologna gekommen. „Das ist etwas", sagte sie der Polizei, „was vielen anderen auch hätte passieren können." Dann war da der Zuhälter Gandolfi, der häufig in Frauenkleidern so tat, als sei er eines seiner Mädchen, um dadurch die Steuern als Bordellbesitzer zu sparen. Viele Wohnungen in der Stadt waren als Laden angemietet, wurden aber als Bordell genutzt. Die Bürger Bolognas besuchten diese Häuser in aller Stille, die Soldaten dagegen in lärmenden Gruppen und traten, wenn ihnen der Zutritt verwehrt wurde, einfach die Türen ein und nahmen die Mädchen mit. Wenn die Stadt nicht zu den Frauen kam, kamen die Frauen in die Stadt und verdarben nicht nur die Moral der männlichen Bewohner, sondern trugen auch oftmals Geschlechtskrankheiten zwischen den Beinen, als brächten sie diese selbst hervor und steckten sich nicht vielmehr bei ihren Kunden an. Nach dem Gesetz waren sie die Schuldigen und wurden, wenn man die Krankheit an ihnen feststellte, ins Gefängnis geworfen. Außerdem gab es noch diejenigen, die „nicht direkt als Prostituierte gelten können, sondern bloß als weibliche Personen", wie der Polizeikommissar schrieb. Das waren die Frauen, die um ein Almosen bittend Mitleid erregten und dann anbandelten. Viele solche Bettlerinnen waren auf den Straßen zu sehen, da der *Opera di carità*, die sich um gefährdete Frauen kümmern sollte, die Mittel gestrichen worden waren.

Der junge Tommaso hatte ohne Zweifel solche Frauen gesehen. Ich weiß jedoch nicht, ob er sie näher kennengelernt oder begehrt hat. Er hinterließ keinerlei Spuren in den Polizeiakten, sondern konzentrierte sich ganz auf sein Studium, bestand die jährlichen Prüfungen mit Auszeichnung und schloss am 8. Juni 1812 das Jurastudium ab. In jenen Tagen zogen napoleonische Truppen auf dem Weg nach Russland durch Bologna. Von den insgesamt zwölftausend Soldaten machten viertausend „aufbrausende Kerle ohne jede Disziplin" in der Stadt Station.

Als Tommaso dreiundzwanzig Jahre später Pater geworden war und neben Pater Kohlmann die Teufelsaustreibung bei Veronica durchführen sollte, war ihm nicht ganz klar, wie er dabei vorgehen sollte. Deshalb musste er viele verschiedene Wege ausprobieren und sie schriftlich niederlegen, um ihre Stichhaltigkeit schon bei der Niederschrift zu überprüfen. Der Exorzismus als solcher, das von der Kirche vorgeschriebene Mittel, um die Wirkung eines Fluchs zunichtezumachen, genügte vielleicht nicht. Man musste auf die ganze Person einwirken, jede auch noch so minimale Komplizenschaft ihrerseits mit dem Bösen ebenso ausmerzen wie jede Form von Eigenliebe, aber sie dennoch lebendig und stark halten. Die Besessene durfte kein autonomes Leben mehr haben, aber auch nicht ganz verzweifeln und sich dadurch in sich selbst verkriechen. Sie musste ganz und gar dem Willen ihrer Befreier unterworfen werden. Doch auch die Befreier konnten nicht völlig autonom handeln. Sie mussten sich ihrerseits von übergeordneten Autoritäten führen lassen, von lebenden (vom Generaloberen, der seinerseits vom Kardinalvikar dazu ermächtigt und diesem rechenschaftspflichtig war) und von toten, nämlich von den Buchstaben der Überlieferung. Denn allzu leicht schlichen sich während des verworrenen Prozesses der Teufelsaustreibung Fehler ein.

Als Massa vom Generaloberen den Auftrag zur Teufelsaustreibung erhalten hatte, machte er sich daran, das Werk eines früheren Mitbruders namens Antonio Baldinucci zu transkribieren, das der Papst persönlich an den Generaloberen und dieser wiederum an Pater Kohlmann übergeben hatte, der die Schrift jedoch nicht gut entziffern konnte. Das Werk mit dem Titel *De Energumenis* [Über vom Teufel Besessene] lag nur handschriftlich vor, und bis zu diesem Zeitpunkt wusste niemand etwas davon (bis heute taucht die Schrift nicht im offiziellen Werkkatalog des Autors auf). Baldinucci hatte hundert Tage lang einen Exorzismus an einer Nonne aus Viterbo durchgeführt und darüber ein Tagebuch geführt, in dem er für andere Exorzisten nach ihm Instruktionen für die Befreiung einer Besessenen auflistete. Die beschriebene Teufelsaustreibung war ein harter Kampf gewesen, härter als die zahlreichen anderen, die Baldinucci im Lauf der Jahre in jedem einzelnen Ort auf dem Weg von Rom nach Neapel ausgefochten hatte.

Sein Krieg gegen die Dämonen hatte in Borgo San Pietro bei Rieti in einem Franziskanerinnenkloster begonnen. Eine Nonne dort hatte seit Tagen keine Nahrung zu sich genommen, sondern sich ins eigene Fleisch gebissen. Manchmal lag sie stundenlang bis zum Hals in einer Wanne, einen Augenblick später war sie ins höchste Gebälk eines Dachbodens geklettert, wo niemand sie erreichen konnte. Baldinucci befreite sie durch die Anrufung des heiligen Ignatius und wütendes Geschrei. Andere Mitschwestern waren von Geistern befallen, die wie Schweine grunzten oder wie Rinder muhten. Nachdem sie mit dem Getrappel einer Rinderherde verschwunden waren, verwüsteten sie in der Nacht nach dem Exorzismus das Zimmer des Paters. Die Nonne in Viterbo hatte Baldinucci auf eine derart harte Probe gestellt, dass er sterben zu müssen glaubte. Doch danach war er seiner Sache so sicher, dass er nur wenige Augenblicke mit den Besessenen zu sprechen brauchte, um sie zu befreien.

Noch mehr als ein Jahrhundert später diente Baldinuccis Manuskript den Jesuitenpatres als Modell für die Auseinandersetzung mit dem Gegner, der sich immer noch in den Körpern von Frauen manifestierte. Auch Veronicas Fall sollte als Vorbild für die Befreiung der künftigen Opfer des Dämons dienen. Das Böse war zeitlos, brach in seinen wirren Formen, mit seinen Übertreibungen und Abnormitäten in die Gegenwart ein, in Formen jedoch, die trotz ihrer Unvorhersehbarkeit über die Jahrhunderte immer gleichblieben. Gekrümmte Rücken, in die Luft gestreckte Beine, tierische Laute, unbekannte Sprachen und ekelerregender Gestank. Durch die Beschreibung der Zähmung des sich immer gleichbleibenden, jedoch immer unerwarteten und aufsehenerregenden Unbezähmbaren entstand eine Literatur der Exorzisten, halb Tagebuch, halb Handbuch, und transformierte die eigene Erfahrung zum Exempel und Modell für die Zukunft.

Seit dem 15. Jahrhundert hatten die Teufelsaustreiber ihre Erlebnisse niedergeschrieben, durch die Erfindung des Buchdrucks hatten sich diese Schriften vervielfältigt und mit ihnen die Beschwörungs- und Segnungsformeln, die geistigen und materiellen Heilmittel. Girolamo Menghi, Franziskanermönch aus Viadana am Po, der sein Leben lang überall in Italien als Exorzist gewirkt hatte, empfahl auch Kräuter und Inhalationen und setzte sich damit an die Stelle des Arztes oder Zauberers. Auch nach der von Papst Paul V. zu Beginn des 17. Jahrhunderts veranlassten Veröffentlichung des *Rituale Romanum* nahm die Zahl der Schriften von Exorzisten für andere Exorzisten nicht ab, denn jeder wollte die eigenen Segenssprüche und Verwünschungen hinzufügen. Die männlichen Inhaber eines potenziell unendlich vermehrbaren Wissens schrieben für andere Männer, als ob der offizielle Text der Kirche allein nicht zum Sieg über das absolut Böse genügte. In dieser unübersichtlichen Fülle von Schriften, die auf dem wirren Ablauf der Exorzismen basierten, lässt sich nur schwer feststellen, ob sich das Verfahren regelkonform oder aber wenig orthodox abspielte. Welcher Regel sollte man folgen? Wer kontrollierte die Exorzisten? Wer überprüfte, ob ihre Schriften mit der Doktrin der Kirche übereinstimmten?

Das *Rituale* schrieb vor, dass der Exorzist gottesfürchtig, klug, integer, demütig und reifen Alters zu sein habe. Es gab keine Ausbildung zum Exorzisten und keine Autorität, um Rechenschaft abzulegen. Auch Christus hatte seinen Aposteln die Macht zur Vertreibung der Dämonen übertragen, ohne dass sie dafür eine Schule durchlaufen hätten. In einer Kirche des übermächtigen Apparates, der Tribunale und festgelegten Prozeduren war der Exorzismus das Reich des Charismas: Der Teufelsaustreiber stand, mit dem *Rituale* in der einen und dem Weihwasser in der anderen Hand, ganz allein vor dem Feind und führte einen heldenhaften Kampf, von dem er eines Tages erzählen würde. In seinem Bericht ließ er den Sieg noch einmal wiederaufleben, denn es genügte nicht, gesiegt zu haben, wenn nicht alle davon erfuhren. Das war vielleicht auch der Ansporn für die Patres, die über Veronica schreiben wollten. Schritt für Schritt aufgezeichnet, ließ sich der Triumpf umso mehr genießen. Diese Hoffnung hatte Pater Massa vielleicht dazu veranlasst, den *Exorzismus* neu zu ordnen, sofern er nicht einfach nur Klarheit schaffen wollte. Wo der Teufel im Spiel war, gab es keine Gewissheit.

In den zurückliegenden Jahrhunderten hatte es in ganz Italien immer wieder Besessene gegeben. Klöster wie Santa Margherita in Bologna, Sant'Anna in Pisa, Santa Grata in Bergamo, San Bernardo in Piacenza, Sant'Anna in Asti oder Santa Chiara in Carpi hallten von den Schreien sich in Krämpfen windender Frauen wider, die sich für immer einem Leben als Bräute Christi geweiht hatten und deren Treue nun durch die raffiniertesten Täuschungsmanöver auf die Probe gestellt wurde. Der Teufel in ihrem Körper konnte ein Zeichen der Heiligkeit oder aber der Schwäche sein. Die Betroffenen konnten Komplizinnen oder aber Opfer eines Fluchs sein. Dann musste der Urheber dieses Angriffs gefunden werden, und dazu diente eine hartnäckige Befragung, bis die Stimme, die aus der Besessenen sprach, den Namen preisgab. Vom Meister der Lüge verlangte man die Wahrheit. Diese Frage hatte man dem Teufel in Veronicas Körper gestellt, und der hatte den Namen der aus den Marken stammenden Francesca in Genzano ausgesprochen. Sobald die Identität geklärt war, mussten die Patres sie dem Heiligen Offizium melden.

Innerhalb der kirchlichen Hierarchie selbst waren jedoch Zweifel aufgekommen, ob in dem massenhaften Auftauchen von Besessenen nicht nur der Teufel eine Rolle spiele, sondern auch die Priester, die gute von schlechten Geistern unterschieden, zu Selbstbezichtigungen anstachelten und die von der Klausur erregte Phantasie der Nonnen noch weiter reizten.

Deshalb hatten die römischen Kongregationen, die die Aufgabe hatten, das Verhalten der Priester und die religiösen Ansichten der Bevölkerung zu überwachen, im Lauf des 17. Jahrhunderts gleichzeitig mit den aufsehenerregenden Vorkommnissen in den Klöstern begonnen, das Vorgehen der Exorzisten zu regulieren: Zeit (die Dauer der Sitzungen, die Wochen- und Kalendertage) und Ort (geweihte Orte, hinter verschlossenen oder offenen Türen?) wurden festgelegt und die Beziehungen zu den Besessenen beschränkt (denn es lauerte stets die Gefahr des Ausartens in sexuelle Handlungen). Zu Beginn des 18. Jahrhunderts, als Pater Baldinucci noch in Viterbo gegen die Teufel kämpfte und darüber schrieb, waren verschiedene Handbücher für Exorzisten auf dem Index gelandet. Deshalb versuchte der Vatikan, die Unruhe, die auch die Jesuiten erfasst hatte, dadurch einzudämmen, dass er das *Rituale* als maßgebliches Regelwerk festlegte.

Die Patres, die Veronica vom Teufel befreien wollten, wussten vielleicht nichts von den Nonnen in Carpi, Pisa oder Bergamo. Sicher aber wussten sie, dass der heilige Ignatius selbst Dämonen vertrieben hatte, und sie kannten die Geschichte der Äbtissin der Ursulinen von Loudun. Der Jesuit Jean-Joseph Surin hatte sie von den Teufeln befreit, war dann aber selbst ihr Opfer geworden und blieb siebzehn Jahre lang stumm. Vielleicht hatten sie auch von ihren Mitbrüdern in den Niederlanden erfahren, die in jenen Jahren Menschen und Tiere exorzierten und mit den Reliquien des heiligen Ignatius ganze Dörfer geheilt hatten. Vor ihm hatte der Apostel Deutschlands, Petrus Canisius, in Augsburg eine junge Adelige von zehn Dämonen befreit, die sie acht Jahre lang gequält hatten, und viele Lutheraner zur Konversion veranlasst. In diesen Regionen, in denen der Irrglauben so weit verbreitet war, hatten die Patres damals mit ihren aufsehenerregenden Teufelsaustreibungen massenwirksam dafür gekämpft, dass die Wahrheit des katholischen Glaubens in aller Klarheit zutage trete. An dieses durch die Revolutionen zerrissene Erbe versuchten die Jesuiten anzuknüpfen. Die Häresien waren nie gänzlich auszulöschen, der spirituelle Verderber nie tot. Baldinucci, der den Exorzismus im nahen Viterbo unbeschadet überstanden hatte, konnte als Mitbruder im eigenen Land eine Brücke bilden zu der Zeit, als die Jesuiten gegen die Dämonen gekämpft und den Sieg davongetragen hatten.

XXXII
29. Januar 1835
Exorzismus

An diesem Tag hatte man festgelegt, die Exorzismen um 21 Uhr durchzuführen. Es kam ein Diener, um die Patres zu rufen, damit sie der armen jungen Frau beistanden, die im Zustand der Besessenheit war und sich seit mehr als einem Tag unter dem Bett versteckte. Am Morgen war sie mit einem trotzigen Gesichtsausdruck aufgestanden und hatte nicht die üblichen Gebete gesprochen […] Sie nahm ein Buch und zerriss es. Urplötzlich warf sie sich vom Bett herunter, stand auf, nahm einen Stuhl und schleuderte ihn gegen ihre Mutter, die sie beinahe getroffen hätte. Schreiend stürzte sie sich auf diese und warf sie fast zu Boden. Dann hob sie in äußerster Wut mit nur einer Hand einen schweren Schreibtisch im Zimmer hoch und schleuderte ihn gegen ihre Mutter. Der Schreibtisch wurde völlig zertrümmert gefunden, der Aufsatz ganz abgerissen.

Dann versteckte sie sich unter dem Bett wie schon beim letzten Mal und schlug fest mit dem Kopf auf die Erde und gegen die Latten des Bettrosts. Sie schlug sich so fest auf die Brust, dass es drei Zimmer weiter zu hören war, und die Hände schlugen zuerst gegen die Bettlatten, wenn sie sich Faustschläge gab. Ab und zu schlug sie mit der flachen Hand auf den Boden, auch mit den Beinen, und gegen das Holz und das eiserne Bettgestell: Wie beim letzten Mal sang sie lauthals, schrill und höhnisch, aber mit derart klarer und fester Stimme, dass es schien, als bewege sie sich gar nicht und singe ganz ruhig, in Wirklichkeit aber hämmerte sie wie beschrieben mit infernalischer Wut und heftigen Körperbewegungen auf sich ein, vor allem mit dem Kopf. Die Patres erschienen, als sie schon seit mehr als einer Stunde unter dem Bett saß, und hörten die Schläge. Beim Eintreten der Patres zog sie sich ganz zurück, war ganz nackt und deckte sich notdürftig mit einem Betttuch zu. Man packte sie bei den Armen, wie es halt ging, und zog sie mühsam unter dem Bett her-

vor, weil sie heftigen Widerstand leistete, unglaublich strampelte und schrille Schreie ausstieß.

Hatte Pater Massa mit dem einen ihm verbliebenen Auge je eine Besessene gesehen? Hatte er solcherart von Schmerzen gepeinigte Körper erlebt, dass sie ihn glauben machten, den Teufel vor sich zu haben? Welches Bild hatte er von dem Bösen? Und welche Vorstellungen hatte er davon, wie es zu bekämpfen war? In seinen Schriften findet sich nichts dazu, aber in seiner Jugend hatte er in San Petronio im heimatlichen Bologna sicher auf dem Fresko des Jüngsten Gerichts das riesenhafte schwarze Untier und die unzähligen gehörnten kleinen Rüsseltiere oder Wildschweinmenschen in Grün, Rot und Grau gesehen, die sich auf die Verdammten stürzen, um sie zu häuten oder zu zerquetschen. Als junger Rechtsanwalt wohnte Massa zur Miete in der Via delle Drapperie und besuchte dort die Pfarrkirche Santi Bartolomeo e Gaetano, wo auf einem Gemälde eine junge Frau mit zurückgeworfenem Oberkörper zu sehen ist, ihre Haut ist weiß, die Brust entblößt, Augen und Mund weit aufgerissen. Drei Männer sind nicht in der Lage, sie niederzuhalten. Auf das Bild an der rechten Apsis-Wand fiel alabasterfarbenes Licht aus der hohen barocken Kuppel. Dargestellt war die Tochter des armenischen Königs Polimio, die der heilige Bartholomäus vom Teufel befreit. In der Frühphase des Christentums führte diese Teufelsaustreibung zu zahlreichen Bekehrungen. Der heilige Bartholomäus wurde gehäutet und kopfüber ans Kreuz geschlagen.

Dies ist das einzige – für mich sichtbare – Zeichen einer Teufelsaustreibung in Tommasos Bologna, einer Stadt, die dem Übernatürlichen und damals auch dem Religiösen ziemlich abhold war. In jener kirchenfeindlichen Zeit nahm das Böse andere Formen an. Bei seinem Besuch notierte Stendhal, kein Mensch in Bologna nehme Priester ernst. Bei der Einführung in die Gesellschaft, wie sie vielleicht auch Tommaso erlebt hatte, wurden junge Männer als eine Art Initiationsritus mit gesalzenen Sprüchen über den Klerus geradezu überschüttet. Ich habe nicht herausfinden können, wann und wie in Massa der Wunsch erwuchs, Priester zu werden und in einen Orden einzutreten, der in den Jahren seines Erwachsenwerdens besonders verhasst war. Doch eines Tages muss er kastilische, aragonesische und chilenische Akzente im Dialekt Bolognas vernommen haben. Es waren die Stimmen der Jesuiten, die schon vor Tommasos Geburt aus den Ländern der spanischen Krone vertrieben und auch in dem zum Kirchenstaat gehörigen Bologna Aufnahme gefunden hatten.

Fast tausend Jesuiten ließen sich in der Stadt nieder und blieben dort auch nach der Auflösung des Ordens, obwohl sie von den Italienern nicht gerade mit Begeisterung empfangen worden waren. Viele alte Jesuitenpriester wurden schwermütig und warteten nur noch auf den Tod, einige jüngere dagegen brachten ihre Empörung heftig zum Ausdruck. Einige blieben weiterhin Priester, andere aber verließen den Orden, um weltliche Berufe wie den des Rechtsanwalts, des Lehrers oder Kaufmanns zu ergreifen. Sie schrieben über Theater, Philosophie, Naturwissenschaften, trugen in umfassenden Werken das Wissen der Menschheit zusammen – so wie es Juan Andrés y Morell getan hatte, bevor Manera in Neapel sein Schüler wurde – und verfassten Gedichte, um sie in den Akademien Bolognas vorzutragen. Ehemalige Jesuiten liehen dem verarmten Adel Geld, handelten heimlich mit Tabak und Fleisch, und einige verloren sich so sehr an die Welt, dass sie zu Verbrechern wurden. Als jedoch die spanischen Behörden am Ende des Jahrhunderts den Überlebenden erlaubten, zu ihren Familien zurückzukehren, blieben die meisten in der Stadt.

In der Pfarrei der Familie Massa registrierte die Behörde zu Beginn des 19. Jahrhunderts zwei ehemalige Jesuiten. War Tommaso ihnen begegnet? Ihre Anwesenheit und die ihrer Mitbrüder wurde von der Polizei nicht gern gesehen. Mit Misstrauen beobachtete man, dass sie sich weiterhin versammelten, predigten, die Beichte abnahmen und damit Praktiken anhingen, „die von der schlauen Theokratie erfunden und nur dem Irrglauben und der Ignoranz der Zeiten geschuldet sind". Gegen Prediger auf Plätzen und Kirchenstufen konnten die Behörden einschreiten, indem sie nur denjenigen die Erlaubnis erteilten, die ein „Zeugnis des Bürgersinns" vorweisen konnten. Wie aber den geheimen Dialog im Schutze des Beichtstuhls kontrollieren, der bis in die tiefsten Tiefen des Bewusstseins vorstieß? Frömmigkeit im Verborgenen gefiel den Autoritäten nicht. Nächtliche Gottesdienste waren verboten, die Kirchen mussten bei Einbruch der Dunkelheit schließen, wobei die Priester den Gläubigen nicht selten durch die Hintertür heimlich Zutritt gewährten. Nur so war in Tommasos Jugend Religionsausübung möglich – oder zumindest von der Obrigkeit erlaubt.

Als der Papst im August 1814 den Jesuitenorden wieder zuließ, waren nur noch wenige ehemalige Jesuiten aus Spanien in der Stadt, und sie waren inzwischen so alt, dass eine Rückkehr nach fünfzig Jahren in eine Welt, die nicht mehr die ihre war, nicht infrage kam. Ein weiteres Mal entschieden sich die allermeisten von ihnen fürs Bleiben. In dieser Gruppe fand der junge Massa vielleicht einen Ersatz für seinen leiblichen Vater, den er schon im Kindesalter verloren hatte, und lernte vielleicht auch deren Sprache. Wie seine kurze Biografie, die voller „ich weiß nicht, kann nicht sagen" ist, jedoch festhält, konnte er wegen seines fehlenden Auges nicht in den Orden eintreten. Die Studentenmiliz Napoleons hatte ihn abgelehnt, und auch die Jesuiten wollten ihn nicht. Doch die alten Exilanten scheinen ihn auf ihre Heimat verwiesen zu haben, denn, während sie in Tommasos Bologna auf ihr Ende warteten, taucht dieser im September 1818 als Novize der Jesuiten in Madrid auf. Das geht aus einem im Jesuitennoviziat in der Calle ancha de San Bernardo notariell beglaubigten Dokument vom 13. August des Jahres hervor. Tommaso erklärte darin vor einem Notar der Krone Spaniens, all seinen Besitz seinem Bruder Agostino zu überlassen, unter der Bedingung, dass dieser die anderen Brüder zu gleichen Teilen bedenke und tausend Messen für die Seelen im Fegefeuer spende. Damit ließ er sein früheres Leben hinter sich und trat in den Jesuitenorden ein.

Was ließ er hinter sich? Einen Beruf, Anerkennung und Bindungen. In den Beruf des Anwalts war er von dem angesehenen Bologneser Bürger und Anwalt Berni degli Antoni eingeführt worden, der in der Zeit von Tommasos erster Berufstätigkeit der napoleonischen Regierung des Königreichs Italien nahestand. Berni war nicht nur für sein politisches Engagement bekannt, sondern auch als Mitglied der Akademien, und gern gesehener Gast mondäner Salons. Vielleicht war er es, der Doktor Massa nicht nur in die anwaltliche Tätigkeit eingeführt, sondern auch zum Dichten angeregt hatte. In der *Biblioteca comunale* von Bologna findet sich in einer Broschüre ein Gedicht von ihm. Jemand hatte es einer Veröffentlichung für wert befunden.

Freue dich, Felsina, wie doch immer neu
Weisheit und liebliche Tugend in dir blüht,
auch wenn der Tod so manche Knospe ohne Treu
dahinrafft, sosehr das Gute sich bemüht.
Dein Ruhm jedoch und all dein Glanz, sei ohne Scheu,
Wird auch nicht enden, wenn die Welt verglüht.
Und immer wirst es Du sein, die man kennt,
und Meisterin der Weisheit und der Schönheit nennt.

Während Tommaso seine elaborierten Stanzen verfasste, gab die *Gazzetta di Bologna* am 10. Oktober 1815 den Konkurs der Firma Massa bekannt. Am Tag darauf suchte der Kanzler des Handelsgerichts das Haus der Familie auf und traf dort Livia, die Frau von Onkel Gioachino Massa an. Vor ihren Augen ließ er auf alle Möbel mit Türen und Schubladen Papierstreifen mit Siegelwachs kleben, auf die große Anrichte im Vorraum mit den bernsteinfarbenen Intarsien ebenso wie auf die zwei kleineren (die sechsundvierzig mit gelber Seide bezogenen Stühle blieben frei). Zimmer für Zimmer, Gegenstand für Gegenstand wurden inventarisiert: die mit Vögeln bemalte Glasglocke, die gläserne Muschel mit der Muttergottes, das gerahmte Bild des heiligen Joseph, sogar die Fenster mit den weißen Seidenvorhängen unter dem Baldachin. An diesem Abend musste Livia sich unter einer Decke aus billiger gelber Florettseide zur Ruhe begeben und im matten Lampenlicht unter den beiden goldgerahmten Porträts lauter Siegel auf den metallbeschlagenen, furnierten Kommoden sehen. Wertvolle und weniger wertvolle Dinge, die sich im Lauf der Jahre in guten und in schlechten Zeiten angesammelt hatten. Kurze Zeit später starb Gioacchino, vielleicht aus Kummer? Es dauerte Jahre, bis alle Gläubiger von Bologna bis Genua, von Florenz bis Rom und von Wien bis Lissabon zufriedengestellt waren.

Weder lässt sich feststellen, wie Tommaso damals gelebt hat, noch wie er jenen Konkurs erlebt hat, außer dass ihm die bankrotte Firma noch 3000 Scudi schuldig war und dass er um diese Zeit in einem Handwerkerviertel in der Nähe der Piazza Maggiore wohnte. Das Haus in der Via delle Drapperie 1143 hat noch immer Terracottaverzierungen über dem Eingang und den Fenstern, geschwungene Blütenranken fast wie Intarsien. Am Ende des 15. Jahrhunderts war der Palazzo für einen Glaser gebaut worden und hatte bis wenige Jahre, bevor der junge Rechtsanwalt dort lebte, einem Goldschmied und seinem Sohn gehört, der als Sattler arbeitete. Die Straße trägt bis heute denselben Namen, direkt am Haustor befindet sich ein Blumenstand. Man geht zwischen den Blumen hindurch über den Terrazzofußboden und die ausgetretene Treppe aus Granit hinauf bis zu einer Anwaltskanzlei. Im Erdgeschoss sind in den Auslagen eines der renommiertesten Feinkostgeschäfte goldfarbene Tortellini und Nester aus Tagliatelle symmetrisch aufgereiht. Ich weiß, wo Tommaso gewohnt hat, und darf annehmen, über denselben Fußboden zu gehen, den auch er benutzte, denn am 16. September 1816 überließ er seinem Schwager Giacomo Pancaldi und einem gewissen Luigi Zerri die Verwaltung all seines Besitzes. Der vielversprechende Jurist begann sich von den weltlichen Dingen zu verabschieden und verließ das Zimmer, in dem er zwei Jahre lang bei dem siebenundvierzigjährigen „öffentlichen Angestellten" Gaetano Capelli gewohnt hatte. Außer Gaetano lebten seine junge Frau Bianca, deren verwitwete Mutter, zwei kleine Kinder, eine Laienschwester, die noch im selben Jahr verstarb, und schließlich eine Magd im selben Haushalt. So viel lässt sich aus den *Stati delle anime*, dem Kirchenbuch von Santi Bartolomeo e Gaetano entnehmen. Man erfährt auch, dass von den fünf in der Nummer 1143 lebenden Familien niemand Eigentümer war: weder der Geiger noch der Lehrer, der Goldschmied oder der Seiler. Wie Tommaso in dieses Haus geraten war, wird nicht vermeldet. Eine Ausgabe der *Gazzetta privilegiata di Bologna* zwanzig Jahre später kann mir einen Hinweis geben: In der Todesanzeige für Signor Gaetano wird erwähnt, dass er lange Zeit Portier bei dem Gericht war, das Tommaso als junger Anwalt besucht haben könnte.

Es existiert auch kein Hinweis darauf, wie Tommaso nach Madrid kam. Das interessierte weder den Notar in Madrid noch die Person, die Jahre später sein Testament den Konkursakten der Firma Massa beifügte. Noch viel weniger war es von Interesse, ob er jemals Heimweh nach dem „berühmten schiefen Turm [hatte…]. Er wird Garisenda genannt, und man sagt, […] dass jeden Bologneser, der sich im Ausland aufhält, […] die Erinnerung an diesen Turm" rührt. Diese Worte notierte Stendhal im Dezember 1816, nachdem er sich bei Anwalt Berni degli Antoni gut unterhalten hatte. In der Zwischenzeit war Bologna wieder Teil des Kirchenstaats geworden und wurde erneut vom päpstlichen Kardinallegaten regiert. Aus diesem Anlass veröffentlichte Berni degli Antoni eine Broschüre, in der er seine Hoffnung aussprach, dass die Rückkehr der päpstlichen Herrschaft nicht der Anfang einer erneuten Unterdrückung der Stadt werde, die dem Vatikan doch treu ergeben sei. Tommaso hingegen, der in den Jahren seiner ersten Berufstätigkeit die klerikale Atmosphäre durchaus kritisch gesehen hatte, war vielleicht schon auf dem Weg nach Genua, um sich von dort nach Barcelona einzuschiffen.

Der Typhus grassierte, als er seiner Heimatstadt den Rücken kehrte, deren rostbraune Ziegelmauern an klaren Tagen im Abendlicht Feuer zu fangen scheinen, während sie im undurchdringlichen, feuchten Nebel der Poebene wochenlang in tiefer Düsternis versinken. Mit Bologna und seinem dichten Nebel ließ er die zerrissene Familie hinter sich, die Anwälte und Konkurse, die literarischen Akademien und die italienischen Jesuiten, die ihn nicht in ihren Reihen hatten haben wollen, weil er nur ein Auge hatte. Hinter sich ließ er auch den Geruch der Gewürze und der Weinkeller in der Loggia seines Elternhauses, das nach dem Tod seines Vaters aufgeteilt werden musste. Für Tommaso verebbte der Widerhall seiner Schritte unter den Arkaden auf dem Weg zum Unterricht im Palazzo Poggi, dem Sitz der napoleonischen Universität; das laute Gebrüll der neapolitanischen Soldaten unter Joachim Murat, die alles wegschleppten, selbst die Frauen aus den Bordellen, und das Kreischen der österreichischen Soldaten, die nackt im Kanal vor der Porta Sant'Isaia herumplantschten und dann auf den Wiesen herumtollten; das gepflegte Gespräch in den angenehmen Gesellschaften, wo man so höflich applaudierte wie bei einem Vortrag von Ugo Foscolo über die Harmonie im Jahr 1813 in der *Accademia filarmonica*, als das Publikum, wie Foscolo später schrieb, „so tat, als würde es mir höflich applaudieren". Als Tommaso Bologna verließ, war die Unduldsamkeit gegen die Fremdherrschaften der letzten zwanzig Jahre so groß geworden, dass es auf Flugblättern hieß: „Kapiert ihr endlich, dass wir euch Diebespack leid sind, die ihr Tag für Tag unser Blut saugt? Tod allen!" Doch trotz der jahrzehntelangen Unzufriedenheit und Misere war aus allen Häusern Musik zu hören, denn die Lust zu tanzen war nicht verschwunden, musste aber von der Polizei genehmigt werden. Und immer noch ging es lärmend zu bei der abendlichen Tombola in den Cafés in der Nähe der ehemaligen Casa Massa wie dem Buganelli in der Via Battisasso, das auf diese Weise wieder hereinholte, was es durch den Wirtschaftseinbruch verloren hatte.

Der Dichter Tommaso Massa verfasste ab diesem Zeitpunkt keine Verse mehr, oder hinterließ, besser gesagt, keine Spuren mehr davon. Der Anwalt dagegen lebte im Jesuiten und Exorzisten Massa weiter.

XXXIII
Nacht vom 30. auf den 31. Januar 1835
Aufzeichnungen von Maria Vittoria Hamerani
Exorzismus

Zur gewöhnlichen Stunde hat sie zu reden begonnen und gesagt: Der Schlag soll dich treffen und alle, die für dich handeln.

Danach hat sie wieder gesagt: Immer müssen diese Scharlatane kommen und diese schlimmen Sachen sagen. Diese Worte hat sie zu gewissen frommen Personen geäußert, die jeden Abend vor einem Bild der Muttergottes in der Nähe unseres Hauses die Gebete sprechen.

Dann hat sie um sechs Uhr gesagt: Oh, Pater Massa, der Einäugige, spielt wieder den Advokaten: Er schreibt schon wieder. Darauf hat sie noch hinzugefügt: Der Herr Advokat schreibt das Plädoyer für die Klientin, und wenn er damit fertig ist, bekommt er von der Klientin einen schönen Batzen Scudi.

Gegen 12 Uhr hat sie wieder angefangen: Sag' diesem Angeber, diesem Sophisten, dem Herrn Advokaten Einauge, dass wir sehr erfreut sind über die Entscheidungen, die sie getroffenen haben.

Die Patres hatten beschlossen, ihr Vorgehen zu ändern. Als Erstes erbat Pater Kohlmann vom Papst die Erlaubnis, im Hause Hamerani eine Kapelle einzurichten, um Leib und Blut Christi bereitzuhalten und das ewige Licht Tag und Nacht brennen zu lassen. Dort sollte täglich eine Messe gelesen werden. Bis zu diesem Zeitpunkt war der Tabernakel täglich in einer kleinen Prozession jeweils von San Carlo ai Catinari ins Haus gebracht worden. Pater Manera beschrieb in seinen Aufzeichnungen das Bimmeln der Glöckchen, die Kerzen und die hohen Stimmen der um das Bett knienden Männer und äußerte Bedenken über die Wirkung auf Veronicas Imagination. Den Nachbarn in der Via di Sant'Anna gefiel das viele Hin und Her gar nicht, und sie begannen zu murren. Auf der Suche nach einem Altar hatte Pater Massa ein Exemplar im Laden eines Signor Salvatore Grandoni gefunden und die Paramente in der Privatkapelle der Marchesa Teresa Andosilla im Garten des Klosters Trinità dei Monti, wo die fromme, wohlhabende und wohltätige Witwe lebte. In jenen Jahren finanzierte sie Klöster und Einrichtungen der Jesuiten, insbesondere die von Pater Massa geleitete, in der Exerzitien abgehalten und jüdische Frauen getauft wurden. Über die Marchesa finde ich Hinweise im *Diario di Roma*. Unter einem neuen Namen sollten die Konvertitinnen neu geboren werden. Eine gewisse Sara Segrè wurde beispielsweise in Teresa Giustina Teodora Alesi umgetauft. Die Marchesa wird in diesem Zusammenhang erwähnt und auch in einem an sie gerichteten Brief am Ende des *Exorzismus*, der die Vermutung nahelegt, dass auch Veronica in ihren Augen zu den vielen verlorenen Seelen gehörte, deren Rettung sie sich verschrieben hatte. Sie glaubte, sie dadurch erlösen zu können, dass sie sich im Gebet den vielen Männern anschloss, die Veronica zu befreien suchten. Zu diesem Kreis gehörten nicht nur die Patres Kohlmann, Massa und Manera, der Kardinalvikar, der Generalobere der Jesuiten, der Gemeindepfarrer und Monsignor Wiseman. Dazu gehörte auch der Verfasser eines begeisterten Briefes, der ihr in miserablem Italienisch folgende Zeilen schrieb:

Hochverehrteste Signora Marchesa,

ich mache mir eine Pflicht daraus, in wenigen Versen die sehr tröstliche Nachricht zu bringen, das der hässliche Fürst der Finsternis an sein Schicksal kommt, will sagen Piazza Navona. Ich habe immer die tröstlichsten Dinge erhofft, um den Sieg, Sieg, Sieg über die Hölle zu verkünden!

Ihr ergebenster Diener, Bernardo Maria Clausi

XXXIV
5. Februar 1835
Exorzismus

Kurz vor den Patres hatte der Paulanermönch Bernardo sie aufgesucht, getröstet und ermutigt. Ebendieser Pater sagte: Dieser Halunke ist noch nicht zur Piazza Navona gegangen. Seid guten Mutes, es liegt schon mehr hinter uns als vor uns: Er wird bald verschwinden.

Da fragte die junge Frau ihn: Hoffen Sie das, Hochwürden? Der Pater antwortete: Ich hoffe es nicht, ich glaube fest daran. Nach diesen Worten betete Pater Bernardo dreimal das Gloria Patri, segnete sie und ging.

Pater Bernardo war der offizielle Exorzist des Bistums Rom und gehörte dem Minoritenorden der Paulaner des heiligen Franziskus von Paola an, die das Gelübde der Keuschheit, Armut, des Gehorsams und lebenslangen Fastens ablegten. Tägliche Kasteiungen, kein Fleisch, keine Milch und keine Eier. Als er in seiner abgetragenen und schmutzstarrenden Kutte Veronica aufsuchte, trug er vielleicht die mit Dornen bewehrten eisernen Ketten um die Schenkel, die ein Mitbruder nach seinem Tod in seiner Zelle finden sollte. Und trotzdem hatte man ihn, wenn er vor der Messe aus der Sakristei heraustrat, beim Blick auf das Allerheiligste wie ein Kind lächeln gesehen. Er lachte auch, als er einmal bei Tisch aus Versehen das Besteck der Mitbrüder benutzte und die Verwirrung in ihren Gesichtern sah, und auch dann, als er im Refektorium die Briefe auf Deutsch und Spanisch vorlas, die er erhielt, und dabei seinen neapolitanischen Akzent betonte. Dann führte er den Weinkrug zum Mund und hielt ihn lange geneigt über sich, hatte aber nichts getrunken, wenn er ihn absetzte. Wenn er auch nur eine Fleischfaser in der Brühe entdeckte, schleuderte er sie weg und rief aus: „Mit mir nicht, du Mistschwein!" Er, der Essen verachtete, verteilte

Lebensmittel an Haushalte und Klöster. Einer Schwester Maria Placida hatte er Aniskringel in fettigem und stinkendem Papier gebracht, vor dem sie sich ekelte, und sie damit geheilt.

Die Erinnerungen an Bernardos Leben, über die ich verfüge, befinden sich in den Unterlagen für die Seligsprechung, die sich mit seinem Ruf der Heiligkeit, seinen natürlichen Tugenden und seinen übernatürlichen Fähigkeiten beschäftigen und etwa dreißig Jahre nach dem Besuch bei Veronica angelegt wurden. Im Lauf der Jahre fanden seine Exzesse der Tugend, seine übermäßige Frömmigkeit und der erbauliche Ekel, den er bei sich selbst und bei anderen auslöste, immer mehr Aufmerksamkeit. Die Römische Kirche und das Volk der Gläubigen, das ihn offensichtlich sehr liebte, bewunderte ihn voller Verwunderung. Fromme Exzesse und abstoßendes Verhalten waren der beste Weg, um Seelen zu gewinnen. Bernardo war es beispielsweise gewohnt, in vornehmer Gesellschaft in der Nase zu bohren, und zwang die etwas heikle Karmeliterin Maris Luigia aus dem Glas zu trinken, das er selbst benutzt und mit seinem Speichel benetzt hatte. Einer Mitschwester brachte er einen schmutzigen Kamm, mit dem sie ihre Haare kämmen sollte, um sich selbst zu überwinden. Bernardo durfte als einer der wenigen die Schwestern in Klausur besuchen, wenn sie ihn riefen, und sobald er eintraf, eilten sie ihm aufgeregt entgegen. Er ließ seine Blicke über das jungfräuliche Gekicher (der alterslosen Stimmen der Bräute Christi) und die herumwirbelnden Schleier schweifen, ohne sie je auf einer bestimmten Nonne ruhen zu lassen. Ganz in der Nähe des Hauses der Familie Hamerani ging einmal eine Nonne im Kreuzgang des Krankentrakts des Klosters Santa Caterina dei Funari spazieren und dachte, wie schön es wäre, wenn Pater Bernardo ihr eine Rose brächte, und siehe da, wenige Augenblicke später brachte er ihr tatsächlich eine Rose. Derartige Geschichten häuften sich in der kargen Welt der Klausur, wo jede kleine Geste der Aufmerksamkeit ein ganzes nach Liebe dürstendes Leben zu erhellen vermochte.

Kannte Veronica diese Geschichten? Und wusste sie, dass Pater Bernardo den Teufel „Don Peppino“ und „Carognas Porcas“ [etwa: Schweinskanaille] nannte? Wusste sie, dass er eines Tages eine Puppe aus Stofffetzen in den Weinberg der Paulaner mitgebracht, ein Todesurteil über sie ausgesprochen und seine Mitbrüder aufgefordert hatte, an der Exekution teilzunehmen? Selbst die Allerältesten und Schwächsten hatten das weitergereichte Gewehr ergriffen und auf die Teufelspuppe geschossen. Bevor er Mönch geworden war, hatte er in seiner frühen Jugend als Soldat gedient. Deshalb übernahm er als Ordensmann und Soldat Gottes das Kommando bei der Hinrichtung. In Veronicas Zimmer brachte er den Geruch seiner schmutzstarrenden Heiligkeit und den Duft der *portogalli* mit, der Früchte jenes Orangenbaums, den sein Mitbruder, der selige Nikolaus, zweihundert Jahre zuvor gepflanzt hatte.

XXXV
18. Februar 1835
Tagebuch von Pater Manera

Während die Mutter ihr den auf einer Seite geschälten portogallo an die Nasenlöcher presste, flehte die junge Frau innerlich zu Gott im Namen Christi, der Jungfrau Maria, des heiligen Erzengels Michael, der heiligen Fürsprecher, des seligen Nikolaus und auch des Paters Bernardo, dass sie sie nicht daran hinderten, am nächsten Morgen die heilige Kommunion zu empfangen. Dann führte sie den portogallo an den Mund, fühlte sich beflügelt und angeregt, ein wenig Saft zu schlürfen und, obwohl sie nur ein paar Tropfen schlucken konnte, fasste sie Zutrauen, sodass sie die Frucht langsam ganz aufaß. Danach öffnete sie die Augen, nahm einen tiefen Atemzug und begann in der dritten Stunde der Nacht frei zu sprechen. Um halb fünf aß sie einen Brei mit einem Ei und trank mit Wasser gemischten Wein und aß auch ein Stückchen Schinken. […] Am Abend aß sie einen leichten Brei, ein geröstetes Brot mit einer halben Sardelle und ein kleines bisschen gekochte Zichorie.

Pater Maneras Tagebuch verliert an einem bestimmten Punkt seinen literarischen Anspruch und handelt ganz prosaisch vom Essen. Die Schriftzüge werden weniger elegant, verändern sich aber nicht so sehr, dass man eine andere Hand dahinter vermuten müsste. Danach endet das Tagebuch der Exorzismen, Pater Manera aber schreibt weiter und verfasst Predigten über das Jüngste Gericht, den Tod, Hochzeiten, den Hochmut und die Versuchung. Er begann in jenen Tagen einen neuen Kampf mit sich selbst, in dem es darum ging, etwas zu wollen, das ihm nicht gelang. Er schrieb an den Generaloberen, der von ihm verlangte, sich dem Predigen zu widmen, von „jenen schweren Kämpfen und geistigen Qualen, die mir das Amt des Predigers bereitet“. Die Lehre sei für ihn besser. „Als Lehrer habe ich eine tägliche Aufgabe, die meinen Geist bremst, aber auch erfrischt, während das Predigen eine Last bedeutet, die mir alle Kraft der Seele niederdrückt." Kein Wort mehr über die Zweifel in Veronicas Fall, kein Wort mehr über seinen Sinneswandel, über seine Reue, gezweifelt zu haben.

Ende Februar 1835 sind auch die nächtlichen Aufzeichnungen von Signora Maria Vittoria und die geordnete Zusammenstellung des *Exorzismus* abgeschlossen. Pater Massa schreibt nur noch für sich privat, nicht mehr offiziell und versucht nicht mehr, alles tadellos zu machen. Es folgen ungeordnete Notate, um rasch aufeinanderfolgende Ereignisse festzuhalten, Formeln, Merksätze, Verse, Formeln, Verse und neue Formeln, Worte, Benommenheitszustände, das Kommen und Gehen von Männern, die beobachten und Urteile fällen. Auch diese Seiten hätte Pater Massa ins Reine schreiben sollen, doch er war nun zu sehr beschäftigt als Exorzist an der Seite von Pater Kohlmann, seit er nicht mehr nur Beobachter war, sondern selbst bei dem Ritual die Führung übernahm. Der Sohn des *vigneron* aus dem Elsass und der Sohn des Kolonialwarenhändlers aus Bologna wurden im ausgehenden Winter die Protagonisten der Befreiung. Sie hatten kein Auge für den Frühlingsbeginn und das hellere Licht, das in die Hauskapelle der Familie Hamerani und in Veronicas Zimmer fiel. Während der Exorzismen verfloss die Zeit schneller und blieb gleichzeitig stehen, war die gleiche wie zweihundert Jahre zuvor, als in Laon ganze dreißig Teufel die sechzehnjährige Nicole beschimpft und sie eine schamlose Hure genannt hatten, während sie sie mit ihren eigenen Händen auf den Kopf schlugen. Sie hatten dem Mädchen den Mund so weit aufgerissen, dass man bis zu den blutroten Innenwänden des Magens sehen konnte. In den Aufzeichnungen hieß es, der Nacken des Mädchens sei wie Apfelmus gewesen, als der Exorzist endlich mit ihr kommunizieren konnte. Veronicas Krisen wurden von Tag zu Tag schlimmer, liefen manchmal gleich ab, manchmal floss jedoch Blut, sie schlug sich mit den Fäusten auf den Kopf oder sie wickelte einen Zopf so fest um den Hals, dass ihr Gesicht violett anlief. Die Patres würden den Teufel auf jede nur denkbare Weise provozieren, um ihn in die Hand zu bekommen; sie würden auf die sanfte oder die harte Tour in Erfahrung bringen, wie er in Veronica gefahren war; sie würden ihn in allen Sprachen, mit all ihrer Kenntnis über das

Gute und das Böse in der Welt und mit ihrer ganzen Körperkraft austreiben. Der Deutsch-Franzose aus dem Elsass und der Italiener, vierundsechzig und vierundvierzig Jahre alt, zwei eisblaue Augen und ein einziges Auge, dessen Farbe wir nicht kennen. Für beide ging es ums Ganze in diesem Kampf. Auf dem Spiel stand ihre persönliche Ehre, die des Jesuitenordens und die der ganzen katholischen Kirche. Jahrelang hatten sie sich auf diesen Augenblick vorbereitet. Während Pater Massa seine Befehle auf Spanisch gab, führte Pater Kohlmann den Exorzismus auf Latein, Französisch, Deutsch und Englisch, legte seine Stola auf Veronicas Stirn, warf Knochen und Staub von Reliquien auf ihren Körper. Sie durften nicht verlieren, nachdem sie Tausende Meilen hinter sich gebracht hatten, um bis dahin zu gelangen.

Kohlmanns Vita haben wir mit seiner Gruppe von Asketen, die sich unter die Führung Paccanaris gestellt hatten, bis vor die Tore Wiens verfolgt. Mit ihnen hatte er sich in den Feldlazaretten Norditaliens aufgehalten und war nach Dillingen in Bayern aufgebrochen, wo er ein Kolleg leitete, das bald von den Franzosen besetzt wurde. Von da aus ging er nach Berlin und eröffnete eine Schule, die aber von den preußischen Behörden geschlossen wurde. Man fürchtete, dass dieser kleine Unterschlupf zu einer Brutstätte für Katholiken werden würde. Deshalb wandte sich Kohlmann an den jesuitischen Generaloberen in Sankt Petersburg mit der Bitte, einer der ihren zu werden. Der schickte ihn nach Amsterdam, wo ein gewisser Beckers die Kandidaten prüfte. Kohlmann kam im Frühjahr 1803 an, um nach wenigen Monaten nach London weiterzureisen. Dort erreichte ihn im März 1805 aus Russland der Befehl, sich von einem anderen ehemaligen belgischen Jesuiten auf seine Berufung prüfen zu lassen. Auf diese Weise kam er im Sommer jenes Jahres nach Riga an der Mündung der Westlichen Düna, wo unzählige kleine und große Schiffe aus aller Herren Länder unter dem vielsprachigen Geschrei der Seeleute be- und entladen wurden. Aus dem Brief eines Reisegefährten entnehme ich, dass die Priester oder Beinahe-Priester während der dreiundzwanzigtägigen Reise von dem übellaunigen Kapitän zu den Fässern im Schiffsbauch verbannt wurden, da sie sich weigerten, täglich Fleisch zu essen, und sich für unwürdig erklärten, an seiner Tafel Platz zu nehmen. Schon vor der Hälfte der Reise war ihr Proviant an Brot und Bier aufgebraucht, sodass einer von ihnen im Hafen von Helsingør im Öresund zwischen Dänemark und Schweden mit den wenigen Dukaten, über die sie verfügten, Essen kaufen musste. Eben weil sie so wenig Geld hatten, wurden noch außerhalb des Hafens von Riga (es fehlten noch vier Meilen und man sah schon die drei Türme der Stadt) ihre Pässe zwei Tage lang eingezogen und nur gegen Zahlung eines Dukaten wieder zurückgegeben. Wahrscheinlich hatten sie keine Gelegenheit, den sprichwörtlichen „Edelmut“ der Bewohner dieser kosmopolitischen Handelsstadt kennenzulernen und zu bestaunen, wie sich mittags die schwimmende Brücke für die Schiffe öffnete, die auf dem Fluss die Stadt durchquerten. Viel mehr interessierten sie sich dagegen sehr wahrscheinlich dafür, dass Riga fest in der Hand deutscher, polnischer und schwedischer Protestanten und der Katholizismus seit Jahrhunderten heftigen Anfeindungen ausgesetzt war.

Pater Kohlmanns Ziel hatte so viele Namen wie Herkunftsländer seiner Bewohner: Lettisch Daugavpils, russisch Даугавпилс, deutsch Dünaburg, französisch Dunabourg, polnisch Dyneburg und auf den Karten der Jesuiten Duneburg liegt im äußersten Südosten Lettlands und war Hauptstadt der historischen Region Lettgallen. Bei der ersten Teilung Polens 1772 hatte Katharina II. das östlich der Westlichen Düna und des Dnjepr gelegene Gebiet als Gouvernement Weißrussland annektiert. Damit hatte sie auch vier Jesuitenschulen, zwei Niederlassungen und vierzehn Missionen übernommen (kleine Stationen mit drei oder vier Geistlichen). Anfangs wirkten in der Region ungefähr zweihundert Jesuiten (die die Zarin mit Anspielung auf das Gehorsamsgelübde als ihre „weisesten und gefügigsten Bürger“ bezeichnete). Bis zur Auflösung des Ordens 1773 nahm die Zahl der Ordensbrüder noch zu. Danach hofften einige auf eine Wiederzulassung und passten sich unterdessen den Zeiten an, wie es Andrés y Morell mit seiner *res publica litteraria* getan hatte. Andere, vor allem die Jüngeren, suchten bei den Ordensbrüdern Zuflucht, die in Russland noch tätig sein durften, oder rekrutierten sogar neue Anhänger, um sie dorthin zu schicken. Zu Beginn des neuen Jahrhunderts erlaubte Katharinas Sohn, Zar Paul I., die Eröffnung von Schulen, und der Papst autorisierte die Existenz der Gruppe. Seit diesem Zeitpunkt strömten immer mehr Anhänger nach Russland, sodass unter den dortigen Jesuiten offiziell mindestens elf Sprachen gesprochen wurden. Dabei ging es nicht um den Einzelnen und seine Herkunft; die Vielsprachigkeit sollte vielmehr dem gemeinsamen Ziel Gottes und des Zaren dienen, die Gottlosigkeit der Zeit zu besiegen, die in Europa den Namen Aufklärung und Jakobinertum trug. Pater Kohlmann konnte dazu mit seinen Deutsch-, Französisch- und Englischkenntnissen beitragen, vielleicht konnte er sogar ein wenig Holländisch. Er erreichte Dünaburg im Juni 1805 in Gesellschaft eines Mannes namens Verlinden, der – so vermerkte es der Ordensobere, der sie aufnahm – nur die eigene Muttersprache beherrschte, und eines zweiten namens Koppelaar, der weder Deutsch noch Polnisch konnte und, weil er erkrankte, wieder zurückgeschickt wurde. Die zwischen dem Generaloberen und dem in London ansässigen ehemaligen Jesuiten getroffene Vereinbarung über Pater Kohlmanns Kandidatur trat in Kraft. Aus England kamen bald weitere zwanzig Bewerber für die Aufnahme in den Orden an.

Von Riga aus war Pater Kohlmann drei Tage lang mit der Postkutsche durch das tiefste Weißrussland an Seen vorbei, durch Wälder und Felder nach Dünaburg gereist. Im Frühsommer war das Getreide noch grün und sollte bis August so bleiben. Es wurde spät dunkel, und in der Nacht fiel auf die endlosen grünen Flächen reichlich Tau.

Die Niederlassung Dünaburg beherbergte im Jahr von Pater Kohlmanns Ankunft ungefähr sechzig Männer, darunter ein Dutzend Geistliche aus Frankreich und Deutschland wie er. Auch sein Bruder Joseph, dem wir zuletzt zehn Jahre zuvor als Deserteur der Rheinarmee begegnet waren, hatte diesen Weg eingeschlagen, war jedoch noch vor Pater Kohlmanns Ankunft wieder aufgebrochen. Ich weiß nichts über seinen Aufenthalt, außer dass er kaum ein Jahr später sein Theologieexamen bestand. Dazu standen ihm die viertausend Bände der Bibliothek zur Verfügung, von denen viele im Jesuitenkolleg von Polazk gedruckt worden waren. Vielleicht half er auch seinen Mitbrüdern bei der täglichen Seelsorge und Mission. In jenen Monaten wurden im Kolleg von Dünaburg mehr als sechsundzwanzigtausend Beichten abgenommen, mehr als fünfhundert Predigten gehalten, vierhundert Kinder getauft, zweihundert letzte Ölungen gespendet und ungefähr fünfzig Tote auf dem kleinen Friedhof bestattet. Dies geht aus der überlieferten Zählung der Seelen hervor, die dem Generaloberen alljährlich zugesandt wurde. Die Messen wurden in der heruntergekommenen Kirche gelesen, deren Glockenturm einsturzgefährdet war. Doch an Festtagen strahlte das goldene Messbuch und das Pluviale des Priesters im warmen Kerzenlicht.

Im ausgehenden Winter trat die Westliche Düna häufig über die Ufer, das Kolleg wurde dann zum Zufluchtsort für viele Obdachlose, Männer wie Frauen. Wie die sechzig Novizen mit dieser Promiskuität zurechtkamen, ist nur insofern überliefert, als sich ihr Vorgesetzter ernsthafte Sorgen machte. Die Novizen hatten ganz Europa durchquert, um dort Aufnahme zu finden. Nun waren sie von Wasser umgeben, im Noviziat wimmelte es von Frauen, draußen herrschte die weißrussische Kälte. Die Körpertemperatur musste deshalb auf dem niedrigsten lebensnotwendigen Niveau gehalten werden, damit nicht auch noch die Körpersäfte aufbrausten und über die Ufer traten. Man ernährte alle mit Fisch aus dem nahen Stropu-See, erwärmte sie von innen mit Wein, der aus Riga kam, und von außen mit Holz von den Ländereien der Niederlassung Dünaburg. Das reichte jedoch nicht aus. Die Bauern sammelten Reisig und ließen es trocknen, und wenn sie nicht mehr wussten, wie sie ihr Brot backen sollten, begannen sie, Stück für Stück ihre eigenen Häuser zu zerlegen. Seit Jahrhunderten fraß der Hunger in Notzeiten die Häuser auf, solange nicht Ziegelsteine die Balken ersetzten.

Trotz der erfolgreichen Missionsarbeit, der Beichten, Predigten und der Wohltaten der Patres betrachtete die Bevölkerung diese im Namen des heiligen Ignatius aus aller Welt herbeigeströmten Männer mit Misstrauen. Bei jeder Gelegenheit kam es zum Streit. Die Bürger waren zwar aufmüpfig, blieben aber dennoch vorsichtig und wagten nicht, Rechtsanwälte einzuschalten, sondern schickten lieber den Stadtpräfekten vor. Einmal ging es um eine früher an einen Juden verpachtete Mühle, die jetzt wegen der geringen Auslastung aufgrund der häufigen Trockenperioden keinen Betreiber mehr fand. Ein anderes Mal drehte sich die Auseinandersetzung um eine Taverne, die leer geblieben war, seit sie für die Legion von Dünaburg als Lazarett verwendet worden war. Die einfachen Gemüter der Bevölkerung ließen sich jedoch mit erstaunlicher Leichtigkeit für die Religion gewinnen. Auf den Feldern waren bis nach Sonnenuntergang geistliche Lieder zu hören, und die Erlösungssehnsucht war so groß, dass die Ordensvorgesetzten die für die Beichte vorgesehenen Zeiten beschränken mussten. Es war, als wollten diese einfachen Menschen die Frevel wiedergutmachen, die Europa in jenen Jahren der Religion antat.

Einige Patres aus Dünaburg waren in die kleine Mission von Dagda, etwa zwanzig Wegstunden Richtung Nordosten entsandt worden. Der spätere Generalobere Pater Roothaan erzählte von seinem Aufenthalt in dieser Gegend, die sich so sehr von seinen heimatlichen Gefilden in Holland unterschied. Von den riesigen fruchtbaren, zugleich aber bitterarmen Ländereien, die von Leibeigenen bestellt wurden. Der Holländer hatte nie zuvor Menschen gesehen, die zusammen mit ganzen Dörfern verkauft werden konnten, wenn der Eigentümer es wollte, und die ihr ganzes Leben lang mehr mit Kühen, Schafen und Schweinen zu tun hatten als mit Menschen. Sie wurden wegen nichts und wieder nichts ausgepeitscht und fügten sich mit beinahe stolzer Resignation in ihr Schicksal. Man hatte ihnen beigebracht, dass es rechtens sei und eine Bestätigung der Abhängigkeit von ihrem Herrn, wenn sie geschlagen wurden. Man predigte ihnen auf Lettisch und Polnisch, aber wahrscheinlich drang kaum etwas davon in ihre wenig gebildeten Köpfe. Ihre Herzen aber waren einfach und aufnahmefähig wie Schwämme. So, dachte sich Roothaan, mussten die ersten Christen gewesen sein. Auf den bäuerlichen Altären in Weißrussland hingen kleine silberne Hände und Füße. Sie schmückten das Bild eines neapolitanischen Jesuiten, der erst vor Kurzem heiliggesprochen worden war, nachdem eine Frau durch sein Einwirken endlich von ihrem Beinleiden genesen war.

Im April 1806 schrieb der stellvertretende Generalobere der Jesuiten in Sankt Petersburg an den Bischof von Baltimore, einen ehemaligen Ordensbruder: „Ich werde mich bemühen, Dir einen Professor der Theologie und einen der Philosophie zu schicken, der auch auf Deutsch und Französisch missionieren kann." Baltimore war die erste in den Vereinigten Staaten geschaffene katholische Diözese, während gleichzeitig in Frankreich die Revolution ausbrach. Seit Jahren hatte man in Nordamerika darum gebeten, aus Weißrussland Männer zu schicken. Im Juni sollte auch Pater Kohlmann aufbrechen, wie Briefe aus Sankt Petersburg nach Amsterdam und London ankündigten, denn auch dort rekrutierte man weitere Ordensmitglieder. Aus Weißrussland kam neben Pater Kohlmann als Theologe und Prediger ein Pater Philosoph, der François-Antoine Kohlmann seit den Zeiten seiner Irrfahrten durch das deutschsprachige Europa im Kreis der asketischen Bruderschaft der Franzosen auf der Flucht vor der Revolution begleitet hatte. Von Dünaburg erreichten sie über Polazk Riga, wo sie sich nach Amsterdam oder London einschiffen würden. In Riga konnte es bis zu zwei Wochen dauern, bevor man ein Schiff fand.

„Am 20. August sind wir von Hamburg aufgebrochen, haben Schottland umsegelt und sind mit fast immer widrigen Winden nach vielen Unfällen und Krankheiten am 4. November heil in Baltimore angekommen", schrieb der Franzose auf Latein an den polnischen Generaloberen in Russland. Für die, die nach ihm in die Neue Welt kommen sollten, gab er Ratschläge, die erahnen lassen, wie sehr er gehungert hatte und betrogen worden war: Die Reisenden sollten Vorräte an Reis, Käse und Schokolade für mindestens vier Monate mitnehmen und nichts davon dem Kapitän anvertrauen. Doch er schrieb auch, dass es keinen besseren Ort auf der Welt für die Bekehrung neuer Seelen gebe. Zum ersten Mal befand sich François-Antoine in einem Land, in dem sich kein Souverän in die Angelegenheiten des Geistes einmischte. Überall werde gebaut, hatte man ihm gesagt. Kleine Kirchen für die Missionierung der Einwohner, die auf den weit verstreuten Ländereien noch ihre Muttersprache benutzten, und große Kathedralen für Städte, von denen bisher nur Pläne existierten. Auf diesen Plänen kreuzten sich die geradlinigen Straßen alle im rechten Winkel, und das endlos weite Land konnte mitsamt den Seelen aufgeteilt werden, die sich alle möglichen Sekten streitig machten. Die Männer, die der Generalobere aus Russland schickte, sollten sich nach den Worten Kohlmanns Grammatiken besorgen (die es in Hamburg gab, besonders gut die von Professor Arnold, schrieb Kohlmann), Ausstattungsgegenstände und einen Maler für die Kirchen, die noch ganz kahl und leer seien. Außerdem seien Kleider und Stoffe notwendig, weil die, die in der Neuen Welt hergestellt würden, zu teuer seien. Man brauche zudem einen Schneider, einen Koch und jemanden, der sich um die Landwirtschaft kümmern könne. Und nicht zuletzt bat Kohlmann um Schriften über Mystik, Askese und Bibelexegese wie diejenigen, die seiner Erinnerung nach in der Bibliothek von Dünaburg vorhanden waren.

Pater Kohlmanns Lebensweg hatte ihn von einem Ende der Welt ans andere geführt, von Sankt Petersburg nach Baltimore, vom zaristischen Russland in die republikanischen Vereinigten Staaten, bis er schließlich in Rom landete. Die Quellen scheinen nahezulegen, dass er vor allem dem Willen anderer folgte und selbst nur seinen Teil von Gehorsam beisteuerte. Doch aus meiner Sicht zeugt diese seine Pilgerschaft von tiefer Entschlossenheit und unbeirrbarem Willen.

XXXVI
2. März 1835
Exorzismus

Pater Kohlmann, Pater Massa, Signor Theiner, Reisach. Strampeln mit den Beinen, tsch, tsch, langdauerndes Strampeln. Versucht, sich zu beißen. Man wollte ihr Weihwasser in den Mund gießen. Wutausbrüche gegen ihren Vater, der sie festhielt. Signora Vittoria beklagte sich über das viele Weihwasser, das man ihr in den Mund goss. Signor Giovanni schimpfte sie. Um 22 Uhr 35 Minuten: Stöhnen, zorniges Weinen und Spucken. Dann wurde sie wieder ruhig und küsste die Reliquie. Stöhnte weiter. Pater Kohlmann gab ihr ein wenig dem heiligen Ignatius geweihtes Wasser zu trinken. Sofort heftige Unruhe und Würgen im Hals. Die Tante war nicht damit zufrieden, und Pater Kohlmann antwortete ihr. Schreie in verschiedenen Tonlagen. Sie lag fest auf einer Seite, Stöhnen und Weinen. Hundertmal wurde das Ave-Maria gesprochen, die Wutausbrüche nahmen ab. Sie schien wie ein großer Widder zu blöken, wie ein Rind dumpf zu muhen, dann Lachen, Spucken, äußerst seltsame Bewegungen und Töne, abnehmend. Während ihr Vater, Signor Giovanni, ihr das Bild der Muttergottes zeigt, sprengt Pater Massa Weihwasser über sie, und alle um sie herum beten das Ave-Maria.

Schwein, sagte Pater Massa.

Das Schwein bist du, einäugiger Hund, verschwinde. Spucken.

Alle beteten das Ave-Maria. Er sagte zu einem nach dem anderen mit resoluter Stimme: Schweig.

Dann wieder Schreie, ungewöhnliches Kreischen.

Zu Theiner, der das Kreuzeszeichen über sie machte: Du bist kein Priester, was willst du hier, Spucken gegen ihn. Weiter Spucken.

Wer waren diese anderen Männer, diese Experten für das Gute und Böse, für die Rückeroberung der an den Teufel verlorenen Seelen, für die Zähmung einer ungehorsamen und unbescheidenen jungen Frau? Pater Kohlmann hatte sie mitgebracht. Augustin Theiner war dreißig Jahre alt, hatte eine hohe Stirn, strenge Augenbrauen und zu beiden Seiten der Nase tiefe Falten, die den Eindruck äußerster Betroffenheit oder leichten Ekels vermittelten. Der Sohn eines Schuhmachers stammte aus dem preußischen Breslau, dem heute polnischen Wrocław, und war bekannt für seine Ruhelosigkeit. Zunächst hatte er in seiner Heimatstadt katholische Theologie studiert, war dann aber an die lutherische Universität Halle gegangen, um Jura zu studieren. Im Geist protestantischer Strenge veröffentlichte er gemeinsam mit seinem Bruder die bis dahin umfassendste Geschichte des Zölibats, für die er eine beeindruckende Menge an Quellen verarbeitete. Die beiden Autoren verfassten das Werk auf Deutsch, damit alle mit eigenen Augen lesen konnten, welch abscheuliche Verfehlungen der Keuschheitszwang der katholischen Kirche bei ihren Gottesdienern hervorgebracht hatte. Die Körper würden vergiftet, die *luxuria* gewinne vollkommen die Oberhand und verleite zu den schamlosesten Verirrungen, schrieben sie. Das Werk machte die Brüder Theiner in ihrer Heimat berühmt und bei den Zensoren des Papstes unerwünscht, die das Buch des gerade einmal fünfundzwanzigjährigen Augustin auf den Index setzten. Die preußische Regierung dagegen belohnte ihn und ermöglichte ihm zu reisen.

„Hin und her geschleudert auf dem unendlichen Meer der Zweifel", wie er später über sich schrieb, verschlug es ihn nach Wien, London und Paris. Mit fast dreißig Jahren traf er an einem Frühlingstag schließlich in Rom ein, dem Bekenntnis nach ein Lutheraner, dem Umgang und den Studien nach ein Katholik, nie alles ganz und nie alles am selben Ort. In Berlin hätte man ihm eine feste Professur angeboten, doch Augustin wollte lieber in Rom als Protestant unter Katholiken bleiben. In Rom hielt ihn, so hieß es, seine überaus reizbare Phantasie, die ihn zu urplötzlichem Sinneswandel und scheinbar unmotivierten Entscheidungen veranlasste. Zusammen mit einem französischen Künstler quartierte er sich zur Miete bei einer braven Frau ein, die ein paar Brocken seiner Muttersprache beherrschte. Es war Fastenzeit mit ihren feierlichen kirchlichen Zeremonien.

Wenn die beiden Gäste von jenseits der Alpen danach von ihrer Wirtin nach ihren Eindrücken befragt wurden, erschien Augustin der Bericht seines Begleiters so arrogant im Ton, dass er sich dem schlichten Gemüt der Frau mit ihrem Papismus und ihrem Aberglauben näher fühlte als dem eingebildeten, frivolen Ungläubigen. Die Zimmerwirtin öffnete Augustins Blick für die Stadt, von der er noch nichts verstanden hatte. Sie erzählte ihm von den Ausländern, die sie im Lauf der Jahre kennengelernt und mit deren Charakterunterschieden sie Erfahrungen gesammelt hatte. Die Franzosen waren ihrer Meinung nach die streitlustigsten, Deutsche und Flamen dagegen vornehmer und friedlicher. Als Beispiel nannte sie einen Arzt aus Frankfurt namens Christian Schlosser. Dieser hatte Italien und sein warmes südliches Licht geliebt und war zum katholischen Glauben von einem gewissen Pater Kohlmann bekehrt worden, der ihm in langer Krankheit bis zum Tod beigestanden hatte. Das sei in genau dem Zimmer geschehen, in dem Augustin wohnte, und deshalb müsse er diesen Jesuiten mit dem großen Herzen unbedingt kennenlernen, das, so vermutete sie, im Grunde auch ein deutsches war. „Die edlen Seelen in deutscher Brust finden überall auch unter fremdem Himmel zueinander."

Ausgerechnet Augustin Theiner, der die Jesuiten hasste, der in Wien Unheimliches über deren spirituelle Exerzitien gehört hatte, absolvierte als Schüler des elsässischen Jesuiten acht Tage lang hinter verschlossenen Türen diese Übungen. Es waren Tage des seelischen und körperlichen Kampfes. Von Anfang an litt er unter starker Migräne. Vielleicht war die Wolle des Kopfkissens schuld? Doch auch der Versuch, auf dem zusammengerollten Mantel zu schlafen, brachte keine Abhilfe. („Ungläubig: gottlos, wenn er robust ist, krank ist er fromm. Ich kann am Puls ablesen, ob er an Gott glaubt", schrieb eine anonyme Hand in jenen Tagen in das Gästebuch des Hauses, in dem die Exerzitien stattfanden.) Am vierten Tag beichtete Theiner bei Pater Kohlmann und beide weinten, der eine aus Reue, der andere aus Erleichterung über die Beichte des anderen. Sein Kopfschmerz verschwand, seine Kräfte kehrten zurück, und am 3. April 1833, dem Mittwoch vor Ostern, nahm die katholischen Kirche Augustin Theiner in ihren Schoß auf. Der deutsche Zweig der Kurie stellte ihn unter seinen Schutz. Pater Kohlmann führte ihn bei dem Prälaten Graf Karl

August von Reisach, dem Direktor des römischen Kollegs der *Congregatio de Propaganda Fide* ein, wo Theiner kirchliche Literaturgeschichte lehren sollte. Die ungeheure Bildung, die er sich in den Jahren der Wanderschaft angeeignet hatte, wurde so den künftigen Priestern nutzbar gemacht, die zur Missionierung in die Welt ausgeschickt werden sollten.

Theiner bewohnte ein Zimmer im zweiten Stock des Kollegs. Zum Schlafen hatte er einen Strohsack auf drei Eisenstangen; zum Schreiben eine Öllampe aus Messing und einen Tisch aus Pappelholz. Zum Beten eine Kniebank, ein Kruzifix und ein Weihwasserbecken. Darüber hinaus eine furnierte Kommode mit drei Schubladen und einen Nachttopf. Neben Theiners Zimmer lag einer der acht Schlafsäle des Kollegs. Dort drang morgens grünliches Licht durch die Leinenvorhänge. Von der Wand blickte ein Bildnis der Jungfrau Maria auf die Körper der insgesamt neunzig jungen künftigen Apostel herab, die aus dem Schlaf erwachten. Sie waren zwischen fünfzehn und dreiundzwanzig Jahre alt und kamen aus aller Herren Länder: aus Bulgarien Nicolaus Penov, aus England Michael Jones, aus Smyrna Chystophorus Turassi, aus dem Rheinland Henricus Bakchaus, aus Armenien Paschalis Derderian. Um in die Welt hinauszugehen, studierten die einen Moraltheologie und Dogmatik, andere die Heiligen Schriften, kanonisches Recht, Rhetorik, Hebräisch, Arabisch, Griechisch oder Armenisch. Ein Jahrhundert früher hatte das Kolleg viermal so viele Schüler, aber es sollte nur eine Frage der Zeit sein, bis innerhalb dieser Mauern wieder Hunderte von Aposteln heranwuchsen.

Auf diese Weise hatte das Schicksal Theiner an Veronicas Bett geführt, in Gestalt seines geistigen Vaters Pater Kohlmann und in Begleitung von Reisach, dem Direktor des Kollegs, an dem er unterrichtete. Theiner sollte im weiteren Verlauf regelmäßig an den Sitzungen teilnehmen, um den Kampf zwischen der Macht des Bösen und der Größe Gottes im Körper einer jungen Frau, die zur Erbauung der Ungläubigen mit außerordentlicher Heftigkeit litt, zu verfolgen. Oder um mit nüchternem Blick greifbare Beweise dafür zu finden, dass alles nur Schwindel war. Waren diese Konvulsionen etwa bloß inszeniert, um Aufsehen zu erregen? Oder handelte es sich um die schädlichen Folgen der Keuschheit für den weiblichen Körper, der für die fleischliche Liebe geschaffen ist? Theiner kannte die Folgen des Zölibats gut oder hatte zumindest selbst darüber geschrieben.

All diese Überlegungen konnten in Augustin Theiners Geist zusammenspielen, während er das Kreuzeszeichen über Veronicas Körper machte. Ich vermute, dass Pater Kohlmann ihn im Auge behielt und seine Bekehrung zum wahren Glauben im Angesicht der spektakulären Besessenheit durch den Teufel überprüfen wollte. Wenn es gelingen würde, die Dämonen aus Veronicas Körper zu verbannen, würde Theiners Seele im Glauben an die wahre Kirche, sprich die von Rom, die vor unseren Augen vom Bösen befreit, für immer gerettet sein. Was Graf Reisach betrifft, so hatte dieser wenige Monate zuvor die siebzehnjährige Adelige Katharina zu Hohenlohe-Schillingsfürst kennengelernt, die als Pilgerin aus dem Schwarzwald in die Hauptstadt der wahren Christenheit gekommen war und ein Erweckungserlebnis erfahren hatte. Reisach hatte sie als seine geistliche Tochter adoptiert, um sie in ihrer noch ganz frischen, glühenden Frömmigkeit anzuleiten. Vielleicht war er nicht ins Haus der Familie Hamerani gekommen, um den Kampf seiner Kirche gegen das, was im Körper einer jungen Frau wie Katharina geschehen konnte, zu beobachten, sondern weil die Eroberung ihrer Seele Teil desselben Vorhabens war. Unter dem Namen Luisa Maria di san Giuseppe wurde sie Nonne und stand zwanzig Jahre später im Mittelpunkt eines Skandals, der ganz Rom erschütterte.

XXXVII
8. März 1835
Exorzismus

Um 21 Uhr besuchte Pater Bernardo sie und tröstete sie. Er setzte sich den Hut von Signor Giovanni auf und fing zu tanzen an. Er segnete sie mit der Reliquie in der Herzgegend. Sagte, auf der Piazza Navona sei ein schamloses Durcheinander gewesen. Trank. War lustig.

Pater Bernardo tanzte häufig. Er war auch auf der Piazza Barberini gesehen worden, wo er eine kleine Flöte gekauft hatte, darauf spielte und dazu tanzte. Die Straßenjungen liefen hinter ihm her und schrien: „Der Verrückte! Der Verrückte!"

XXXVIII

12. April 1835

Exorzismus

Os hacemos mandamiento que nos digáis luego y todo lo que está escrito en el papel que yo tengo en la faltriquera a la mano izquierda, y sellado con el sello de nuestra Compañía: y esto a honra de Jesús Cristo crucificado y de la Virgen reyna de los Mártires.[1]

Pater Massa hatte mit Kohlmann eine neue Strategie vereinbart: Dem Teufel sollte ein Befehl auf Spanisch erteilt werden. Dadurch wollte er ihn sowohl auf die Probe stellen als auch unterwerfen. Der Teufel sollte sagen, was auf einem mit dem Siegel der Gesellschaft verschlossenen Papier stand, das Pater Massa in der Tasche hatte. Dem Ungehorsamen und Schwindler befahl er Gehorsam und Treue zum Wahren, zum wahren Sinn der Worte. Im *Exorzismus* steht nicht, ob diese Worte tatsächlich ausgesprochen wurden und ob der Teufel zu erkennen gab, dass er des Spanischen mächtig war. Ich aber kann sagen, wo Pater Massa Spanisch gelernt hatte. Von Genua aus hatte er sich nach Barcelona eingeschifft. Gegen widrige Winde, in winzigen Kabinen und bei miserablem Essen an Tischen ohne Tischtuch – ein Drama für jeden, der an die saubere Tafel Italiens gewöhnt ist, hatte ein Mitbruder über die eigene Reise geschrieben – mussten die Passagiere nach fünfzehn Tagen in Palamos in Quarantäne gehen. Auf der Mole fühlte ein Arzt den Puls, und ein Chirurg tastete sie vom Kopf bis zum Becken ab. Wahrscheinlich betete man und feierte eine Andacht, vermutlich nahm dies sogar viel Zeit in Anspruch. Doch darüber ist ebenso

1 Wir verlangen, dass du uns alles sagst, was in dem Papier steht, das ich in der Rocktasche der linken Hand halte, versiegelt mit dem Siegel unseres Ordens: und dies zu Ehren des gekreuzigten Jesus Christus und der Heiligen Jungfrau, der Königin der Märtyrer.

wenig überliefert wie über die Weiterreise von Barcelona nach Madrid. Vielleicht konnte Pater Massa eine Postkutsche nehmen, die zweimal in der Woche nach Valencia fuhr. Von dort aus musste er sich in einer klapprigen, von Mauleseln gezogenen *coche* unter den Schutz des heiligen Antonius begeben. Auf dem Kutschbock saß der *mayoral,* und der *mozo* ging mit zwei Wachen zu Fuß daneben her, um die Reisenden auf der langen Strecke vor Räubern zu beschützen.

Die Fahrt dauerte mindestens zwei Wochen und führte durch trostlose Gegenden, „Ödnisse und dauernde Bewegung". Während der Rast aß man bei den Tieren. Nachts schlief man auf Steinen oder Strohsäcken voller Flöhe. Die Farben der Umgebung waren nur das Ockergelb des trockenen Grases auf den Feldern und das Rostbraun des Granits, unterbrochen von kleinen grünen Flecken aus Buschwerk, Oliven und Nadelbäumen, die auf wunderbare Weise überlebten, aber höchstens einem wilden Tier Schutz bieten konnten, so niedrig und zerzaust, wie sie waren. Der ungeheure Himmel hielt alles in seinem Bann und ließ kein Entkommen vor dem unbarmherzigen Licht zu, wie es Pater Massa mit seinem einen Auge noch nie gesehen hatte. Endlich tauchte wie ein grauer Schatten die Sierra del Guadarrama auf, und eine schmale Silhouette von spitzen Türmen zeichnete sich gegen den Horizont ab. Ist das wirklich Madrid oder ist es nur eine Illusion über der grenzenlosen Ödnis, mochte man sich fragen. Doch die blaugrau schimmernden Schieferdächer mit ihren Tausenden von Kreuzen auf den Türmen traten immer deutlicher hervor. Sommers wie winters hatten sie dieses Aussehen, denn es schneite nur selten. Weil die Stadt fast ganz umschlossen von ihrem Mauerring wie ein gleißender Schrein mitten im Nichts lag und keine Bewegung sichtbar war, konnte man sie zuerst für menschenleer halten. Beim Näherkommen nahmen jedoch die ausgedehnten Barackensiedlungen vor der Stadt Gestalt an, Schwärme von halbnackten, schmutzigen Kindern, Tierkadaver am Straßenrand und Frauen in ihren Hütten, die sich an die Tür gelehnt, sofern es eine gab, mit einer Geste dem Passanten anboten. Es war das namenlose Volk der *Murallas*.

Wann genau Tommaso in Madrid ankam, lässt sich nicht sagen; die letzte Spur in Bologna hinterließ er am 16. September 1816 und in Madrid die erste und einzige am 13. August 1818. Er dürfte die Stadt durch die Puerta de Alcalá betreten haben, wo die Straßen aus Katalonien und Aragon zusammentreffen. Innerhalb der Mauern empfing ihn gleich das Lärmen der zweihunderttausend Bewohner und der fast ebenso vielen Maultiere aus Aragon, die Ernährung, Bau und Einrichtung der Hauptstadt des spanischen Königreichs sicherstellten. Reisende aus Europa und Nordamerika waren überwältigt von der Vitalität, den Farben und Geräuschen. Ein umwerfender Ort. Alles wirkte heftiger, selbst die alltägliche Routine, wenn allmorgendlich die Milchverkäufer in die Stadt kamen und riefen: „¡Leche! ¡Leche de cabra! ¡Fresca! ¿Quién quiere?"; wenn die *alguaciles* mit finsterer, rauer Stimme die in der Nacht verübten Diebstähle verkündeten; und wenn die Wasserverkäufer laut fragten: „¿Quién bebe?" Am frühen Nachmittag wurde alles still, alle Vorhänge blieben zugezogen, die Balkone verschlossen, um sich erst gegen Abend wieder zu öffnen. Dann kehrte bei Laternenlicht und Gitarrenmusik Leben auf die Puerta del Sol zurück, ein Bänkelsänger fasste die neuesten Mordgeschichten in Verse, und ein Missionar versuchte die Herzen seiner Zuhörerschaft zu fesseln, die von tausend verschiedenen Klängen abgelenkt wurden. Ab ein Uhr nachts war alles wieder ruhig, wie weggefegt vom Wind, bis zum Rufen der Ziegenmilchverkäufer am frühen Morgen.

So lebte die Stadt des Königshofs und widerstand auf unerklärliche Weise den extremen Temperaturunterschieden. Im Sommer hatte man den Eindruck, auf Feuer zu laufen und von der tödlich trockenen Luft ausgedörrt zu werden. Ebenso tödlich waren die heftigen Temperaturwechsel zwischen Tag und Nacht, die der Bevölkerung Rheumatismen, Dreitagefieber und Entzündungen bescherten. Niemand war gefeit vor der „Madrider Kolik", die einige auf den starken Gebrauch lackierter Kupfer- und Tongefäße zurückführten, die meisten aber auf die starken Temperaturschwankungen und die Höhenlage der Stadt. Als Beweis galt, dass Bauchschmerzen und Krämpfe vor allem zur Tagundnachtgleiche auftraten. Die Reisenden wussten Bescheid und fürchteten die Sommer mit ihrer plötzlichen Kühle am Abend nach der brennenden Hitze des Tages. Sie nahmen jedoch auch wahr, dass es in diesem Land der Extreme nur sehr wenige Verrückte und Geisteskranke gab. Man glaubte, die Sonne trockne die Köpfe wohl so stark aus, dass sie nicht krank werden konnten. Dieselbe Sonne machten die ausgeglichenen Reisenden aus dem Norden auch für die ungewöhnliche Heftigkeit der Leidenschaften verantwortlich, wurden sie doch selbst von nie gekannten Gefühlen überwältigt. Vor allem für die schwarz verschleierten Frauen, die die Kirchen bevölkerten und unter ihrer *mantilla* frivol einladende Blicke zuzuwerfen schienen. Und für die, die beim Tanz mit schamloser Entzückung ihren Oberkörper nach hinten beugten, als sei es eine Einladung zur Vereinigung. Jeder Versuch einer Annäherung scheiterte jedoch an den Männern, die roh und direkt ihre Frauen beschützten. Sie rauchten immer Zigarren und gaben sie ungeniert von Mund zu Mund weiter, ohne Rücksicht auf die Vertrautheit. Beim Lachen kamen vom Rauchen verfärbte Zähne zum Vorschein, so schwarz, wie man sie nirgends sonst in Europa zu sehen bekam.

Von all dem dürfte Tommaso kaum etwas mitbekommen haben, und ganz sicher nahm er nicht an den abendlichen *tertulias* teil, den Tanzveranstaltungen, den Corridas und dem Flanieren mit seinem heftigen Werben. Er sah von all dem nichts, denn er schloss sich in dem strengen Gebäude in der Calle ancha de San Bernardo ein, dem Ort, wo die Novizen die Welt hinter sich ließen und lernten, den Körper zum Schweigen zu bringen. Der Lärm der Welt musste draußen bleiben, in der Straße zur Puerta Fuencarral, durch die man die Stadt vom Norden her betrat. Die überbordende Lebendigkeit Madrids war freilich ohnehin gedämpft, seit unter der französischen Besatzung und dem Belagerungszustand Erschießungen, Hungersnot und Leichen auf den Straßen das Leben geprägt hatten. Die Erinnerung an diese unerhörte Leidenszeit, an die Exekutionen, Schießereien und Klagelaute der verhungernden Kinder saß noch tief in den Körpern und Gemütern der Überlebenden, als Tommaso nach Madrid kam. Er und seine Mitbrüder hatten die Aufgabe, die Reste dessen, was zerstört worden war, wieder zusammenzusetzen. Damit hatten sie einen winzigen Anteil an der großen Aufgabe, im Einvernehmen mit Thron und Kirche die zerstörte Ordnung der Menschheit endgültig wiederherzustellen. So wollte es König Ferdinand VII., der im Mai 1814 nach sechs Jahren aus dem französischen Exil in seine Hauptstadt zurückgekehrt war.

Um Ordnung zu schaffen, musste man die Vielfalt abschaffen. Die Verschiedenheit der Ideen und Haltungen, die entsteht, wenn man der Phantasie freien Lauf lässt, Neugierde ermöglicht, Leidenschaften pflegt und Freiheit sucht, sollte wieder auf das einheitliche, verbindliche Lebensmodell des frommen und gehorsamen Untertans reduziert werden. Dazu waren die Menschen nicht mit sanfter Hand, sondern nur mit Zwang zu bewegen, mit der Unterdrückung ihrer Vitalität, um sie Selbsthass und Angst vor dem zu lehren, was sie als Vergnügen empfanden. Man musste sich und anderen misstrauen. Das aus dem revolutionären Frankreich über die Welt gekommene Unheil der letzten Jahrzehnte hatte bewiesen, dass der Mensch von Natur aus böse ist. Genau aus diesem Grund war die Inquisition wieder in Kraft gesetzt worden. In jenen ersten Jahren des Wiederaufbaus, als Tommaso sich hinter den Mauern des von den Besatzungstruppen schwer zerstörten Noviziats in Selbstdisziplin übte, machte sich das wiederhergestellte Inquisitionstribunal an die Arbeit, die liberalen Sekten aufzuspüren, die erneut die restaurierte Ordnung zu untergraben suchten. Jeder Hauch von Gedankenfreiheit war zu ersticken.

Vorläufig gab es nur wenige Inquisitoren, die schlecht bezahlt in halb zerstörten Gebäuden ihrer Arbeit nachgingen. Kein Vergleich mit der untadeligen Maschinerie der Goldenen Zeit im Kampf gegen Juden, Moslems und Sodomiten im Zeitalter der spanischen Weltherrschaft. Untadelig sollte nach dem Willen der Krone auch die Inquisition der Restauration arbeiten. Die Ideen wanderten wie die Zigarren von Mund zu Mund im Geplauder der Cafés, der Geschäfte und Plätze, aber sie entstanden auch im Schweigen einsamer Lektüre. Und dabei ging es nicht nur um die Ideale der Politik, für die Dutzende Liberale verhaftet worden waren und verschwanden, und für die Tausende von Franzosenfreunden ins Exil gehen mussten. Die Geister entflammten sich ebenso durch Lektüre erotischer Schriften und Betrachtung schamloser Bilder. Aus diesem Grunde wurde gegen den Offizier José Moreno wegen des Besitzes zweier illustrierter Bücher ermittelt. Dem Tribunal erzählte er, sie in Bayonne gekauft zu haben gleich vielen seiner Kameraden, die alle ganz scharf waren auf Tabaksdosen, Schächtelchen und Uhren mit obszönen Darstellungen. Im Gegensatz zu diesen anderen hatte er sich die Bücher aus sozusagen intellektuellem Interesse gekauft: Er wollte nämlich herausfinden, wo die französische *locura*, diese Verrücktheit eigentlich herrühre. Der Buchhändler López dagegen erklärte entschieden, alle müssten nach Frankreich gehen, um sehen zu lernen, ganz besonders aber die Spanier, denn die seien *tontos*, einfach dumm. Moreno und Lopez waren lediglich die Spitze des Eisbergs der weitverbreiteten moralischen Korruption, und deshalb wurden Übersetzungen von Voltaire und Aufführungen der Komödien von Molière wegen Anregung zu Spott und materialistischem Denken verboten. Verboten wurden aber auch Ovid, der Briefwechsel zwischen Abelard und Heloise, weil sie die Liebe als obersten Wert priesen, und die *Noches lúgubres* von José Cadalso, weil er den romantischen Selbstmord verherrlichte und eine skandalöse Liebesszene in einer Kirche auf die Bühne brachte. Beim Lesen der Quellen über die Wiedereinrichtung des Inquisitionstribunals könnte man den Eindruck gewinnen, die Menschen hätten nichts anderes zu tun gehabt, als Gotteslästerungen auszusprechen, auf Heiligenbilder zu spucken, junge, lasziv hingestreckte Frauen auf Leinwand und Papier zu bannen und dem Betrachter nackte Körper zu präsentieren. Als Verkäufer solcher Darstellungen waren vor allem die *peluqueros*, die Friseure, auf der Plaza del Ángel bekannt. Doch man bekam sie auch woanders, bei Händlern und sogar in Privathäusern. Eine *Maja desnuda* war beschlagnahmt und im Depot des Tribunals in der Calle de Alcalá eingelagert worden. Der Maler war Goya.

Beim Lesen der Quellen des Noviziats, hinter dessen verschlossenen Türen Tommaso lebte, könnte man auf den Gedanken kommen, dass die Novizen ebenfalls kaum zu bändigen waren und ihr ganzer Körper, Zentimeter für Zentimeter strenger Zucht unterworfen werden musste. So geht es aus dem Handbuch für die Novizen der Calle ancha de San Bernardo mit dem Titel *Breve compendio de la cortesia religiosa* [Kleines Handbuch des frommen Benehmens] hervor: Nicht ins Taschentuch schauen, sich nicht mit der ganzen Hand, sondern nur mit einem Finger kratzen, nicht die anstößigen Körperteile berühren, nicht lauthals lachen, nicht die Fingernägel oder die Zähne reinigen, während man spricht, den Gesprächspartner nicht schubsen und ihm nicht so nahe kommen, dass er den Atem spürt, nicht an der Wand kratzen, nicht die Tintenfinger daran abwischen, nicht in den Fluren herumrennen, sich nicht beim kleinsten Geräusch umdrehen, keine *caracoles* machen und von einer auf die andere Wand des Flurs schwanken, nicht den Kopf heftig schütteln, nicht auf der Treppe mehrere Stufen auf einmal nehmen und kein Papier aus dem Fenster werfen. Sich beim Gebet nicht auf die Erde kauern und Klagelaute oder Seufzer hören lassen. Im Schlafsaal hinter dem Vorhang beim An- und Ausziehen sich nicht anschauen.

Man könnte meinen, diese Verhaltensregeln für das Jesuitenkolleg seien für kindliche Rabauken gedacht, denen erst einmal Benimmregeln beigebracht werden müssten. Stattdessen geht es um die Anwärter für den neu gegründeten Orden des heiligen Ignatius, den Seine Majestät Ferdinand VII. in Spanien zum Verbündeten für sein absolutistisches Programm auserkoren hatte. In den Verhaltensregeln sehe ich einen Hinweis auf die Herkunft und die Geschichte der Novizen. Sie waren wohl sehr jung und kamen nicht aus adeligen Familien, die ihnen Rudimente höflichen Benehmens beigebracht hätten. Als Kinder der Landbevölkerung waren sie an eine rein äußerliche Form der Frömmigkeit gewöhnt. In ihrer Jugend in den ersten Jahren des neuen Jahrhunderts hatten sie nichts als Armut und Hunger kennengelernt. Vielleicht hatten sie ihre Familie und ihr Zuhause verloren, vielleicht war die Mutter Opfer der Vergewaltigungen und Gräuel durch die französischen Soldaten geworden, die Goya in seinen *Desastres de la guerra* dargestellt hat. Tommaso teilte mit ihnen die alltägliche, für alle gültige strenge Routine aus innerer Sammlung und Austausch, Vereinzelung und Gemeinschaft. Ihre Tage begannen mit dem Läuten der Glocke und der Stimme des *despertador*, des für das Wecken zuständigen Paters, der in einer Mischung aus Latein und Kastilianisch rief: „*Ecce ego vocasti enim me. Heme auí Señor pues me habéis llamado.*“[2] Bei diesen Worten küsste jeder Einzelne die eigene Kutte, als hätte er sie gerade aus den Händen der Muttergottes empfangen. Alle sprachen dann gemeinsam die Gebete, hielten im Geiste die eigenen Vorsätze fest und nahmen an der Messe teil, aßen stehend ihr Frühstück, beteten erneut und übten sich im Schreiben und Meditieren, bis sie sich wieder ins Dormito-

2 Hier bin ich, denn Du hast mich gerufen. Ich bin hier, Herr, denn du hast mich gerufen.

rium zurückzogen. Hinter einem Vorhang entkleidete sich jeder sittsam für sich und betete. Dann wurde das Licht gelöscht.

Fast zwei Jahre lang, von Anfang 1817 bis irgendwann im Jahr 1819, muss Tommaso hinter den Mauern des Noviziats in der Calle ancha de San Bernardo gelebt haben. Doch davon, wie er seine Zeit dort tatsächlich verbracht hat, ist nichts überliefert. Von dem Noviziatsgebäude existieren alte Beschreibungen, nach denen es keine besonderen Schönheiten aufwies. Ich kann nicht sagen, wie oft er das Haus verließ. Ich weiß nur, dass die Novizen jeden Tag auf die Straße gehen mussten, um Lebensmittel an die Armen zu verteilen. Die *portería* bildete die Grenze zwischen dem Innen, in dem man nach perfekter Ordnung strebte, und dem Außen mit seinem Chaos, das man zum Schweigen bringen wollte. Das Böse lauerte überall.

„Wollen wir uns anschauen, wo der Sitz des Jesuitennoviziats war?", fragte ich meinen Gastgeber, der mich in einer glühend heißen Juliwoche aufgenommen hatte, angeblich der schlimmsten Zeit des Jahres. Die Metrolinie zwei hat eine Haltestelle Noviciado. Doch der Name bezeichnet nur die Überreste des Gebäudes, die heute in den Sitz der Universität eingegliedert sind, einen nüchternen, vom Smog geschwärzten Klotz mit riesigen Bogenfenstern. Die einst breite Straße ist heute eng und voller Geschäfte. Früher war dem Noviziat eine Kirche mit zwei Türmen und einer Barockfassade angegliedert. Sie stand auf dem Gelände, das die Marquise Aña Félix de Guzmán zu Beginn des 17. Jahrhundert dem Orden geschenkt hatte. Auf den Kirchenstufen Grüppchen von Männern und Frauen, ein vorbeirennender Hund. „Durch den Nordausgang kommt man an die Puerta de Fuencarral, stimmt's?", fragte ich meinen Gastgeber, der mich verdutzt und fragend anblickte. Ich ging durch die Straßen einer verschwundenen Stadt, deren Namen und Grundrisse jedoch wie leere Stempel noch vorhanden sind.

Für Tommaso Massa war Madrid nur eine Durchgangsstation, sein Name taucht 1819 als Professor für Grammatik in Graus auf, einem *pueblo* in den aragonischen Pyrenäen. So steht es in den *Catalogi*, den Registern von Orten, Personen und Funktionen, die vom Jesuitenorden für jedes Jahr auch dort geführt wurden. Nichts steht darin freilich darüber, mit welch unerhörter Grausamkeit die napoleonischen Heere in dieser

Grenzregion jahrelang gehaust hatten. Nichts davon, dass Saragossa, die Hauptstadt des Königreichs Aragon, zweimal belagert und in Schutt und Asche gelegt worden war. Dass die Straßen zerstört waren, Weinberge und Olivenhaine unbestellt blieben und die allermeisten Bauern entweder als Soldaten des spanischen Heeres oder in den kleinen bewaffneten Gruppen der *guerrillas* umgekommen waren. Die Überlebenden stiegen im Winter ins Tal hinab bis nach Katalonien auf der Suche nach Nahrung. Nicht einmal der Klerus wusste, wovon er leben sollte. So erzählt der Bischof von Barbastro, der im Lauf zweier Jahre alle ungefähr hundertfünfzig Orte seiner Diözese bereist und darüber einen Bericht nach Rom geschickt hatte. Bevor der Unabhängigkeitskrieg das Land verwüstete, hatten die tausend Einwohner von Graus und die dreihundert des Landkreises vom Weizen-, Oliven- und Bohnenanbau gelebt. Sie stellten auch Hanfstroh, Seide und Aquavit her und gerbten Leder. An Wasser mangelte es nie, es kam aus den Flüssen Isábena und Ésera, die unterhalb der Stadt zusammenflossen. Weder herrschte Überfluss noch Armut, hatte Barbastos Vorgänger vor den katastrophalen Kriegsjahren geschrieben. Die bemalten Häuserfassaden der Plaza Mayor in Graus zeugten vom Willen der wenigen reichen Familien, sich einen gewissen städtischen Flair zu geben.

Die nächstgelegene Ortschaft lag eine Stunde Fußmarsch entfernt. Im Umland war auf den ersten Anblick nur steinige, mit Gebüsch bewachsene Ödnis zu erkennen und einzig das Rauschen des Windes zu vernehmen. Doch die Bewohner von Graus wussten, dass dieses augenscheinliche Nichts von *ermitas* belebt war, heiligen Orten in den steilen Felsen und versteckt hinter Dornengestrüpp. Seit Jahrhunderten ging man dorthin, um Trost, Stärkung und Heilung zu empfangen. Die dort herrschenden Kräfte des Guten waren in der Lage, die Wolken vor Ausbruch des Gewitters zu zerstreuen, wenn man ihnen einen Löffel in der richtigen Richtung entgegenhielt. Die *ermitas* standen im Schutz der Virgen de la Peña, die in Dürrezeiten zur Rettung der Felder, Menschen und Tiere Regen schickte. Sie beherrschte das ganze Dorf mit ihrer auf dem Felsen thronenden Kirche. An welcher Stelle auch immer man nach oben sah, hatte man das Heiligtum unweigerlich im Blick. Von der hoch über dem Abgrund schwebenden Kanzel aus hatte Anfang des 15. Jahrhunderts der Dominikaner Vicent Ferrer flammende Predigten gegen die ungläubigen Muslime in Aragonien gehalten. Seit Jahrhunderten wurde er deshalb im September mit einem aufwendigen Fest geehrt.

In Graus hatten die Jesuiten bereits ein im 17. Jahrhundert gegründetes Kolleg betrieben, das jedoch eines Morgens im April 1767 aufgegeben wurde, nachdem die damals fünf Koadjutoren und die vier Patres von der Glocke ins Zimmer des Rektors gerufen und dann fortgejagt worden waren. Fünfzig Jahre später kehrten von Madrid aus drei alte spanische Patres in ihr ehemaliges Kloster zurück. Als sie den Ort auf ihren Mauleseln erreichten, wurden sie von den Bewohnern begeistert empfangen. Auf ihren altersschwachen Balkonen applaudierten die Menschen, schlugen mit Kochlöffeln auf Töpfe und zündeten Feuerwerkskörper. Auf den Plätzen tanzte man in Masken und trug in einer Prozession für den Stadtheiligen die *gigantes* herum, große, prächtig ausstaffierte Figuren aus Pappmaché namens *la Giganta y el Ministro*, vor denen die Kinder Angst hatten. Über diesen triumphalen Empfang durch eine Bevölkerung, die als ungehobelt und wortkarg galt, berichteten die drei Alten sofort an ihre Mitbrüder in der Hauptstadt und an den Sekretär der Real Junta, dem sie auch in den folgenden Monaten über die Ergebnisse ihrer aufopfernden Tätigkeit Rechenschaft ablegten. Immer mehr Raum nahmen in ihren Schreiben jedoch die Klagen über die Armut ein, über ihre prekäre Gesundheit, das undichte Dach, die brüchige Stuckdecke und den auf ihre gebeugten Häupter herabrieselnden Kalk. Es gab ein paar Leuchter aus Zinn für einen „Spieltisch" und ein bisschen Geschirr, aber nicht einmal einen Tisch oder ein Becken, um sich die Hände zu waschen. Die Fenster waren mit Papier bespannt, sodass kaum Licht durchdrang.

Das Archiv der Jesuiten in Loyola, im Herzen der regenreichen, baskischen Bergwälder, beherbergt nur noch wenige der Briefe aus den verdorrten, rostroten Landschaften Aragoniens. Da die Patres lange in Italien im Exil gelebt hatten, waren ihre Schreiben in einer Mischung aus Kastilisch und Italienisch verfasst. Es fehlte an allem: an Kräften, an Ausstattung für die Kirche, an Vorräten in der Küche, wo sich nur Reis und manchmal ein Ei fand. Sie vermissten das reife, saftige Obst, schrieb José María Cenzano, der in Rom Hauslehrer bei den Familien Patrizi und Altieri gewesen war. Ein Bauer hatte auf welchem Wege auch immer steinharte getrocknete Pflaumen aufgetrieben. Gekocht ließen sie sich einigermaßen essen, verursachten allerdings Magenschmerzen, die nur mit ein wenig Fleischbrühe „nach italienischer Art" zu lindern waren. Ein junger Analphabet half in der Küche das wenige, was es da zu helfen gab, und wollte aus nicht ganz lauteren Motiven Priester werden. Einige Achtzigjährige wollten ins Kolleg aufgenommen werden, um der Societas Jesu zu dienen. Einer von ihnen, der eine Empfehlung des Bischofs mit sich führte, war von Saragossa so erschöpft angekommen, dass die Patres ihn im Bett mit Keksen und Schokoladenmilch aufpäppeln mussten. Was jedoch vor allem fehlte, war Geld. Alle baten darum, keiner gab etwas. Manchmal stopfte der Bischof das größte Loch mit seinen eigenen geringen Spendeneinnahmen, in Graus hoffte man, dass er auch Geld für eine öffentliche Bibliothek beisteuern werde. Wozu aber sollte eine Bibliothek gut sein? Die Menschen in diesem Landstrich kämpften ums Überleben und würden nie zu einem Buch greifen. Nützlicher war der Unterricht in Grundkenntnissen des Rechnens, Lesens und Schreibens. In den mit der zittrigen Hand alter Menschen geschriebenen Briefen ist nicht ein einziges Mal von einer Frau die Rede. Nicht einmal von einer besonders frommen, einer kranken oder einer zum rechten Glauben bekehrten lasterhaften Person. Frauen waren derart abwesend, dass sie auch überall hätten sein können (in den riesigen Archivräumen des Kollegs in Loyola dagegen waren wir zwei: ich und die Bibliothekarin, sonst anscheinend niemand).

In dieses Graus kam der junge Rechtsanwalt aus Bologna, der einst Stanzen geschrieben hatte. Ich habe keinen Bericht über die schwierige Reise bis Calatayud an der Grenze des alten Kastilien gefunden, wo die besonders schlechten Straßen des Königreichs Aragonien begannen. Für Pater Massas Leben in Graus verfüge ich nur über den indirekten Beweis seiner Handschrift, seiner jungen, endlich flüssigen und gut lesbaren Schriftzüge, die er einem Schreiben des Kollegvorstehers verlieh. Auf Kastilisch schrieb er an die Real Junta in Madrid, dass die Jesuiten in Graus die Aufgaben erfüllten, für die sie vom König, vom Bischof und von der Gemeinde entsandt worden waren. Ein akkurater, mustergültiger Rechenschaftsbericht. Zwei Priester und ein Koadjutor lasen die Messe, standen den Kranken bei, nahmen die Beichte ab und unterrichteten. Tommaso selbst übernahm die *primeras letras*: eine Klasse von fünfzig Schülern, denen er die elementarsten Kenntnisse beizubringen hatte, und eine weitere von ungefähr hundert Kindern, die er Schreiben und Lesen lehrte; die beiden alten Patres unterrichteten die Fortgeschrittenen in Rhetorik und Geisteswissenschaften.

Insgesamt hatten die Jesuiten in Graus hundertsechzig Schüler, die jeden Tag die Messe besuchten. Jeden Samstag wurden die Schüler im Katechismusunterricht „wie in Italien" abgefragt. Jeden Monat gingen sie zur Beichte und empfingen mit einer Kerze in der Hand die Kommunion. Über die Kinder wird kein einziges Wort verloren. Ich stelle mir vor, dass sie große Köpfe, dünne, krumme Beine hatten und schwarze Mützen trugen wie diejenigen auf einer Fotografie im Heimatmuseum von Graus, die Anfang des 20. Jahrhunderts auf den Treppenstufen der Kirche aufgenommen wurde. Ein anderes Foto in der heutigen Bezirkshauptstadt Huesca zeigt Jungen, die in den Gassen des *pueblo* hinter den Schweinen herrannten. Sie hatten sicher keine Angst davor, einen Hahn mit einem Stockschlag auf den Kopf zu töten, wie man dies im westlichen Teil der Diözese seit Jahrhunderten zum Fest der von den Mauren getöteten heiligen Eurosia praktizierte. Das erfährt man in Aragonesisch von einem alten Mann, den eine Gruppe von Anthropologinnen interviewt hat. Der Alte spricht über sich und über eine unendlich tief in die Vergangenheit reichende Zeit, in der sich seine Kindheit zu Beginn des 20. Jahrhunderts mit den Kindheiten früherer Jahrhunderte vermischt. Diese Kinder einer untergegangenen Welt sangen am Sonntag in den kahlen Räumen des Jesuitenkollegs von früh bis spät fromme Lieder. Das Sandsteingebäude stand dicht vor dem steilen Felsen, der über dem Ort emporragte und zu dem ein steiniger, überwucherter Weg hinaufführte. Wahrscheinlich hallten die dünnen Stimmchen der Buben, die nur mühsam den Ton halten konnten, bis weit auf die Plaza de la Compañía hinaus. Darüber schwebte eine erwachsene Stimme mit italienischem Akzent, die den Gesang mühsam in eine harmonische Ordnung zu bringen versuchte.

Ich bin eines Freitags am frühen Nachmittag dort gewesen, zu hören war nur der Sommerwind. Von dem Gebäudekomplex der Jesuiten ist lediglich die in ein Dokumentationszentrum umgestaltete Kirche übrig. Über dem Eingang steht in einer Nische noch eine Statue von Francesco Saverio mit verstümmeltem Gesicht. Das Kolleg wurde abgerissen, die Steine an eine naheliegende Gemeinde für das Straßenpflaster verkauft. Heute steht an der Stelle ein mit Fliesen verkleideter Bau aus den Siebzigerjahren, in dem ein Bürgerzentrum und die Gemeindebibliothek untergebracht sind. Gegenüber dem Bibliothekar äußere ich mein Bedauern über die architektonischen Sünden jener Jahre und erzähle, dass ich den Spuren eines Exorzisten aus Bologna folge, der hier in Graus gelebt hat. Er gibt mir zur Antwort, Massa müsse eine schwerwiegende Tat begangen haben, um hierher geschickt worden zu sein. In Graus zu leben war damals eine Strafe. Dann zeigt er mir ein gedrucktes Büchlein, in dem die Gemeindeausgaben der Zwanzigerjahre verzeichnet sind. Darin findet sich die Angabe, dass man einen gewissen Celaye noch für einen 1919/20 durchgeführten Exorzismus entlohnen müsse. Es fehlten 58 *pesetas*. Dem Fahrer des Leichenwagens schuldete man noch 500. Noch zu Beginn des letzten Jahrhunderts bezahlte die Gemeinde Graus demnach einen Menschen als Teufelsaustreiber. Man weiß nicht, ob es sich um einen Priester handelte, wie ich vermute, oder um einen Laien. Seine ganze Familie kam während des Bürgerkriegs um, deshalb verliert sich seine Spur.

Diese Angaben sind der einzig explizite Hinweis auf das Wirken des Teufels ein Jahrhundert nach Tommaso Massas Aufenthalt. Wenn dieser Exorzismus ganz selbstverständlich unter den Gemeindeausgaben für Bürobedarf und Straßenerhaltung genannt wird, musste er so vollkommen normal sein, dass es keiner besonderen Erklärung bedurfte. Nach dem aragonischen Volksglauben können sich die *diaplles* an vielen Orten verstecken. Sie lieben Röhricht, verstecken sich in Schilfrohr und kommen daraus als schwarze Fliegen hervor, deren Stiche tödlich sein können. Sie töten auch die *bruja*, die Hexe, die sie ruft, um sie sich dienstbar zu machen, oder den Mann, der ein Flussbett überqueren muss und sich wünscht, dass durch Zauberei in einer Nacht eine Brücke entsteht. Um diese teuflischen

Geister zu vernichten, genügt es, eine Kerze vor den Schnabel eines Hahnes zu stellen und ihn vor Sonnenaufgang krähen zu lassen.

Das am meisten gefürchtete Böse zu Lebzeiten Pater Massas ließ sich hingegen nicht mit einem Hahnenschrei vor Sonnenaufgang vertreiben und auch nicht mit einem Exorzismus. Wie der Teufel war es eine unsichtbare Kraft, aber sie bemächtigte sich der Körper, um sie zur Schreibfeder und zur Waffe greifen zu lassen. Diese Kraft hieß Liberalismus und bedeutete Rebellion gegen den absolutistischen Herrscher und die bestehende Ordnung. In diesem Zeichen führte der Kommandant des asturischen Bataillons in einem *pueblo* nahe Sevilla 1820 einen Aufstand gegen König Ferdinand VII. an. Die Unruhen griffen bald auf das ganze Land über und zwangen den König, die liberale Verfassung von 1812 wieder in Kraft zu setzen, dieselbe, die er bei seiner Rückkehr auf den Thron 1814 – entgegen seinem Versprechen – außer Kraft gesetzt hatte. Auch in Aragonien mussten die Regierenden auf das neue Gesetz schwören. Im August 1820 wurde der Jesuitenorden im ganzen Königreich durch ein Dekret desselben Königs, der seine Wiedereinführung so eifrig betrieben hatte, erneut verboten.

Aus den siebzehn Jesuitenhäusern in Spanien erreichten den Rektor des Kollegs in Madrid, der für die Verteilung der Jesuiten verantwortlich war, dringende Bitten, nach Italien geschickt zu werden. In Spanien zu bleiben bedeutete für die Jüngeren, als Soldaten eingezogen zu werden. Der Rektor schickte nur die Besten und diejenigen nach Italien, die sich ein gutes Empfehlungsschreiben verschafft hatten. Dafür kamen nur wenige der insgesamt vierhundert Jesuiten infrage, die man in den Jahren zuvor in aller Eile aufgenommen hatte, um den Anforderungen seiner Majestät zu genügen. Ein junger Mann namens Bosch, der einige Monate mit Tommaso zusammen in Graus gewirkt hatte, wurde als nicht geeignet befunden. Man hatte ihn dabei erwischt, dass er eine Messe las, ohne Priester zu sein. Die Vertreibung der Jesuiten aus Spanien bot die Gelegenheit, ihn dahin zurückzuschicken, wo er hergekommen war. Viele brachen wie ein gewisser Lascado, der in den Jesuitenorden schon zweimal ein- und dann wieder aus ihm ausgetreten war, ohne Erlaubnis nach Italien auf. Wegen einer Pestepidemie war der Hafen Barcelona geschlossen. Trotzdem schaffte es Tommaso bis nach Ferrara. Das geht aus einem Empfehlungsschreiben des Bischofs Barbastro an den Generaloberen der Jesuiten vom September 1822 hervor. „El Padre Masa, italiano" war von dem Bischof zum Priester ordiniert worden und deshalb nun so weit, ein „vollständiger Jesuit" zu werden. Er musste nur noch ein wenig Theologie studieren und auf seine Gesundheit achten, denn er scheint in dieser Zeit nicht besonders bei Kräften gewesen zu sein. Nun aber tauchte er in Rom auf und erteilte in der Sprache, die er in seiner Diözese gelernt hatte, dem Teufel Befehle.

Wo aber hatte er gelernt, die Peitsche zu benutzen?

Pater Massa erschreckte die Teufel damit, dass er ihnen die Peitsche androhte, und Veronica sagt, dass sie zitterten.

Veronica zitterte bei den Drohungen des Paters und betete zur Muttergottes, den Teufel zum Gehorsam zu bewegen, damit der Pater nicht einen Hagel von Schlägen auf sie niedergehen ließ.

Erzähl deinen Genossen in der Hölle, dass der Jesuitenexorzist dich ausgepeitscht hat!

XXXIX
22. Juni 1835
Exorzismus

Am Abend kam der Kardinalvikar in die Jesuitenkirche, Pater Kohlmann unterrichtete ihn über den Fall Veronica und gab zu bedenken, dass es ihr schlechter ging.

Seit Wochen fiel Veronica zeitweise für Stunden in einen Zustand der Lethargie, die niemand durchbrechen konnte. Dann stimmte sie unvermittelt halb gereimte Loblieder auf Francesca und auf einen schriftlich fixierten Liebespakt zwischen dieser und dem Teufel an, der ihre Brust mit Freude erfülle.

Franceschina, meine Liebe,
steig herab und herrsch mit mir,
hast gekostet meine Liebe,
komm, oh komm herab zu mir.
Hast besiegelt, meine Liebste,
diesen ach so schönen Pakt,
hast besiegelt, liebste Freundin
und viel Hoffnung mir gemacht.
Welche Anmut, welche Schönheit
Ist Franceschina doch in Wahrheit.
Wie ist sie so schön, wie ist sie so lieb,
mit ihrem schmalen Näschen,
mit ihrem Heuchel-Äugelchen,
mit ihren süßen Küsschen.
Dies Dingelchen, dies Brüstchen, ich will es so gern kitzeln.

Auf Anordnung der Patres hatte jemand die Identität dieser *Franceschina* zu ermitteln versucht, um sie vor dem Tribunal des Heiligen Offiziums der Hexerei zu bezichtigen. Darüber berichten die folgenden Anmerkungen einer namenlosen, offenbar nicht sehr geübten Hand aus dem Exorzismus:

Ein Freund von uns, der vorgestern in einem Haus war, hatte Gelegenheit, mit einer gewissen Marconi, verheiratete Moretti, aus der Stadt Genzano zu sprechen, und dabei fragte der Besagte diese Frau, ob es in Genzano Hexen gebe, und sie antwortete, dass dort keine solchen Personen seien, woraufhin der Besagte ihr sagte, wie könnt Ihr sagen, dass es keine gibt, denn es ist nicht lange her, dass man die drei Töchter Hamerani in Genzano verhext hat. Daraufhin antwortete sie, ja, das ist wahr, und ich weiß, dass die anderen zwei Schwestern gestorben sind, aber wisst Ihr, wer ihnen das getan hat, das war die Schwester der Kusine ihrer Haushälterin und sie stammt aus den Marken und heißt Francesca, aber sie hat Genzano verlassen und ihre Tochter dort gelassen, und Ihr sollt auch wissen, dass diese mir beim Spazierengehen auf den großen Straßen einen Haufen Sachen gesagt hat und mich hat stürzen lassen, sodass mein Knie sehr wehgetan hat, und ich habe sie jetzt beim Heiligen Offizium angezeigt, wo sie mir gesagt haben, dass ich am 15. Mai wiederkommen soll, und dann hat dem besagten Freund die besagte Moretti noch mehr gesagt, ach, wenn Ihr nur das mit dem Fluch wüsstet, den sie über die Hamerani ausgesprochen hat [nicht lesbar] und ich weiß alles, aber um Gotteswillen, sagt niemandem etwas über das, was ich Euch gesagt habe, ja Ihr müsst wissen, dass ich einmal, als ich zu dieser Francesca hinaufging, ein Zeichen in hebräischer Schrift fand und es zum Kuraten brachte. Das ist alles, was die besagte Moretti diesem guten Freund erzählt hat, ja der Genannte hat gesagt, dass diese Frau nie gesagt hat, wie jenes Buch eigentlich heißt, und ihm auch nie den Namen des Hauses dieser Francesca hatte nennen wollen, und dass sie beim Sprechen ab und zu die Gesichtsfarbe wechselte.

Doch die Hexe von Genzano wurde nie gefunden, und es existiert kein Hinweis auf ein Verfahren gegen sie im Heiligen Offizium, bei dem in jenen Jahren zahlreiche Anzeigen wegen Verwünschungen und Hexerei eingingen. Inzwischen wurde Veronica immer grausameren Methoden unterworfen. Man ging so weit, sie festzubinden, mit der Peitsche zu schlagen, sie durch das ganze Haus zu verfolgen und an den Füßen vor den Altar zu schleppen. Die Geschichte machte die Runde durch die ganze Stadt, und von der Straße rief man: „*Die Verrückte!*" Veronica gab weiterhin nicht die Antworten, die man von ihr verlangte (wo war das von Francesca und dem Teufel unterschriebene Papier? Was stand darin? Wo war Francesca jetzt?), und spuckte auch nicht die Dinge aus, durch die sie verhext war. Den Patres hatte sie erzählt, dass sie zu Beginn ihrer Krankheit, als die Exorzisten noch nicht eingeschaltet waren, *Haare, rohe Spaghetti, zwei kleine Federn und eine größere, außerdem Strohhalme und zusammengeknüllte Papierfetzen* erbrochen habe. Doch die Patres wollten diese Gegenstände mit ihren eigenen Augen aus ihrem Körper herauskommen sehen. Nur so könnten sie die irgendwo in ihrem Körper verborgene Ursache für ihre Schmerzen mit Händen greifen, die übernatürliche Ursache, die materielle Konsistenz annahm und sich nach wie vor in den Tiefen ihres Körpers versteckte. Einige Jahre zuvor hatte ein junger Mann vor dem Bild der schwangeren Muttergottes in Sant'Agostino unter Würgen ein dickes, mit einer Eisenklammer zusammengehaltenes Knäuel Seidenfäden erbrochen und war dadurch von seinem Leiden geheilt worden. Der Kustos bewahrte dieses Knäuel auf und zeigte es jedem, der das Wunder mit Händen berühren wollte.

Nach sechs Monaten ordnete der Pater General Roothaan an, die Exorzismen zu beenden. Von diesem Tag an bekamen die Patres – und somit auch ich – keinen Zugang mehr zu dem Haus in der Via di Sant'Anna. Die Geschichte war damit jedoch keineswegs zu Ende. Pater Massa protestierte sofort in einem Brief an seinen Vorgesetzten gegen diese Entscheidung und machte Pater Manera für das Scheitern der Bemühungen verantwortlich. Schuld seien Maneras heftige Skrupel, die ihn veranlasst hätten, überall um Rat zu bitten, selbst bei Leuten wie diesem Doktor Belli, und Augenzeugen zu suchen, sodass viel zu viele Leute im Hause der Familie Hamerani Zutritt bekommen hatten. Daher sei nun das Versagen der Exorzisten und damit des ganzen Jesuitenordens allen bekannt geworden. „In welchem Geiste handelte und handelt dieser vermaledeite Pater? Dazu will ich lieber nichts sagen." Massa hatte nicht den Mut, aber ich schreibe nieder, was er nicht zu formulieren wagte: Der ruhelose Manera wurde von denselben Kräften beherrscht wie Veronica, denn im Skrupel wohnt der Satan. Massas Protestbrief blieb unbeantwortet, nach dem Ende des Exorzismus predigte er im *Oratorio del Caravita* hinter dem *Collegium Romanum*, wo das Abendmahl gefeiert wurde und Exerzitien ausschließlich für Frauen stattfanden. Am Abend fanden sich die Büßenden zur Kasteiung ein, um in dieser „Cloaca maxima der Stadt ihr Gewissen vom denkbar schrecklichsten Schmutz zu entlasten". So hieß es in der Geschichte dieser Einrichtung, die dem Abbüßen der Sünden gewidmet war. Am Freitag, so notierte ein durchreisender Franzose, wurden dort alle Lichter gelöscht und während des *Miserere* die Peitschen geschwungen, um sie mit der Gewalt eines Hagelgewitters auf die nackten Schultern der Büßerinnen niederprasseln zu lassen.

In diesem Juni schrieb Doktor Belli – wieder in der dritten Person – in sein Tagebuch: „Einigen Jesuiten missfällt es, dass er die Besessenheit der Amerani leugnet, sie mussten jedoch aufgeben, denn in Wirklichkeit existierte sie nicht, und er behielt recht." Mehr schrieb der Doktor nicht, denn für ihn war die Sache zu seiner Zufriedenheit ausgegangen. Nicht aber für Pater Kohlmann, der dem Generaloberen in einer langen lateinischen Erörterung darlegte, wie falsch es sei, die Exorzismen zu beenden. Kohlmanns *Disquisitio* findet sich nicht im *Exorzismus*, sondern in einer Akte mit verschiedensten Dokumenten über die Tätigkeit der Bewohner des Ordenshauses. Obwohl es sich um eine Reinschrift handelt, scheint es noch nicht die endgültige Version zu sein, denn sie ist voller Lücken für das spätere Einsetzen von Namen und Daten. Wann diese Informationen eingefügt werden sollten, lässt sich nicht feststellen, denn offensichtlich erwies sich das Schreiben als zwecklos. Offenbar aber wollte sich Pater Kohlmann ursprünglich rechtfertigen und Veronicas Fall aus seiner Sicht mit anderen Sinnzusammenhängen und grundlegenderen Problemen in Verbindung bringen. Wenn er seine Enttäuschung darüber, dass der Generalobere sein Werk unterbrochen hatte, nicht zum Ausdruck gebracht hätte, hätten wir nie erfahren, worum es ihm bei Veronica eigentlich ging.

In seinem Schreiben ging der Exorzist ganz von seiner eigenen Augenzeugenschaft als der Wahrheit über Veronica aus:

> Ich habe nach dem gehandelt, was ich gesehen habe. Ich habe gesehen, in welchem Zustand sie sich am ersten Tag befand, an dem ich sie besuchte, als ich sie ruhig und zufrieden fand, und dann habe ich getan, was ich immer beim Abschied tue, ich habe sie gesegnet. Und sie hat schrecklich zu schnauben angefangen, Kopf und Beine zurückgeworfen und litt fünf Stunden lang unter Qualen. Seitdem habe ich darum gekämpft, das wirkliche Wesen dieses Zustands zu erkennen. Ich habe sechs Monate lang die Aufgabe des Exorzisten übernommen, weil ich es für ein unsühnbares Verbrechen gehalten hätte, willentlich oder unwillentlich zuzulassen, dass der Satan die junge Frau der Macht der Kirche entreißt, und ihr geistlichen Beistand zu verweigern.

Veronica, fuhr er fort, war nun gebrandmarkt: Wenn sie nicht vom Teufel besessen war, dann musste sie verrückt sein. Wer würde eine Frau heiraten, die als verrückt galt? Sie war für immer ruiniert. Und ebenso waren auch die Priester gebrandmarkt, die monatelang versucht hatten, sie vom Teufel zu befreien, denn sie standen als Dummköpfe da. Den Exorzismus zu beenden musste unweigerlich dieses Ergebnis zeitigen. Wie konnte der Generalobere der Jesuiten so blind sein, nicht zu sehen, dass dahinter der Plan zur Zerstörung des Jesuitenordens und der ganzen katholischen Kirche stand? Dass der Exorzismus im Hause der Familie Hamerani die Arena war, in der dieser Kampf bis zum Ende ausgefochten werden musste?

Die heftigsten Feinde waren die Ärzte, die davon überzeugt waren, die junge Hamerani sei einfach krank. Wenige Jahre zuvor hatten die Ärzte Philippe Pinel und sein Schüler Dominique Esquirol, die Väter der künftigen Psychiatrie, einige Personen untersucht, die als vom Teufel besessen galten, und sie stattdessen als krank befunden. Ihrer Meinung nach waren deutliche Krankheitssymptome festzustellen, die auf physische Ursachen wie die Einnahme von erregenden oder narkotischen Substanzen zurückzuführen waren, auf das Klima, Witwentum und die damit verbundene plötzliche Keuschheit oder emotionale Zustände wie Angst und überwältigende Gefühle. Bei Letzteren spielte nach Ansicht der Ärzte die religiöse Suggestion eine bedeutende Rolle, denn sie wirke besonders bei schwachen und ungebildeten Individuen wie den Frauen, weshalb die Anwesenheit von Priestern wenig zur Heilung beitragen könne, sondern im Gegenteil die Krankheit noch verschlimmere.

Pater Kohlmann jedoch wandte sich nicht in erster Linie gegen Pinel und Esquirol. Der Hauptfeind war für ihn der katholische römische Arzt Belli. Dieser hatte nicht nur alles getan, um die Exorzismen zu hintertreiben und damit Veronicas Leben zu zerstören. Er hatte bereits in der Vergangenheit zu den Hauptverantwortlichen für den Tod der beiden Schwestern gehört, weil er sie mit Senfpackungen und kochend heißen Bädern traktiert hatte. Doktor Belli glaubte, sie damit von ihren Lähmungserscheinungen und Konvulsionen zu befreien. Doch weder er noch seine römischen Kollegen, die – wie ich jetzt weiß – in dem Haus in der Via di Sant'Anna ein und aus gingen, hatten verstanden, dass das Übel andere Ursachen hatte und nicht aus diesen armen Körpern stammte: Die Töchter des Hauses Hamerani waren Opfer eines Fluchs. Die Ärzte unterstellten, dass diese jungen, christlich erzogenen Frauen nichts als Heirat im Kopfe hätten, ausgerechnet sie, die sich einzig und für immer Gott weihen wollten! Antonina hatte es zumindest geschafft, die Schwelle des Klosters zu überschreiten und Novizin zu werden, Teresa war nicht einmal so weit gekommen. Jetzt beging man denselben Fehler an der einzigen noch verbliebenen Tochter des Hauses. Obwohl auch sie den Schleier nehmen wollte, redete man ihr eine Heirat ein. Doch an diesem Punkt war für sie auch der Weg in eine Ehe verbaut, denn in ganz Rom wusste man von ihrem Zustand.

Auch andere römische Ärzte hatten Veronicas Gesundheitszustand begutachtet. Doktor Belli war nicht der einzige, der ihre Konvulsionen nicht für ein Werk des Teufels hielt. Derselben Ansicht war auch der Chirurg Filippo Leonardi, Hausarzt der Familie Hamerani und Professor für Geburtshilfe an der *Università della Sapienza* in Rom. Dabei war er ein von allen anerkannter strenggläubiger Katholik, vor allem seit er in seinen *Reflexionen über den Zeitpunkt der Beseelung des menschlichen Fötus* argumentiert hatte, zur Rettung der Seele des Fötus sei es notwendig, den Bauch der Mutter aufzuschlitzen, um das Ungeborene taufen zu können und ihm so das ewige Leben zu garantieren. In der Via di Sant'Anna war auch der Botaniker Michelangelo Poggioli aufgetaucht, weil ihn der von Skrupeln geplagte Pater Manera gerufen hatte. Poggioli war Leibarzt von Leo XII. und Gregor XVI. und referierte an der *Accademia dei Lincei* ausführlich über die „unvernünftige Idolatrie der Materie". Poggioli war davon überzeugt, dass Veronica vom Teufel besessen sei. Zu dieser Schlussfolgerung war er gekommen, nachdem er über Veronicas Fuß das Kreuzeszeichen gemacht und *In hoc singo vinces* gesagt hatte. Daraufhin schrie Veronica wütend: *Was geht dich das an, schändlicher Vasall? Verschwinde! Wer hat dich hierhergeschickt?* Niemand wusste, dass Poggioli der fromme Familienvater in seinen eigenen vier Wänden seine Kinder als *schändliche Vasallen* bezeichnete, wenn sie ihm auf die Nerven gingen. Danach gestand er Pater Manera, dass er erschüttert nach Hause zurückgekehrt sei und sich vorgenommen habe, diese Worte, die der Teufel ihm entgegengeschleudert hatte, nie mehr zu verwenden.

Der teuflische Materialismus, den Pater Kohlmann als schlimmsten Feind der Kirche und der bestehenden Ordnung fürchtete, war in Bellis und Leonardis Wirken zu erkennen, hatte aber ältere und weit gefährlichere Wurzeln. Traditionell galt der weibliche Körper als völlig abhängig vom Uterus und seiner Fähigkeit, Leben hervorzubringen, aber auch zu vernichten. Wenn sein Bedürfnis, zu empfangen und einen Fötus zu nähren, nicht befriedigt wurde, konnte er so sehr rebellieren, dass er die Frau umbrachte, die ihn nicht nutzte, wie die Natur es verlangte. Einige behaupteten, daran leide Veronica. Doch Pater Kohlmann fragte sich, ob der Gedanke, Gott habe das geschaffen, was die antike Medizin *furor uterinus* [Furor des Uterus] nannte, nicht eine Lästerung Gottes und der menschlichen Natur sei. Wenn andauernde Keuschheit wirklich krankmache, dann müssten doch alle heiraten, auch die Priester wie bei den Protestanten. Das wäre das Ende der katholischen Kirche und ihrer durch das Keuschheitsgelübde von der Welt geschiedenen Priesterschaft. Aus diesem Grunde durfte Veronicas Exorzismus nicht abgebrochen werden: Zu akzeptieren, dass sie bloß hysterisch war, bedeutete zu akzeptieren, dass ein Körper dem Begehren unterworfen war und unbefriedigtes Verlangen zum Tod führen konnte. Beim Körper der jungen Hamerani und der Deutung seiner Schmerzen ging es um das Schicksal der Römischen Kirche, die auf dem Zölibat gegründet war.

Pater Kohlmann wusste, dass der weibliche Körper mit seiner eindrucksvollen Leidensfähigkeit viel für die Sache der Kirche tun konnte. Zehn Jahre zuvor hatte er am Krankenbett von Ann Mattingly gestanden, die seit Jahren bettlägerig war. Die Schwester des Bürgermeisters von Washington litt an einem taubeneigroßen Tumor in der Brust, ihre Zunge war entzündet, bei jedem Hustenanfall spuckte sie Blut und Fleischfetzen. Pater Kohlmann versicherte ihr, all dies sei *for the better*: für den Triumph des Glaubens. Am 10. März 1824 um zwei Uhr nachts las einer seiner Mitbrüder in St Patrick in Washington eine Messe, Pater Kohlmann in der Kapelle des Kollegs von Georgetown um drei Uhr dreißig ebenfalls. In Europa versenkte sich der Fürst und Priester Alexander von Hohenlohe ins Gebet. Kohlmann hatte diese für ihre Fähigkeiten als Heiler bekannte charismatische Persönlichkeit darum gebeten. Außerdem hatte er dafür gesorgt, dass gleichzeitig ein zweihundertköpfiger amerikanischer Kirchenchor das Lied „Lord Jesus, may Thy Name be glorified!" anstimmte. Um neun Uhr morgens war Ann in der Lage, den Leib Christi zu empfangen. Sie war vollkommen geheilt. *Father Anthony* war als Missionar nach Amerika gekommen, und Anns Heilung half auf wundersame Weise, die Macht des katholischen Glaubens zu beweisen. Die Nachricht machte in den Vereinigten Staaten die Runde. Da spielte es keine Rolle, dass die Protestanten in den Zeitungen gegen den katholischen Fanatiker wetterten und dass auch Kohlmanns Vorgesetzter ihm vorwarf, sich zu stark exponiert zu haben.

Jenseits des Atlantiks war Kohlmann auch als Prediger erfolgreich. „I have preached several times in English, and every one tells me that I was fully understood",[1] schrieb er kurz nach seiner Ankunft an einen Mitbruder in Europa. Die Kirche der Missionsstation von Goshenhoppen (heute Bally) in Pennsylvania, 160 Meilen nordöstlich von Georgetown, war halb verfallen. Der alte, vom Bischof entsandte Priester hatte die Ein-

1 „Ich habe mehrmals auf Englisch gepredigt, und jedermann sagte mir, dass alles zu verstehen war."

samkeit nicht ertragen und aufgegeben. Das Altartuch und die Paramente waren zerschlissen, die Leuchter zerbrochen. *Father Anthony* empfand all dies als tiefe Kränkung: So wenig hatte der Einsatz des ersten Jesuiten gezeitigt, der sechzig Jahre zuvor sein Amt als Rektor der Universität Heidelberg aufgegeben hatte, um unter Mennoniten und quakenden Fröschen eine Kirche und eine Schule zu errichten. „Das ganze Land ist verödet, doch keiner nimmt sich das zu Herzen", heißt es im Buch des Propheten Jeremia. Nach Kohlmanns aufrüttelnder Predigt brachten die Frauen noch am selben Tag Tücher, Hemden und Schultertücher. Diese guten deutschen Frauen, die mit ihren Ehemännern aus der Pfalz eingewandert waren, konnten kein Englisch, sondern blieben bei der Sprache ihrer Väter und galten als „very industrious, very mercenary, und very ignorant".[2]

Das Philadelphia, das Pater Kohlmann im Sommer kennenlernte, hatte saubere, rechtwinkelig angeordnete Straßen, war gezeichnet von der Austerität der Quäker, bewohnt von fleißigen und wohlhabenden Handwerkern und Kaufleuten, aber die Josephskirche schien für Kinder gemacht, war klein und niedergeduckt, hatte niedrige Fenster und sah von außen wie ein alter Schuppen aus. Dort hörte *Father Anthony* unzähligen Beichtenden zu, die ihr mühseliges Leben rekapitulierten. Flüsternde Stimmen, die unter Hauben hervorkamen oder aus nach Cider und Tabak riechenden Mündern, allesamt auf der Suche nach Verirrungen in der Vergangenheit, wie sie dies seit Langem nicht mehr getan hatten. Sie lebten unter fremdem Himmel, ihre Taschen hatten sich gut gefüllt und ihre Körper waren schwer und hinfällig geworden. Ihr Gewissen hatten sie nie befragt und legten es jetzt vor dem energischen Priester aus dem Elsass offen. Kohlmann hielt zwei Predigten am Tag auf Englisch und Deutsch, Katechismusunterricht und Erstkommunion für die Kinder, Taufen für Neugeborene und Erwachsene. In Haycock, Lancaster, Elizabethtown, Little York und Conewago verteilte er zweihundert Katechismen und Heiligenmedaillons. Wie er wusste, war dies der beste Weg, um Frömmigkeit zu erwecken. Im reichen, fleißigen, blitzsauberen Pennsylvania mit seinem fruchtbaren Land und seinen Minen waren die Seelen der rotgesichtigen

2 „sehr fleißig, sehr geldgierig und sehr unwissend"

Bewohner mit Worten, Schriften und geprägtem Metall leicht zu gewinnen. Was bei den amerikanischen Einwanderern so gut funktioniert hatte, erwies sich in der Stadt des Papstes im Kampf gegen die Teufel in Veronikas Leib jedoch als wirkungslos.

Pater Kohlmann wusste, dass er ein ausgezeichneter Redner war und mit seiner Argumentation auch seinen Generaloberen überzeugen konnte. Die amerikanische Presse hatte ausführlich über „The Kohlmann case" berichtet. Im Jahr 1813 war der irische Kupferschmied James Keating bestohlen worden und hatte dies bei der New Yorker Polizei zur Anzeige gebracht. Als ihm das Diebesgut zurückerstattet worden war, wollte er den Behörden nicht erklären, wie es dazu gekommen war. Sein Gemeindepfarrer Pater Kohlmann hatte das Gestohlene bei der Beichte von dem reuigen Schuldigen erhalten. *Father Anthony* weigerte sich, gegen den Angeklagten auszusagen. Der Fall ging bis zum *Court of General Sessions* und endete im Beisein des New Yorker Bürgermeisters mit einem für die Religionsfreiheit wegweisenden Urteil, das die Unverletzlichkeit des Beichtgeheimnisses auch gegenüber dem Gesetz festschrieb. „Ich würde verdienen, lebenslang eingesperrt zu werden, wenn ich den Namen des Schuldigen preisgäbe", erklärte *Father Anthony* vor dem Staatsanwalt. Das Gesetz Gottes musste den Sieg über das Gesetz der Menschen davontragen und das Gewissen ein unverletzlicher, vom Beichtgeheimnis geschützter Raum bleiben. Der Sohn des *vigneron* setzte sich allein mit seiner Unbeirrbarkeit durch, obwohl New York bis zu diesem Zeitpunkt noch nicht einmal einen Bischof hatte.

Der für diesen Posten vorgesehen Ire sollte aus Neapel kommen, hatte aber wegen des französischen Embargos für Schiffe nach Amerika nicht abreisen können. Pater Kohlmann war bis zu dessen Ankunft als sein Stellvertreter eingesetzt worden. Nur mit der Kraft des Wortes der wahren Kirche konnten die vierundachtzigtausend Seelen in New York vor den Fängen der unzähligen in der Stadt tätigen Sekten bewahrt werden. Sechzehntausend Katholiken bekamen endlich einen geistlichen Vater, nachdem sie jahrelang hatten erleben müssen, wie zwei jämmerliche Priester betrunken die Messe lasen und eines Tages sogar umgekippt waren. So wirkte sich die Einsamkeit auf die Diener Gottes im Getriebe des amerikanischen Handelszentrums New York aus, „einer Insel“, die nur mit dem Boot zu erreichen war. Manchmal verhinderte die starke Strömung die Überfahrt. In den Straßen begegnete man vielen *blacks*, von denen einige gut gekleidet waren, es gab keine Bettler, und in den Gesichtern der Menschen lag eine gewisse dreiste Unbekümmertheit. Beim Betreten eines Geschäfts konnte es vorkommen, dass die Ladenbesitzer die Füße auf die Theke gelegt und den Hut ins Gesicht gezogen hatten und Tabak auf den Boden spuckten. Darin kam die Selbstsicherheit der Amerikaner zum Ausdruck und ihre unantastbare Eigenständigkeit.

Father Anthonys neue Heimat war Sankt Peter, die einzige katholische Kirche New Yorks in dem aus rotem Ziegelstein erbauten alten Zentrum der Stadt im Süden der Insel, in deren schmutzigen Straßen man noch Schweine herumlaufen sah. Am Sonntag fanden drei Gottesdienste in Englisch, Französisch und Deutsch statt. In der Hoffnung, ja in der Gewissheit, dass der Bischof eines Tages eintreffen würde, musste der Bau einer neuen Kirche in Angriff genommen werden, die am baumbestandenen nahen Broadway Ecke 5th Avenue und 51st Street entstehen sollte, wo damals noch freies Feld war. Wegen der vielen irischen Katholiken in der Stadt sollte sie dem heiligen Patrick geweiht werden. Finanziert werden sollte sie von den Gläubigen, und der Bau war so wichtig, dass sogar Schulden aufgenommen werden mussten. Außerdem sollte eine Schule eröffnet werden, die *New York Literary Institution*, die sowohl Katholiken als auch Protestanten offenstand. Pater Kohlmann und vier seiner Mitbrüder nutzten für die etwa dreißig Schüler ein zweihundert Jahre altes *frame house* aus den Stämmen uralter Eichen, die der Insel jahrhundertelang Schatten gespendet hatten. Die morschen Balken, der doppelte Treppenaufgang und die Erkerfenster verliehen dem Gebäude das Aussehen eines Landgasthauses.

Das sollte aber nur der Anfang sein. „This city will always be the first city in America. […] From the West Indies parents will send their children to this port in preference to any other“,[3] schrieb Kohlmann begeistert

3 „Diese Stadt wird immer die erste Stadt Amerikas sein […] Sogar von den Westindischen Inseln werden die Eltern ihre Kinder zu diesem Hafen schicken und ihn jedem anderen vorziehen“.

an einen Mitbruder in London. Und wenn man aus Europa eine pneumatische Maschine, ein gutes Teleskop, Navigationsinstrumente und Globen schicken würde, könne man damit „the American people" sicher beeindrucken. Seine *Literary Institution* besaß angeblich bereits die schönsten Globen der ganzen *Federal Republic*. Währenddessen wuchs die Stadt von Tag zu Tag, und man musste die Schule vom Zentrum vier Meilen nach draußen in die Nähe der im Bau befindlichen Kathedrale vor dem Elgin Botanic Garden (dem heutigen Rockefeller Center) verlegen. Von dieser neuen „superbe maison de campagne" – so schrieb Kohlmann jetzt auf Französisch – inmitten von Villen und Bauernhöfen konnte man in der klaren Luft von der einen Seite der Insel bis zur anderen vom Hudson bis zum East River sehen. Pater Kohlmann, der weiterhin nahe der alten Kirche wohnte, kam jeden Samstag dorthin und begegnete auf seinem Weg häufig Füchsen. Binnen Kurzem hatte er siebzig Schüler. Als Lehrer wollte er nur Jesuiten und ließ keine Ausnahme zu, denn die Welt draußen verdiente kein Vertrauen. Die Arbeit war mühselig gewesen, doch es hatte kaum einen Tag gegeben, an dem sich nicht bestätigte, welche Wunder Gott die Jesuiten in der Neuen Welt vollbringen ließ. Wie konnte es geschehen, dass dies in Rom, im Herzen der katholischen Christenheit nicht gelang?

Wie konnte er ausgerechnet jetzt vor dem Leib einer zwanzigjährigen Römerin scheitern, wo er doch zuvor fähig gewesen war, in Maryland eine ganze Plantage zu verwalten? Auf dem bewaldeten Hügel von White Marsh standen eine kleine steinerne Kirche und ein paar Holzhäuser für zwei Missionare und etwa zwanzig Novizen. Am Fuß der Berge breitete sich an den Ufern des Patuxet eine weite Ebene aus, auf der Tabak, Roggen und Mais angebaut wurden. Vierhundert Morgen, zwei heruntergekommene Bauernhöfe und fast siebzig Sklaven, Männer, Frauen und Kinder. Der nächstgelegene winzige Ort namens Queen Anne lag acht Meilen entfernt, während es bis Washington fünfundzwanzig und bis Baltimore fünfunddreißig Meilen waren. Die Fahrt dorthin dauerte sieben Stunden. White Marsh zu verwalten bedeutete, sich der Seelen anzunehmen, vor allem aber der Tiere und Pflanzen. Während *Father Anthony* mit Ersteren viel Erfahrung hatte, kannte er sich mit den anderen überhaupt nicht aus. Vielleicht half ihm die Erinnerung an das heimatliche Elsass. Dort aber wurde Wein angebaut, nicht Tabak. Hier dagegen musste man sich Kleesamen besorgen, Gips für die Düngung des kargen Bodens und einen neuen Pflug, um die Erde tiefer umzugraben. Es mussten Getreidespeicher und Ställe für die Pferde, Schafe, Schweine und Rinder gebaut werden. Die Holzhütten auf dem Hügel mussten repariert werden, denn sie waren so baufällig, dass sich die Novizen früher oder später aus dem Staub gemacht hätten wie jener kaum achtzehnjährige Amerikaner, der es nicht mehr ausgehalten hatte.

Jeden Tag musste in der Küche eisern gespart werden. Worauf aber konnte man überhaupt noch verzichten, wenn ohnehin nur gepökeltes Fleisch auf den Tisch kam, im seltenen Fall von Besuch ein paar Tauben und an den Fastentagen nichts außer Gemüse und Hering. Butter gab es nie, und so schön es gewesen wäre, einmal Sauerkraut zuzubereiten, fehlten dafür sowohl das Kraut als auch die Gerätschaften für seine Zubereitung. Kein Tropfen Wein war vorhanden, sodass man nicht einmal die Messe feiern konnte. Wenn der *blackfrost* kam, drohten die gerade erst keimenden Tabakpflänzchen zu erfrieren. Und auch wenn sie überlebten, würde der Ertrag gering bleiben wegen der seit Jahren andauernden Krise auf dem Tabakmarkt. Im Überfluss gab es nur Cider, von dem man auch ganze *wagons* an die Ordensbrüder in Georgetown schickte. Cider, Cider, Ströme von Cider gegen den Hunger und die Einsamkeit. Aufgrund dieser mageren Kost litten die Novizen an Herzschwäche.

Und dann war da „the people", wie Pater Kohlmann sich in den Berichten an seinen amerikanischen Vorgesetzten ausdrückte. Die Gegenwart einer ununterscheidbaren, erdrückenden Menschenmasse: die Sklaven. Weil ihr Hunger gestillt und ihre Körper bekleidet werden mussten, wurden Ressourcen verbraucht, die eigentlich zum Kauf von Tieren und Gerätschaften für den landwirtschaftlichen Betrieb benötigt wurden. Von den etwa siebzig Sklaven arbeitete lediglich die Hälfte, die übrigen waren entweder wegen ihres Alters oder einer Erkrankung nicht zu gebrauchen. Kohlmanns Ordensbrüder, die vor ihm gekommen waren, hielten die Sklaverei für weder gut noch schlecht. Sie waren der Meinung, dass jedes Ding zum Dienste Gottes existiere, so auch die Sklaven. Kein menschliches Wesen auf dieser Erde gehöre sich selbst. Und liegen wir nicht alle in Ketten, ja Christus, den wir anbeten, zuallererst? Doch auch unter den Sklaven geschahen überraschende Dinge, der Samen ging auf, und Frauen gaben ein Beispiel für das wunderbare Wirken göttlicher Gnade. Es gab eine Brasilianerin, die sich Gott geweiht und als Zeichen ihrer ewigen Keuschheit ein Kruzifix um den Hals gelegt hatte. Als ihr Besitzer sie mit Gewalt nehmen wollte, flehte sie ihn an, auf den Gekreuzigten zu blicken und den Preis zu bedenken, den Er, den sie am Hals trug, für die Erlösung der Menschen gezahlt hatte. Diese Frau war nur durch unglückliche Umstände eine Sklavin, in ihrem Wesen war sie eine Heldin des Glaubens.

Dies hatte *Father Anthony* in einer seiner amerikanischen Predigten verkündet. Wie konnte es gerade jetzt, hier in Rom geschehen, dass Gott seine Hand verbarg und nicht mehr über seine Diener hielt, wie er dies in der Neuen Welt seit der Ankunft der ersten *settlers* und der sie begleitenden wenigen Jesuiten in Maryland getan hatte, zweihundert Jahre vor Pater Kohlmanns Geburt? Als die ersten Patres in die Bucht von Chesapeake kamen, sahen sie eine vollkommen schwarze Wasseroberfläche vor sich und dachten, es handle sich um Unrat oder sumpfiges Wasser. Plötzlich aber erzitterte die Luft und sie vernahmen ein Geräusch wie fernen Donner oder Blätterrauschen durch einen plötzlichen Windstoß. Tausende Vögel flogen auf und hervor kam kristallklares Wasser, in dem man später unzählige Fischarten entdeckte. Auch Kohlmann hatte die auffliegenden Vogelschwärme noch erlebt, ihr Auseinanderstieben und Wieder-Zusammenfinden, wenn sich die schwarze Fläche in winzigste Punkte zwischen Wasser und Himmel auflöste. Später sollten die Dampfschiffe kommen und die Vögel verschwinden.

Im April 1836 wurde Pater Kohlmann krank. In dem *Diario*, das im Ordenshaus täglich geführt wurde, hieß es, er sei am 8. April mit entzündetem Hals, Fieber und sehr geschwächt in der Krankenstation erschienen. Am nächsten Tag stieg das Fieber. Ein Aderlass brachte keine Linderung, sodass man am 10. April einen zweiten machte. Dann legte er die Beichte ab und empfing die Kommunion im Kreise all seiner Mitbrüder. Pater Kohlmann starb nach zehn Uhr abends, während es draußen kalt war, dicht bewölkt und leicht regnete. In dem Jahresbericht, den jedes

Ordenshaus abzuliefern hatte, berichtete der unbekannte Verfasser, eine kranke Frau sei die Letzte gewesen, die mit ihm sprach. Sie war in die Kirche gekommen, und während Pater Kohlmann ihr die Beichte abnahm, spürte er, dass der Tod ihn erwartete.

Der Deutsche Augustin Theiner, der von ihm bekehrt worden war, verfasste später eine ehrerbietige Biografie. Mit keinem Wort erwähnte der Autor darin, dass es dem Verstorbenen nicht gelungen war, Veronica Hamerani vom Teufel zu befreien. Und genauso wenig, dass er die Seele von Thomas Paine, einem der Gründerväter der Vereinigten Staaten, nicht hatte retten können. Paine, der die erste Erklärung der Menschen- und Bürgerrechte wesentlich geprägt hatte, war kurz nach einem Besuch von *Father Anthony* gestorben, was auch in Paines offiziellen Biografien nicht erzählt wird. Im späten Frühjahr 1809 hatte eine konvertierte Quäkerin Kohlmann in der Kirche aufgesucht und ihm berichtet, dass ein berühmter Philosoph krank darniederliege und sich anscheinend mit der Kirche versöhnen wolle, nachdem er sein Leben damit verbracht hatte, das Wort Gottes zu vernichten. Auf dem Weg nach Greenwich, wo der Kranke in einem Zimmer zur Miete wohnte, legten sich *Father Anthony* und sein Begleiter Fenwick einen Plan für ihren Besuch zurecht. Sie wollten das Haus erst verlassen, wenn es ihnen gelungen war, die Seele dieses Verfassers gottloser Werke zu retten, welche die Anmaßung der Vernunft ohne Gott verherrlicht und die Heilige Schrift, um derentwillen Pater Kohlmann in die Neue Welt gekommen war, als Märchen und bloße Erfindung verunglimpft hatten. Bei ihrer Ankunft schlief der Philosoph, die Haushälterin empfing die Besucher mit resignierter Zurückhaltung und leiser Stimme, um den Kranken nicht zu wecken und einen Wutanfall zu riskieren. In dieser weiblichen Unterwürfigkeit sahen die Besucher einen Funken Hoffnung. Seit die Ärzte ihm gesagt hatten, dass er nur noch kurze Zeit zu leben habe, war Paine in tiefe Verzweiflung verfallen. Wenn er aus der Benommenheit erwachte, flehte er darum, dass ihn irgendjemand, und sei es ein Kind oder ein Priester, von diesem unerträglichen Schmerz befreien möge. Vielleicht verfügten die Priester über Heilmittel, die die Ärzte nicht besaßen?

Beim Betreten des Krankenzimmers fanden Pater Kohlmann und sein Begleiter Paine auf schmutzigen Laken in einer von Trostlosigkeit geschwängerten Luft liegend. *Father Anthony* setzte sich auf einen Stuhl am Fußende, um dem Kranken direkt in die Augen zu sehen, sein Begleiter dagegen neben das Bett. „Wir sind katholische Priester und sind auf Ihre Einladung hin erschienen", hob Pater Kohlmann auf Französisch an, denn der Kranke hatte als Mitglied der revolutionären Nationalversammlung in Frankreich gelebt. „Ich habe Euer Buch *Das Zeitalter der Vernunft* gelesen, in dem Ihr die Heilige Schrift mit unerhörter Heftigkeit angegriffen habt. Und ich habe auch Eure anderen Schriften gelesen und bin fest davon überzeugt, dass …" Paine unterbrach ihn auf Englisch: „Euer Jesus Christus ist nichts anderes als ein Hochstapler." Dabei rann dem Kranken Milchpunsch mit Blut vermischt aus den Mundwinkeln. „Aber die Bibel ist ein heiliges Buch, Gottes Wort. Es hat den Angriffen weit fähigerer Federn widerstanden als der Euren", entgegnete *Father Anthony.* „Eure Bibel enthält nichts als Märchen, und das habe ich bewiesen", hielt Paine entgegen.

So ging es eine Weile weiter, wie lange, hätten die Patres nicht sagen können. Bei jeder Erwiderung schien der Philosoph neue Kraft zu schöpfen. *Father Anthony* dagegen empfand eine Art wachsender Verzweiflung darüber, die Verunglimpfung seines Gottes hören und mitansehen zu müssen, wie diese verlorene Seele sogar auf dem Sterbebett noch im Irrtum verharrte. In den Feldlazaretten Norditaliens hatte er von den Soldaten die schlimmsten Flüche gehört, wenn es aber ums Sterben ging, hatte er von ihnen stets ein Zeichen der Reue erhalten, das ihm signalisierte, dass die Seele dem Glauben zurückgewonnen war. Unzählige Seelen hatte er so gerettet. Hier in der Neuen Welt lebten die Seelen einsam, nur für sich allein, und wollten auch einsam von dannen ziehen. „Verschwindet, lasst mich in Frieden!", schleuderte Paine den beiden Seelenrettern entgegen wie einen Befehl, zugleich aber wie eine flehentliche Bitte. „Verschwindet auf der Stelle mitsamt Eurem Gott! Ihr und alle Eure Lügen, die ihr verbreitet. Ich werde beweisen, dass es nichts als Lügen sind, was ihr und euer Hochstapler Jesus Christus behaupten." „Du Scheusal! Dazu wirst du keine Zeit mehr haben, denn deine Stunde ist gekommen! Hör auf, Seinen Zorn zu erregen, du lädst nur Schuld auf dein Haupt!", entgegnete *Father Anthony.* Der Schrei, den Paine daraufhin ausstieß, sei der heftigste gewesen, den er je gehört habe, schrieb *Brother* Fenwick im Dezember 1833 an seinen

Bruder. Mit diesem Brief wollte er die Gerüchte widerlegen, „ein deutscher Jesuit in Amerika“ habe mit seinem ungestümen Glaubenseifer den Tod Thomas Paines verursacht. Fenwick war sich sicher – schließlich war er zugegen gewesen –, dass Pater Kohlmann sein Möglichstes getan hatte, um dem Philosophen das ewige Leben zu sichern.

Zu den Dingen, die Pater Kohlmann nicht zu Ende führen konnte, gehörte eine Stellungnahme für die Kongregation für die Verbreitung des Glaubens, um ein Problem zu lösen, das sich der Römischen Kirche in der Neuen Welt stellte. Der Bischof von Québec hatte in Rom angefragt, was mit den vielen Ehefrauen der Ureinwohner geschehen solle, wenn die Männer zum katholischen Glauben übertraten. Die katholische Doktrin verurteilte die Vielweiberei, hielt aber daran fest, dass keine menschliche Autorität den zwischen Mann und Frau geschlossenen Bund lösen dürfe, auch wenn diese in Unkenntnis der Gesetze Gottes lebten. Wenn aber ein verheirateter Mann in die christliche Gemeinschaft aufgenommen wurde, welche der verschiedenen Frauen, die er haben durfte, war dann seine Hauptfrau? Die Vereinigung von Mann und Frau ohne göttlichen Segen sei nicht anders zu bewerten als die von Tieren, und deshalb sei eine Frau so gut wie die andere, argumentierte Pater Kohlmann. Die Bekehrung war das Wichtigste, deshalb sollte der Mann wählen dürfen, welche Frau er wollte. In dieser schwerwiegenden Frage war das Heilige Offizium eingeschaltet worden, und die Kardinäle warteten auf Pater Kohlmanns Stellungnahme, die jedoch nie eintraf. Stattdessen kam die Nachricht von Pater Kohlmanns Tod.

XL
23. April 1836
Exorzismus

An den ehrwürdigen Vater

Pater Don Tommaso Massa

Ich schreibe Ihnen diese wenigen Zeilen, um von Ihnen Nachrichten zu bekommen über den Zustand, in dem ich mich gegenwärtig befinde. Sie müssen nämlich wissen, dass ich mich von dem Augenblick an, als ich erfahren habe, dass Euer Hochwürden nicht mehr kommen können, um mir einmal in der Woche die Beichte abzunehmen, aus dem Grund, weil der Pater General es Ihnen verboten hat, in höchster Verwirrung befinde, während mich der Teufel immer weiter in die schrecklichste Verzweiflung stürzen will und mir die stärksten und schlimmsten Qualen zufügt, und weil ich darüber hinaus wegen Pater Kohlmanns Tod so sehr bedrückt bin, dass ich tagelang nur geweint und mich tief niedergedrückt gefühlt habe, sodass es mir viel schlechter als vorher ging. Seit einigen Tagen habe ich zur Beruhigung meines Gewissens vorläufig einen Pater der Barnabiten als Beichtvater kommen lassen, und ich halte ihn für einen tüchtigen Menschen, doch ich hoffe immer, dass der Herr Sie durch Vermittlung von Pater Kohlmann zurückkehren lässt, um meine Seele zu führen, während ich weiter besagten Pater bitte, dass er bei unserem Herrn diese Gnade erwirke. Zudem danke ich Euer Ehrwürden für die große Liebe, die Sie an mir bewiesen haben bis zu diesem Augenblick, und versichere Ihnen, dass ich nie vergesse und nie vergessen werde, Sie dem Herrn anzuempfehlen, wie auch Sie dies für mich tun mögen, während ich es so dringend brauche, und lasse sie von allen grüßen und küsse Ihnen die heiligen Hände,

ganz die Ihre

bin ich die unwürdigste M. Veronica Hamerani

Veronica ergreift an einem milden, wolkenverhangenen, aber trockenen Tag das Wort. Dieser Brief ist ihr einziges eigenhändiges Schreiben, das ich im *Exorzismus* finden kann. Sie füllt zwei Spalten eines in der Mitte gefalteten Blattes mit großer Sorgfalt aus. Dabei unterlaufen ihr orthographische Fehler und sie schreibt häufig, wie sie spricht, aber die Buchstaben halten fast immer, ohne zu zögern, die Grundlinie ein. Vielleicht hat sie ein Lineal zu Hilfe genommen. Die Oberlängen der Buchstaben neigen sich schwer nach rechts wie unter einer unsichtbaren Last. Das Blatt war mit einem Siegel verschlossen, von dem nur noch der Abdruck zu sehen ist. Der Name des Adressaten ist sorgfältig ausgeschrieben, die Anfangsbuchstaben mit Kringeln und Schnörkeln verziert als Zeichen der Ehrerbietung gegenüber der Autorität, von der sie Hilfe und Nachrichten über ihren Zustand erbittet, als könnte sie über sich selbst nichts wissen. Ihre Unterschrift unter dem Brief ist winzig klein, als dürfe dieser *unwürdigste* Name kaum ausgesprochen werden. Schreibt sie aus eigener Initiative oder hat sie jemand dazu ermutigt? Schreibt sie an Pater Massa, weil dieser neben Pater Kohlmann sich mehr als alle anderen ihrer Sache gewidmet hatte? Oder schreibt sie auch an andere, um Hilfe zu erbitten? Auf diese Fragen weiß ich keine Antwort. Auch von Pater Massas Antwort fehlt jede Spur. Doch ich habe andere, die nahelegen, dass seine Hilfe nie kam.

XLI
20. August 1836
Aus den Akten des Staatssekretariats

„Geheim. Heute um 22 Uhr ist eine weitere Stafette aus Ancona angekommen, um weitere siebzehn Cholerafälle zu melden. Es gab sieben Tote, bei denen allerdings kein Zeichen von Zyanose vorlag, deshalb bestehen Zweifel, aber dieses Zeichen entsteht, wenn die Krankheit länger dauert, in den sieben genannten Fällen dauerte sie nur kurz, die Kranken verschieden nach etwa vier bis fünf Stunden. In Macerata wurden inzwischen Barrikaden und Absperrungen errichtet. Gott möge uns beschützen.“

XLII
Aus Senigallia vom Inquisitor an den Kardinalvikar, gegen den Papst

„Die Cholera soll über des Heuchlers Haupt kommen,
der uns darben lässt und Krankheit schickt den Frommen.

Er und alle seine Kardinäle seien verdammt,
in Höllenqualen diese Schändlichen verbrannt.

Krepiert wie die in Spanien."

Die Cholera erreichte in Rom ihren Höhepunkt im glühend heißen Sommer 1837. Am 16. August, dem Namenstag des heiligen Rochus, litten immer mehr Menschen an wässrigem Durchfall, der am Ende aussah wie Reiswasser. Die Augen waren blutunterlaufen und sanken tief in ihre Höhlen. Die Zungen fühlten sich kalt an, während schrecklicher Durst die Kehlen austrocknete. Vom Brechreiz geschüttelt schlugen die Kranken ruckartig mit dem Kopf gegen die Knie, die fest zusammengedrückt schon die Totenstarre vorwegnahmen. Das Ende kam schnell. In den vorausgegangenen Wochen waren ähnliche Sterbefälle noch als ganz normal betrachtet worden, als der natürliche, alltägliche Verlust an Menschenleben. Die letzten Stunden der Kranken waren vielleicht wegen der drückenden Hochsommerhitze und der bis Ende September unablässig wehenden Südwinde etwas mehr von Krämpfen begleitet und besonders leidvoll.

Rom war auf die Epidemie nicht vorbereitet, obwohl man wusste, dass die Krankheit existierte. Sie war erstmals in Indien ausgebrochen „wegen der Überschwemmungen des Ganges und wegen meteorologischer Besonderheiten" und hatte sich über die Karawanenstraßen ins asiatische

Russland ausgebreitet. Von Russland aus hatte sie auf einer Handelsroute Danzig erreicht und war übers Meer nach England und Frankreich getragen worden. Diese Verbreitungswege hatten die Mediziner Lupi und Cappello nachgewiesen, die der Papst zu diesem Zweck nach Paris geschickt hatte, wo sie sehr gut beobachten konnten, wie die Franzosen auf dem Höhepunkt der Epidemie gegen die Krankheit vorgingen. 1832 war die Cholera von Paris aus in Marseille angekommen und verbreitete sich über das Mittelmeer heimlich wie die Ratten im Schiffsbauch in den italienischen Häfen Genua und Livorno. Dort achtete man nicht besonders auf die paar Todesfälle „vor allem armer, alter Frauen und Individuen aus den untersten Schichten". Und doch war dies der Beginn der Epidemie von *morbus cholera*, der in der ausländischen Presse zum Schaden der Handelsstadt groß aufgemacht wurde. Zehn Tage später war Livorno entvölkert, die Geschäfte geschlossen, es gab Hunderte Kranke und Dutzende Tote.

Über die Ursachen der tödlichen Krankheit und auf welchem Wege sie von einem Körper zum anderen wanderte, bestand keine Klarheit. Entgegen anderen Ansichten waren die beiden Mediziner aus Rom der Überzeugung, dass die Cholera wegen der besonderen Charakteristiken des Ortes vom Ganges stammte. Doch die Tatsache, dass es dort mehrere Ausbrüche gegeben hatte und die Krankheit im Lauf der Zeit in verschiedenen Teilen Europas (und dann Afrikas, ja sogar Amerikas) auftauchte, war für sie ein sicherer Beweis für ihren ansteckenden Charakter. Abgrenzen, isolieren und purifizieren galt als das wirksamste Vorgehen. Aber auch die Vermeidung von Kriegen und Hungersnöten, schmutzigen Straßen, überlaufenden Latrinen, unordentlichem Essen, übermäßigem Geschlechtsverkehr, allzu großer Gemütserregung und Niedergeschlagenheit. Wenn nämlich Körper und Geist nicht im Gleichgewicht waren, schlug die Krankheit zu. In Paris waren diejenigen, die sich nicht verschwitzt der kalten Morgenluft aussetzten, die keinen Wein tranken und keine schweren Speisen aßen, nicht so unsinnig waren, in der Seine zu baden, und enthaltsam lebten, von der Krankheit verschont geblieben. Wenn das niedere Volk seinen Durst statt mit Wein doch nur mit dem guten Trinkwasser, über das Rom so reichlich verfügte, löschen würde. Wenn sich die Ärzte nach überstandener Krankheit in gut belüfteten Räumen aufhalten, sich gelegentlich die Hände mit Wasser und Kalziumchlorid waschen und die Ausräucherung der Räume anordnen würden, wäre die Krankheit zu besiegen. Andernfalls würde sich die Cholera, so ätherisch und unfassbar in ihrer Verbreitung wie verheerend und greifbar in ihrer Wirkung, durch die Miasmen in der Luft, durch den Atem oder die Haut verbreiten. Arme, Hände, Lippen und Schamteile, die ein Kranker oder jemand berührte, der einen Kranken auch nur gestreift hatte, wurden von der Cholera befallen, wie der Teufel die Körper der Besessenen befiel. Das Rätsel der Durchlässigkeit der Körper – und der Seelen. Auch aus Angst waren Menschen erkrankt.

Wie aber konnte man hoffen, dass die römische Bevölkerung sich in Mäßigung, Distanz und Reinlichkeit übte, wo die Mehrheit doch in dunklen Löchern, in obszöner Promiskuität von Männern, Frauen und Tieren, inmitten von Essbarem und Exkrementen, Lebenden und Toten hauste? Die Kommission für öffentliche Unversehrtheit [*Commissione di pubblica incolumità*], die der Papst nach den ersten alarmierenden Nachrichten eingesetzt hatte, untersuchte die Lebensumstände aller Stadtviertel von Monti bis Trastevere, vom Borgo bis zur Lungara. Die Kommissare besuchten dabei einen Domenico Emiliani, der mit seiner Frau und sieben Kindern in einem einzigen Raum lebte und mit allen auf der nackten Erde schlief. Sie sahen Giuseppe Nonno, der mit seiner Frau und drei Töchtern, von denen eine verheiratet, selbst Mutter mehrerer Kinder und schwanger war, auf zwei Strohsäcken ohne Leintuch schlief. Und sie rochen den Gestank aus dem ebenerdigen Loch, in dem Vincenzo Capuani mit seiner Frau, einem Bett, Hühnern und einem Esel hauste. Die Ausdünstungen, an die sich Tausende „unglückliche Wesen" ohne jede Hoffnung auf Besserung gewöhnt hatten, weil sie nicht wussten, dass die verpestete Luft und der festsitzende Schmutz nun zu einer tödlichen Bedrohung für alle wurden. Von diesen Miasmen, die der Armut und Ignoranz entsprangen, rührte die Hauptgefahr für die „Infektion der Luft" her.

Bei genauerem Hinsehen oder besser Hinriechen mussten die Kommissare zugeben, dass auch aus den Palazzi Gestank drang, wo die Exkremente schlicht aus den Fenstern in den Hof gekippt wurden, wenn man sie nicht einfach in den Nachstühlen, Kammern oder den Ecken der langen

Korridore vergaß. Sogar in den Kirchen sammelte sich der Unrat hinter Beichtstühlen und Paravents aus Damast. Die Straßen waren voll davon, es gab kein Entkommen. Er flog aus den Fenstern und drang aus dem Boden, in jedem Augenblick, bei Tag und bei Nacht. Auf diesen Straßen hielten Fischverkäufer ihre Ware feil und besprengten sie ständig mit Wasser, das sich mit den Schuppen, den aufgerissenen Mäulern und glasigen Augen der Fische, dem Staub und den Abfällen der Karren zwischen den Verkaufsständen zu einer blutigen, stinkenden Masse vermengte. Auf diese Straßen öffneten sich die Läden der Kuttelverkäufer, die die Abfälle aus den Därmen vor ihrer Tür entsorgten; die Läden der Kammverkäufer, die monatelang die Hörner von Rindern mit ihren fleischigen Teilen vor der Tür hängen ließen, bis getrocknete Fetzen davon in den Eingang herabrieselten; und die Läden der Hühnerverkäufer, die aus ihren winzigen Buden mit bis zum Bersten gefüllten Käfigen ganze Körbe voller Mist auf die Straße schleuderten.

Durch diese Straßen nahmen die Gläubigen am 1. September 1836 barfuß und verängstigt von den ersten Nachrichten über die drohende Epidemie an einer vom Papst angesetzten Prozession teil, um den Schutz des wundertätigen Marienbildes in der Basilika Liberiana zu erbitten. Drei Tage später waren siebenhundert Menschen erkrankt und dreihundert tot. In den folgenden Monaten füllten sich die Krankenhäuser mehr und mehr, bis Ende August des nächsten Jahres alle Betten belegt waren. Daraufhin musste man in den Klöstern Notlager errichten und aus dem Königreich beider Sizilien Nachschub an Zitronen einführen, deren Saft mit Wasser gemischt in großen Mengen ausgegeben wurde. Ströme von Wasser und Zitronensaft ergossen sich nutzlos in die von der Dysenterie ausgezehrten Körper. Währenddessen stöhnte die Stadt unter der drückenden Hitze, und die Juden verkauften die Kleider und die Matratzen der Toten, ohne diese vorher in den dafür eingerichteten „Cholera-Wäschereien“ mit Seife reinigen zu lassen. Die Kommission hatte den Gebrauch von Seife statt der Mischung aus Hühnerdreck und abgestandenem Urin empfohlen, den die Wäscherinnen trotz aller Verbote in ihren Zubern verwendeten.

Für den Jesuitenorden bot die epidemische Katastrophe eine unschätzbare Chance. Seit dem ersten Auftreten der Krankheit in Europa häuften sich die Berichte aus Turin, Genua, dem Kirchenstaat, Neapel und Sizilien über die selbstlose Hilfe der Patres und die unzähligen überraschenden Ergebnisse ihrer Opferbereitschaft. „Von wegen Missionieren und Fasten." In Palermo, wo man die Jesuiten nie mehr hatte sehen wollen, waren sie nun die gesuchtesten Beichtväter. In Rom änderten die „Verblendeten, die uns aus Erziehung oder böswilligem Unglauben bis vor Kurzem als die schlimmsten Feinde für das Glück der Menschheit betrachteten, ganz schnell ihre Meinung und wollten fast mit uns Frieden schließen". Die Ärzte machten sich zu ihrer eigenen Sicherheit aus dem Staub, berichten die Dokumente der Jesuiten. Und wenn sie blieben, waren sie nutz- und hilflos. Sie kannten nicht nur kein Heilmittel, sondern vertraten zudem die abwegige und gefährliche Ansicht, die Ansteckung sei universell und unausweichlich. Unter den Ärzten tobte eine heftige Auseinandersetzung zwischen Epidemisten und Kontagisten. Erstere waren der Ansicht, die Krankheit werde von den Miasmen verursacht und deshalb seien Quarantänemaßnahmen vollkommen sinnlos. Letztere dagegen sahen die Krankheitsursache in der Ansteckung. Da sie sich in Italien durchsetzten, wurde das Land in Sicherheitszonen eingeteilt. „Ich werde in einem von diesen Häusern mit Engländern, Protestanten und Frauen und wem auch immer eingesperrt werden und kann vielleicht nicht einmal … die Messe lesen", entrüstete sich der Provinzial von Neapel, weil er auf dem Weg nach Rom in Sora in Quarantäne musste.

Alle Patres des römischen Kollegs waren in der Behandlung der Cholerakranken tätig und erhielten genaue Anweisungen, wie sie diese lebensgefährliche Aufgabe bewältigen sollten. Man empfahl ihnen, die Kranken nicht zu berühren. Der Pariser Arzt Récamier schlug sogar vor, ihnen nicht ins Gesicht zu sehen. Beim Zuhören sollten sie auf die Füße schauen. Da aber die Ärzte die Kranken nicht behandelten, oblag diese Pflicht den Patres. Man musste die Haut der Kranken reiben, um sie zu wärmen. Auch Pater Manera folgte diesem von der medizinischen Literatur empfohlenen Vorgehen. Auch er massierte die steifen Glieder der Sterbenden, um ihnen die Wärme zurückzugeben, die durch die Nervenkontraktion verloren gegangen war. Man konnte auch glühend heiße Umschläge anwenden, auf dem Feuer erhitzte Ziegelsteine, Flaschen mit brennend heißem Sand, ein glühendes Eisen an den Fußsohlen oder entlang der Wirbelsäule, nachdem man die Stellen mit Terpentin behandelt hatte. Oder aber, wie im Pariser Hôtel de Dieu, elektrische Schläge mit der von Alessandro Volta entwickelten Batterie. Bei ihrer Rückkehr in die Ordenshäuser unterzogen sich die Patres einer Ausräucherung durch Kalziumchlorid. Sie schlossen sich eine Zeit lang in einem Raum ein, in dem eine Karaffe mit einer Mischung aus flüssiger und pulverisierter Schwefelsäure über einem Feuer erhitzt wurde. Zuerst im Stehen, dann im Sitzen warteten sie, bis ihre Kleidung und Kopfbedeckung mit Dampf getränkt waren und achteten dabei darauf, nicht zu tief zu atmen. Die Hände mussten nicht unbedingt gewaschen werden, sollten aber in einer Mischung aus Kalziumchlorid und Wasser aneinander gerieben werden. Folgt man den Dokumenten in ihren Archiven, so starb keiner der Jesuiten während der Epidemie, und man betrachtete dies als ein Zeichen göttlichen Beistands.

Der Krankenpfleger und Jesuit Pietro Antonacci heilte etwa zwanzig Menschen mit einer Ölkur: Er verabreichte eineinhalb Liter Olivenöl, die in kleinen Schlucken getrunken werden mussten, Reiswasser und Antiemetika gegen Durchfall und Erbrechen sowie Senfwickel für die Glieder, was auch immer die Ärzte darüber sagen mochten. Dem Generaloberen riet er, allen Patres, die in der Krankenpflege tätig waren, diese Kur vorzuschreiben. Seine Geschichten über die Heilung der Cholera veröffentlichte Antonacci etwa zwanzig Jahre später in einem Anhang zum *Catechismo medico* zusammen mit achtzig anderen Krankheitsfällen aus seiner langen Praxis als Krankenpfleger im Kolleg der Kongregation zur Verbreitung des Glaubens, die man als Krankengeschichte des römischen Klerus zu Beginn des 19. Jahrhunderts lesen kann. Als wertvolle Hilfe für die Missionare bei ihrem Kampf um die Herzen der „Barbaren" dank der neuesten Errungenschaften der Medizin stellte die Zeitschrift *La civiltà Cattolica* die Schrift vor. Erfahrene Ärzte, die sie guthießen, waren jener Agostino Cappello, den Gregor XVI. mit Achille Lupi nach Paris geschickt hatte, um die dortigen Heilungsmethoden zu studieren, und Andrea Belli, der trotz der Unstimmigkeiten im Falle Hamerani den Jesuiten immer noch nahestand.

Unter den vielen im *Catechismo* vorgestellten Heilungsgeschichten findet sich auch die von Augustin Theiner. Durch die Genesung von der

Cholera wurde er zum zweiten Mal bekehrt, denn er war nicht nur als getaufter Protestant durch Pater Kohlmann für den Katholizismus gewonnen worden, sondern nun auch von seinem Glauben an die Homöopathie geheilt. Antonacci verachtete die wenigen in Rom existierenden Homöopathen, deren Konventikel er nur besuchte, um gegen sie vorzugehen. Ihr erster und schwerster Fehler war in seinen Augen die Ablehnung des Aderlasses, den er unzählige Male praktiziert hatte, und, wie er schrieb, wegen seiner großen Wirksamkeit gegen die wachsende Zahl der Kritiker stets verteidigen werde. Wahrscheinlich war er es gewesen, der Pater Kohlmann vor seinem Tod noch zur Ader gelassen hatte.

Auch Pater Massa wurde in Begleitung eines irischen Arztes bei den Cholerakranken in Trastevere gesehen. In den menschenleeren Straßen wurden Feuer entzündet, Kanonendonner, Gewehrschüsse und Feuerwerksknaller zerrissen die Stille, denn man hoffte, damit die von Miasmen erfüllte Luft zu reinigen. Gegen Abend rollten Karren durch die Straßen, um die Toten aufzuladen. Hunde jaulten im Todeskampf, vergiftet durch die von den Wachen ausgestreuten Brechnüsse. Möglicherweise waren es die Tiere, die die Krankheit übertrugen, oder aber die Juden aus dem Ghetto, die die Kleider und Matratzen der Toten verkauften, oder das Volk, das weiterhin mit entblößten Armen und nackten Füßen an den Prozessionen teilnahm und dadurch die Haut den Miasmen aussetzte. Der Papst hatte sich im Quirinal verschanzt, und die Pfarrer blieben in ihren Sakristeien. Auch der Pfarrer von San Carlo ai Catinari. Eine Frau, die ihn mit ihrem Kind auf dem Arm um Hilfe anflehte, jagte er mit Fußtritten fort. Es war nicht mehr Tommaso Manini, der die Familie Hamerani besucht hatte. Manini hatte die Pfarrei ein Jahr zuvor verlassen „wegen seiner Störungen", wie die Quellen vage formulieren.

Vielleicht hatte sein Abschied etwas mit Veronicas Fall zu tun. Als er die Pfarrstelle in San Carlo ai Catinari übernommen hatte, war Veronica vierzehn Jahre alt, Tommaso Manini sechsundzwanzig. Er war davon überzeugt, dass der Glaube der Frauen die Kirche retten werde. Eines Sonntags hatte ihm eine gewisse Elena Bettini bei der Beichte gesagt, dass sie den Schleier nehmen wolle. Die Achtzehnjährige war für den Pfarrer von der Vorsehung geschickt. Mit ihr gründete er eine Bildungseinrichtung für bettelnde Mädchen, um sie von der Straße zu holen und ihnen eine Beschäftigung zu geben, denn die Untätigkeit führe zur Verderbnis der Sitten. An einem Septemberabend des Jahres 1832 legten Elena und zwei weitere junge Frauen in dem Haus, das sie und Tommaso Manini gemietet hatten, „ein einheitliches schwarzes Gewand aus Wolle an, wie es die Barnabiter tragen". Die *Figlie della Divina Provvidenza* [Töchter der göttlichen Vorsehung], wie sie sich bis heute nennen, eröffneten die erste Schule für arme Mädchen in der Via de'Falegnami, nicht weit von der Via di Sant'Anna. Pater Tommaso Manini dachte vielleicht an den hingebungsvollen Fleiß dieser in schwarze Wolle gekleideten Mädchen, als er Veronica Hamerani geistlichen Beistand leistete. Vielleicht hätte auch sie demütig in den Dienst der Vorsehung treten können. Allein sie zu retten, wäre ein Erfolg gewesen. Doch es gelang ihm nicht.

Pater Massa starb am 18. August 1837 an „Ektasie der Atemwege". Dass er schwach auf der Brust war, wusste man, seit er aus Spanien nach Italien zurückgekommen war und sich in Ferrara aufhielt. Seine Mitbrüder berichteten aus Ferrara nach Rom, dass er Blut spucke. Anfangs aber genügten drei Aderlässe und drei Tage Bettruhe. Bevor ich mich von ihm verabschiede, kann ich seinem Gesicht mit dem einen Auge in meiner Vorstellung noch einen Bart hinzufügen, denn am 4. April 1835 steht im *Exorzismus* geschrieben: *Zu Pater Massa, der in sie dringt: Es ist nicht der richtige Zeitpunkt, du weißt, dass jetzt nicht der richtige Zeitpunkt ist […] Trällert vor sich hin. Der Bärtige ist fertig. Lacht.* Außerdem bleibt mir seine Uhr in Erinnerung, die er aus Spanien mitgebracht hatte. Sie war „in ziemlich traurigem Zustand, aber mit gutem Gehäuse aus Silber". Er hätte sie gern behalten, wenn es der Ordensgeneral erlaubt hätte.

Augustin Theiner wurde Priester und trat in die Kongregation ein, die den römischen Index erstellte, wo einst seine eigenen Werke verboten worden waren. In dieser neuen Stellung verbot er viele in dieser Zeit erschienene Werke, zum Beispiel die Bücher der Schriftstellerin George Sand, die das Publikum auf gefährliche Weise fesselten, und außerdem ein Buch seines eigenen Bruders. Diese Geste beeindruckte den Papst so sehr, dass er ihn zum Aufseher über die Vatikanischen Archive machte. Doch selbst auf diesem Posten blieb er nicht lange. Graf von Reisach kehrte aus Rom nach Deutschland zurück, wurde Bischof, bedeutender Förderer frommer Frauen und Entdecker von Mystikerinnen und Visionärinnen.

Nach dem Ende der Epidemie schickte der Generalobere Pater Manera als Lehrer der Theologie nach Neapel. Seine Mitbrüder erinnerten sich später vor allem daran, dass bei ihm in den Nächten kein Licht brannte. Pater Manera meditierte in seinem Zimmer schweigend und von Skrupeln geplagt über der Lektion des kommenden Tages. Als aus Rom die Nachricht kam, dass er zum Provinzial für Neapel ernannt worden war, gab er lediglich zur Antwort, er sei von „merkwürdiger Bestürzung und Niedergeschlagenheit erfasst worden". Als ginge es nicht um ihn, schrieb er: Der „unfähige und ohnmächtige P. Francesco [...] ist so wenig geeignet, die Leitung einer Ordensprovinz zu übernehmen, wie ein armseliger Tambur, der aufs Pferd steigen und ein zur Schlacht aufgestelltes Bataillon befehligen soll". Der Generalobere, der ihn seit den Zeiten kannte, als Manera in Turin unterrichtete, ließ sich nicht beeindrucken und bestätigte die Ernennung.

Die Jahre in Neapel brachten ihm höchste Ehren, aber auch schwere Lasten. Das geht aus den Berichten hervor, die Pater Manera nach seinen Besuchen in den Kollegien des Königreichs anfertigte, die er mit klapprigen Karren auf staubigen Straßen durch die mediterrane Macchia nur mühsam erreichen konnte. Es war nicht leicht, die Sprösslinge des bourbonischen Adels zu zähmen. Die schwarzen Eminenzen mussten den kleinen Prinzen, die noch an wilde Ausritte und die Umarmungen ihrer Mütter gewöhnt waren, in den eintönigen, kahlen Sälen der Jesuitenschulen Disziplin beibringen; sie mussten sich der Einmischung der Familien erwehren, die ihre Kinder alle zwei Wochen zu Hause haben wollten und nur widerwillig den vielen Lateinunterricht akzeptierten, während in einer immer moderner werdenden Welt das Vordringen der Naturwissenschaften die klassischen Fächer stetig zurückdrängte. Die Schülerzahl zu erhöhen, ohne die strenge Disziplin zu lockern, war schwer und gelang vor allem dadurch, dass man die besten Schüler öffentlich auszeichnete und damit die hervorragende Ausbildung durch die Jesuiten allgemein bekannt machte. Gleichzeitig musste der Koadjutor vor den Verlockungen der Sinne bewahrt werden, denen er trotz ständiger Mahnung immer wieder erlag. Dann galt es, die Ausgaben der Köche im Blick zu behalten, die so sparsam wie möglich mit den Essensrationen umgehen sollten, ohne die Sprösslinge des Adels Hunger leiden zu lassen. Vor allem aber ging es darum, die liberalen Ideen zu bekämpfen, die in Europa kursierten und auch den Staat des frommen Ferdinand II. bedrohten.

Im September 1847 starb Pater Manera in Rom, wo er als fast Fünfzigjähriger zum Leiter des *Collegium Romanum* bestellt worden war. Vier Wochen lang quälte ihn eine von „nervösen Krämpfen" begleitete „rheumatische Gastritis". Die nervösen Beschwerden rührten von einer Indisposition des Darmes insbesondere im linken Hypochondrium her. Dass Verdauungsbeschwerden durch „un quid simile della malinconia"[1] ausgelöst werden, wusste man seit den Zeiten Galens. Maneras Mitbruder Antonacci hatte in seinem *Catechismo medico* geschrieben, dass durch die Ausdehnung der Darmwände nach dem Essen vor allem nachts seltsame Ideen entstehen konnten. Auch Pater Bernardo starb kurze Zeit später an einer in den „Hypochondrien" ertastbaren fleischigen Geschwulst, „die er teuflischen Drachen nannte, und den Auswurf aus seinem geschwächten Magen als Geifer dieses Höllenwurms titulierte". Je mehr er in der Melancholie versank, desto größer wurde die fleischige Geschwulst. Vor seinem Tod hatte man ihn eines Abends im Oktober am Fuße des Posillipo genannten Hügels im Meer beobachtet. Trotz des Seegangs stand er aufrecht und regungslos, den Blick zur Küste gerichtet.

Als Todesursache von Pater Manera stellte sich schließlich nicht die Hypochondrie, sondern die absteigende Aorta heraus, die um mehr als das Doppelte des Normalen ausgeweitet war. Das fand Doktor Belli heraus, der den Leichnam für eine Autopsie geöffnet hatte. Im Mai 1853 sezierte Belli auch die Leiche des Generaloberen, wie er in seinem nach wie vor regelmäßig geführten Tagebuch notierte. In den letzten Jahren schrieb er mehr und mehr seine Ängste nieder, seit sich in Rom wieder die liberalen Ideen verbreiteten. Im Herbst 1847 hatte Belli diese Bedrohung zum ersten Mal gespürt, genau zu der Zeit, als er Maneras Leiche sezierte, der kurz vor dem „politischen Umsturz" gestorben war. „Alle verschworen sich für

1 „etwas der Melancholie Ähnliches"

eine Verfassung und gegen Mönche und Priester, insbesondere die armen Jesuiten waren heftiger Verfolgung ausgesetzt.“ Der Generalobere selbst forderte seine Mitbrüder Ende März 1848 auf, Rom zu verlassen. Doktor Belli verlor deshalb die 120 Scudi jährlich als ihr Arzt, ein Verlust, der ihn sehr schmerzte. Als im Februar 1849 die Römische Republik ausgerufen wurde, weigerte sich Belli zunächst, den Eid abzulegen, weil Papst Pius IX. sein Veto eingelegt hatte. Dann aber leistete er den Schwur doch noch, um seinen Posten als Militärchirurg nicht zu verlieren. Seit diesem Zeitpunkt hatte Belli keine ruhige Minute mehr. „Er schien sichtbar den Teufel im Leib zu haben.“ Vor dem Marienbild in seiner Hauskapelle schwor er, sein Leben lang am 7. März, an dem er den Eid auf die Republik geleistet hatte, mit Wasser und Brot zu fasten. Als die Apostolische Pönitentiarie den Beichtvätern erlaubte, denjenigen, die den Eid abgelegt hatten, gegen bestimmte Bußen die Absolution zu erteilen, nahm Belli alle Bußübungen auf sich, aber seine Beunruhigung verschwand nur teilweise. Angst und Einsamkeit überwältigten ihn immer mehr, wenn er die Nächte im Keller des *Arcispedale della Consolazione* verbrachte, während draußen die belagerte Stadt vom Donner der Kanonen widerhallte.

Auch San Carlo dei Catinari wurde getroffen. Im Juni 1849 schlugen etwa zwanzig Kanonenkugeln in die Kuppel, das Dach und die Fassade ein. Auf dem Platz vor der Kirche gingen Karren in Flammen auf, im Kloster wurden Soldaten einquartiert, und die Mönche mussten sich im Refektorium zusammendrängen.

Was hinter dem Konvent in der Via di Sant'Anna während der Kämpfe um die Römische Republik geschah, ist nirgends festgehalten. Nach den Kirchenbüchern, die der Pfarrer bis einige Jahre zuvor geführt hatte, wohnten im Haus Nummer 52 weiterhin Veronica Hamerani und eine fast siebzigjährige Haushälterin. Neben dem neuen Koch namens Benigni und einer siebzehnjährigen Magd waren sie die einzigen in der Straße, denen die Sakramente verweigert wurden. Der Grund für diesen Ausschluss wurde nicht genannt.

Veronicas Mutter Maria Vittoria war 1845 gestorben, ihr Vater Giovanni wenige Monate später. An diesem Novembertag, an dem sie ohne direkte Blutsverwandte zurückblieb, erreichten die inzwischen erwachsene Veronica bei der Eröffnung des Testaments, das ihr Vater fünfzehn Jahre früher dem Notar übergeben hatte, Worte aus der Vergangenheit, die sie noch immer als kleine Schwester und jüngste Tochter bezeichneten und zum Gehorsam gegenüber der Mutter ermahnten. Sie sollte eine Mitgift von 3000 Scudi erhalten, für eine von Giovanni geplante Hochzeit oder für den Eintritt ins Kloster. Der größeren Schwester Antonina, die sich im Kloster bereits Maria Francesca Saveria nannte, wurde eine Rente für ihren Unterhalt als Benediktinerin ausgesetzt. Giovanni war sich darüber klar, dass wegen ihres Geschlechts keine der beiden Erbinnen den Beruf des Medailleurs würde ausüben können. Anna, die Enkelin eines Vorfahren namens Johann Andreas, hatte das Kristallglas für die Leuchter in Sankt Peter graviert und war mit noch nicht einmal vierzig Jahren gestorben. Auch die arme Beatrice hatte sich darin versucht, war jedoch mit einem Wasserkopf gestorben, weil sie in ihrer Jugend Kristallformen geschnitten hatte, „eine zu anstrengende und zu anspruchsvolle Tätigkeit für ihr Geschlecht".

Veronica wurde weder Medailleurin noch die Braut eines Mannes oder Braut Christi, was Giovanni nicht hatte wissen können, als er sein Testament aufsetzte. Damals gab es noch andere Lebende, die bedacht werden mussten. Maria Vittorias Schwester Maria mit Mann und dem einzigen geliebten Sohn. Diesem blonden Giuseppe Degasperis musste Veronica nach dem Tod ihres Vaters eine goldene Uhr übergeben, die Giovanni für ihn vorgesehen hatte. Die blauen Augen ihres immer fröhlichen Cousins glänzten bei der Übergabe vielleicht vor Rührung. Der fünfundzwanzigjährige frischgebackene Rechtsanwalt würde das Erbstück in seiner Anzugtasche tragen. Und vielleicht hatte er es auch bei sich, wenn er an den kommenden Sommerabenden auf dem Land bei Grillengezirpe für eine kleine Gruppe von Freunden bunte Laternen entzündete und sie in den Abendhimmel aufsteigen ließ. Seine junge, immer schwangere Frau Adelaide saß mit den Händen im Schoß dabei und verfolgte die Lichter, wie sie in den Himmel aufstiegen, klein wurden wie die Sterne und dann im Dunkel der Nacht verschwanden unter dem unendlichen Himmelszelt, unendlich wie ihre Ehrfurcht als Ehefrau vor dem Geheimnis, das sich in ihrem Leib regte. Wenn der Himmel wieder dunkel wurde und die Blicke auf die Erde zurückkehrten, um sich voller Bewunderung zu begegnen, wurde gleich wieder begeistert geklatscht. Von Neuem sperrten die Freunde vor Erstaunen die Münder weit auf und reckten die Nasen in die Höhe: Das offene Antlitz Giuseppes strahlte vor Freude über die gelungene Überraschung, als ein von ihm gefertigter Papierballon schwankend in die Höhe schwebte und sein gelbliches Licht auf die von der Hitze glänzenden Gesichter der ländlichen Runde warf. Die Nacht flüsterte Giuseppe noch weitere Versprechen auf Wärme und Lebendigkeit ein. Jung, kräftig und athletisch, wie er noch war, schlug er seinen Freunden einen Wettlauf im Dunkeln vor. „Mein Peppino", dachte seine Frau und schaute ihm mit dem sanften Blick der Hochschwangeren nach, während sie für ihren Mann vielleicht auf die goldene Uhr des verstorbenen Onkels aufpasste. Giuseppe gewann das Rennen, und in seinem kräftigen Nacken und seiner breiten Brust pulsierte das Leben vor freudiger Anstrengung. So wurde er von seinem Freund Francesco Angelini beschrieben, der bei diesen ländlichen Festen wie Adelaide nicht an den Wettrennen teilnehmen konnte, weil er schon zu alt war. Damit erinnerte er sich des mit dreiundvierzig Jahren verstorbenen Giuseppe.

Im Jahr 1863 notierte Doktor Belli nichts in sein Tagebuch. Immer mehr Seiten blieben leer, dann aber berichtete plötzlich eine unsichere Hand von der Erschütterung über die Kriege gegen den Kirchenstaat. Eines Morgens im Mai erfasste Belli „ein schweres Nervenleiden, er schwankte auf der Straße und wurde an der Chiavica del Bufalo, dem Ochsenwehr, von einem Karren zu Boden geworfen. Nur durch ein Wunder konnte er gerettet und nach Hause gebracht werden." Im November stürzte Belli erneut und starb 1867. Ich habe keine Spur seines Letzten Willens gefunden, doch ich weiß, dass ihn in seinen letzten Jahren noch einmal die Liebe zu einer spanischen Marquise, bei der er eine vereiterte Brustwarze geheilt hatte, ereilte und nicht mehr losließ. Die Angebetete war eine treue Ehefrau, schenkte Belli aber trotzdem eine gestickte Tasche für sein Chirurgenbesteck. Als sie mit ihrem Ehemann Rom verließ und seine Liebe damit für immer verschwand, zerbrach Belli die für ihren Aderlass benutzten Lanzetten „in einem Anfall von Sentimentalität".

XLIII
12. April 1871
Testament von Maria Veronica Hamerani

Veronicas Schrift hielt sich gerade auf der unsichtbaren Grundlinie und hatte ab und an einen Schnörkel, etwa einen Schwung am Aufstrich des kleinen *d* oder einen eingerollten Grundstrich des *f*. Ihre *a* blieben offen, als würden sie auf etwas warten, blähten sich aber plötzlich von oben auf und schienen lebendig zu werden. Der Deckstrich des großen T in Testament beispielsweise schien vergebens davonfliegen zu wollen und blieb als bloßer Versuch in der Mitte hängen. Die Schriftzüge besitzen nicht den Schwung einer männlichen und geübten Hand, die schreibt und schreibt und die Buchstaben ohne Rücksicht auf die Lesbarkeit hinwirft, weil es viel zu schreiben gibt und die Welt draußen wartet. Stattdessen bewusste Disziplin (der häuslichen Klausur und der zäh dahinfließenden Zeit der einsamen Nachmittage?) mit einem kleinen Rest von Verspieltheit, als schriebe ein gealtertes Kind, das alle *o* schön rund macht und die Anfangsbuchstaben ausmalt. Wen gab es noch, der diese Schnörkel und Schwünge hätte beurteilen können? Der sie anmutig und lobenswert oder hässlich und tadelnswert hätte finden können? Von den Ihren lebte niemand mehr, und niemand war mehr hinzugekommen. Aber es gab noch Dinge und ihren Leib, den sie zurücklassen würde, weshalb sie ihren Willen niederschreiben musste. Es war ein Mittwoch im Frühling, Veronica fühlte sich gesund und schmerzfrei, doch sie fühlte sich, wie sie schrieb, von der Nähe des Todes bedrückt.

Noch vor der Nennung des eigenen Namens musste die Heilige Dreieinigkeit angerufen werden. Der Name des Vaters, des Sohnes und des Heiligen Geistes vor dem von Maria Veronica Hamerani, Tochter des verstorbenen Giovanni, geboren in Rom, die in Anwesenheit des Allmächtigen Gottes erklärte, im Gehorsam gegenüber der Heiligen Römischen Kirche leben und sterben zu wollen und alles zu glauben, was diese lehrte und festlegte. Nach ihrem Tod sollte ihre Leiche in der Kirche San Carlo dei Catinari beerdigt werden. Sie wollte ein eigenes Grab in der Kirche, deren Rückwand sich schon immer an ihr Haus gelehnt hatte und die, auch wenn ihre Mauer den Hameranis das Licht nahm, mehr ein Heim zu nennen war als das eigene. Für das Begräbnis sollte Rechtsanwalt Aquari sorgen, den Veronica als Universalerben einsetzte. Warum sie Aquari wählte, lässt sich nicht klären. An ihn – und im Falle, dass er das Erbe ablehnte oder vorzeitig starb, an seine noch minderjährigen Söhne – ging ihr gesamter unbeweglicher und beweglicher Besitz, Kredite, Vermögenseinkünfte, Mieteinnahmen, Aktien, Ansprüche, Rechte und insgesamt alles, was ihr zum Zeitpunkt ihres Todes zustand oder in Zukunft zustehen würde. Man brauchte nichts aufzuzählen, der Erbe wusste vielleicht besser als Veronica selbst, worum es sich handelte. Schließlich sollte das Krankenhaus von Santo Spirito 6 Lire erhalten, weitere sechs gingen an fromme Einrichtungen des Heiligen Landes, jedoch nur als einmalige Zuwendung. Im Übrigen ging Mutter Kirche leer aus. An jenem Tag war dies Veronicas letzter Wille, er machte die anderen Testamente, die sie in den Jahren 1855 und 1860 verfasst hatte, ungültig. Seit Langem bereitete sie sich auf den Tod vor. Worin sich dieses letzte Testament von den vorangegangenen unterschied, ob Veronica vor Aquari andere Erben benannt und dann verworfen hatte, weiß man nicht. Im September 1861 hatte sie von der *Compagnia del Santissimo Rosario* ganz in der Nähe der Via di Sant'Anna ein Haus gekauft, zwei Jahre später einen Lagerraum verkauft und dann 1865 ein Haus. 1873 verkaufte sie zwei sehr heruntergekommene Häuser an Aquari. „In Anbetracht ihres fortgeschrittenen Alters und ihrer angeschlagenen Gesundheit und weil sie keine Kinder und legitime Nachkommen" hatte, überließ sie ihm das Haus für 100 000 Lire. Die Urkunden aus dem Notariatsarchiv legen nahe, dass Veronica im Vollbesitz ihrer geistigen Kräfte gehandelt hat.

In der Sternwarte des *Collegium Romanum* der Jesuiten beobachtete jemand am 12. April 1871 nachmittags einen wolkenlosen Himmel mit einigen Cirruswolken im Westen, die am Abend wieder verschwunden waren.

Unterdessen war die Einheit Italiens vollendet und Rom zur Hauptstadt erklärt worden. Was Veronica darüber dachte und ob sie überhaupt darüber nachdachte, bleibt im Dunkeln.

XLIV
26. Februar 1883
Übergabe von Maria Veronicas Testament

Veronica behielt das vierfach gefaltete Papier mit einem geflügelten Greif als Wasserzeichen zwölf Jahre lang in einer Schublade, bis an einem Freitagnachmittag im Februar der Notar Ciccolini mit vier Zeugen kam, um es an sich zu nehmen. Der Augenblick war gekommen. Mit flüssigem Siegellack wurden acht rote Siegel aufgedrückt, ein Kardinalshut mit fünf Quasten, ein Falke auf einem Arm und drei Sterne. Die vier Zeugen, zwei Schreiner und zwei Lottoangestellte, Vater und Sohn, die im Stockwerk über Veronica wohnten, überwachten die Zeremonie, durch die ihr Letzter Wille festgeschrieben wurde. Im zweiten Zimmer von der Diele aus mit zwei Fenstern zur Terrasse in der Via di Sant'Anna. Veronica konnte die Urkunde, mit der sie bestätigte, dass sich alles regelkonform abgespielt hatte, nicht unterschreiben, denn seit geraumer Zeit hielt der rechte Arm nicht mehr still. Doch sie hatte zugehört, wie der Notar mit lauter Stimme ihr zwölf Jahre zuvor verfasstes Testament vorlas. Nichts hatte sich geändert.

Vielleicht kam ihr einen Augenblick lang der leuchtende Himmel eines Augustmorgens in Genzano in den Sinn, als die Sonne auf das Dornengestrüpp herniederbrannte, das den Weg zum Nemisee überwucherte. Antonina, die gerade von dem Ehrwürdigen Diener Gottes Pater Bianchi geheilt worden war, wollte an diesem Tag auf eigenen Beinen gehen, nicht auf einen Maulesel steigen und nicht getragen werden. Sie scheute weder Hitze noch Müdigkeit und lief vor allen anderen her, die ihr in stummer Prozession ohne Zeichen der Freude, ohne Gesang oder eine Litanei unter der mittäglichen Sonne folgten. Neben dem Lärm der Zikaden kein menschlicher Laut. Nur das Summen der Insekten und vielleicht ein unterdrückter Schrei aus dem tiefsten Inneren der Mädchen, die von diesem Schweigen befreit werden wollten. Der bloße Gedanke, die Freude über das Wunder ausleben zu wollen, musste damit geahndet werden, den geheilten Körper der Mühe der Pilgerschaft zu unterwerfen. Ihre Freude darüber, wieder laufen zu können, sollte die unter ihrem Strohhut vor der glühenden Augusthitze geschützte Achtzehnjährige in die von Nägeln durchbohrten Hände des Gekreuzigten von Nemi am Ende des dornigen Pfades legen und dort lassen. Noch immer erstaunt über ihre dienstbeflissenen Beine überschritt Antonina die Schwelle zur Christuskirche und ließ Sommersonne und Zikadengezirpe hinter sich. Im feuchten Halbdunkel nahm auch die Begeisterung ab und verwandelte sich in demütige, ewige Dankbarkeit.

Die anderen Mädchen, vor allem die von Genzano, gerieten leicht auf die schiefe Bahn, weil sie draußen in den Weinbergen bei der Arbeit frei herumliefen oder beim Austragen oder Abholen der Wäsche von Haus zu Haus gingen. An einem Weihnachtsmorgen hatte Maria die saubere Wäsche zu einem gewissen Grassi gebracht. Er schloss die Tür hinter ihr, schleppte sie ins hinterste Zimmer des Hauses, um sie zu vergewaltigen, und hielt sie dort einen Tag lang ohne Nahrung gefangen. Derselbe Mann hatte Agata Gewalt angetan, als sie sich über einen Kasten beugte, um frische Strümpfe für ihn herauszuholen. Vergebens wehrte sie sich und schrie um Hilfe, als er sie von hinten packte. Es dauerte so lang, dass sie im Geiste zwei Mal das Glaubensbekenntnis hersagte, so schien es ihr zumindest, denn sie war zu verstört und terrorisiert vor Angst. Agata wurde schwanger, aber ihr Vergewaltiger meinte bloß, wenn ihre Blutungen nicht mehr kämen, sei das nur ihrer Angst geschuldet. Ursula dagegen arbeitete in den Weinbergen, half aber auch einem Schneider namens Torelli beim Nähen. Er redete ihr ein, dem, mit dem sie ging, den Laufpass zu geben, und stattdessen mit ihm Liebe zu machen, denn der andere sei „ein Dreckstück, ein Aufschneider, und er verdiene mehr in einer Stunde als der in einem Tag“. Dann hielt er Ursula den Mund zu und schändete sie so brutal, dass sie fast ohnmächtig wurde. Nachdem sie sich mit Mühe nach Hause geschleppt hatte, bemerkte sie, dass ihr Hemd hinten ganz voller Blut war, was die erlittenen Schmerzen erklärte. Torelli hatte sich aus dem Staub gemacht. Eines Tages kamen aus Velletri Samtverkäufer und erzählten Ursulas Mutter, der Schneider würde zurückkommen, sobald er das Geld für eine Heirat zusammengekratzt habe. Doch er wurde nie wieder gesehen, und Ursula war längst mit seinem Kind niedergekommen.

Die Schwestern Hamerani durften von solchen Geschichten nichts wissen, die in der Regel vor das bischöfliche Gericht gebracht wurden, in der Hoffnung, die verlorene Ehre der armen Opfer durch eine Heirat wiederherzustellen. Sie mussten allerdings wissen, dass eine entehrte Frau nichts wert war. Vielleicht hatten sie eines Abends von der Straße die Stimme eines Mannes gehört, der einen Spottvers trällerte:

> Oh Jungfer, die du deine Ehr verlor'n,
> häng dir nen Stein um' Hals,
> gleich stürze dich ins Meer,
> und wasch den Ruf da rein.

Antonina war als Braut Christi im Kloster Santa Maria in Campo Marzio gestorben. Ihr von Aderlässen ausgezehrter Leichnam wurde von den Ärzten seziert und sorgfältig untersucht. Am 2. März 1883, an dem ein Nordostwind tiefhängende, schwere Wolken vertrieb, starb um halb fünf Uhr nachmittags auch Veronica. Zwei Tage später wurden in Anwesenheit von zwei Lottoangestellten, dem Notar und dem Universalerben Rechtsanwalt Aquari die Siegel des Testaments erbrochen. Ein Papier des zweiten Bezirks der Stadt Rom bestätigte, dass außer Aquari niemand auf Veronicas Besitz Anspruch erhebe. Ihre Leiche wurde in der Mauer des städtischen Friedhofs beigesetzt. Was sie mit ihrem Besitz gemacht hat, wie es mit ihrer Keuschheit stand, die fünfzig Jahre früher in Zweifel gezogen worden war, als in ihrem Zimmer Ärzte, Exorzisten, Gläubige und Neugierige ein und aus gingen, weiß ich nicht zu sagen.

XLV

Rom, vor Kurzem

Meine Aufzeichnungen

Um Veronicas Grab zu besuchen, habe ich den kältesten Tag des Jahres, einen Montag im Dezember kurz vor der Sonnenwende gewählt, an dem das Licht um ein Uhr schon so fahl wie bei Sonnenuntergang ist und die Häuserfassaden von der Kälte wie saubergefegt sind. Die Straßenbahnen kreischen dann besonders laut in den Schienen, alles dauert ewig und das bisschen Wärme unter den Jacken ist schnell aufgebraucht, während man am Piazzale Verano auf die Linie 19 ins Stadtzentrum wartet.

Ich bin zwei Stunden lang zwischen den Gräbern umhergeirrt. Nur ich und die Katzen, dicke, schwarze Katzen mit halbgeschlossenen Augen, den Schwanz wie eine Antenne hochgereckt, um sich an den moosbedeckten Marmorsteinen zu reiben. Sie balancieren auf den brüchigen Grabsteinen mit der Natürlichkeit dessen, der den Ort bei Tag und bei Nacht in- und auswendig kennt, dann rollen sie sich zusammen und verharren, als würden sie auf etwas warten. Vor einem Monat habe ich im Informationsbüro der städtischen Friedhofsverwaltung angerufen, aber die Signora konnte mir nicht sagen, ob der Name, den sie in ihrer Liste gefunden hatte, der von mir gesuchte war, denn die alte Schrift mit den vielen Mehrdeutigkeiten sei nicht zu entziffern. Im Hintergrund waren Gespräche aus einem überfüllten Büro zu hören, jemand, der protestierte und zur Antwort erhielt: „Was soll ich Ihnen sagen, wir sind hier in der Hauptstadt Rom." Also gehe ich persönlich hin, gestärkt von einem in der Tavola Calda auf dem Platz im Stehen getrunkenen heißen Tee, und werde von einem sportlich aussehenden Mann empfangen. Er macht auf mich den Eindruck, als sei er gerade erst angekommen oder bereits im Gehen, und ich mache mich auf eine grobe Abfuhr gefasst. Ein Heizlüfter bläst mir warme Luft ins Gesicht. Ich erkläre dem Angestellten, dass ich das Grab einer 1883 gestorbenen Frau suche, einer 1883 „verschiedenen" Frau, wie es in den Formularen auf dem Tresen heißt. Der Nachname Hamerani wird manchmal ohne H geschrieben, der Vorname Veronica lautet gelegentlich Maria Veronica. Aufmerksam sucht er mit den Augen etwas ab, was ich nicht sehen kann, weil der Computerbildschirm ihm zugewandt ist, aber ich sehe, dass er die Stirn runzelt, als er sagt, der Name sei lesbar, das Datum ebenfalls, aber wo das Grab im Friedhof liege, lasse sich nicht erkennen. Ich bitte ihn, mich selbst nachschauen zu lassen, da ich, geübt im Lesen von Handschriften, vielleicht etwas herauslesen könne, aber dem als PDF gescannten alten Register ist wirklich nichts Vernünftiges zu entnehmen. Eine Reihe von Buchstaben und Nummern, die nach Aussage des Angestellten nichts mit der üblichen Nummerierung zu tun hat. Weder er noch ich können das entziffern. Meine Frage, ob es jemanden gibt, der uns einen Hinweis geben könnte, verneint er kopfschüttelnd.

Dann schaut er mich mit zusammengekniffenen Augen an und fragt, ob ich wisse, wer Veronica hat bestatten lassen, ich nenne ihm den Namen Antonio Aquari. Er tippt den Namen ein und geht eine Liste durch, tippt erneut, geht die Liste abermals durch, und plötzlich ruft er: „Treffer!" Mit stolzgeschwellter Brust erklärt er mir – auf seinem Schreibtisch der Kalender eines Reiseveranstalters mit Bildern aus tropischen Gefilden –, Intuition müsse man haben. Und ich antworte ihm schmeichelnd, dass ich sieben Jahre lang auf der Suche nach dem Testament dieser Frau gewesen sei und noch heute danach suchen würde, wenn es nicht jemanden wie ihn gegeben hätte, der mich auf das richtige Archiv aufmerksam gemacht hat. Er druckt ein Formular aus, auf dem die Verschiedene mit Nachnamen „Kalmerani" und mit Vornamen Maria Veronica heißt. Doch das Todesdatum stimmt, und als Grabstätte ist „unter den Außenmauern, Haupteingang, Reihe 97, Nummer 6" angegeben.

An diesem Punkt erwarte ich, dass der Angestellte einen Plan aus dem Schreibtisch zieht, auf dem alle Gräber mit ihren Nummern und der genauen Lage auf einem Gitternetz eingetragen sind, mittendrin ihr Grab, vielleicht sogar mit einem Frauenporträt auf einer Kamee, sodass ich mir eine Vorstellung von ihrem Gesicht machen kann. Doch mit einer solchen Information kann das Informationsbüro der Friedhofsverwaltung nicht aufwarten, und nun ist es an mir zu suchen. Der Angestellte gibt mir lediglich eine Broschüre, auf der die Haupteingänge und die Haltestellen des Shuttlebusses verzeichnet sind. Falls ich auf dem Friedhof noch Fragen haben sollte, könne ich mich an die Totengräber wenden, die aber von 14 bis 15 Uhr in der Mittagspause sind. Als ich mich bedanke, hätte ich Lust, ein Orangenbrausebonbon aus der Büchse auf dem Schreibtisch der Angestellten nebenan zu stibitzen, aber das kommt mir übergriffig vor, denn ich habe ja schon viel erreicht. Deshalb verabschiede ich mich und gehe zum Haupteingang, wo ich direkt an der linken Mauer zu suchen beginne. Gleich hinter der Ecke und zwei Stufen tiefer taucht man in Stille ein, als ob der große Friedhofsvorplatz voller Autos und all den inoffiziellen Parkwächtern, dem grölenden Betrunkenen, den Blumenverkäufern, die die Passanten aufhalten, und den Steinmetzen mit ihren Transportern plötzlich leer wäre. Ein schwarzer Kater mit dickem Winterfell macht, als ich vorbeikomme, einen Buckel, reckt den Schwanz in die Höhe und drückt sich gegen einen Grabstein mit dem Bild einer schlanken Frau. Es wäre zu schön, wenn sie die richtige wäre, der Kater kneift die Augen zusammen und verschwindet. Die Kletterpflanzen haben Namen und Daten zerstört, der Weg ist überwuchert, ich kann mich nicht mehr orientieren, friere erbärmlich und habe Zahnweh. Zu Hause werde ich mir einen Ingwertee mit Zitrone machen. Hoffentlich ist die Heizung an.

Hat Rechtsanwalt Aquari mit Sorgfalt ein Grab ausgesucht, das etwas über Veronica aussagen konnte? Wem aber hätte es etwas sagen können außer ihm als Universalerben? Ausgerechnet er, der ihren Letzten Willen vollstrecken sollte, hatte sie in diesem riesigen, noch halb leeren Gelände außerhalb der Stadt bestatten lassen, während Veronica sich eine Gedenktafel in der Kirche hinter ihrem Haus gewünscht hatte, wo sie seit ihrer Kindheit ihre Gebete verrichtet und ihre Familie in den Bänken gesessen hatte, zuerst waren es viele und dann wurden es immer weniger. Die Kirche, aus der seit Ende 1834 monatelang das Allerheiligste in ihr Zimmer gebracht worden war, um dort die Messe zu lesen. Dort zwischen dem Seitenaltar des heiligen Blasius und dem der heiligen Cäcilie lag ihr

Vater begraben, und sie als die einzige Erbin hatte eine Grabinschrift anbringen lassen, die ihn *suavissimus*, sehr liebenswert, nannte. Die lateinischen Worte hatte ihr der Jesuitenpater Antonio Angelini aus dem *Collegium Romanum* vorgeschlagen (hatten sich die Jesuiten also weiter um ihr Seelenheil gekümmert?). Die Erinnerung der Tochter an ihren sehr liebenswerten Vater Giovanni bleibt feierlich und unzerstörbar wie der Marmor bis heute für jeden sichtbar, der sie im Halbdunkel der Kirche San Carlo ai Catinari sucht. Andere Worte bleiben in den Papieren des *Exorzismus* verschlossen, wie diejenigen, die Veronica einmal im Mai ihrem Vater entgegenschleuderte, als er ins Zimmer trat, um Licht zu machen: *Was machst du da, alter Trottel, was machst du da?* Oder als sie ihn an einem anderen Tag mit den Worten: *Verschwinde, ich will dich nicht*, mit Faustschlägen und Spucken verjagte. Was hinter diesen Worten steckte, kann ich nicht wissen.

Der Computer in meiner Tasche wird mir allmählich zu schwer, ich glaube, ich bekomme Halsweh. Ich werde im Frühjahr zurückkehren. Ausgerechnet den kältesten Tag des Jahres musste ich mir aussuchen, obwohl ich schon seit Monaten in Rom bin. Als die Tram 19 nach einer Ewigkeit endlich kommt, finde ich wenigstens einen Sitzplatz, und die letzten Sonnenstrahlen, die durch das Fenster dringen, scheinen sogar ein bisschen Wärme zu spenden. Wie warm kann doch ein einzelner Sonnenstrahl im Gesicht sein, wie stark die Dezembersonne. Ein junger Mann neben mir erzählt seiner Begleiterin, wie er als Kind auf der Straße gespielt hat. Er hat einen ausländischen Akzent, vielleicht aus dem Osten, und gestikuliert beim Reden übertrieben und ausladend. Die junge Frau hat sich das Haar über dem Ohr ausrasiert und trägt einen Ring im Nasenflügel. Sie steigen zusammen aus, sie scheinen genau zu wissen, wo sie hinwollen. Es ist erst halb fünf, sodass ich noch ins Archiv gehen kann, um für morgen früh eine Akte zu bestellen. Von dort werde ich zu Fuß durch die Innenstadt gehen und ein paar Weihnachtsgeschenke kaufen. Ich könnte durch die Via di Sant'Anna gehen. Dann wird es schon dunkel sein.

XLVI
Einige Wochen später
Meine Aufzeichnungen

Ich hatte einen Traum. Man hat mich nach Hause geschickt, und ich gehorchte, obwohl die Kleider, die ich trug, dafür nicht passend waren. Sie waren nicht geeignet, um die Jungfrau zu besuchen, die seit Jahren schlief und in diesem Koma von Blumen und dem sanften Flüstern der Menschen, die Wache hielten, umgeben war. Das Murmeln hallte wider in dem großen Raum mit seinen großen Fenstern und einem mit weißen Margeriten und roten Nelken geschmückten Altar in der Mitte, auf dem die nicht mehr ganz junge Jungfrau, die Locken mit dem Brenneisen geringelt, in einem wohl ewigen Schlaf lag. Der Tod stellte sich nicht ein. Einige fürchteten ihn, andere erwarteten ihn, mit gesenkter Stimme und angehaltenem Atem beweinten jedoch alle die Tote. Schau nur, wo man sie hingelegt hat, schau nur, wie viele Blumen es gibt, wie sie hoffen, wie sie wachen, murmelten sie. Ich müsste nicht weinen. Wer war ich denn im Grunde für die welke, auf frischen Margeriten und Nelken gebettete Jungfrau? (*psst*! Die Jungfrau liegt im tiefen Koma, fast wie tot, obwohl sie nicht tot ist, sagte man mir.) Warum hätte ich weinen sollen? Und doch weinte ich unter den gesenkten Lidern Tränen, von denen ich wusste, dass sie unpassend waren, ohne sie zurückhalten zu können. Man forderte mich auf zu gehen, durch einen efeubewachsenen Innenhof mit einem Brunnen und vorbei an einer Prozession, an der zahllose Menschen teilnahmen, ein Limbus zwischen Leben und Tod für die nicht mehr junge Jungfrau, die weder tot noch lebendig war.

Dank

In den Jahren, in denen dieses Buch Gestalt angenommen hat, haben mir viele Menschen geholfen, denen ich zu Dank verpflichtet bin. Ich danke der Familie Brandi mit Emilia, Ugo und Niki Jo, die mir eines Spätnachmittags im November ihre Türe geöffnet und Rom zu meinem Zuhause gemacht haben. Francesco Guglieri, der an einem Sommermorgen meine Erzählung angehört und seitdem ihrer Ausarbeitung Schritt für Schritt gefolgt ist, und Irene Babboni, die mir ihr Vertrauen geschenkt hat. Dass ich diese Arbeit zum Abschluss gebracht habe, ist meine Art, ihr zu danken. Mein Dank gilt der *Fondazione Bruno Kessler*, die mir mithilfe des *Mobility Program 2017* die Gelegenheit gegeben hat, im *Archivum Romanum Societatis Iesu* zu recherchieren. Dem Personal der konsultierten Archive und Bibliotheken, auf dessen Professionalität und Entgegenkommen ich stets zählen konnte. Insbesondere danke ich Olatz Berasategui Olazabal, Annette Braun, Mauro Brunello, Matteo Fadini, Riccardo Gandolfi, Maria Macchi, Clara Maldini, Lorenzo Mancini, Josefa Mur Betorz, Jorge Mur Laencuentra, Irene Pedretti, Raffaele Pittella, Daniel Ponziani, Rossella Rinaldi, Margarita Rodríguez de Alisal und Ombretta Sandonà. Den Kollegen und Freunden, mit denen ich diese Arbeit in ihrem Entstehen diskutieren konnte. Jedem von ihnen verdanke ich einen wesentlichen Beitrag, sei es eine Klärung oder ein Zweifel, ein bibliographischer oder archivalischer Hinweis, eine andere Sicht auf ein Geschehen als die, von der ich bis dahin überzeugt war, oder eine Einladung zur Diskussion: Marco Bellabarba, Francesco Benigno, Maria Conforti, Anna De Biasio, Valentina Desalvo, Pierre-Antoine Fabre, Simona Feci, Irene Fosi, Yasmin Haskell, Matteo Largaiolli, Alessia Lirosi, Martín M. Morales, Laura Schettini, Michele Sisto. Patrizia Aldrovandi und Giovanna Alfieri, strenge und leidenschaftliche Leserinnen, haben die erste Fassung durchgesehen. Alida Caramagno, Claudio Ferlan, Vincenzo Lavenia und Donata Romizi danke ich für die sorgsame Lektüre des gesamten Manuskripts und zahlreiche formale und inhaltliche Hinweise. Claudia Canale für die aufmerksame und umsichtige Redaktion. Bei Lorenzo Formento war ich in Madrid zu Gast, Mauro Ercolani hat mir Genzano gezeigt. Ich widme das Buch Rosalia, die darauf gewartet hat.

Zeittafel

Italien war bis zu seiner Einigung im Jahr 1861 politisch stark fragmentiert und dem Einfluss fremder Mächte ausgesetzt. Mit den 1796 beginnenden italienischen Feldzügen hatte General Napoleon Bonaparte die alte Ordnung auf dem Apennin zum Einsturz gebracht, die 1815 auf dem Wiener Kongress zunächst zu großen Teilen wiederhergestellt wurde.

Die drei politischen Mächte Italiens, die in diesem Buch eine besondere Rolle spielen, sind:

- der Kirchenstaat mit seinem Zentrum Rom und zunächst noch einer Ausdehnung weit über Latium hinaus bis an die Adria, nach Bologna und Ferrara, regiert vom Papst, der ohne eine militärische Schutzmacht jedoch nicht über die Ressourcen verfügt, sich selbst zu verteidigen;
- das Königreich Neapel, seit 1735 von einer Nebenlinie der spanischen Bourbonen in Personalunion regiert mit dem Königreich Sizilien, 1816 zum Königreich beider Sizilien vereint;
- das Königreich Sardinien mit den Kernlanden Savoyen-Piemont und der Hauptstadt Turin, regiert vom Haus Savoyen, das schon ab 1792 im Krieg mit dem revolutionären Frankreich steht. Nach dem Wiener Kongress, nun als Königreich Sardinien-Piemont firmierend, ist es zunächst stark restaurativ ausgerichtet, wird seit Mitte der 1830er-Jahre liberaler und wandelt sich nach der Februarrevolution von 1848 zu einer konstitutionellen Monarchie. So kann das Haus Savoyen die entscheidende Rolle im Einigungsprozess übernehmen.

Die Zeittafel legt den Fokus auf Rom und den Kirchenstaat sowie auf den Jesuitenorden.

15. April 1539	Gründung der „Gesellschaft Jesu" in Rom.
27. September 1540	Bestätigung des Jesuitenordens durch Papst Paul III.
1759	Vertreibung der Jesuiten aus Portugal.

1764	Vertreibung der Jesuiten aus Frankreich.
1767	Vertreibung der Jesuiten aus Spanien und dem Königreich Neapel.
1773	Papst Clemens XIV. hebt den Jesuitenorden auf.
1775–1799	Papst Pius VI.
14. Juli 1789	Sturm auf die Bastille in Paris und Beginn der Französischen Revolution.
10. Oktober 1789	Der französische Staat zieht die Kirchen-, Kron- und Emigrantengüter ein.
Juli 1790	Zivilverfassung des Klerus in Frankreich: Verstaatlichung der Kirche, Aufhebung der Klöster und Orden sowie Wahl der Priester, die einen Eid auf die neue Verfassung ablegen müssen.
2.–7. September 1792	Den Septembermassakern fallen in Frankreich über 1200 politische und andere Gefangene zum Opfer, darunter zahlreiche Priester und Ordensleute, die den Eid auf die Zivilverfassung verweigert hatten.
1792–1797	Erster Koalitionskrieg der alten europäischen Mächte gegen das revolutionäre Frankreich. Frankreich erobert u. a. Savoyen und die Grafschaft Nizza, das Piemont, die seit 1713 habsburgische Lombardei und die bis dato zum Kirchenstaat gehörenden Städte Bologna und Ferrara.
29. Juni 1797	Proklamation der Cisalpinischen Republik mit der Hauptstadt Mailand, am 26. Januar 1802 umbenannt in Italienische Republik.
1798	Der Kirchenstaat wird nach der Besetzung Roms und der Gefangennahme des Papstes zur Römischen Republik, die jedoch schon im Herbst 1799 wieder untergeht. König Karl Emanuel IV. von Sardinien (Regierungszeit 1796–1802) muss nach Cagliari auf Sardinien fliehen. In Turin wird am 10. Dezember 1798 die Piemontesische Republik ausgerufen.

Januar 1799	Napoleon erobert Neapel und lässt dort die Parthenopäische Republik ausrufen. Dem Bourbonenkönig Ferdinand IV. bleibt nur Sizilien.
1799–1802	Zweiter Koalitionskrieg gegen Frankreich. Die antifranzösische Koalition besteht aus Russland, Österreich, dem Osmanischen Reich, Großbritannien, Portugal, Neapel und dem Kirchenstaat.
29. August 1799	Papst Pius VI. stirbt als Gefangener der Revolution in Frankreich.
14. Juni 1800	Schlacht bei Marengo: Sieg Napoleons über Österreich.
1800–1823	Papst Pius VII., gewählt nicht in Rom, sondern unter österreichischem Schutz in Venedig, das im Oktober 1797 an Österreich gefallen war.
1801	Pius VII. sucht einen politischen Ausgleich mit Napoleon, der zur Wiederherstellung des Kirchenstaats führt. Konkordat mit Napoleon am 15. Juli 1801.
1802	Karl Emanuel IV., König von Sardinien, dankt zugunsten seines Bruders Viktor Emanuel I. ab. 1815 tritt Karl Emanuel den Jesuiten bei und lebt bis zu seinem Tod 1819 in Rom.
1803	Wiederzulassung des Jesuitenordens in England.
1804	Wiederzulassung des Jesuitenordens im Königreich Neapel.
2. Dezember 1804	Kaiserkrönung Napoleons in Anwesenheit des Papstes.
1805	Wiederzulassung des Jesuitenordens in den USA.
17. März 1805	Aus der Republik Italien wird das Königreich Italien, Kaiser Napoleon wird auch König von Italien.
17. Mai 1809	Förmliche Eingliederung von Rom und Latium in das französische Kaiserreich; die übrigen Gebiete des Kirchenstaats werden dem napoleonischen Königreich Italien zugeschlagen. Dem Papst bleibt nur die geistliche Macht.

1809–1814	Exkommunikation Napoleons durch den Papst, daraufhin lässt Napoleon Pius VII. in Frankreich internieren.
1806–1808	Napoleon setzt zunächst seinen Bruder Joseph, dann seinen Schwager Murat als König von Neapel ein.
April 1814	Sturz und Abdankung Napoleons, der auf die Insel Elba verbannt wird. In der Folge kehren der Papst nach Rom und König Viktor Emanuel I. nach Turin zurück.
7. August 1814	Offizielle Wiederherstellung des Jesuitenordens in Rom.
1815	Auf dem Wiener Kongress wird der Kirchenstaat in seinen Grenzen von 1797 wiederhergestellt.
1. März 1815	Napoleon kehrt nach Frankreich zurück: Herrschaft der Hundert Tage.
März–Mai 1815	Österreichisch-Neapolitanischer Krieg: Sieg Österreichs und Sturz Murats.
8. Dezember 1816	Ferdinand von Bourbon-Sizilien wird zu Ferdinand I., König beider Sizilien proklamiert. Er regiert bis 1825.
1821	Viktor Emanuel I. von Sardinen dankt zugunsten seines Bruders Karl Felix ab, der bis zu seinem Tod 1831 erzreaktionär und mit harter Hand regiert.
1823–1829	Papst Leo XII.
1825–1830	Franz I., König beider Sizilien.
1830–1859	Ferdinand II., König beider Sizilien.
1831–1846	Papst Gregor XVI.
1846–1878	Papst Pius IX.: längstes Pontifikat der Geschichte.
1847	Turin wird Hauptstadt des Königreichs Sardinien-Piemont.
9. Februar 1849	Revolution in Rom, Flucht des Papstes, Ausrufung der Römischen Republik im Kirchenstaat.

Juli 1849	Wiederherstellung des Kirchenstaats, Schutzmacht ist Österreich.
1859–1861	Franz II. ist der letzte König beider Sizilien.
24. Juni 1859	Schlacht von Solferino: Niederlage Österreichs gegen Sardinien-Piemont und das mit ihm verbündete Frankreich unter Napoleon III. im Sardischen Krieg. Österreich muss die Lombardei abtreten, auch die Nebenlinien der Habsburger in der Toskana, Modena und Parma verlieren ihre Besitzungen.
11. Mai 1860	Giuseppe Garibaldi landet mit seiner Freiwilligentruppe, dem Zug der Tausend, auf Sizilien, besiegt am 15. Mai in der Schlacht von Calatafimi die Truppen des Königs von Neapel und nimmt am 7. September Neapel ein. Die eroberten Gebiete werden dem Königreich Sardinien-Piemont angeschlossen.
18. September 1860	Schlacht von Castelfidardo: Sieg der piemontesischen über die päpstlichen Truppen. Nur Rom und die Region Latium verbleiben beim Kirchenstaat.
17. März 1861	Ausrufung Viktor Emanuels II., bis dahin König von Sardinien-Piemont, zum König von Italien. Von 1861 bis 1865 ist Turin die erste Hauptstadt des vereinigten Italien.
1869–1870	Erstes Vatikanisches Konzil; Unfehlbarkeitserklärung des Papstes.
20. September 1870	Einmarsch italienischer Truppen unter König Viktor Emanuel II. in Rom. Politische Entmachtung des Kirchenstaats.
1871	Rom wird Hauptstadt Italiens. Pius IX. zieht sich in die Vatikanstadt zurück.

Archivverzeichnis

AASL	Archivio Storico dell'Accademia Nazionale di San Luca [Historisches Archiv der Accademia di San Luca], Rom
AAV	Archivio Apostolico Vaticano [Vatikanisches Apostolisches Archiv], Vatikanstadt
ACDF	Archivio per Congregazione della Dottrina della Fede [Archiv der Glaubenskongregation], Vatikanstadt
ACG	Archivio Comunale [Stadtarchiv], Genzano
ADAL	Archivio Storico Diocesano [Historisches Diözesanarchiv], Albano Laziale
ADBM	Archivo de la Diócesis [Diözesanarchiv], Barbastro-Monzón
ADHR	Archives Départementales du Haut-Rhin [Archive des Departements Oberrhein], Colmar
AEMSI	Archivio della Provincia Euro-Mediterranea della Compagnia di Gesú [Archiv der Provinz Euro-Mediterranea der Gesellschaft Jesu], Rom PR Fondo Provincia Romana
AESI-A	Archivo de España de la Compañía de Jesús [Spanisches Archiv der Gesellschaft Jesu], Alcalá de Henares
AGAB	Archivio Generale Arcivescovile [Erzbischöfliches Generalarchiv], Bologna
AHL	Archivo Histórico [Historisches Archiv], Loyola
AHN	Archivo Histórico Nacional [Historisches Nationalarchiv], Madrid
AMK	Archives Municipales de Kaysersberg [Stadtarchiv von Kaysersberg], Kaysersberg
ANSI	Archivum Neerlandicum Societatis Iesu [Niederländisches Archiv der Gesellschaft Jesu], Löwen
APF	Archivio Storico di Propaganda Fide [Historisches Archiv der Kongregation für die Verbreitung des Glaubens], Rom SC Scritture riferite nei congressi

APUG	Archivio Storico della Pontificia Università Gregoriana [Historisches Archiv der Päpstlichen Universität Gregoriana], Rom	
	FC	Fondo Curia
ARSI	Archivum Romanum Societatis Iesu [Römisches Archiv der Gesellschaft Jesu], Rom	
	Castell.	Provincia Castellana
	Congr. gen.	Congregationes generals
	FG	Fondo Gesuitico
	Hist. Soc.	Historia Societatis
	Ital.	Provincia Italiae
	Maryl.	Provincia Marylandiae
	Neap.	Provincia Neapolitana
	Opp. NN.	Opera Nostrorum
	Paccan.	Paccanaristi
	Reg. Neap.	Registra Provinciae Neapolitanae
	Reg. Taurin.	Registra Provinciae Taurinensis
	Rom.	Provincia Romana
	Russ.	Provincia Russiaca
	Sic.	Provincia Sicula
	Taurin.	Provincia Taurinensis
	ASBo	Archivio di Stato [Staatsarchiv], Bologna
ASBR	Archivio Storico dei Padri Barnabiti [Historisches Archiv der Barnabiten], Rom	
ASC	Archivio Storico Capitolino [Kapitolinisches Historisches Archiv], Rom	
ASCPv	Archivio Storico Civico [Historisches Stadtarchiv], Pavia	
ASR	Archivio di Stato [Staatsarchiv], Rom	
	TNC	Trenta Notai Capitolini
ASVR	Archivio Storico del Vicariato, Rom	
BANLC	Biblioteca dell'Accademia Nazionale dei Lincei e Corsiniana [Bibliothek der Accademia Nazionale dei Lincei e Corsiniana], Rom	
BAV	Biblioteca Apostolica Vaticana [Vatikanische Apostolische Bibliothek], Vatikanstadt	
	Vat. Lat.	Vaticano Latino

Archivverzeichnis

BCABo	Biblioteca Comunale dell'Archiginnasio [Städt. Bibliothek des Archiginnasio], Bologna
BNB	Biblioteca Nazionale Braidense [Nationalbibliothek Braidense], Mailand
BNVE	Biblioteca Nazionale „Vittorio Emanuele II" [Nationalbibliothek „Vittorio Emanuele II"], Rom
	Ges. Fondo Gesuitico
DBI	*Dizionario Biografico degli Italiani* [*Biografisches Lexikon der Italiener*], Istituto dell'Enciclopedia Italiana
ÖstA	Österreichisches Staatsarchiv, Wien
	HKR Hofkrigrat
„WL"	„The Woodstock Letters"

Anmerkungen

Soweit nicht anders vermerkt, habe ich in den transkribierten Manuskripten die Abkürzungen aufgelöst, die Akzentsetzung korrigiert und die Interpunktion dem heutigen Gebrauch angepasst, um die Texte leichter zugänglich zu machen. Etwaige Ergänzungen oder Korrekturen werden ebenso wie Auslassungen in eckigen Klammern angegeben. Zur Markierung der unterschiedlichen Phasen der Exorzismen (Dialoge, Handlungen und Reaktionen) wurden Absätze eingefügt.

Im Text werden die Zitate aus dem *Exorzismus* und dem *Tagebuch von Pater Manera* kursiv gesetzt. Die übrigen Zitate werden in Anführungszeichen mit der entsprechenden Quellenangabe in den Anmerkungen wiedergegeben.

Titel und Signatur einer Quelle werden ebenso wie die Nummerierung der Blätter und Seiten angegeben, soweit vorhanden.

Geburts- und Sterbedaten werden nur von den Personen vermerkt, die, unabhängig von ihrer Bekanntheit, direkt oder indirekt in den geschilderten Fall involviert waren [→ *„Die wichtigsten am Exorzismus beteiligten Personen außerhalb der Familie Hamerani“* und *„Personen mit gegenteiliger Meinung“*, S. 367 f.].

Motto: Hazard, *Die Krise des europäischen Geistes. 1680–1715*, S. 51.

I
Rom, ein Datum nahe an heute, ist aber nicht so wichtig
Meine Aufzeichnungen

Das Aktenbündel des *Exorzismus* befindet sich in ARSI, FG 680, fasc. 10, *Esorcisazione di Maria Antonina* [gestrichen und ersetzt durch: *Veronica*] *Hamerani, ritenuta ossessa (1834–35)*, und umfasst rund 300 nicht paginierte Blätter r/v. Die ersten neun Hefte à sechs Seiten sind gebunden und enthalten: *Avvertimenti* su come procedere nell'esorcismo [*Avvertimenti* zur Ausführung des Exorzismus]; ein lateinisches Traktat zum Thema; das Tagebuch der einzelnen Exorzismus-Sitzungen vom 23. Dezember 1834 bis zum 23. Februar 1835; undatierte

Aufzeichnungen zu dem Fall, darunter *Difetti commessi negli esorcismi*, *Segni dell'ossessione*, *Voci false sparse a Roma*, *Opinioni e pretensioni di molti* und eine Aufstellung der Personen, die für oder gegen die These der Besessenheit vom Teufel waren [→ *„Personen mit gegenteiliger Meinung"*, S. 367 f.]. Es ist dieselbe Handschrift, die, einem Ordnungsprinzip folgend, an einem bestimmten Punkt unterbrochen wird. Der Großteil der folgenden Blätter, auf denen die Erzählung der Exorzismen bis zum 22. Juni 1835 wiederaufgegriffen wird, wurde von verschiedenen Personen verfasst und ist lose geblieben, entweder haben sie sich aus der Bindung gelöst oder sie waren nie gebunden. Das Trägermaterial hingegen bleibt gleich: es handelt sich überwiegend um dieselbe Papierqualität. Folglich wurde das Papier täglich von einer Person in den Raum der Exorzismen gebracht oder lag dort schon zum Beschreiben bereit. Diese beiden scheinbar unbedeutenden Umstände werfen zwei unterschiedliche Thesen zu den Akteuren und ihren Absichten auf. Die Blätter am Ende des Aktenbündels sind mit Datum und Unterschrift versehen und werden in den darauffolgenden Sitzungen zitiert. Zur Existenz der in Archiven zerstreuten Blätter siehe Farge, *Vies oubliées*, S. 8. Beschreibungen der jesuitischen Quellen, insbesondere des in ARSI verwahrten Dokumentenbestands, in: Lamalle, *L'archivio*; und Danieluk, *Archivum*.

Das *Diario di Padre Manera* [*Tagebuch von Pater Manera*] befindet sich in zwei gebundenen Büchlein in: BNVE, Ges. 1139, fol. 41r–97r, und ebd., Ges. 1140, fol. 2r–36v, 62r–97v, zusammen mit Schriftstücken unterschiedlichster Art, darunter eine prophetische Schrift zur Geschichte der Gesellschaft Jesu, ein Traktat über die Ungläubigkeit, Anmerkungen zum Schrecklichen und zum Erhaben in der Literatur. Das erste der Hefte trägt auf der Umschlagrückseite das Etikett „Witwe Pomba und Simondetti, Papier- und Handelsbuchhändler, Contrada Po, auf Seiten der Universität, in Turin". Manera hatte es während seiner Dozentur in Turin erworben [→ IX] und für Einträge in seiner römischen Zeit weiterverwendet. Mit diesem Detail kann ich bestätigen, dass es seine Handschrift ist; die Schrift verändert sich im zweiten Heft, das der Katalog in der BNVE dennoch Manera zuschreibt. Nachfolgend aufgelistet die Verweise der im *Tagebuch von Pater Manera* zitierten Passagen zu Beginn der Kapitel in: BNVE, Ges. 1139, VII, 27. Dezember 1834, fol. 43v–44r; VIII, 28. Dezember 1834, 44v–45r; IX, 29. Dezember 1834, 50r–51v; XIII, 4. Januar 1835, 54r; XXI, 15. Januar 1835, 66v–67r; XXVI, 19. Januar 1835, 79v; XXVII, 20. Januar 1835, 83r; XXVIII, 24. Januar 1835,

88v; XXIX und XXX, 28. Januar 1835, 96r, 96v–97r; und ebd., Ges. 1140, XXXV, 18. Februar 1835, 90v–92r.

Meine Überlegungen zur Grenzerfahrung des Exorzismus-Rituals verdanken sich der Lektüre von Hubert und Mauss, *Teoria generale della magia*, die zwischen Magie und Religion als zwei gleichsam antagonistischen Polen unterscheiden. Während der religiöse Ritus das Tageslicht und das Publikum sucht, entflieht der magische beidem. Ein Magier handelt in der Abgeschiedenheit, im Privaten. Demgegenüber ist die religiöse Praxis immer vorgeschrieben, offiziell, Teil eines feststehenden und regulären Kultes. Das Magische ist ungeregelt, „anormal", denn es steht außerhalb der Normen, die die vom Religiösen erleuchtete Welt regeln.

Die Besessenheit scheint sich einer Klassifizierung zu entziehen, da sie in einer Zwischenwelt ansiedelt ist. Ausführliche Hinweise auf Studien zum Exorzismus folgen in den nächsten Kapiteln.

Hinsichtlich des methodischen Vorgehens anhand von Indizien und Vermutungen und den Möglichkeiten umfassender Rekonstruktion ist eine Bezugnahme auf die Mikrogeschichte unerlässlich. Zur Grenze zwischen historischer Erzählung und Fiktion, mit Hinweisen zur aktuellen historiografischen Debatte: Roscioni, *La badessa di Castro*.

II
23. Dezember 1834
Exorzismus

Bei den meteorologischen Gegebenheiten dieses Tages beziehe ich mich auf: *Diario romano per l'anno*, S. 47; „Diario di Roma", 15. November 1834, Nr. 91, S. 20; und die *Osservazione meteorologiche (1834–35)* des *Collegium Romanum*, die die Temperatur in Réaumur angeben, eine leicht vom Grad Celsius abweichende Maßeinheit. Soweit nicht anders vermerkt, habe ich diesen Quellen auch die Angaben zu den Wetterverhältnissen in den nachfolgenden Kapiteln entnommen. Von der Auffassung vom Menschen, einem gegenüber seiner Umwelt durchlässigen Menschen, ist verschiedentlich in anderen Kapiteln die Rede [→ XIII, XX, XXI und XXV].

Durch den *Catalogus Provinciae Romanae Societatis Iesu (1834)* kenne ich die Lebensdaten von Peter Joseph Böckmann (1795–1857) und den anderen Mitgliedern der Gesellschaft Jesu, die in Rom wirkten. Aus diesem habe ich auch erfahren, dass sich im Ordenshaus zu dieser Zeit 51 Geistliche, 19 Priester und 32 Koadjutoren aufhielten. Die *Cataloghi* wurden jährlich, mit dreijährlichen Ergänzungen, in jeder jesuitischen Provinz erstellt, das heißt in den Verwaltungsgebieten des Ordens, die teilweise mit den geografischen Räumen übereinstimmten. Eine Beschreibung des Ordenshauses, die zwar auf das Jahr 1857 zurückgeht, befindet sich in: BNVE, Ges. 1477, fasc. 23, fol. 462r–481r. Für eine Gesamtdarstellung des Jesuitenordens mit Hinweisen zu Instrumentarien und zentralen Texten: Ferlan, *I gesuiti*. Die „temporären Koadjutoren" sind keine Priester wie die „geistlichen Koadjutoren"; die „Professen" haben das vierte Gehorsamkeitsvotum gegenüber dem Papst abgelegt, das den Jesuitenorden auszeichnet.

Aufschluss über die Verhaltensregeln des Jesuitenordens geben die *Decreti fatti dalla consulta provinciale e domestica tenuta lo 30 gennaio 1817 davanti al M. R. P. Vicario Generale, e al R. P. Provinciale*, in: ARSI, Rom. 1001, fasc. 1, 7. Die Kleiderordnung der Jesuiten wird festgelegt in den *Costituzioni*, von mir zitiert nach der *Prammatica da osservarsi nella somministrazione del vestiario*, in: AEMSI, PR, Bd. 302/2; und nach den *Consuetudine della Provincia Romana anno 1845*, in: ARSI, Ital. 1017, fasc. *Formulae variae*. Im *Levitico approvato dal M. R. P. N. Luigi Fortis per tutti i collegi della Provincia*, in: AEMSI, PR, Bd. 302/2, ist Tag für Tag vermerkt, was in der Mensa des Ordenshauses vorgesehen war. Was hingegen am 23. Dezember 1834 gegessen wurde, in: *Diario della Casa professa di Roma 1827–1836*, in: ARSI, FG 1132.

Für die Beschreibung des Weges der Jesuitenpater zum Hause Hamerani und die Rekonstruktion der häuslichen Umgebung nehme ich Bezug auf Melchiorri, *Guida metodica di Roma*; auf die *Corografia di Roma*; sowie auf die Katasterpläne (einsehbar unter: http://www.cflr.beniculturali.it/Urbano/urbano_intro.php). Aus den Akten der Zensusbehörden im ASR geht hervor, dass die mit dem Wohnsitz der Hamerani übereinstimmende Parzelle im Jahr 1834 Eigentum von „Giovanni Battista Imperiali Centurioni e fratelli del Fu Carlo" war. Demnach wohnten die Hamerani zur Miete, obwohl sie selbst über einigen Immobilienbesitz verfügten, siehe dazu ebd., Kataster 1824, Buchstabe H, 46, Nr. 10.

Bei Eigentümerwechseln in den Jahren 1842 und 1854 entstanden im Rahmen der notariellen Akte Beschreibungen des Gebäudes in der Via di Sant'Anna, siehe ASR, TNC. Die Überlieferung seit Staatsgründung findet sich in: ASC, Archivio del Comune postunitario. Das Gebäude befindet sich noch immer dort, ohne nennenswerte Veränderungen gegenüber dem Zustand von 1834, jedoch mit einer anderen Hausnummer aufgrund der urbanistischen Neuordnung nach der Einheit Italiens. Eine Ansicht der 1887 für den Bau der Via Arenula eingerissenen Kirche Sant'Anna dei Falegnami ist in dem zeitgenössischen Aquarell *Sant'Anna dei Falegnami* von Achille Pinelli erhalten, heute im Gabinetto comunale delle Stampe des Museo di Roma. Siehe *La Roma di Achille Pinelli*, Abb. 20.

Informationen zu den Bewohnern der Via di Sant'Anna stammen aus: ASVR, Parrocchia di San Carlo ai Catinari, 22, State d'anime (1829–1834), S. CLXV–CLXXII; zur Pfarrgemeinde siehe auch ASBR, *Acta Collegii Scti. Blasii et Caroli ad Catinaros, 1817–1855*. Der Barnabit Tommaso Ludovico Manini war seit 1829 Pfarrer der Kirche San Carlo, siehe Erba, *Manini*.

Zur Ergriffenheit von Jean-Joseph Surin („so großen Rührung ihnen gegenüber"): De Certeau, *La possessione di Loudun*, S. 334. Zu Surin und zur jesuitischen Spiritualität: Goujon, *Les politiques de l'âme*. Zum Unterschied zwischen Obsession und Besessenheit: nach Ansicht von Vandenbroucke, *Démon*, und Tonquédec, *Les maladies*, S. 129, manifestiert sich Obsession, wenn der Teufel nicht wirklich in den Körper einfährt, sondern von außen auf diesen einwirkt, wohingegen es sich um Besessenheit handelt, wenn der Körper mit dem Dämon eins wird, der in ihm und durch ihn außerordentliche Handlungen vollführt. Im *Exorzismus* wird der Begriff jedoch als Synonym für Besessenheit gebraucht, ebenso in dem Text zum offiziellen Exorzismus-Ritus der katholischen Kirche, enthalten in: *Rituale romanum* von 1614. Siehe auch Young, *Possessione*.

Zitierte Texte

S. 23: „Eines Tages ging der Teufel … noch vor der Tür": Stendhal, *Römische Spaziergänge*, S. 95.

S. 29: „Quellbrunnen … und andere Gewächse": BNVE, Ges. 1477, c. 462v.

III
Ohne Datum, bevor alles begann
Exorzismus

Die Zahl von 150 016 Einwohnern im Rom des Jahres 1834 geht aus einem Eintrag in „Notizie del giorno", 8. Januar 1835, Nr. 2, S. 1, hervor. Es oblag dem Vikar, die Lizenzen zum Exorzismus zu erteilen, wie in *Della giurisdittione*, S. 81, zu lesen ist. Exemplarisch finden sich in ASVR, Atti della segretaria, 41, *Eretici, esorcisti, romiti e scuole di Roma*, fol. 390r–399r, Aussagen von Pfarrern, die auf Anfrage des Kardinalvikars im Jahr 1695 prüften, ob in der jeweiligen Gemeinde Geistliche zur Ausführung von Exorzismen geeignet waren. Mehrheitlich wird Untauglichkeit attestiert. Ebd., Parrocchia di San Carlo ai Catinari, Prot. 32, verzeichnet in einer alphabetischen Rubrik die Korrespondenz zwischen der Pfarrgemeinde und römischen Gerichten von 1829 bis 1834, jedoch ohne Hinweis auf den Fall Hamerani. Zum Vikariat und seinen Kontrollfunktionen: Monticelli, *La polizia del papa*.

Von den existierenden Porträts des Placido Zurla (1769–1834) sei auf das von Pietro Paoletti im Museo Civico di Crema e del Cremasco verwiesen; zur Biografie siehe *Del cardinale Placido Zurla*. Allgemein zu den Personen und Institutionen der Kurie in jenen Jahren: Bounty, *Souverain et pontife*. Ein Überblick auch in: Del Re, *La curia romana*,

Das Porträt von Carlo Odescalchi (1785–1841) ist enthalten in: Pirri, *Vita del Servo di Dio*. Dokumente zur Biografie finden sich in: ARSI, Vitae 1001–1005.

Von den zahlreichen Porträts Papst Gregors XVI. (1765–1846) sei das von Hyppolite Delaroche hervorgehoben, heute in Versailles. Zu seiner Biografie siehe bis auf Weiteres Martina, *Gregorio XVI*. Zu seiner Beziehung zu den Jesuiten: Rochini und Colombo, *Ritorno alle missioni*.

Ein von Frans Quartier gemaltes Porträt von Jan Philip Roothaan, dem einundzwanzigsten Generaloberen der Jesuiten, hat sich in der Kirche De Krijtberg (Sint Franciscus Xaveriuskerk) in Amsterdam erhalten. Eine Neubewertung seines Generalats findet sich in dem Band von Fabre, Morales und Goujon, *La Compagnie de Jésus*, der die jüngsten Forschungen zur Wiedereinsetzung des Ordens versammelt.

Das Porträt von François-Antoine Kohlmann eines unbekannten Künstlers, heute in der Georgetown University, ist abgebildet in: *The Maryland Jesuits*, S. 50.

In den Dokumenten Zurlas in ASVR, Atti della segretaria del Vicariato, und in AAV, Segr. Stato, Spogli cura, Zurla card. Placido, finden sich keine Zeugnisse von Veronica Hamerani.

Zur Rolle François-Antoine Kohlmanns im Jesuitenorden zur Zeit des Falls Hamerani siehe *Catalogus Provinciae Romanae Societatis Iesu* (1834), S. 6; die anlässlich seines Todes im Jahr 1836 entstandene, offizielle Biografie in: Theiner, *Necrologia del Padre Antonio Kohlmann*; zu seinen Werken siehe Sommervogel, *Bibliothèque*, Bd. IV, coll. 1162–1164; vgl. auch Joachim, *Antoine Kohlmann*. Zur Familie Kohlmann siehe Braun, *Le père François-Antoine Kohlmann*; Kauffmann-Rauch, *Les tribulations*; und Muller, *Les Récollets*, S. 403 f.

Angaben zum Leben in Kaysersberg finden sich in: Lichtle, *Biographie Kaysersbergeoise*; Ittel und Lichtle, *Listes d'admission à la bourgeoisie*; und Tschaen, *Éléments de la vie économique*, S. 73–89. Zum Elsass: Vogler, *Histoire culturelle*.

Zu den Gewaltvorfällen in Kaysersberg siehe den strafrechtlichen Aktenbestand in: AMK, FF 13 und 14.

Zur Herkunft der Mutter Marie-Judith Knoll (auch Holl oder Noll) konnten keine näheren Angaben ermittelt werden. In Frankreich ist der Familienname Knoll sehr verbreitet, darunter ein bestehender Zweig jüdischen Glaubens. Im Elsass existierte die größte jüdische Gemeinde auf französischem Boden: Am Vorabend der Revolution lebten dort 20 000 der 40 000 jüdischen Einwohner Frankreichs. Zur Unwahrscheinlichkeit einer jüdisch-christlichen Mischehe sei auf Schechter, *Obstinate Hebrews*, verwiesen. Zu religiösen Minderheiten im Elsass siehe: Epp, Lienhard und Raphaël, *Catholiques, protestants*; und Vogler, *Histoire des chrétiens*.

Zu den hier erwähnten elsässischen Traditionen siehe: Richard, *Traditions populaires*, S. 219; und Gerard, *L'ancienne Alsace*, S. 148. Von besonderem Interesse und Nutzen für die Rekonstruktion des Umfelds war ein Besuch des Musée Alsacien in Straßburg.

Zitierte Texte

S. 34: „Alles in diesem Ort ist deutsch": der Agronom Young, *Voyages en France*, Bd. I, S. 436 f. [nach der Übersetzung der Autorin].

IV
24. Dezember 1834
Erzählungen fremder Reisender

Die Regeln für die „Weckbrüder“ finden sich in: ARSI, Curia Romana SJ 1007, *Indirizzo molto vantaggioso pel P. Ministro di questa Casa Professa del Gesú in Roma*, S. 11; auch: APUG 2811.

Aus der umfangreichen Literatur über die Grand Tour, denen die Beschreibungen Roms entnommen wurden, verweise ich besonders auf *Roma e la Campagna romana* und allgemeiner Brilli, *Quando viaggiare era un'arte*. Des Weiteren habe ich zurate gezogen: den anonymen Autor [eigentlich der britische Journalist Henry G. Wreford] von *Rome Pagan and Papal*, S. 158; den Abt Ménerbes, *Mes souvenirs d'une année*, S. 247–253; den Ratgeber der Präfektur Toytot, *Les romains chez eux*, S. 50 f.; den Dramaturgen Kotzebue, *Erinnerungen von einer Reise aus Liefland*, Bd. 1, S. 215–222; und Berlioz, *Memorien*, S. 453–456. Grundsätzlich habe ich Texte unbekannterer Autoren ausgewählt, die Reiseerfahrungen in der ersten Hälfte des 19. Jahrhunderts schildern. Die Tatsache, dass es sich in erster Linie um einen männlichen Blick handelt, schränkt die Perspektive naturgemäß ein. Zur Frau als Reisender: Brilli und Neri, *Le viaggiatrici del Grand Tour*. Dem Blick der Fremden habe ich wegen der merkwürdigen Geistesverwandtschaft, die mich mit ihnen verbindet, den Vorzug gegeben: ein Gefühl der Fremdheit, der Neugier und des Staunens beim Entdecken einer anderen Welt, die nicht die eigene ist.

V
24. Dezember 1834
Exorzismus

Zum vorgesehenen Ablauf des 24. Dezember für die Jesuitenpriester: ARSI, Curia Romana SJ 1007, *Indirizzo molto vantaggioso pel P. Ministro di questa Casa Professa del Gesú in Roma*, S. 13. Über den Kanonenschlag, der sämtliche Aktivitäten unterbrach, berichtet die irische Schriftstellerin Lady Morgan [Sydney Owenson], *Italy*, Bd. III, S. 10.

Profession und Anschrift von Giovanni Degasperis sind in *Il Mercurio di Roma*, S. 50, verzeichnet. Eine Beschreibung des Gebäudes (damals mit der Hausnummer 525) und des Inventars lässt sich den Akten zur Testamentseröffnung, in ASR, TNC, uff. 6, C. Franchi, Bd. 683, fol. 397–550, entnehmen.

Es existieren unzählige zeitgenössische Beschreibungen der Via del Corso und des Weihnachtsabends in Rom, zitiert werden hier jedoch besonders Kotzebue, *Erinnerungen von einer Reise aus Liefland*, Bd. 3, S. 170, 179–182; und Matthews, ein Student aus Cambridge, *The Diary of an Invalid*, S. 106–123.

Zu Francesco Manera: Palumbo, *Vita*; und Abbate, *La cultura gesuitica*. Die Wetterlage am Tag seiner Geburt wird thematisiert in: *Diario di Ferdinando IV di Borbone*, S. 352. Auch der Chirurg Petit-Radel, *Voyage historique*, Bd. III, S. 139, notiert zu Beginn des 19. Jahrhunderts die Wirkung des Windes bei einem rasch aufziehenden Sommergewitter auf Körper und Seele. Eine Studie zur in Versen erzählten melancholischen Empfindsamkeit einiger neapolitanischer Jesuiten: Haskell, *Poetry or Pathology?*

Studien zum Königreich Neapel in dieser Zeit des Umbruchs: Galasso, *Il Regno di Napoli*; Rao, *Folle controrivoluzionarie*; Rao, *Napoli 1799*; und Chiosi, *Il Regno dal 1734 al 1799*.

Die meisten Schriften Francesco Maneras befinden sich in APUG, das die Quellen zu den Dozenten des *Collegium Romanum* verwahrt. Dort lehrte er im Jahr 1830 Theologische Dogmatik und war Mitglied der Kommission zur Anpassung der *Ratio Studiorum* an die veränderten Gegebenheiten der modernen Zeit. Vor seinem Tod, nach seiner Tätigkeit als Provinziale in Neapel [→ XLII], kehrte er als Rektor an das *Collegium Romanum* zurück. Siehe *L'Università Gregoriana*.

Zitierte Texte

S. 43: „In den wohlgesetzten Teilen … seiner selbst ab“: APUG, FC 2173, aus den Aufzeichnungen Francesco Maneras für die Antrittsvorlesung als Honorarprofessor in Turin, o. D. [→ IX].

S. 43: „die Verbindung zwischen der Seele … und dem Leib“: ebd., FC 2230/1, aus den Aufzeichnungen Francesco Maneras für ein *Elogio del re*, gewidmet Karl Felix, o. D.

VI
25. Dezember 1834
Exorzismus

Zur Herkunft der Familie Hamerani: BAV, Vat. Lat. 7292, *Dissertazioni dell Ab. Ridolfino Venuti, e di altri a lui scritte, Discorso sopra Giovan Andrea Hamerani*, fol. 250r–255v. Historische Überblicksdarstellungen: Sapienza, *Hamerani*; Alteri, *Una grande famiglia*; und Alteri, *Summorum romanorum pontificum historia*. Für eine umfassende Geschichte der Medaillenkunst siehe Simonato, *Le arti a dialogo*. Zur Technik: Cellini, *Due trattati*, S. 92–111; und Hinton, *Forming Designs*.

Zu den Werkstätten in der Via dei Coronari und Via di Sant'Anna zwischen Blütezeit und Niedergang: Pennestrí, *All'insegna della lupa*; und Tellucini, *Un'officina monetaria*, mit Hinweisen zu den Wohnungswechseln der Hamerani. Angaben zu den Bewohnern der Via di Sant'Anna wurden aus ASVR, Parrocchia di San Carlo ai Catinari, Stati d'anime, 19 (1815–1820) und 22 (1829–1834), entnommen.

Eines der im Archiv verwahrten Inventare aus dem Jahr 1739 erlaubte es, die Ausstattung der Werkstatt in der Via dei Coronari zu rekonstruieren, in: ASR, Camerale II, Zecca, b. 24, Nr. 1.

Zur strategischen Position der Werkstatt: der Literat und Geograf Deseine, *Description de la ville*, S. 260; der Kupferstecher Vasi, *Itinéraire instructif*, Bd. 1, S. 332; der Publizist Reichard, *Guide des voyageurs*, S. 99.

Über das prachtvolle Rom der Päpste: Visceglia, *La città rituale*; zum frommen Rom der Pilger: Julia, *Gagner son jubilée*.

Nach einer Periode des Wachstums zwischen 1731 und 1735, in der die römische Bevölkerung auf rund 150 000 Einwohner angewachsen war, erlitt sie von 1737 bis 1745 durch die Hungersnot einen Rückgang. Doch der tiefste Stand wurde in der napoleonischen Ära erreicht, an deren Ende noch 110 000 Einwohner gezählt wurden: Schiavoni und Sonnino, *Aspects généraux*.

Einen Querschnitt des Münzhandels bietet Eisler, *The Construction*.

Der „berühmte Amerano", dessen Medaille am 8. Dezember 1733 in die Fundamente der Fassade von San Giovanni in Laterano eingefügt wurde, war Ottone [Hamerani], in: Valesio, *Diario di Roma*, Bd. V, S. 650.

Der „Amerani“, dessen sich das Haus Bourbon bediente, war Ermenegildo, Mitglied zahlreicher Vereinigungen, wie auch aus seinem Testament hervorgeht, in: ASR, TNC, uff. 9, F.M. Lorenzini, Testamenti, Bd. 19, fol. 225r–227v, 377r–378v. In der Accademia di San Luca, der er angehörte, finden sich Hinweise zu den Dynamiken der Auftragsvergabe im sozialen Umfeld der Institution: AASL, Bd. 48, fol. 35r, 103v, 126v. Zu den Akademien: Donato, *Accademie romane*.

Den Streit mit der ehrwürdigen Apostolischen Kammer um die Zuerkennung des Eigentums der päpstlichen Prägestempel schildert Montagu, *Gold, Silver*.

Eine Dokumentation der Gutachten, denen der Münzbesitz der Hamerani unterworfen war, wird bewahrt in: ASR, Camerale II, Antichità e belle arti, b. 4, Nr. 137. Am 7. Dezember 1763 schrieb Winckelmann an Baron Philipp von Stosch, er habe im Auftrag des Papstes die Sammlung der Hamerani untersuchen müssen, vgl. Winckelmann, *Briefe*, Bd. II, S. 360–362. Den Verkauf führten später Gioacchino und Giovanni durch [→ X].

Zitierte Texte

S. 45: „in Rom kommt alles ins Lot“: der waldensische Theologe Desanctis, *Roma papale*, S. 182.

S. 46: „Er bediene sich unbedingt der Hamerani und niemandes sonst“: Strazzullo, *Le lettere di Luigi Vanvitelli*, Bd. I, Nr. 42, L. Vanvitelli an U. Vanvitelli, Caserta, 11. Dezember 1751.

S. 47: „Bonito hat mein Gesicht vergessen“: ebd., Nr. 53, L. Vanvitelli an U. Vanvitelli, Caserta, 17. Januar 1752.

S. 47: „dass die Porträts Ähnlichkeit … wie Signor Amerani“: ebd., Nr. 54, L. Vanvitelli an U. Vanvitelli, Caserta, 25. Januar 1752.

VII
27. Dezember 1834
Tagebuch von Pater Manera

Zur Geschichte des Jesuitenordens von der Restauration im Jahr 1814 bis zu den Vertreibungen im Lauf des 19. Jahrhunderts: Martina, *Storia della Compagnia di Gesù in Italia*, S. 115–143.

Zu den Debatten des 18. Jahrhunderts über den Bezug der Phantasie zum Dämonischen: Brambilla, *Corpi invasi e viaggi dell'anima*; zur mutmaßlichen besonderen Empfindsamkeit der Frau: Brambilla, *Felicità e infelicità*. Die Sammlung der *Concionatoria* [Kanzelreden], in der Francesco Manera unter dem Lemma „matrimonio [Hochzeit]" über die gefährliche weibliche Unmoral schreibt, wird verwahrt in: APUG, FC 1913.

Für eine Überblicksdarstellung zu den medizinischen Theorien über die Leidenschaften sei verwiesen auf Starobinski, *L'inchiostro della malincolia*.

Die Erzählung über die Besessenheit durch den Teufel in einem okzitanischen Dorf entstammt dem Bericht der beiden Mediziner Bayle und Grangeron, *Relation de l'état de quelques personnes prétenduës possédés*. Sie waren vom Toulouser Stadtparlament (Gericht) beauftragt, der Natur der Krampfanfälle, die im Jahr 1681 in Saint-Orens gehäuft aufgetreten waren, auf den Grund zu gehen. Zu den schweren Fällen von Besessenheit im Frankreich der Moderne siehe Ferber, *Demonic Possession*.

Die Regeln zur Anhörung der Beichte im Rahmen des Sakraments der Buße finden sich in: *Regulae Societatis Iesu*, S. 244 ff.

Zitierte Texte

S. 51: „Unterwiesen in geheiligten Lehren … Mathematik zu schwadronieren": So beschrieb Angelini Rota, *Ritratto*, S. 79, Marianna Antici, geb. Mattei, Ehefrau des Marchese Carlo Antici. Besagter Marchese, ein Onkel von Giacomo Leopardi wohnte auf Einladung von Francesco Manera am 23. Januar den Exorzismen an Veronica bei. Er hielt dem Schauspiel jedoch nicht stand und ging vor Ende der Sitzung (heißt es im *Exorzismus*). Beiden, dem Jesuiten Antonio Angelini Rota (1809–1892) [→ XLV] wie dem Marchese Antici [→ „*Personen mit gegenteiliger Meinung*", S. 367 f.], werden wir erneut begegnen.

S. 53: „dort, wo man … Besessenen": Muratori, *Della forza della fantasia umana*, S. 100–106.

S. 54: „Ich werde niemals … anrufen": BNVE, Ges. 1132, fol. 112r, Schriften von Francesco Manera, o. D.

S. 55: „im zweiten Zimmer … Gefühl der Dankbarkeit": Pieri, *Memorie*, S. 384.

S. 56: „Allenthalben … durchbohrt": APUG, FC 164, fol. 64r, Notizbuch von Francesco Manera, mit Angabe der Monate (Juli, August), aber ohne Jahreszahl; ich vermute, es handelt sich um das Jahr 1825, aufgrund einiger der geschilderten Ereignisse, zu denen ich in anderen Schriften mit diesem Datum Hinweise gefunden habe.

VIII
28. Dezember 1834
Tagebuch von Pater Manera

Zur Aufhebung des Jesuitenordens siehe Guasti, *The Age of Suppression*. Mit der Wiederkehr der Jesuiten habe ich mich in Alfieri, *Unearthing Chaos*, befasst.

Eine Chronik des Tages, an dem die Rückkehr der Jesuiten öffentlich bekanntgegeben wurde, ist nachzulesen in: „Diario di Roma", 10. August 1814, Nr. 9, S. 3–6. Berichte aus den römischen Häusern der Jesuiten in: *Storia della casa degli esercizi della Compagnia di Gesú presso Sant'Eusebio al Monte Esquilino*, ARSI, Rom. 1061, 76a; *Appunti di memorie per servire in parte ad un piccolo specchio d'Istoria della Casa Professa della Compagnia di Gesú di Roma (1814–1832)*, ebd., Rom 1015, fasc. 1, *Domus professarum romana*. Zu dem legendären Jesuiten Montalto: *Liber saecularis*, S. 697. Das *Collegium Romanum* wurde erst 1824 wieder eröffnet, siehe Martina, *Il Collegio romano*.

Der betagte Papst, der den betagten Generaloberen zum Neubeginn des Jesuitenordens segnet, findet sich in: ARSI, Congr. gen. 1002, fasc. 1, *Histoire (et chronique) de la vingtième Congrégation générale 1820*, fol. 46r.

Zur Kirche der Restaurationszeit und dem Bewusstsein einer bevorstehenden Katastrophe: Menozzi, *La risposta alla secolarizzazione*; ein gesamteuropäisches Bild liefert das Kapitel *Restoring Religion* in: Broers e Caiani, *A History of the European Restorations*.

Die klimatischen Bedingungen in Kaysersberg in den Monaten vor der Französischen Revolution werden beschrieben in: Lichtle, *Les riguers de l'hiver*.

Zum Tod des *Stettmeisters* von Kaysersberg: AMK, FF 14, fasc. *Suicide de Lampas*.

Von der großen Angst in Straßburg berichten Young, *Voyage en France*, S. 445; und der Literat Karamazin, *Lettres d'un voyageur russe*, S. 49 f. Eine Geschichte der Revolution im Elsass findet sich in: Véron Réville, *Histoire de la Révolution*.

Eine neuere Darstellung der Revolution aus Sicht der Emotionsforschung in: Mazeau, *Émotions politiques*.

Der Fall des Pfarrers Adam (sowie das Schicksal der Schwestern Kohlmann) wird berichtet in: Kauffmann-Rauch, *Les tribulations*. Auch fehlte es in Kaysersberg nicht an weiteren Widerstandsaktionen gegen die antiklerikalen Maßnahmen der Revolutionsregierung, siehe etwa in: AMK, 3 I 4; und in: ADHR, L/115: das Verfahren 3799 betraf einen öffentlichen Aufruhr (in den fünfhundert mit Äxten und Stöcken bewaffnete Männer und Frauen involviert waren) zur Verteidigung zweier Geistlicher, die sich im Dezember 1796 in Kaysersberg versteckten. Zur weiblichen Frömmigkeit in den Wirren der Revolutionszeit und der Epoche der Aufhebung des Jesuitenordens: Mostaccio, *Donne, clero*. Zur Religiosität zur Zeit der Revolution: Plongeron, *Pratiques religieuses*. Zum elsässischen Klerus: Schaer, *Le clergé paroissial*; Joachim, *L'élection de l'évêque*; und Muller, *Religion et Révolution*. Eine geschichtswissenschaftliche Bilanz ziehen Bourdin und Butry, *L'Église catholique en Révolution*.

Zur Zerstörung der religiösen Bilder in Colmar: AMK, 1 P 10. Über das alltägliche Leben, mit Fokus auf Gasthäuser und Spelunken, ebd., 1 I 2; sowie Frey, *La kilbe e la République*.

Boffa, *Emigrati*, zufolge verließen 150 000 bis 160 000 Personen Frankreich, die meisten davon Kleriker; siehe auch Aston, *Christianity and Revolutionary Europe*, S. 200–204. Zur Anzahl der Emigranten in Kaysersberg: Schaedelin, *L'émigration révolutionnaire*, S. 93.

Eine zeitgenössische Beschreibung von Fribourg liefert der Historiker und Geistliche Coxe, *Sketches of the State*, S. 386. Zur Zahl der anwesenden Emigranten in Fribourg: Andrey, *Les émigrés français*, S. 31; und Langlois, Boutry und Vovelle, *Atlas de la Révolution française*, S. 36.

Von den zeitgenössischen Zeugnissen über das Leben der Emigranten in Fribourg seien hervorgehoben die anonyme Autorin der *Voyage d'une française*, Bd. II, S. 21, 23, 32; und der Beichtvater des Herzogs von Penthièvre und der Herzogin von Orléans: Lambert, *Mémoires de Famille*, S. 142, 153.

Den Aktivitäten von François-Antoine Kohlmann in Fribourg widmet sich Raemy, *L'émigration française*, S. 127. Zu seiner Gastfamilie: Dafflon, *Fribourg au temps de Jane Austen*, S. 176. Es ist unklar, wie er dorthin gelangte.

Zur Aufnahme von François-Antoine im Collège Saint-Michel und zu den Brüdern Jean-Baptiste und Joseph: Braun, *Le père François-Antoine Kohlmann.*

Zitierte Texte

S. 59: „Wir mussten … fortgehen mussten" und „Ich sage euch, ehrwürdiger Vater … sterben": ARSI, Rom. 1003, fasc. 6, 5, R. d. Aquino und A. Stocco an M. Petrucci, Capua, 27. März 1821.

S. 59: „alten Koadjutor … die Frau gestorben": ebd., Rom. 1002, fasc. 1, 100, V. Pavani an L. Fortis, Turin, 11. Mai 1823.

S. 59 f.: „Es ist bekannt, … wie heutzutage": ebd., Rom. 1001, fasc. 2, 2, *Rapporto del Padre Zaoli intorno allo stato delle finanze della Compagnia in Roma, poco dopo il ristabilmento.*

IX
29. Dezember 1834
Tagebuch von Pater Manera

Die Stelle aus dem Lukasevangelium (10,18) ist der Bibel, Einheitsübersetzung 2016, entnommen.

Zu den Darstellungen des Teufels in Literatur und bildender Kunst siehe Praz, *La carne*, vor allem das Kapitel *Le metamorfosi di Satana*, S. 49–82; und Minois, *Piccola storia*, S. 87–90. Zur Numismatik (Kannte Veronica womöglich Darstellungen des Teufels von den wenigen übrig gebliebenen Erbstücken der Familie?) siehe Jacquiot, *Le diable*.

Zur Verurteilung der Romantik durch den Generaloberen Roothaan: Martina, *Continuità e novità*, S. 455 f.

Francesco Maneras Aufzeichnungen für die Vorlesungen zu Dantes *Divina Commedia* befinden sich in: APUG, FC 196. Zu den Dante-Studien im Italien des 19. Jahrhunderts: Schulze, *Dante Alighieri.*

Die Rückkehr der königlichen Familie nach Turin wird dargestellt in dem Aquarell *Die Rückkehr der glücklichen Herrscher nach Turin am 20. Mai 1814* von Giuseppe Pietro Bagetti, Turin, Palazzo Reale, Königliche Appartements. Zur Wiedereinsetzung des Hauses Savoyen im europäischen Kontext: Genta, *Ruling over the Ruling Class*; Romeo, *Cavour e il suo tempo*, betont die fortschrittlichkeitsfeindlichen Aspekte dieses Ereignisses.

Zu den Unruhen des Jahres 1821 in Turin: Talamo, *Società segrete*. Zur Reform der Königlichen Universität nach der Rückkehr der Savoyer: Violardo, *Università ed accademie*; und Levra, *Da una modernizzazione*. Der schlechte Gesundheitszustand der alten Jesuiten, die sich mit den neuen Verantwortlichkeiten plagten, ist überliefert in: ARSI, Rom. 1005, fasc. 1, 83, G.A. Grassi an L. Fortis, Turin, 10. Mai 1824; der Bedarf an einem Dozenten für Literatur in Turin in: ebd., Fortis – Roothaan – Grassi 1002, 197, J.P. Roothaan an L. Fortis, Turin, 2. April 1825.

Beschreibungen von Turin bieten der gelehrte Millin, *Voyage en Savoie*, Bd. I, S. 231; und der Literat Montémont, *Voyage aux Alpes*, Bd. II, S. 99–110. Der Wohnsitz von Francesco Manera wird angegeben in „La Minerva" (1825), S. 4.

Zum internationalen Netzwerk des Geheimbundes „Amicizia cristiana" [„Christliche Freundschaft"], gegründet von dem ehemaligen Jesuiten Nikolaus Joseph Albert von Diessbach, siehe Griseri, *Lanteri*; De Rosa, *Storia del Movimento*; sowie Sulas, *Les amis*. Die Kontakte mit Francesco Manera gehen hervor aus den Schriften von Lanteri, *Scritti*, S. 526 f., der Manera für die Nachricht über die Wahl Roothaans zum Generaloberen dankt.

Zitierte Texte

S. 71: „Der Literat dient … höchst wirksam": APUG, FC 2230, Aufzeichnungen von Francesco Manera, die den Versuch einer enzyklopädischen Neuordnung (eine Enzyklopädie kleinen Formats) der Geschichte der Literatur darzustellen scheinen.

S. 72: „Das Genie … Wunder Gottes": ebd., FC 2230/2.

S. 72: „Dante hat … Abhängen des Vesuvs": ebd., FC 196.

X
31. Dezember 1834

Eine Chronik der Festlichkeiten des 31. Dezembers findet sich in: „Diario di Roma", 3. Januar 1835, Nr. 1, S. 10; ARSI, Curia Romana SJ 1007, *Indirizzo molto vantaggioso*, S. 11, über die *„padri cercatori"*, die für die Almosen zuständig waren;

zu den Novizen: AEMSI, PR, 589.2 A. Blicke von Fremden auf der Durchreise in: Matthews, *The Diary of an Invalid*, S. 123; und *Rome Pagan and Papal*, S. 167.

Die Rekonstruktion der Innenräume des Hauses Hamerani ermöglichte das auf den 30. November 1789 datierte Güterverzeichnis von Ferdinando in: ASR, TNC, uff. 2, M. Conflenti Sr, Istromenti, Bd. 648, fol. 674r–725v (669r–733v). Das Inventar wurde von den Gläubigern und der Apostolischen Kammer beauftragt, siehe dazu Pennestrí, *All'insegna della lupa*. Die Heirat mit Maria Antonia Fuga, Tochter des berühmten Architekten Ferdinando, im Jahr 1758, hatte durch deren Mitgift von 3000 Scudi eine zeitweilige Erholung der Finanzen der Hamerani mit sich gebracht, ASR, TNC, uff. 11, J. A. Ficedola, Bd. 398, fol. 218–222, 233–236. Ferdinando Fuga sollte durch das Band mit der Familie Hamerani seine Beziehung zur römischen Auftraggeberschaft stärken, wie der Kollege Vanvitelli am 14. August 1756 aus Caserta, nicht ohne eine Spur von Bosheit, schrieb, in: Strazzullo, *Le lettere di Luigi Vanvitelli*, Bd. II, Nr. 393. Die zweite Tochter Fugas war mit Giuseppe Panini, Sohn des berühmten Architekten, verheiratet worden, siehe Malinverni, *Panini*.

Der Verkauf der Prägestempel Hameranis an die Apostolische Kammer, mit der man diesbezüglich seit geraumer Zeit im Streit [→ VI] lag, fand schließlich 1796 statt. In ASR, Camerlengato, Antichità e belle arti, Teil I, Abschn. IV, b. 46, Nr. 1, finden sich Hinweise auf einen weiteren Verkauf des Erbes, den Giovanni 1824 durchführte. In der beigefügten Bittschrift äußerte Giovanni den Wunsch, „ihn zugunsten seiner drei Töchter zu einem vorteilhaften Preis zu verwirklichen und damit anteilig auch die in der Vergangenheit erlittenen Verluste wiedergutzumachen". Was den ersten Verkauf aus dem Jahr 1796 anbelangt, trafen die Zahlungen seitens der Apostolischen Kammer nicht regelmäßig ein und noch 1866 sollte Antonio Aquari [→ XLIII] die mangelnde Auszahlung des Kanons beklagen, in: ASR, Direzione generale dei dati diretti e proprietà camerali, b. 69. Die über 700 Prägestempel des Verkaufs von 1796 werden heute im Museo della Zecca dello Stato, Rom, verwahrt. Auf Bestände in anderen Sammlungen sind Numismatiker in jüngerer Zeit aufmerksam geworden, in: *Il campionario di medaglie*.

Zur Rekonstruktion familiären Besitzes anhand von Testamenten und Güterverzeichnissen: Macry, *Ottocento*; zur Bedeutung von Objekten: Ago, *Il gusto delle cose*. Kurz nach dem Tod Ferdinandos übertrug Maria Antonia Fuga ihren

Kindern sämtlichen Besitz, im Gegenzug wurde ihr das Wohnrecht in deren Haus zugesichert (ASR, TNC, uff. 18, M. Sterlich, Istromenti, 24. September 1793), eine häufig getroffene Vereinbarung im päpstlichen Rom: Arru, *Donare è non perdere.*

Die Gewohnheiten der Römer zur Zeit Ferdinandos aus der Sicht des Astronomen Lalande, *Voyage d'un françois*, Bd. IV, S. 24, 522.

Im August 1804 hatte der Naturforscher und Philosoph Alexander von Humboldt Goethe bezüglich der Familie Hamerani auf den neuesten Stand gebracht und erzählt, dass Giovanni sich nun dem Handel mit Medaillen zugewandt habe: *Goethes Briefwechsel*, Nr. 59. In Weimar erinnerte sich Goethe im Jahr 1817 in einem Schreiben an den Historiker Barthold Georg Niebuhr an seinen Besuch bei Ferdinando Hamerani, der ihm ein Porträtmedaillon von Johann Andreas Herrmanskircher, dem Ahnherrn der Familie Hamerani, gezeigt und ihm dessen Geschichte erzählt hatte, siehe: Noack, *Das Deutschtum in Rom*, Bd. II, S. 234 f.; Bildt, *Les médailles romaines*, S. 147–157; und Klauss, *Goethe als Medaillensammler.*

Zur Wiedereinführung der Frömmigkeit, jedoch ohne nennenswerte Auswirkung auf den Markt der Bilder: Boutry, *Une théologie de la visibilité.*

Der 31. Januar ist der letzte Tag, zu dem meteorologische Angaben vorliegen. Band XVI des „Giornale arcadio di scienze, lettere e arti" verzeichnet die *Osservazione* [*Beobachtungen*] aus dem Observatorium des *Collegium Romanum* erst ab dem 1. Januar 1836. Es ist mir nicht gelungen, andere Daten ausfindig zu machen.

XI
1. Januar 1835
Exorzismus

Angesichts des Umfangs der Niederschrift für diesen Tag im *Exorzismus* war es notwendig, einzelne Passagen auszuwählen. Um den Text nicht aufzublähen, werden die Auslassungen nicht angezeigt.

Die meteorologischen und geologischen Phänomene des Jahres 1799 und die mit ihnen verbundenen Pathologien (wie die „rheumatischen Fieber") werden von dem Arzt und Schöpfer anatomischer Grafiken, Penada, *Delle osservazioni medico-pratico-meteorologiche*, S. 188–191, 193, 205, beschrieben.

Die Bewegungen und Aktivitäten von François-Antoine Kohlmann und etwa vierzig weiterer Mitglieder des Jesuitenordens (siehe hierzu Fontana Castelli, *La Compagnia di Gesú*) sind dokumentiert in ARSI, Paccan. 6, fasc. *Nosocomia militaria*, einer Sammlung von vier handschriftlichen Berichten, einer in französischer und drei in italienischer Sprache, über die zwischen 1799 und 1801 in den Militärhospitälern von Padua, Pavia, Cremona und Mailand geleisteten Dienste. Bei den drei italienischsprachigen Berichten könnte es sich um Übersetzungen, mit wenigen Ergänzungen, aus dem Französischen handeln; zudem ebd., Paccan 11, *Mémoires historiques sur deux sociétés qui ont servi au rétablissement de la Compagnie de Jésus en 1814, par le P. XXX* [J.-B. Gury] *de la même Compagnie.*

Der Durchmarsch des Heeres und die Situation in Padua werden beschrieben in Toffanin, *Il domino austriaco*, S. 24, 35, 54, 62.

Zur Situation in Pavia: ASCPv, Archivio comunale parte antica, Caserme, ospedali militari, b. 701, fasc. 1, und dort der Brief des *Ober-Lieutenants* [Emanuel] von Weinerth, Kommandant der kaiserlichen Hospitäler, an die Militärverwaltung, Pavia, 16. Juni 1799; zeitgenössische Chroniken siehe ebd., Ms. III 1, *Diario* [*Tagebuch*] von Luigi Fenini, fol. 132r, 138v; und ebd., Ms. I 5, *Avvenimenti di guerra succeduti in Italia l'anno 1796, 1797, 1798, 1799, 1800, 1801, 1802* (Tagebuch von Carlo Gentile), S. 101, 111, 120. Siehe auch Pagano, *Alle origini*. Zum politischen Kontext in Italien: Capra, *Gli italiani*; e Turi, *Guerre civili*. Ein gesamteuropäisches Bild: Broers, *Europe under Napoleon*.

Die Anzahl an Verletzten der kaiserlichen Truppen auf italienischem Gebiet findet sich in ÖStA, HKR 2573, fasc. 871. Eine Beschreibung ihres Gesundheitszustands siehe ebd., fasc. 757, *Delle malattie delli Cacciatori Tirolesi dello Spidale di Verona*, Bericht von Benedetto Rasa, Hospitaldirektor, Verona, 11. September 1799.

XIII
4. Januar 1835
Tagebuch von Pater Manera

Mit jesuitischer Psychologie habe ich mich beschäftigt in: Alfieri, *Tracking Jesuit Psychologies*, siehe dort auch Hinweise zu weiterführender Literatur. Eine ausgezeichnete Beschreibung der Leidenschaften, auf die ich mich in diesem Kapitel beziehe, findet sich in Azor, *Institutionum moralium*, Buch III, Kap. 1, Kol. 164 f., einem der wichtigsten Referenzwerke der jesuitischen Theologie zwischen dem 16. und 17. Jahrhundert. Zur Autonarration, in Bezug zur eigenen Berufung und zur Mission, in jesuitischen Schriftquellen: Prosperi, *La vocazione*. Zur Beziehung des Jesuitenordens zu den Neuerungen des 18. Jahrhunderts in Physiologie und Psychologie: Alfieri, *L'anima o il cervello*?

Die wenigen Hinweise zur Familiengeschichte Francesco Maneras finden sich in: Palumbo, *Vita*. Aus der Beschreibung von Angelo Brofferio ist bekannt, dass Manera rabenschwarzes Haar hatte [→ XXI]; ein Porträt von ihm findet sich in: Volpe, *I gesuiti nel napoletano*, S. 384 f., siehe dort auch weitere biografische Angaben.

Zur Person seines Lehrmeisters Juan Andrés y Morell (1740–1817) und dessen kulturellem Kontext: Batllori, *La cultura hispano-italiana*, S. 513–545; und Guasti, *Juan Andrés*, darin auf S. 261 die Information zu einem ersten Besuch von Andrés in Neapel im Jahr 1785. Ich verweise auf den zitierten Band von Guasti sowie auf Berti, *Illuminismo, rivoluzione*, für weiterführende Studien zum Werk *Dell'origine, progressi e stato attuale di ogni letteratura* von Andrés y Morell. Mit dem der Medizin gewidmeten Abschnitt befasse ich mich in: Alfieri, *La Compagnia di Gesú*.

Die Eindrücke von der ansprechenden Atmosphäre in der Königlichen Bibliothek in Neapel stammen aus: Petit-Radel, *Voyage historique*, Bd. III, S. 58. Zum politischen Kontext siehe Granata, *Monarchie mediterranee*.

Zitierte Texte

S. 90: „In einer hochgelobten Übersetzung … Gedenken galt": APUG, FC 196.

S. 90 f.: „uns den Menschen immer besser kennenlernen lassen möge": *Epistolario de Juan Andrés y Morell*, Bd. II, Nr. 610, S. 754, J. Andrés an V. Malacarne, 11. Juli 1792.

S. 91: „wie viele Nervenfasern … seiner Krankheit?“: ebd., Nr. 613, S. 760, J. Andrés an V. Malacarne, 27. August 1792.

XIV
8. Januar 1835
Exorzismus

Das Geburtsdatum von Veronica steht auf einem Blatt mit dem Titel *Storia di M. Veronica* [*Geschichte der M. Veronica*], enthalten im Aktenbündel des *Exorzismus*. Von der Ehrerbietung gegenüber dem Leichnam des verstorbenen Vikar Zurla erzählt Fürst Chigi, *Il tempo del Papa-re*, S. 89.

XV
9. Januar 1835
Exorzismus

Hinweise zu Leben und Werk von Belli in: Alberti, *Di Andrea Belli*. Belli selbst bestätigt, als Chirurg für die Jesuiten tätig gewesen zu sein, in: Belli, *Di parecchi illustri morti*, S. 69. Der im ASC verwahrte, größte zusammenhängende Teil seiner Manuskripte wird beschrieben in: Pirotta, *La donazione Molajoni*. Der Band in BAV, Vat. Lat. 10934, versammelt 213 gebundene Folii r/v, die im Inventar der BAV nicht verzeichnet, aber auf dem Rücken mit der Aufschrift *A. Belli, Memorie* versehen sind. Die Blätter wurden später neu geordnet und nummeriert, zuvor hatte Belli selbst bereits Neuordnungen und Umnummerierungen vorgenommen. Zitiert wird nach der jüngsten Zählung. In dem Band befinden sich verschiedene Selbstporträts, darunter *Andrea Belli moralmente e fisicamente se stesso dipinge*, fol. 204r–212v. Die Selbstbeschreibung in Cardano, *Della mia vita*, S. 45 f., dürfte Belli, so vermute ich, gekannt haben.

Zur Beziehung zwischen Medizin und Religion: Donato u. a., *Médecine et religion*.

Über die Geschichte seiner Familie, über seine Kindheit und seine Beziehung zum Vater schreibt Belli in: ASC, Capitolina 17950, Miscellanea, Manoscritti di

Andrea Belli, fasc. 11, *Memoria biografica intorno alla vicenda ed alla morte di Filippo Belli scritta nel 1834 dal di lui figlio Andrea.*

Die Beschreibung der Gebäude der römischen Universität La Sapienza im urbanen Kontext ist dem *Rapport sur l'organisation de l'Instruction publique dans les départements de Rome et du Trasimène* (BANLC, 227438H20) entnommen, dazu: Alvazzi del Frate, *Università napoleoniche*. Das Curriculum der Studien wird von Belli mehrmals beschrieben in: BAV, Vat. Lat. 10934. Hinweise zu Dozenten und Materien in den Jahren seiner Ausbildung in: *Annuario politico, statistico, topografico e commerciale (1813)*, auf den S. 310–331; *Annuario politico, statistico, topografico e commerciale (1814)*, auf den S. 308 f.; und Garofalo, *L'insegnamento*. Die Kollegien für Medizin und Chirurgie hatten sich 1788, auf Wunsch von Pius VI., zusammengeschlossen, siehe Sisco, *Saggio dell'Istituto (1816–1817)*, S. V. Allgemein: Pazzini, *La storia*.

Zum Arcispedale Santa Maria della Consolazione: Pericoli, *L'Ospedale*; zu der Organisation, dem Personal und der Rolle Bellis: ASR, Ospedale della Consolazione, b. 1292, *Ruolo de' provisionati, salariati, giubilati e soprannumeri del Ven. Ospedale di S. Maria della Consolazione*, o. D. [aber *nach* 1820].

Dort entnommen wurde die Beschreibung des Ritus der Disputation im Hospital, ebd., b. 770; BAV, Vat. Lat. 10934, fol. 10r; und Belli, *L'ospitale delle donne*, S. 30.

Zur Ankunft der Tagelöhner in Rom während des Sommers: Desanctis, *Roma papale*, S. 308.

Zitierte Texte

S. 94: „An Jahren … die Wange benetzte": ASC, Capitolina 17950, Miscellanea, Manoscritti di Andrea Belli, fasc. 4.

S. 98: „Ein wahnsinniger Traum, Märlein aus Fabellande": Belli, *Cimelioteca delle monete pontificie*, S. 9.

S. 98: „Die Jesuitenpatres … Außergewöhnliches feststellen": BAV, Vat. Lat. 10934, fol. 70r, 9. Januar 1835.

XVI
Rom, Januar 1827
„Processus" der Seligsprechung und Heiligsprechung des ehrwürdigen Diener Gottes Francesco Saverio Maria Bianchi

Die kursiv gesetzten Zitate im Text sind sämtlich dem *Exorzismus* entnommen. Die verbleibenden Zitate in Anführungszeichen am Anfang und im Text stammen aus: AAV, Congr. Riti, *Processus*, 1921, fol. 52v, 55r, 93v, 281v, 291r, 362v, 405r, 409r, 422v, 549r. Die Auslassungen werden nicht angezeigt.

Das Verfahren der Seligsprechung und Heiligsprechung von Bianchi (1743–1815), Ikone des katholischen Widerstands gegen die Korrumpierung der Heiligtümer und Gegenstand außerordentlicher Verehrung, wurde in der Diözese Neapel im Juli 1817 eröffnet, siehe dazu Palmieri, *I taumaturghi*, S. 223 f.; und Palmieri, *I miraculi*, mit einer Sammlung jüngerer Forschungen zur Beziehung zwischen Wissenschaft und Religion mit Fokussierung auf diese übernatürlichen Phänomene.

Über das Benediktinerinnenkloster Santa Maria della Concezione in Campo Marzio konnte ich in ASR, Corporazioni religiosi femminili, Benedettine in Santa Maria della Concezione in Campo Marzio, keine Quellen zu jenen Jahren finden, bis auf einen Hinweis zu Maria Giuseppa Costantini, die zwischen April 1821 und Mai 1848 dem Kloster als Äbtissin vorstand und unter der Antonina in den Orden eintrat. Das Gebäude wurde im Jahr 1873 enteignet und gehört zurzeit der Abgeordnetenkammer, zur säkularen Geschichte siehe Bosi, *S. Maria*. Zu Beginn des 20. Jahrhunderts zogen die Nonnen in das Kloster Oblate di Tor de' Specchi um. Die zuständige Archivarin hat mir bestätigt, dass dort keine Materialien zu dem behandelten Zeitraum vorhanden seien. Zu den Frauenklöstern in Rom verweise ich auf die Studien von Alessia Lirosi und auf die beim Verlag Viella erscheinende Schriftenreihe „La memoria restituita". Die Epoche der Restauration bleibt in weiten Teilen noch zu erforschen.

Zu Domenico Orsini: Rossi, *Orsini*. Die in ASC verwahrten Quellen zur Familie, die gegebenenfalls Hinweise zu etwaigen Kontakten mit den Hamerani enthalten, konnte ich nicht einsehen.

Eine Laienschwester trägt das Habit, ohne ein Gelübde abzulegen, und ist zumeist nur für niedrigste Tätigkeiten zuständig.

XVII
14. Januar 1835
Exorzismus

Im Abschnitt des *Exorzismus*, der die Geschichte der Hamerani wiedergibt, ist 1801 als Jahr der Heirat zwischen Maria Vittoria und Giovanni Hamerani verzeichnet; die Unterschrift des „Ehevertrags", das heißt der Vereinbarung zwischen dem Vertreter der künftigen Braut (der Vater bzw. der Vormund und Verwalter ihrer Güter) und Giovanni Hamerani, ist auf den 8. September 1801 datiert; vom 28. September stammt die Akte zur Übergabe der Mitgift von Maria Vittoria, 2670 Scudi plus fünftausend „Zusatzaussteuer", die in Raten zu zahlen waren. Siehe ASR, TNC, uff. 6, F. Fiammetta, Bd. 540, fol. 629r–631v, 645r–646v. Zu Cecchi und den Lovatti siehe die Einträge in: Debenedetti, *Architetti e ingegneri*, Bd. I, S. 344–350; und Debenedetti, *Artisti e artigiani a Roma*, Bd. II, S. 146. Zu den zunehmend ungünstigen Bedingungen, unter denen die beiden Familien in dieser Umbruchphase tätig waren: De Felice, *Aspetti e momenti*, S. 263–267.

Angaben zu den ebenfalls zitierten Mitgiftzahlungen finden sich in den Akten desselben Notars in: ASR, TNC, uff. 6, F. Fiammetta, Bd. 540, fol. 238r–239v, 439r–441v; der Wert der Tiere (Kuh, Stute) und der Objekte (Mantel, Schirme, Bett) ist vermerkt im Testament eines gewissen Angelo Ciccaglia, ebd., fol. 414r. Siehe Laudana, *Le grande ricchezze*. Ein Vergleich mit der Situation in Bologna zu dieser Zeit: Martini, *Doti e successioni*.

Handelt es sich bei dem Gemälde *Christus im Garten Gethsemane* um jenes von Carlo Dolci, heute in den Museen der Strada Nuova, Palazzo Rosso, in Genua aufbewahrt? Dass es sich im Schlafzimmer der Eheleute Hamerani befand, geht aus dem Testament von Giovanni Hamerani (in dem der Maler mit „Paolo" bezeichnet wird) hervor, ASR, TNC, uff. 24, O. Monetti Cerasini Jr, Testamenti, 1846, Bd. 780, fol. 335r–345v.

Die Fortpflanzungstheorien zur Zeit der Zeugung Veronicas finden sich in dem *Saggio storico dell'ostetricia del professore Felice Sernicoli* [*Historische Abhandlung zur Geburtshilfe des Professor Felice Sernicoli*], enthalten in einem Handbuch, das in der medizinischen Fakultät der Sapienza verwendet wurde, Asdrubali, *Trattato generale*, Bd. I, S. 133–139. Einen historischen Überblick gibt Filippini, *Generare, partorire*.

Im Jahr der Schwangerschaft (mit Veronica) fand der Wiener Kongress statt. Zur Anwendung des „Restauration"-Konzepts auf diese Umbruchsphase: Caiani, *Introduction*.

Informationen zu Pater Kohlmann aus diesem Jahr in: ARSI, Maryl. 1001, fasc. 4, G. A. Grassi, *Memorie sulla Compagnia di Gesú ristabilita negli Stati Uniti dell'America Settentrionale dal 1810 al 1817*, Heft III, S. 69. Zu Grassis Bericht: Pizzorusso, *The New World*.

Manera und Andrés reisten im Herbst 1816 ab. Einen zeitgenössischen Blick auf ihre Reise bieten die anonymen *Sketches Descriptive of Italy* [Künstlerin und Verfasserin ist Jane Waldy], Bd. III, S. 41.

Zitierte Texte

S. 110: „Mein griechisch-lateinisch-spanisch-gallisch-italienischer Lektor": *Epistolario de Juan Andrés y Morell*, Bd. III, S. 1724, J. Andrés y Morell aus Neapel, im Juli 1816.

XVIII
15. Januar 1835
Tagebuch von Doktor Andrea Belli

Das Zitat stammt aus: BAV, Vat. Lat. 10934, fol. 70r, 15. Januar 1835.

XIX
15. Januar 1835
Exorzismus

Angesichts der Länge der Niederschrift vom 15. Januar 1835 war es nötig, auf einige Passagen aus dem *Exorzismus* dieses Tages zu verzichten. Die Auslassungen werden nicht angezeigt.

XX
Nächtliche Aufzeichnungen von Maria Vittoria Hamerani
Exorzismus

Über die Atmosphäre im Arcispedale Santa Maria della Consolazione berichten, neben Belli, *L'ospitale delle donne*, auch der Archäologe Nibby, *Roma nell'anno MDCCCXXXVIII*, S. 132; und ASR, Ospedale della Consolazione, b. 1292, *Inventario delle biancarie, coperte, e letti esistenti nel Ven. Ospedale di S. Maria della Consolazione il giorno 1° settembre 1827*.

Zu den Patientinnen, ebd., Reg. 612, *Libro delle relazioni dei feriti*, vom 9. Juni bis 27. Mai 1816, zusammengestellt von Domenico Torri, stellvertretender Chirurg, und vom 28. Mai bis 30. Juni 1816, von Alessandro Costanti, stellvertretender Chirurg.

Francesco Asdrubali hatte in Paris studiert und nahm 1778 seine Lehrtätigkeit an der Sapienza auf, siehe Vernacchia Galli, *L'Archiginnasio romano*, S. 24–26. Die Theorien zu einer vom Fortpflanzungssystem beeinflussten weiblichen Empfindsamkeit sind dessen *Trattato generale*, Bd. I, S. 74, 75, 89, entnommen. Eine Studie zur zeitgenössischen Literatur in: Arnaud, *L'invention de l'hystérie*. Der beschriebene Fall findet sich in Sisco, *Saggio dell'Istituto (1823–1824)*, S. 27. Dem Chirurgen und Lehrmeister Bellis war die Heilung einer Wunde gelungen, die sich Antonina, Schwester Maria Francesca Saveria, am Auge zugezogen hatte, als eine Kastanie beim Rösten in der Pfanne explodierte, wie die *Storia di Maria Antonina* im *Exorzismus* berichtet [→ XVI].

Zitierte Texte

S. 115 f.: „seit Anbeginn … redet sie schlecht“: *L'ospitale delle donne*, S. 25.

S. 118: „Wenn das nicht … Alissandro ist!“: Asdrubali, *Trattato generale*, Bd. V, S. 26.

XXI
Noch immer der 15. Januar
Tagebuch von Pater Manera

Zur Spiritualität der Jesuiten siehe zuletzt Mostaccio, *Spiritual Exercises*.

Zur Beziehung von Francesco Manera zu Alessandro Manzoni: Pirri, *Un amico del Manzoni*; und erwähnt auch in: Croce, *Notizie e osservazioni*, S. 191. Im Dezember 1827, kurz nach dem Erscheinen der *Promessi sposi* [*Die Brautleute*], hatte Manera Manzoni vorgeschlagen, das Vorwort für einen der Bände des Jesuiten Daniello Bartoli zu schreiben, deren Veröffentlichung er besorgte. Die höfliche Ablehnung Manzonis ist überliefert in: ARSI, Vitae 1010, fasc. 19, 1, A. Manzoni an F. Manera, Mailand, 22. Januar 1828 (insgesamt fünf Briefe von Alessandro Manzoni in diesem Faszikel; der Entwurf des Briefes ist zitiert in: BNB, Fondo manzoniano, Lettere, 281). Die beiden begegneten sich im Oktober 1829 in Mailand, als Manera Turin verließ und nach Fano ging, um dort sein Noviziat abzuschließen. Über die Begegnung schreibt Manera in einem Briefentwurf an Manzoni, in: BNVE, Ges. 1118, fol. 31r–34v (von dem nicht bekannt ist, ob er zugestellt wurde) und in einem Brief an den Abt Félicité Robert de Lamenais, dazu Badini Confalonieri, *Presenza dei cattolici reazionari*. Die Thesen des liberalen Katholiken Lamenais, mit denen Manera zu jener Zeit zu sympathisieren schien, wurden 1834 von Papst Gregor XVI. und dem Generaloberen der Jesuiten verurteilt.

Zu Angelo Brofferio (1802–1866) siehe Bottasso, *Brofferio*; der Brief von A. Brofferio an F. Manera, Mailand, 9. Juni 1825, wird verwahrt in: ARSI, Vitae 1010, fasc. 24, 3.

Die Beispiele der Medizingeschichte sind entnommen aus: Tissot, Von der Gesundheit der Gelehrten S. 18, 36 f., 42–51, 66, 96 f. Die Erstausgabe des Werkes von Samuel-Auguste Tissot, die aus einer seiner öffentlichen Vorlesungen hervorging, stammt aus dem Jahr 1758. Das Werk von Pujati, *Della preservazione*, ist 1762 erschienen. Zu den medizinischen Theorien über intellektuelle Tätigkeit und deren schädliche Auswirkungen: Starobinski, *L'encre de la mélancolie*.

Zitierte Texte

S. 123: „Ich hätte gern … aus mir zu machen“: ARSI, Fortis – Roohaan – Grassi 1002, 197, J. P. Roohann an L. Fortis, Turin, 24. August 1823.

S. 123: „mit jener keuschen … Bekehrten" und „das träge Italien": APUG, FC 2173.

S. 123: „Als ich gerade … übermäßigen Empfindsamkeit": BNVE, Ges., 1128, fol. 10v.

S. 124: „Jesuiten in der Hölle … einfach ansehen muss": Brofferio, *I miei tempi*, S. 103, 107.

S. 125: „Ich bitte Sie … zu demselben Gegenstand": ARSI, Vitae 1010, fasc. 15, 18, A. Gervasio an F. Manera, Neapel, 23. Oktober 1825.

S. 126: „Die Lehre … über seine Kräfte gehen": ebd., Rom. 1005, fasc. 2, 213, J. P. Roothaan an L. Fortis, Turin, 7. Dezember 1824.

S. 128 f.: „Sein Leiden … der bedauernswerten Menschheit": ebd., 214, J. P. Roothaan an L. Fortis, Turin, 26. Februar 1825.

S. 129: „Pater Manera geht es nicht gut … zu erholen": ebd., 222 b, J. P. Roothaan an L. Fortis, Turin, 8. Juni 1825.

S. 129: „Er war derart zerrüttet … zugrunde zu richten": ebd., 223, J. P. Roothaan an L. Fortis, Turin, 3. August 1825.

XXIV
Ohne Datum
Persönliche Aufzeichnungen von Pater Tommaso Massa

Das Eingangszitat stammt aus: AEMSI, PR, Fascicoli personali, fasc. 1767. Weitere Informationen zu Massa in: ARSI, Rom. 1701, *Summaria vitae*, S. 552.

Bei der Identifikation des Gebäudes, in dem die Massa wohnten, beziehe ich mich auf Guidicini, *Cose notabili*, Bd. IV, S. 89 f.; und Giovannini, *Indicatore bolognese*, S. 263; aus dem gregorianischen Kataster von 1835, einsehbar unter http://cflr.beniculturali.it/Gregoriano/mappe.php, geht die Parzellennummer 615 hervor. Die Beschreibung des Gebäudes stammt aus: ASBo, Ufficio del Registro, Copie degli atti notarili, Bd. 1161, *Permutatio et subrogatio factae ab Ill.mo Petronio Aloysio Moreschi…*, fol. 160r–162v.

Zur Familie: AGAB, Parrocchie di Bologna soppresse, SS. Fabiano e Sebastiano, Stati delle anime, b. 13/12, 1785–1805; BCABo, Ms. B 880, B. A. M. Carrati, *Cittadini maschi di famiglie bolognesi battezzati in San Pietro come risul-*

tano dai libri dell'Archivio Battesimale, S. 78; und ebd., Ms. B. 719, B. A. M. Carrati, *Alberi genealogici delle famiglie di Bologna*, Bd. 22. Die Geburten vom 28. Oktober 1791 sind verzeichnet in: AGAB, Battistero della Cattedrale di Bologna, Registri battesimali, Bd. 244, 1791, fol. 227v. Stadtchroniken vom Oktober 1791 in: BCABo, Ms. B. 91, *Diario e memorie varie di Bologna dall'anno MDCCXIV all'anno MDCCLXXXXVI scritte da Domenico Maria d'Andrea Galeati*, S. 39.

Zur Geschäftstätigkeit der Familie: ASBo, Tribunale di commercio di Bologna, Fallimenti, b. 24. Das Aktenbündel, dem ich die Angabe zur Auszahlung Tommasos entnommen habe, trägt auf dem Umschlag die Nr. 39 und ist auf den 10. März 1808 datiert. Die Lieferung der Firma Massa für den Empfang zu Ehren Mozarts ist vermerkt in: Basso, *I Mozart in Italia*, S. 68. Neben dem Kolonialwarengeschäft besaß Agostino einen Verkaufsstand in der benachbarten Via Galliera, mit einem Wert von 250 000 Scudi, der 1807 in Konkurs ging, siehe dazu De' Buoi, *Diario*, S. 461.

Zu den in diesem Kapitel erwähnten Ereignissen, die sich in der Stadt Bologna zutrugen, finden sich Hinweise in: Majani, *Cose accadute*, S. 11, zur Ankunft der Franzosen im Juni 1796; De' Buoi, *Diario*, S. 152 und 157, über die Abwesenheit von Tommaso Massa (Großvater des unsrigen) bei der 1801 in Lyon einberufenen Versammlung der Cisalpinischen Republik und über die Hungersnot, die Fieber und den ungewöhnlich starken Schneefall am 7. und 12. April 1802. Andere eingesehene Chroniken in: BCABo, Ms. A. 369, *Breve ristretto delle vicende successe in Bologna dall'anno 1796 sino all'anno 1802*, op. 4, anonym; und Guidicini, *Diario bolognese*.

Zum politischen und institutionellen Kontext: De Francesco, *L'Italia di Bonaparte*; sowie De Benedictis, *Bologna nello Stato della Chiesa*. Zum ökonomischen Kontext: Marcelli, *La vendita dei beni ecclesiastici*; und Zangheri, *La proprietà terriera*.

Zitierte Texte

S. 135: „mit einer Art … in tausend Stücke zersprang“: Majani, *Cose accadute*, S. 12.

XXV
18. Januar 1835
Exorzismus

Von den Personen, die an diesem Tag dem Exorzismus beiwohnten und eingangs genannt werden, habe ich, neben Nicholas Patrick Wiseman und Arnold James Knight, nur Felix Ehrenhöfer identifizieren können, einen Prediger in Santa Maria dell'Anima, der deutschen Kirche in Rom (siehe dazu *Hof- und Staats-Schematismus*, Teil II, S. 4).

Arnold James Knight, der 1811 an der Universität Edinburgh in Medizin promoviert wurde, wie „The Edinburgh Medical and Surgical Journal", VII (1811), Nr. 28, S. 496, berichtete, zog sich später nach Beendigung seiner Tätigkeit in Sheffield nach Liverpool zurück, Dod, *The Peerage*, S. 344.

Über die Royal Infirmary von Sheffield und für eine zeitgenössische Beschreibung der Stadt: anonym [eigentlich der Dichter und Schriftsteller John Holland] *The Picture of Sheffield*, S. 204. Zur gesundheitlichen Situation: *Children's Employement Commission*, S. 105; *Parliamentary Papers*, S. 105 f.; und *Medical Jurisprudence*, S. 248–251. Zum angeprangerten hygienischen und moralischen Zustand: Knight, *Letters on the Subject*; die polemischen Antworten der Protestanten: *The Tocsin*, S. 23, 46.

Von den Werken William Cullens habe ich eingesehen: Cullen, *Nosology*, S. 12; und Cullen, *First Lines*, Bd. II, S. 472. Die Inauguraldissertation an der medizinischen Fakultät von Edinburgh stammt von Caldwell, *Dissertatio*, S. 20–23, 29. Zum Kontext: Risse, *New Medical Challenges*. Über Hysterie in der Medizin: Arnaud, *L'invention de l'hystérie*.

Zu Nicholas Wiseman: Boutry, *Souverain et pontife*, S. 767 f. Sein Porträt findet sich als Frontispiz in: Ward, *The Life and Times*, der auf S. 92 die wöchentlichen *lectures* Wisemans über Wissenschaft und Religion erwähnt. Hinsichtlich der Kindheit und Jugend von Wiseman beziehe ich mich auf Wiseman, *Recollections*.

Über das Leben im Päpstlichen Englischen Kolleg: APF, Collegi vari, *Constitutiones Collegii Anglicani de Urbe 11 iuni 1818*, fol. 487r–499v. Die im Archiv des Päpstlichen Englischen Kollegs in Rom verwahrten Schriften Wisemans sind administrativen Inhalts. Es war mir nicht möglich, den Bestand in den Westminster

Diocesan Archives einzusehen, wo die persönlichen Dokumente des Prälaten bewahrt werden.

XXVI
19. Januar 1835
Tagebuch von Pater Manera

Zum sexuellen Missbrauch durch den Klerus in einer zeitlich weit ausgreifenden Perspektive: Benigno e Lavenia, *Peccato o crimine*.

Zitierte Texte

S. 146: „Jeder Geist … nachdenkt und sie durchdringt": ARSI, Rom. 1005, fasc. 2, 82, F. Manera an L. Fortis, Turin, 6. November 1824.

XXVII
20. Januar 1835
Tagebuch von Pater Manera

Zur Société du Sacré Cœur de Jésus [Gesellschaft vom Heiligen Herzen Jesu], gegründet von Charles-Louis de Broglie (1765–1849) und François-Léonor de Tournély (1767–1797), im politischen Kontext: Julia, *L'Extinction*; und Julia, *La Restauration*. Zu Tournély: *Notice sur le Révérend Père*. Zur Herz-Jesu-Verehrung: Menozzi, *Sacro Cuore*.

Für die Rekonstruktion der Wege, die biografischen Angaben zu den Mitgliedern jener Gruppe von Religiösen und ihren Alltag beziehe ich mich auf: ARSI, Paccan. 11, *Mémoires historiques sur deux sociétés qui ont servi au rétablissement de la Compagnie di Jésus …*; ebd., Paccan. 9, *Histoire des deux sociétés du Sacré Cœur et de la Foi …* (mschr. Kopie von 1901); ebd., Paccan. 8, *Societas sanctissimi Cordis Jesu et Societas Fidei in Gallia 1794–1814*, darin enthalten *Storia della Compagnia del Cuore di Gesú scritta dal P. Fedele Grivel*, der die französische Fassung aus Paccan. 9 übernimmt, sie aber nicht wörtlich übersetzt; ebd., Paccan 13, enthält eine *Istruzione all'esame di coscienza*, die dazu auffordert, dem

Moment des Erwachens besondere Aufmerksamkeit zu schenken. Siehe auch Guidée, *Notices historiques*, Bd. 1.

Zum Heer der Prinzen und dem Klima in Koblenz: Henke, *Coblentz*; und Rance, *Les mémoires*.

XXVIII
24. Januar 1835
Tagebuch von Pater Manera

Die hier erwähnte quälende Leidenschaft für Maddalena Colombo und die persönlichen wie beruflichen Angelegenheiten Bellis in: BAV, Vat. Lat. 10934, fol. 10v, 16v–17r, 67r. Seine Beziehung, auch ökonomischer Natur, zum Jesuitenorden: ebd., fol. 55v, 137r.

Das Herz der an pathologischem Lachen leidenden Ordensschwester wird beschrieben in: Belli, *Alle religiosi claustrali*.

Vom Sezieren ist die Rede in: Belli, *Ad Antonio Trasmondo*, S. XIII; und Pericoli, *L'Ospedale*, S. 105. Siehe auch Conforti und De Renzi, *Sapere anatomico*.

Die Beschreibung der Entbindungspraktiken ist illustriert in *Saggio storico dell'ostetricia del professore Felice Sernicoli* [*Historische Abhandlung zur Geburtshilfe des Professors Felice Sernicoli*], in: Asdrubali, *Trattato generale*, Bd. II, Taf. XII.

Zitierte Texte

S. 156: „Diese Erörterung ist sein Abbild": BAV, Vat. Lat. 10934, fol. 10v, Jahr 1817.

S. 156 f.: „Wirst du also … war sie zu Ende": ASC, Capitolina 17950, Miscellanea, Manoscritti di Andrea Belli, fasc. 13.

S. 157: „Die Frau … selbst Salomone": ebd., Capitolina 17987, A. Belli, *Zibaldo (1830–34)* (auf dem Frontispiz, von der Hand Bellis: *Idee e prime linee per compilare un grande repertorio di erudizione e letteratura italiana. Opera del D. Andrea Cav. Belli – 1830* [*Gedanken und erste Skizzen zur Zusammenstellung eines großen Repertorium der italienischen Gelehrsamkeit und Literatur. Werk des D. Andrea Cav. Belli – 1830*]).

XXIX
28. Januar 1835
Tagebuch von Pater Manera

Von der Disziplinlosigkeit der Studenten am *Collegium Romanum* wird berichtet in: APUG 2186, *Diario per le scuole del Collegio romano dal 1828 sino al 1835*, 31. März 1820.

Im Rom des frühen 19. Jahrhunderts fand die weibliche Erziehung in den höheren Kreisen zumeist innerhalb der häuslichen Sphäre statt. Einen Überblick – mit wenigen, aber bedeutenden Ausnahmen – bietet Favino, *Donne e scienza*.

XXX
Noch 28. Januar 1835
Tagebuch von Pater Manera

Eine umfassende historische Studie zur väterlichen Autorität: Cavina, *Il padre spodestato*; neue Ansätze in: „Genesis", XVII (2018), Nr. 1, darin Lombardi und Bartoloni, *Introduzione*, S. 5–14.

Zur Vorliebe des jungen Giovanni Hamerani für die Architekturzeichnung: Pellegri, *Concorsi*, S. 208. Die von mir beschriebene Vedute befindet sich in: Chiarini, *Vedute romane*, Abb. Nr. 112 und S. 86 f.

Die Sammlung der Hamerani-Entwürfe in: BAV, Vat. Lat. 15232, dazu Alteri, *I disegni Hamerani*.

Die Ankunft der Franzosen wird dargestellt in: Sala, *Diario romano*. Siehe Armando, Cattaneo und Donato, *Una Rivoluzione difficile*; und *Roma religiosa*. Zu Phantasie und ästhetischer Dimension: Donato, *Cultura dell'antico*. Die Rückkehr der Franzosen im Jahr 1808 beschreibt: Vernacchia Galli, *L'Archiginnasio romano*, hier S. 22. Zum napoleonischen Rom: Lucrezio Monticelli, *Roma seconda città dell'Impero*.

Zur Beziehung zwischen Frankreich und dem Papsttum: Boutry, *La tentative française*.

Zu Ökonomie und römischer Gesellschaft von der Epoche der Französischen Herrschaft bis zur Restauration siehe die Studien in: *Subalterni in tempo di mo-*

dernizzazione. Von der schwierigen Wiederaufnahme der Tätigkeit Giovanni Hameranis nach Ankunft der Franzosen erzählt das Verzeichnis in: ASR, Camerale II, Zecca, b. 26, Nr. 90. Die Jahresmedaille von 1800, die am 29. Juni, dem Fest der Heiligen Petrus und Paulus, in Gold, Silber und Bronze ausgegeben wurde, ist die Rede in: Patrignani, *Le medaglie*, S. 27. Über die Medaille von 1801 berichtet die *Storia incisoria di Tommaso Mercandetti*, in: Turricchia, *Tomamaso Mercandetti*, S. 235 f., 251, darin auch der finale Wettstreit mit Giovanni um die Beauftragung als päpstlicher Medailleur. Die wiederholten Besuche Picettis (zu dessen Rolle und Tätigkeit in der Accademia di San Luca: Misserini, *Memorie*, S. 300 f.) finden sich in: *Roma 1771–1819, passim*. Angaben zu den nachfolgenden Medaillen in: „Diario ordinario", LII, 30. Juni 1804, S. 9; ebd., LIII, 3. Juli 1805, S. 3 f.; ebd., LIV, 5. Juli 1806.

Eine Beschreibung der Gebäude, mit der jeweiligen Ausstattung, in der Via Livia in Genzano liefert das Güterverzeichnis des Kanonikers Pietro Velli, ASR, TNC, uff. 24, O. Monetti Cerasini Sr, Testamenti, Bd. 651, 12. September 1807, fol. 205r–258r; und ebd., uff. 14, T. Gradassi, Istromenti, 11. September 1843, fol. 10r–19v, Verkauf des Palazzo Hamerani für 12 000 Scudi an die Gemeinde Genzano, nach Verhandlungen wurde der Preis, niedriger als ursprünglich vorgesehen, festgelegt und von Giovanni angesichts des schlechten Erhaltungszustands des Gebäudes akzeptiert. Vermutungen über im Haus vorgekommene Diebstähle werden im *Exorzismus* angestellt. Angaben zu der Struktur des Bauwerks und den Bewohnern sind verzeichnet in: ACG, Atti amministrativi, Jahr 1833, Nr. 43; ebd., Jahr 1841, Nr. 54; Jahr 1844, Nr. 41; ebd., Jahr 1846, Nr. 61; ebd., Jahr 1852, Nr. 73; und ebd., Istromenti. Contratti capitolati ed Atti, dall'anno 1826 all'anno 1842. Geburten, Todesfälle und Status der Bewohner sind nachlesbar in: ADAL, Stati d'anime, Genzano 1793 und Genzano 1806. Heute ist der Palazzo Sitz der Kommune von Genzano.

Die Nachricht vom Tod des Kanonikers Velli, früherer Eigentümer des Palazzo in der Via Livia, findet sich in: „Diario di Roma", 9. September 1807, Nr. 7, Teil III, S. 10.

Von der Via Appia, einem der obligatorischen Ziele der Grand Tour, existieren unzählige Darstellungen. Zu dem von Giovanni mutmaßlich zurückgelegten Weg: die Archäologen Gell e Nibby, *Carta de' dintorni di Roma*, S. 107.

Reiseerinnerungen und Eindrücke des Dichters und Dramaturgen Verri (Bruder von Pietro), *Le notti romane*, Bd. II, S. 165; des Diplomaten Reumont, *Della campagna*, S. 10; und von Dickens, *Pictures from Italy*, S. 162 f.

Auch von Genzano liegen zahlreiche Beschreibungen vor. Siehe hier Nibby, *Analisi storico-topografico-antiquaria*, Bd. II, S. 107–113. Die Frauen am Brunnen zeigt eine Fotografie in: Felicani, *Genzano*, S. 64. Für eine Beschreibung der Bevölkerung (seit der napoleonischen Regierungszeit): der Präfekt Tournon, *Études statistiques*, Bd. I, S. 248.

Erinnerungen von Durchreisenden: der Bildhauer Story, *Roba di Roma*, Bd. II, S. 12; Taine, *Voyage en Italie*, S. 477 f.; und D'Azeglio, *I miei ricordi*, Bd. II, S. 106.

Zahllos sind zudem die Beschreibungen des Blumenfests an Fronleichnam. Siehe etwa in dem Roman *Der Improvisator* von Hans Christian Andersen, verfasst nach seiner Reise im Jahr 1834, in: Andersen, *Der Improvisator*, S. 25. Giovanni Hamerani sollte 1824 eine Zeichnung für die *Infiorata*, den Blumenteppich, anfertigen, siehe *Storia dell'origine dell'Infiorata*, S. 107–122.

Über die Pockenerkrankung von Teresa und Giovanni Hamerani wird berichtet in: AAV, Congr. Riti, *Processus*, 1921, fol. 291r und *passim*.

Zitierte Texte

S. 165: „konkave, muschelförmige Siegel … aus Kupfer für Tabak“: ASR, Camerale II, Zecca, b. 26, Nr. 90.

S. 166: „Die Medaille war so unklar … berechtigten Spott zu ernten“: *Storia incisoria di Tommaso Mercandetti*, in: Turricchia, *Tommaso Mercandetti*, S. 235.

S. 174: „Genzano ist ein barbarischer Ort … Gegen die Fremden, die *forestieri*.“: Zola, *Meine Reise nach Rom*, S. 163.

XXXI
Ohne Datum
Exorzismus

Zur Karriere des Studenten Tommaso Massa: ASBo, Studio, dann Università di Bologna, Università napoleonica, b. 586; sein Ausschluss aus der Universitätsmiliz ebd., b. 571, ein vom Rektor der Universität am 5. April 1810 erlassenes

Dokument. Zum Studium in Bologna: Simeoni, *Storia dell'Università*, S. 139–178; und Cavina, *Professori e studenti*.

Die Fälle von Disziplinlosigkeit sind aufgeführt in: ASBo, Studio, dann Università di Bologna, Università napoleonica, b. 481. Die Disziplinarordnung für Prostitution und Verstöße dagegen in: ebd., Ufficio di polizia del Dipartimento del Reno, Atti generali, b. 321, Abschn. I, Rub. 16, *Meretrici*.

Das von Massa transkribierte Traktat Antonio Baldinuccis (1665–1717), befindet sich in: ARSI, Opp. NN. 98, *Manoscritto del Venerabile Servo di Dio il Rev. Padre Antonio Baldinucci della Compagnia di Gesú De Energumenis*, fol. 2r–45v; nicht vorhanden in der Bestandsaufnahme von Sommervogel, *Bibliothèque*, Bd. I, Kol. 828 f. Zur Tätigkeit des Dominikanermönchs als Exorzist: Galluzzi, *Vita del P. Antonio Baldinucci*, S. 81–88.

Gerolamo Menghi verkörpert die Figur des charismatischen Exorzisten, der von den kirchlichen Würdenträgern nicht länger erwünscht ist. Sie befürworteten seit Ende des 17. Jahrhunderts ein maßvolleres Vorgehen, siehe Lavenia, „*Tenere i malefici per cosa vera*"; und Lavenia, *Possessione demoniaca*, auch zu den erwähnten Fällen von Teufelsbesessenheit, die sich zwischen dem 16. und 17. Jahrhundert auf italienischem Gebiet ereigneten. Berühmt wurde jener von Giovanni Battista Chiesa aus dem späten 17. Jahrhundert: Levi, *L'eredità immateriale*.

Einige Besessenheitsfälle, um die sich Jesuiten kümmerten: jener der Ursulinennonne Jeanne des Anges und ihrer Mitschwestern aus dem 17. Jahrhundert in: *La possessione di Loudun*; ein holländischer in: De Waardt, *Jesuit Propaganda*; ein deutscher in: Roper, *Oedipus and the Devil*, S. 174–180.

Die Austreibung von Dämonen ist eines der Wunder im Leben des Ignatius von Loyola. Es wird unter anderem geschildert auf einer Lünette in der Sakristei der römischen Kirche, die dem Heiligen gewidmet ist. Nach seinem Tod wurden eine Frau aus Sevilla, eine aus Ostrog (im damaligen Polen), vier Edeldamen aus Modena, vier Hexen aus Palermo und ein Junge in Franken durch seine Fürbitte befreit, aus: Bartoli, *Della vita e dell'Istituto* (Wiederabdruck 1825; Pater Manera war an der Ausgabe der Schriften des Mitbruders beteiligt [→ XXI]).

Zitierte Texte

S. 179: „eine hohe Stirn … auch hätte passieren können": ASBo, Ufficio di polizia del Dipartimento del Reno, Atti generali, b. 321, Abschn. I, Rub. 16, *Meretrici*, denuncia al commissario di Polizia della città di Bologna dal Consigliere di prefettura del Dipartimento del Reno [Anzeige beim Polizeikommissariat der Stadt Bologna durch den Consigliere der Präfektur des Departments Reno], 9. Juni 1814.

S. 180: „nicht direkt als Prostituierte … weibliche Personen“: ebd., b. 322, Abschn. I, Rub. 4, *Costume e decenza pubblica, Promemoria*, 17. März 1914.

S. 180: „aufbrausende Kerle ohne jede Disziplin“: De' Buoi, *Diario*, 4. Juni 1812, S. 239.

XXXII
29. Januar 1835
Exorzismus

Über das Bologna Stendhals: Fanti, *Personaggi e società*; und Marcelli, *La realtà politica*.

Zur Ausweisung der Jesuiten aus Spanien und Portugal: Guasti, *L'esilio italiano*. Zur Anwesenheit der Ausgewiesenen in Bologna: Guerrini, *Il lungo esilio*; Fabbri, *I gesuiti spagnoli*; e Fernández Arillaga und Marchetti, *La Bolonia*.

In: AEMSI, PR, Fascicoli personali, fasc. 1767, ist zu lesen: „Er hatte mit einigen der unsrigen, die während der Aufhebung in Bologna lebten, verkehrt.“

Fälle von Missachtung des Kultverbots: ASBo, Ufficio di polizia del Dipartimento del Reno, Atti generali, b. 34, Culto I C (1801). Eine Gesamtdarstellung in: Broers, *The Politics of Religion*.

Zu Vincenzo Berni degli Antoni: Craveri, *Berni degli Antoni*. Eine Erwähnung der Gesellschaft, die sich in seinem Salon traf, in: BCABo, Ms. B. 2947, F. Rangone, *Quadro degli avvenimenti in seguito alla Rivoluzione di Francia*, Bd. 3, 1816–1820.

Aus ASBo, Tribunale di commercio di Bologna, Fallimenti, b. 24, ist die Summe der Geschäftsauflösung Tommasos und, b. 25, die Beschreibung der Versiegelung des Hauses Massa mit entsprechendem Inventar, datiert auf den 11. Oktober 1815, zu entnehmen; der gedruckte *Stato passivo*, aktualisiert am 30. Oktober 1817, ermöglicht die Kenntnis des offenen Kredits von 3000 Scudi; die *Procura generale del Signor Dottor Tommaso Massa … rogito del Signor Floriano Pietro Roffeni no-*

taro in Bologna, 16. September 1816, liefert unter anderem Hinweise zum neuen Wohnort in der Via Drapperie, dazu Guidicini, *Cose notabili*, Bd. II, S. 87; und Breventani, *Supplemento*, S. 77. Die Bestätigung im Pfarrarchiv der Kirche der Hl. Bartholomäus und Kajetan [Archivio parrocchiale della chiesa dei Santi Bartolomeo e Gaetano], Bologna, *1816 Status animarum parrochialis Ecclesiae S. Bartholomei P.R.*, fol. 21r. Mit Ankündigung des Todes von Gaetano Capelli liefert *Avviso* in der „Gazzetta privilegiata di Bologna", Jahr 1837, Nr. 146, Anschrift und Profession. ASBo, Tribunale di commercio di Bologna, Fallimenti, b. 25, enthält die Akten zur Übertragung des Vermögens von Tommaso an den Bruder im Noviziat in Madrid, 13. August 1818.

Die Beschreibung des Bologna, das Tommaso verließ, stammt aus: BCABo, Ms. B. 2947, F. Rangone, *Quadro degli avvenimenti in seguito alla Rivoluzione di Francia*, Bd. 3, 1816–1820. Ereignisse in der Stadt in den Jahren vor seiner Abreise: ASBo, Ufficio di polizia del Dipartimento del Reno, Atti generali, b. 321, Abschn. I, Rub. 16, *Meretrici*, und Rub. 7, *Miscellanee*; ebd., b. 322, Abschn. I, Rub. 4, *Costume e decenza pubblica*, denuncia al commissario di polizia del Circondario Ponente [Anzeige beim Polizeikommissariat des Circondario Ponente], 27. Mai 1814; und ebd., Abschn. III, Rub. 1, *Giuochi e feste di ballo*, richiesta di [Anfrage von] Luccio Bragaglia, 22. April. Ich weiß nicht, ob Tommaso davon Kenntnis hatte, doch auch dies trug sich in der Stadt zu, in der er lebte.

Zitierte Texte

S. 187: „die von der schlauen Theokratie … der Zeiten geschuldet sind": ASBo, Ufficio di polizia del Dipartimento del Reno, Atti generali, b. 34, *Culto* I C (1801).

S. 189: „Freue dich, Felsina … der Schönheit nennt": Massa, *Per la bramata guarigione*.

S. 190 f.: „berühmten schiefen Turm … die Erinnerung an diesen Turm": Stendhal, *Rom, Neapel und Florenz*, S. 129.

S. 191: „so tat, als würde es mir höflich applaudieren": Foscolo, *Epistolario*, S. 283.

S. 191 f.: „Kapiert ihr endlich … Tod allen!": ASBo, Ufficio di polizia del Dipartimento del Reno, Atti generali, b. 327, 7. Mai 1814, Kopie einer Inschrift gegen „Prinzessin Elisa" (Elisa Baciocchi, Schwester Napoleon Bonapartes), die in der Stadt weilte.

XXXIII
Nacht vom 30. auf den 31. Januar 1835
Aufzeichnungen von Maria Vittoria Hamerani, Exorzismus

ARSI, FG 1236, fasc. 3, enthält eine kurze Geschichte des Exerzitienhauses bei der Kirche Sant'Eusebio auf dem Esquilin, dessen Vorsteher Massa im Jahr 1825 war; ebd., S. 28, bezieht sich auf die von der Marchesa Andosilla erhaltenen Zuwendungen.

Die Taufe von Sara Segrè ist verzeichnet im „Diario di Roma", 28. Mai 1831, Nr. 42, S. 1. Weitere Zeugnisse des Wirkens der Wohltäterin und spirituellen Mutter im „Diario di Roma" jener Jahre.

Der Brief von Bernardo Clausi an die Marchesa Andosilla, datiert am 17. Mai 1835 in Perugia, wird verwahrt im *Exorzismus*.

Die Piazza Navona war ein Ort öffentlicher Hinrichtungen. Daran erinnert auch Stendhal, *Rom, Neapel und Florenz*, S. 335.

XXXIV
5. Februar 1835
Exorzismus

Die Ereignisse aus dem Leben von Bernardo Clausi (1789–1849) entstammen den Unterlagen des Verfahrens (*processus*) über den Ruf der Heiligkeit des Lebens, die Tugenden, die übernatürlichen und wunderbaren Fähigkeiten in: AAV, Congr. Riti, *Processus*, 3657, fol. 799r, 817v–818r, 824v, 849v, 957v; fol. 70r, 97v (der *processus* umfasst die Bände 3656–3659 und die Jahre 1862–1870). Ebd., Bd. 3659, fol. 58r, bestätigt, dass Clausi, zusammen mit Vincenzo Pallotti (1795–1850), als Exorzist des Vikariats tätig war. Pallotti, der 1835 die Vereinigung des Katholischen Apostolats gründete, die Laien und Geistliche, Männer und Frauen, in der katholischen Missionstätigkeit zusammenbrachte, wurde 1963 heiliggesprochen; im *Exorzismus* wird er als Verfechter der diabolischen Natur von Veronicas Leiden erwähnt [→ „*Personen mit gegenteiliger Meinung*", S. 367 f.]. Eine andere, von ihm befreite Frau hatte in einem Moment ihrer Besessenheit von Veronica gesprochen. Die in der Curia generalizia della Società dell'Apostolato cattolico [dem römischen Sitz der Gesellschaft des katholischen Apostolats] verwahrten Quellen sind einsehbar unter https://oocc.sac.info/pages/home/. Veronica erscheint in einer handschriftlichen Liste mit dem Titel *Nota dei pii benefattori che colle loro elemosine concorrono alla celebrazione del solenne Ottavario dell'Epifania del Signore*, mit einer Spende von 30 Scudi (das Dokument ist undatiert, der Archivar hat jedoch 1866–1875 als Zeitrahmen vermerkt). Ich habe begonnen, die Dokumente des Selig- und Heiligsprechungsprozesses von Pallotti einzusehen, angesichts der Fülle des Quellenmaterials bedarf es jedoch einer separaten Studie (AAV, Congr. Riti, *Processus*, 2426–2428; und ebd., 5348–5341), das gilt gleichermaßen für Clausi.

Das Modell der „schmutzigen" Heiligkeit von Clausi erinnert an das von Benoit-Joseph Labre (1748–1783), dazu Caffiero, *Un santo per le donne*.

XXXV
18. Februar 1835
Tagebuch von Pater Manera

Vorbereitende Notizen für die Predigten von Francesco Manera finden sich in: APUG, FC 2230/2.

Der Fall von Nicole Aubry wird geschildert in: Boulaese, *Le manuel de l'admirable victoire*. Seit dem Edikt von Amboise (1563), das für einen kurzen Waffenstillstand in den französischen Hugenottenkriegen gesorgt hatte, waren wenige Jahre vergangen. Der Körper der jungen Frau war ein Schlachtfeld, auf dem jede der Parteien ihre eigene Überlegenheit hatte demonstrieren wollen. Der Dominikaner Pierre de la Motte hatte Nicole Aubry befreit, indem er ihr geweihte Hostien verabreichte und so die Wirksamkeit des Sakraments der Eucharistie demonstrierte, das von den Protestanten hinsichtlich der Realpräsenz Christi infrage gestellt wurde. Den Erzählungen des Exorzismus ist der Gewaltaspekt inhärent und, angesichts der apologetischen Natur der Quellen, die uns diese über die Jahrhunderte überliefern, der Sache dienlich.

Die Wege von Pater Kohlmann wurden rekonstruiert anhand der internen Dokumentation des Jesuitenordens und aus Beobachtungen zeitgenössischer Reisenden. Wo ich keine Zeugnisse aus seiner Feder finden konnte, beziehe ich mich auf die Erfahrungen seiner Mitbrüder in diesen Jahren, so wie ich es für die Reisen Tommaso Massas tun werde [→ XXXVIII]. Zu Dillingen: die Korrespondenz in: ARSI, Paccan. 7, fasc. 3; zu Berlin: *Some Historical Documents*; Rothe, *Das erste katholische Gymnasium*; *Publikationen aus preußischen Staatsarchiven*, Dok. 531, S. 733–735; Dok. 535, S. 742 f. Die Beschreibung von Riga bei Ankunft auf dem Seeweg entstammt dem Bericht eines Diplomaten, den ich in der englischen Ausgabe einsehen konnte: Pietraganzili, *Travels in the Year 1806*, S. 232; und von dem Historiker und Statistiker Schnitzler, *La Russie*, S. 568. Ein Hinweis zur Vornehmheit der Bewohner in: Kotzebue, *Erinnerungen von einer Reise aus Liefland*, Bd. 1, S. 23 ff., bes. S. 26. Zur Situation der Katholiken: ARSI, Russ. 1005, fasc. 5, *Notes historiques sur les différents evénéments arrivés aux Pères de la C. d. J. qui habitaient la residence de Riga ...*

Die Reise von London nach Riga, die ein Kompagnon Kohlmanns schildert, findet sich in: ANSI, F. Cornet an A. Beckers, Riga, 29. Juni 1805 [Signatur nicht verfügbar]. Zur Geschichte der Jesuiten in Russland: Inglot, *La Compagnia di Gesú*; und Pavone, *Una strana alleanza*.

Über den notwendigen Verzicht auf eine Identität, die in Herkunftsort und -sprache verankert ist, schreiben C. van Everbroek an die Mutter in Belgien, Dünaburg, September 1806, und J. P. Roothaan (wie Kohlmann dem Orden in Russland beigetreten) an die Familie, Dünaburg, 25. Oktober 1806, in: Carayon, *Documents inédits*, S. 30 f. Zur Zeit des an Veronica ausgeführten Exorzismus war Van Everbroek Professor für Kirchengeschichte im *Collegium Romanum*. Im *Exorzismus* erscheint er in der Gruppe jener, die gegen die These von der Besessenheit waren [→ *„Personen mit gegenteiliger Meinung"*, S. 367 f.].

Die Ankunft Kohlmanns in Dünaburg ist verzeichnet in: ARSI, Russ. 1008, fasc. 2, S. 32; und ebd., Russ. 1021. T. Brzozowski (Generalvikar) an A. Beckers, St. Petersburg, 16. Oktober 1805, S. 19 f. Ich vermute, er reiste mit einer Postkutsche, wie Mitbruder G. Henry an A. Beckers, Riga, 21. Juni 1804, berichtet, in: Carayon, *Documents inédits*, S. 3, und die Landschaften ähnelten den von Pietraganzili, *Travels in the Year 1806*, S. 232, beobachteten.

Zum Leben im Ordenshaus von Dünaburg: ARSI, Russ. 1007, fasc. 2, 1, *Annuae Collegii Duneburgensis*, fol. 8r; ebd., fasc. 1, *Fructus spirituales Patrum S. I. in imperio Rossiaco ex omnibus collegiis residentiis, ... redacti a die 1 a Januarii ad ultimam Decembri 1805*, fol. 25r; und ebd., fasc. 2, 1, *Annuae Collegii Duneburgen-*

sis, Resignatio officii simul cum information de statu Collegii Duneburgensis Soc. Iesu … Dass sich Joseph Kohlmann im November 1804 auf dem Weg nach Dünaburg befand, erfährt man aus: ARSI, Hist. Soc. 1061, *Diarium p. Ioannis Grassi.* Die *Frömmigkeit* der Russen wird beschrieben in dem Brief eines unbekannten Verfassers, Połock, Juli 1805, in: Carayon, *Documents inédits*, S. 22.

Zur Mission von Dagda: der Bericht von J. P. Roothaan im Jahr 1805, in: Carayon, *Documents inédits*, S. 22–30; und ARSI, Russ. 1003, fasc. 8, 2, G. Messerati an G. Solari, Połock, 30. August 1781. Zu dem Jahrhunderte währenden Zustand der Leibeigenschaft der Bauern aus Sicht des späten 17. Jahrhunderts: Blomberg, *Description de la Livonie*, S. 323.

Zur Abreise Kohlmanns nach Baltimore: ARSI, Russ. 1021, T. Brzozowski an J. Carroll, St. Petersburg, 22. Februar 1806, S. 56 f.; ebd., T. Brzozowski an A. Beckers, St. Petersburg, 8. Juli 1806, S. 129 f.; und ebd., Russ. 1007, fasc. 2, 1, *Annuae Collegii Duneburgensis*, fol. 10v.

Bei der angefragten englischen Grammatik handelt es sich um Arnold, *Neue englische Grammatica*, in: F.-A. Kohlmann an T. Brzozowski, Baltimore, 25. November 1806, in: *Exemplar litterarum*, S. 2.

Zitierte Texte

S. 198 f.: „jenen schweren Kämpfen… alle Kraft der Seele niederdrückt“: ARSI, Rom. 1015, fasc. 2, 7, F. Manera an J. P. Roothaan, Turin, 25. Februar 1835.

S. 201: „weisesten und gefügigsten Bürger“: zit. in: Schafly, *General Suppression*, S. 201 [nach der Übersetzung der Autorin].

S. 204: „Ich werde mich bemühen … Französisch missionieren kann“: ARSI, Russ. 1021, S. 89, T. Brzozowski an W. Strickland, St. Petersburg, 29. April 1806.

S. 205: „Am 20. August … Baltimore angekommen“: F.-A. Kohlmann an T. Brzozowski, Baltimore, 25. November 1806, in: *Exemplar litterarum*, S. 2 [nach der Übersetzung der Autorin].

XXXVI
2. März 1835
Exorzismus

Angesichts der Länge des Eintrags von diesem Tag war es notwendig, einige Passagen aus dem *Exorzismus* auszuwählen. Die Auslassungen werden nicht angezeigt.

Büste, Porträt und Relief des Grabmals von Augustin Theiner sind abgebildet in: Jedin, *Augustin Theiner*. Zu Leben und Werken: Carboni, *Theiner*. Im Bestand des AAV, Carte Theiner, 1, 2, 3, 4, finden sich keine Materialien zum Fall Hamerani, ebensowenig im römischen Archiv der Oratorianer, denen Theiner angehörte. Die Konversion wird geschildert in: Theiner, *Il seminario ecclesiastico*, S. 31, 34. Zu seiner lebhaften Phantasie, der mutmaßlichen Ursache seiner Unbeständigkeit: Mauri, *Augustin Theiner*, S. 360.

Das Innere des Collegio Urbano di Propaganda Fide wurde rekonstruiert nach: APF, Collegio Urbano, Bd. 17, das ein bis Oktober 1836 zurückreichendes *Inventario generale del venerabile Collegio Urbano* [*Gesamtinventar des ehrenwerten Collegio Urbano*] enthält, fol. 112r–148r (das Inventar von Theiners Raum auf fol. 130r–v); und siehe ebd., Collegio Urbano, Bd. 16, *Scandaglio e fornitura di mercanzie occorenti per uso dei Signori Alunni del Venerabile Collegio Urbano di Propaganda Fide*, fol. 744r. Zu den Bewohnern siehe ebd., *Catalogus alumnorum qui degunt in Collegio Urbano de Propaganda Fide anno MDCCCXXXIV*, fol. 531r–542v. Allgemein zur Geschichte: Pizzorusso, *Agli antipodi di Babele*.

Zu Karl August von Reisach und seiner Beziehung zu Katharina zu Hohenlohe-Waldenburg-Schillingsfürst, die als Luisa Maria di san Giuseppe für kurze Zeit Novizin im Kloster Sant'Ambrogio war, Wolf, *Die Nonnen von Sant'Ambrogio*.

Zitierte Texte

S. 208: „Hin und her geschleudert … Zweifel": Theiner, *Il seminario ecclesiastico*, S. 18.

S. 209: „Die edlen … zueinander": ebd., S. 34.

S. 209: „Ungläubig … Gott glaubt": AEMSI, PR, Bd. 533.13, eine anonyme Notiz auf der Umschlagrückseite des Gästebuches des Exerzitienhauses von Sant'Eusebio.

XXXVII
8. März 1835
Exorzismus

Bernardo Clausi, der auf der Piazza Barberini tanzt, ist verzeichnet in: AAV, Congr. Riti, *Processus*, 3653, fol. 963r.

XXXVIII
12. April 1835
Exorzismus

Übersetzung des Eingangszitats: „Wir verlangen von Euch, alles zu sagen, was auf dem Papier steht, das sich in meiner linken Tasche befindet, versiegelt mit dem Siegel unseres Ordens: und dies zu Ehren Jesus Christus des Gekreuzigten und der Jungfrau, Königin der Märtyrer".

Die Erfahrungen Tommaso Massas auf seiner Reise dürften sich nicht allzu sehr von denen des Jesuiten Luengo, *El retorno de un jesuita*, gegen Ende des vorangehenden Jahrhunderts unterscheiden. Zu den Straßen und der Landschaft: der Politiker und Gelehrte Laborde, *Itinerario descriptivo*, S. 29; der Advokat Carr, *Descriptive Travels*, S. 186; und der Akademiker Ticknor, *Life*, Bd. I, S. 181. Zu den Transportmitteln: Gutiérrez González, *Manual de Diligencias*, S. VIII.

Die Eindrücke von der Stadt Madrid und dem Alltagsleben stammen von dem Erzähler Fischer, *Gemälde von Madrid*; dem Diplomaten Bourgoing, *Tableau de l'Espagne moderne*, Bd. I. Zur „Madrider Kolik": Ruiz de Luzuriaga, *Tratado sobre el cólico*.

Zum Spanien unter König Ferdinand VII. (1784–1833): eine Bilanz von La Parra López, *Fernando VII*; und Simal, *„Strange Means of Governing"*. Zur Wiederaufnahme der Inquisition: La Parra López und Casado, *La Inquisición*; und Bedera Bravo und De Prado Moura, *Disidencia política*. Die erwähnten Fälle sind verzeichnet in: AHN, Inquisición, Leg. 4485, Nr. 36; und Paz y Meliá, *Papeles de Inquisición*, Nrn. 192, 392, 397.

Zur Wiederzulassung des Jesuitenordens in Spanien: Frías, *Historia de la Compañía*.

Hinweise zum Aufenthalt Tommaso Massas in Spanien geben: ASBo, Tribunale di commercio di Bologna, Fallimenti, b. 25, darin die Akte der Vermögensübertragung von Tommaso auf den Bruder, datiert am 13. August 1818, Madrid [→ XXXII]; *Catalogus sociorum et officiorum Societatis Iesu (1818)*, S. 6 und 20 (in Madrid); *Catalogus sociorum et officiorum Societatis Iesu (1819)*, S. 9 und 29 (in Graus); und *Catalogus sociorum et officiorum Societatis Iesu (1820)*, S. 10 und 35 (in Graus).

Das *Breve compendio* zur Disziplin während des Noviziats von Madrid findet sich in: AESI-A, Ms. 224; Sitten in: AHL, Fondo Lesmes Frías, Kass. 018, Nr. 6, *Breve compendio de lo que … prática la Compañía de Jesús desde su restablecimiento en España …* Der Zustand des Gebäudes wird beschrieben in: AHL, ASJ UV-6-3, *Apuntos para la Historia del restablecimiento de la Compañía de Jesús en los dominios de España*; und von dem Maler Ponz, *Viage de España*, Bd. V, S. 198–203.

Über Barbastro während des Unabhängigkeitskrieges: Guirao Larrañaga, *Guerrilleros y patriotas*. Der Bericht von Bischof Juan Nepomuceno de Lera y Cano ist verwahrt in: AAV, Congregazione del Concilio, *Relationes Dioecesium*, 110, fol. 450r–451r; der seines Vorgängers in: ADBM, Leg. 877-C, Lucero Graus, visita pastorale dell'anno 1791 [Visitation des Jahres 1791].

Zu Graus und Umgebung: Ubieto Arteta, *Aragón*; und Broto Salanova, *La villa*. Zu Tradition und Volksglauben: Araguás Pueyo, Muñoz Torrijos und Puyuelo Ortiz, *La sombra*; Turmo Mur, *Tradizions*; und Gutiérrez Lera, *Breve inventario*. Zur Ausweisung der Jesuiten aus Graus: Ferrer Benimeli, *Sucedío en Graus*. Zu ihrer Rückkehr, den Lebensbedingungen und dem Alltag: AHL, Fondo Lesmes Frías, 003/06, Nr. 001, *Historia del Colegio de Graus* (Kopie der im Jahr 1818 nach Madrid gesandten Nachrichten), S. 6; ebd., Colegios, 16/01, J. H. de Cenzano, Graus, 6. Mai 1817 und 22. Juli 1817; und ebd., 16/01, 7. Mai 1819, Ms. unterzeichnet von S. Sancho.

Zur Herkunft der Patres von Graus in: ARSI, Castell. 1001, fasc. 1, *Notes du P. Emmanuel Gil, Jésuites Espagnoles rentrés en 1815 en Espagne*.

Zu den Kindern in Graus: Turmo Mur, *Tradizions*, S. 23; und Araguás Pueyo, Muñoz Torrijos und Puyuelo Ortiz, *La sombra*, S. 247 f. Das Foto stammt aus Mur Laencuentra, *Graus Revisitado*.

Von dem Exorzisten Celaya ist die Rede in *Memoria del ejercicio económico*, S. 34.

Zur erneuten Ausweisung der Jesuiten aus Spanien und den Bittschriften um Entsendung nach Italien: ARSI, Castell. 1001, fasc. 4, 21, P. Cardón an L. Fortis, Madrid, 26. August 1823.

Dass Tommaso „schwache Kräfte" habe, wird beschrieben in: ebd., Rom. 1801, *Catalogus primus (1829–1847)*, dort zum Jahr 1835. In diesem Jahr waren die Kräfte Maneras „firmae" [„stark"] und jene Kohlmanns „satis firmae" [„recht stark"].

Zitierte Texte

S. 214: „Ödnisse und dauernde Bewegung": Alfieri, *Vita*, Epoca III, Kap. XII, S. 117, der im Jahr 1771 durch Spanien reiste.

S. 219: „*Ecce ego … habéis llamado*": AESI-A, Kass. 4, Formación noviciado, 1, dünnes, gedrucktes Heft, o. D.

S. 222 f.: „Spieltisch" und „nach italienischer Art" AHL, Colegios, 16/01, J. H. de Cenzano aus Graus, 6. Mai 1817, 22. Juli 1817.

S. 224: „wie in Italien": ebd., Fondo Lesmes Frías, 003/06, Nr. 001, *Historia del Colegio de Graus*, S. 7.

S. 227: „El Padre Masa … vollständiger Jesuit": ARSI, Castell. 1001, fasc. 4, 36, J. Nepomuceno de Lera y Cano an L. Fortis, Barbastro, 8. September 1822.

XXXIX
22. Juni 1835
Exorzismus

Klingt in den Versen, die in den *Exorzismus* aufgenommen sind, ein Echo aus Mozarts *Don Giovanni* nach? „Diese schwellenden Lippen, Und diese zarten Händchen, Die so weich sind wie Samt und so duftend wie Rosen" (1. Akt, Szene IX). Oder aus La Cecchina von Piccinni? „Nur allein die schöne Cechina Mich ganz entzückend hat gerührt. Mann mit ihr rührende Gespräche führt, So macht sie mich in der That verliebt. Ihre so angenehm schönen Wangen, Die Augen, welche wie Karfunkel leuchten, … Machen, daß ich sie lieben muß. […] Fort mit euch, ihr heßlichen Gesichter, Die Cechina allein nur lieb ich" (1. Akt, Szene V).

Hatte Veronica jemals das nur wenige Schritte entfernte Teatro Argentina besucht?

In der transkribierten anonymen Notiz im *Exorzismus* (Ein Freund von uns) habe ich nur die Interpunktion angepasst.

Zeitgenössische Anzeigen bei der Inquisition wegen Hexerei finden sich in: ACDF, Decreta S. O. 1835, fol. 5v, 86r, 116r, 122v, 147v, 181v, 190r.

Der Fall einer Befreiung von Besessenheit in Sant'Agostino, der sich im Juni 1832 zugetragen hatte, ist verzeichnet in: ASVR, Raccolta di documenti particolari del Vicariato, Dossier A, fasc. 8.

ARSI, Roothaan 1025, Biographica 1, fasc. 1, enthält ein alphabetisches Verzeichnis der Empfänger und Themen der Korrespondenz des Generaloberen, in dem auch „Donna Ammirani Veronica (exorcismis subiecta – Magnum nostris gravamen!) Quid agendum [Donna Ammirani Veronica (exzorziert – eine große Belastung für die unsrigen!) Was tun]", datiert auf den 10. Juni 1835, aufgeführt wird.

Zur Tätigkeit von Pater Massa nach Aufhebung der Exorzismen: ebd., Rom. 1701, *Summari vitae*, S. 552. Zu den im Oratorio del Caravita praktizierten aufsehenerregenden Bußübungen: Lalande, *Voyage d'un françois*, Bd. IV, S. 469. Geht es nach *L'ingeggno dell'Olmo* und *Li fratelli Mantelloni* von Belli, *Poesie romanesche*, Nrn. 625, 626, sprach aus den Seufzern, die sich in der Dunkelheit lösten, alles andere als Reue.

Für eine Analyse der *Disquisitio* von Pater Kohlmann: ARSI, Rom. 1015, fasc. 1, *Domus professorum romana, Appendix de obsessa Veronica Hamerani*, und Informationen zu den von ihm als Widersacher eingestuften Ärzten: Alfieri, *Pastorale dell'Indomabile*. An dieser Stelle möchte ich nur darauf hinweisen, dass der *Traité médico-philosophique* von Philippe Pinel (1745–1826) in Frankreich 1800 erschienen und 1830 ins Italienische übersetzt worden war; aus dem Jahr 1814 stammt die Darstellung seines Schülers Dominique Esquirol (1772–1840): Esquirol, *Démonomanie*. Aus dem Jahr 1827 Leonardi, *Riflessioni sul tempo dell'animazione del feto umano*.

Der Fall von Ann Mattingly war Gegenstand zahlreicher Veröffentlichungen, darunter *A Collection of Affidavits*. Siehe McGreevy, *American Jesuits*. Beispiel weiblicher Heiligkeit im frühen 19. Jahrhundert: Caffiero, *Profetesse a giudizio*, S. 127–152. Zur Grenze zwischen Heiligkeit und Pathologie, die auch im

Katholizismus des frühen 20. Jahrhunderts wiederbegegnet: Fassanelli, *La condanna all'oblio.*

Meines Erachtens liegen keine Studien zu Prinz Alexander zu Hohenlohe-Schillingsfürst (1794–1849) und den durch seine Gebete bewirkten Heilungen vor, nach denen an den unterschiedlichsten Orten verlangt und über die zur damaligen Zeit viel berichtet wurde.

Zu den Jesuiten in Maryland und Pennsylvania: Schmid, *Amerikanisierung.*

Zu Goshenhoppen und der Wirkung von Pater Kohlmanns Predigten: *History of the Maryland*; *Traditions of Bally*; und ARSI, Maryl. 1001, fasc. 4, G. A. Grassi, *Memorie sulla Compagnia di Gesú ristabilita negli Stati Uniti* cit., Heft 1, S. 25. Beschreibungen von Philadelphia stammen von dem Arzt Mease, *The Picture of Philadelphia*, S. 44; und dem Kartografen Melish, *Travels through the United States*, S. 119. Die Kirche von Philadelphia wird dargestellt in: *Mission du P. Dubuisson*, S. 16. Der Besuch Kohlmann ist verzeichnet in: *Rev. Anthony Kohlmann's SJ Visitation.*

Die Passage aus dem Buch Jeremia (12,11) wurde der Bibel, Einheitsübersetzung 2016, entnommen.

„The Kohlmann case" wird von Nussbaum, *Die neue religiöse Intoleranz*, S. 72 f., als bedeutender Schritt in der Geschichte der Freiheit des Bewusstseins erwähnt.

Zu den betrunkenen Priestern in New York: ARSI, Marl. 1001, fasc. 4, G. A. Grassi, *Memorie sulla Compagnia di Gesú ristabilita negli Stati Uniti* cit., Heft 1, S. 28; und Grassi, *Notizie*, S. 24, zu dem dreisten Verhalten der Amerikaner. Eindrücke der Stadt von Melish, *Travels*, S. 57; und Bradshaw Fearon, *Sketches of America*, S. 29. Zu den dreisprachigen Predigten von Pater Kohlmann: BANLC, 2152 (37 H 16), fol. 161r–162v, G. A. Grassi an G. Angiolini, Stonyhurst, 2. Juli 1809. Zur New York Literary Institution: Parsons, *Rev. Anthony Kohlmann*; Meehan, *Catholic Literature New York*, S. 405; und J. Caroll an C. Plowden, 12. Dezember 1813, in: Hughes, *History of the Society of Jesus*, Bd. I, Teil II, S. 801.

Eine Beschreibung von White Marsh findet sich in: F. de Grivel an J. P. Roothaan, 30. Mai 1832, in: *Fifty Years Ago*. Die Plantage sollte zu einem Streitobjekt zwischen den Jesuiten und dem Erzbischof von Baltimore werden, der das Eigentum für sich beanspruchte, siehe APF, SC, America Centrale, fol. 7, *Notes sur la ferme que l'archevêque de Baltimore réclame aux jésuites*, Rom, 8. Juni 1822, fol. 390r–395v. Zum Mangel an Nahrung: ARSI, Maryl. 1001, fasc. 7, 4 und 5,

F.-A. Kohlmann an G. A. Grassi, White Marsh, 6. Oktober 1816 (wo auf „the people" angespielt wird) und 12. Oktober 1816. Zur Sklaverei in den Plantagen der Jesuiten in Maryland: Murphy, *Jesuit Slaveholding* (der Fall der Sklavin auf S. 184). Zurzeit wird der Dokumentenbestand im Rahmen des Projektes https.//slavery-archive.georgetown.edu. neu geordnet.

Die Ankunft der ersten Kolonisatoren von Maryland und mit ihnen der ersten Jesuiten in der Bucht von Chesapeake in den 1630er-Jahren wird beschrieben in: Scharf, *History of Maryland*, Bd. II, S. 3.

Krankheit und Tod von Pater Kohlmann sind aufgezeichnet in: ARSI, FG 1132, *Diario della Casa professa di Roma 1827–1836*. Der letzte Kontakt mit einer Frau ist überliefert in: AEMSI, PR, Bd. 301/II. Die Wetterlage in: *Osservazioni meteorologiche (1836)*.

Über den Fall von Thomas Paine (1737–1809, zu diesem Clark, *Thomas Paine*) wird berichtet in *Gonzaga College*, darauf aufbauend habe ich den Dialog rekonstruiert; und Costello, *Kohlmann and Fenwick*.

Zur Disziplin von Pater Kohlmann, aufgrund deren er von den amerikanischen Mitbrüdern nicht gemocht wurde: Pizzorusso, *The New World*. Im Jahr 1824 sollte er in Rom eintreffen, um am *Collegium Romanum* zu unterrichten.

Die ungeklärte Frage der Eheschließungen von Indianern findet sich in: ACDF, Dubia de matrimoni, 1834–1836, Nr. 16.

Zitierte Texte

S. 230: „In welchem Geiste … lieber nichts sagen": ARSI, Rom. 1015, fasc. 1, *Domus professorum romana, Appendix de obsessa Veronica Hamerani, Epistola autogr. P. Thomae Massae*.

S. 231: „Cloaca maxima … zu entlasten": ebd., Rom. 1019, fasc. 3, *Cenni storici di ciò che si opera in vantaggio spirituale de' Prossimi nell'oratorio della Santissima Comunione*.

S. 231: „Einigen Jesuiten … behielt recht": BAV, Vat. Lat. 10934, fol. 71v, 1. Juni 1835.

S. 232: „Ich habe nach dem gehandelt … Beistand zu verweigern": ARSI, Rom. 1015, fasc. 1, *Domus professorum romana, Appendix de obsessa Veronica Hamerani, Disquisitio philosophico-theologica qua inquiritur utrum M. V. H. vere sit obessa nec non* [nach der Übersetzung der Autorin].

S. 234: „unvernünftige Idolatrie der Materie“: Poggioli, *Alcuni scritti inediti*, S. 15.

S. 235: „Lord Jesus, may Thy Name be glorified“: *A Collection of Affidavits*, S. 39.

S. 235: „I have preached … fully understood“: Brief von F.-A. Kohlmann an W. Strickland, Georgetown, 23. Februar 1807, in: *Some Old Letters*, S. 88.

S. 236: „very industrious … ignorant“: Bradshaw Fearon, *Sketches of America*, S. 186.

S. 237: „Ich würde verdienen … Schuldigen preisgäbe“: Sampson, *The Catholic Question*, S. 12 [nach der Übersetzung der Autorin].

S. 238: „einer Insel“: ARSI, Hist. Soc. 1061, *Diarium p. Ionnis Grassi*, Eintrag vom 28. Februar 1811.

S. 238: „This city … any other“: F.-A. Kohlmann an W. Strickland, 14. September 1810, in: *Unpublished Letters*, S. 143.

S. 239: „superbe maison de campagne“: ANSI, F.-A. Kohlmann an unbekannten Empfänger, New York, 13. November 1810 [Signatur nicht verfügbar].

XL
23. April 1836
Exorzismus

Die Wetterlage ist verzeichnet in: *Osservazioni meteorologiche (1836)*.

XLI
20. August 1836
Aus den Akten des Staatssekretariats

Das Zitat stammt aus: AAV, Segr. Stato, Spogli curia, Zurla card. Placido, b. 2 B, fasc. 4. Die Dokumente befinden sich unter den Papieren von Placido Zurla, obwohl Odescalchi zur damaligen Zeit Vikar von Rom war und dies bis Oktober 1837 bleiben sollte, als er seinen Abschied nahm, um in den Jesuitenorden einzutreten.

XLII
Aus Senigallia vom Inquisitor an den Kardinalvikar, gegen den Papst

Das Eingangszitat wurde entnommen aus: ACDF, S. O., Materie diverse 1836 I, 22, Auszug aus einem anonymen Kurzgedicht. Die Auslassungen werden nicht angezeigt.

Eine Beschreibung der Symptome, des Verlaufs und der Gegenmittel sowie eine Rekonstruktion der Geschichte der Cholera zur damaligen Zeit in: Cappello und Lupi, *Storia medica*. Der Erreger dieser Krankheit wurde bereits 1854 entdeckt, doch erst als Robert Koch 1883 das Bakterium Vibrio cholorae isolierten konnte, wurde die Entdeckung verbreitet. Siehe Tognotti, *Il mostro asiatico*.

Die hygienischen Verhältnisse der römischen Bevölkerung und der Maßnahmen, mit denen die aufgrund der Lebensgewohnheiten der Römer sich rasch ausbreitende Krankheit bekämpft werden sollte, werden beschrieben in: AAV, Segr. Stato, Spogli cura, Zurla card. Placido, b. 2 B, fasc. 4. Zur Medizinischen Hygiene und ihrer Entwicklung im langen 19. Jahrhundert: Prosperi, *Un volgo disperso*.

Ausführlich thematisieren die jesuitischen Schriftquellen die Cholera: etwa ARSI, Rom. 1019, fasc. 8; ebd., FG 1121, fasc. 10; und ebd., FG 140. Zur Cholera als „Medizin, um einen krankhaften Geist und Willen zu heilen“: ebd., Reg. Taurin. I, Brief von J. P. Roothaan an P. Rigoletti, 27. August 1830, S. 29–31. Die Übersicht zu dem Generalat von Roothaan von 1831 bis 1845 (*Nel vortice degli eventi*), die ebd., Roothaan 1025, Biographica, 1, verwahrt wird, führt unter den Opfern der Cholera keinen einzigen Jesuiten an. Eine erste Abhandlung zu den Reaktionen des Jesuitenordens in: Alfieri, *La Compagnia di Gesú*.

Die Darstellung von Pater Manera, der die Cholerakranken einreibt, ist abgebildet in: Palumbo, *Vita*, S. 50.

Die Vorgaben für die Ausräucherung werden aufgeführt in: AAV, Segr. Stato, Spogli curia, Zurla card. Placido, b. 3 A, *Istruzione diretta ai reverendi parrochi per la loro respettiva disinfezione da praticarsi senza l'intervento delle spezierie*. Für die Jesuiten: APUG, Collegio Romano A-5-III.

Zur Genesung Theiners: Antonacci, *Catechismo medico*, S. 912–917; von dem Werk ist die Rede in: „La Civiltà Cattolica“, V (1854), zweite Serie, VII, S. 420–421.

Pater Massas Tätigkeit unter den Cholerakranken, ebenso wie die Begebenheit des Pfarrers von San Carlo ai Catinari, werden erwähnt in: AAV, Segr. Stato, Spogli curia, Zurla card. Placido, b. 3 A. ASVR, Parrocchia di San Carlo ai Catinari, 33, Ricorsi, enthält ein bis Oktober 1835 ausgefülltes Register, als die „Administration" von Manini „durch meinen eigenen Verzicht" endet. Laut Erba, *Manini*, sollte dieser in jenem Jahr Direktor des theologischen Scholastikats von San Dalmazo in Turin werden. Doch der Generalobere seines Ordens, Pater Malipiero, adressiert Manini am 7. Juli 1835 als „Pfarrer von Arpino" und erwähnt „dessen Beschwerlichkeiten", in: ASBR, Registro lettere padri generali, Serie II, Bd. 57, S. 114.

Zur ehrwürdigen Maria Elena Bettini liegen unzählige hagiografische Schriften, doch keine Forschungsarbeiten vor. Teil des Briefwechsels zwischen ihr und dem Barnabitenpfarrer von San Carlo in: Bettini und Manini, *Lettere*. Siehe Erba, *Figlie della Divina Provvidenza*. Eine Erwähnung in: De Marco, *I santi*, S. 34. Zur weiblichen Frömmigkeit im langen 19. Jahrhundert: Fattorini, *Italia devota*, S. 48–50, 79–104. Es fehlen Studien zu den Einrichtungen für „gefährdete Frauen" in der Restaurationszeit; für das Rom in der Moderne: Groppi, *I conservatori della virtù*.

Der Tod Pater Massas durch „Ektasie der Atemwege" ist verzeichnet in: AEMSI, PR, Fascicoli personali, fasc. 1767. Er befand sich damals im Collegio von Tivoli, von dem die Quellen aus dem Jahr 1837 fehlen.

Zur Theiners Tätigkeit als Zensor und die Verurteilung großer Teile der Literatur des 19. Jahrhunderts: Wolf, *Index*, S. 125–130, und Amadieu, *Le censeur*, S. 38–40, 182–187.

Zu einer durch das Übersinnliche motivierten Frömmigkeit, zu deren Fürsprecher Reisach wurde: *Priesching, Maria von Mörl*; und Saurer, *Melancolia e risveglio*.

Über die Skrupel Pater Maneras als Provinzial in Neapel: AEMSI, Fondo Provincia Napoletana (zurzeit in Überarbeitung), G. B. Rossi, *Memorie sul terzo secolo della Compagnia di Gesú nella Provincia di qua dal Faro, del Padre Andrés e della sua scuola*. Seine Berichte über die von ihm in der Provinz Neapel durchgeführten Visitationen siehe ebd., *Memorialia visitatorum provincialium*, I; und ebd., *Consulte, 1838 a 1870*. Ein Großteil der Korrespondenz, die Leitung von Manera betreffend, befindet sich in: ARSI, Neap. 1006 A/B; und ebd., Reg. Neap. II. Siehe auch Abbate, *La cultura gesuitica*. Von seinem Tod durch „gastrisch-rheumatisches Fieber" und „nervösen Paroxysmus" ist die Rede in: AEMSI, PR, Fascicoli personali, fasc. 1664, P. Cambi an J. P. Roothaan, Rom, 28. September 1847. Die Folgen dieser Leiden, ein „etwas der Melancholie Ähnliches", in: Antonacci, *Catechismo medico*, S. 422. Zur von Andrea Belli durchgeführten Autopsie der zitierte Brief von P. Cambi an J. P. Roothaan, unten von anderer Hand ergänzt.

Zur Situation Veronicas in jenen Jahren, soweit von dem Pfarrer notiert: ASVR, Parrocchia di San Carlo ai Catinari, 28, Stati d'anime (1846), S. 269; und ebd., Stati d'anime (1847), Via di Sant'Anna, Verz. 667. Das Testament von Giovanni wird verwahrt in: ASR, TNC, uff. 24, O. Monetti Cerasini Jr, Testamenti, 1846, Bd. 780, fol. 335r–345v; die Bilder des Neffen, dem die Uhr zufiel, und seiner Gattin sind entnommen aus: Angelini, *Ad Adelaide*, S. 113–116. Im Testament bat Giovanni um die Übergabe von 10 Scudi „an die Guardarobba von Genzano Vincenza Romagnoli [...] in Anerkennung der treuen Dienste und entsprechende Unterstützung, die mir angelegentlich meiner wiederholten Besuche und Aufenthalte an diesem Ort zuteil wurden". Es handelt sich um die Tochter von Caterina Paoletti, die zehn Jahre zuvor in den Dokumenten des *Exorzismus* der Hexerei verdächtigt worden war. Daraus (und ebenso aus AAV, Congr. Riti, *Processus*, 1921) entnehme ich, dass die Hamerani Genzano besuchten und Giovanni zu jener Zeit mit Caterinas Tochter auf gutem Fuß gestanden hatte, aber ich kann nichts zu der weiteren Entwicklung des Hexerei-Verdachts sagen.

Momente aus den Erinnerungen von Andrea Belli in: BAV, Vat. Lat. 10934: die Begegnung mit der spanischen Markgräfin Cabrera mit der „eiternden Brustwarze", fol. 83v, Januar 1838 (er widmete ihr *Una notte estiva nel bosco di Ariccia ossia il gelsomino di Spagna. Novella sentimentale di Andrea Belli scritta nell'anno 1838*, in: ASC, Capitolina 17950, fasc. 3); der „Anfall von Sentimentalität", fol. 90r, Juni 1839; „die Liberalen überwogen", fol. 133v, Ende des Jahres 1847; „politische Unruhen", fol. 137v, 10. April 1848; der Bombenangriff auf die Stadt und die Zuflucht im Arcispedale della Consolazione, fol. 142v, 3. Juli 1849. Zur bombardierten Kuppel von San Carlo: Roberto, *Delle cose accadute*. Siehe Monsagrati, *Roma senza il papa*.

In den Notariatsakten des Archivio Urbano im ASC habe ich Hinweise auf eine Rückgabe des ursprünglich bei Notar Alfieri deponierten Testaments von Andrea Belli am 15. September 1865 gefunden. Es gelang mir nicht, eine etwaige weitere Testamentsübergabe ausfindig zu machen.

Zu den Ausweisungen der Jesuiten im Jahr 1848, ausgehend von der aus Rom: Veca, *La congiura immaginata*.

Zitierte Texte

S. 248: „wegen der Überschwemmungen … Besonderheiten“: Cappello und Lupi, *Storia medica*, S. 8.

S. 249: „vor allem armer … den untersten Schichten“: APF, Collegio Urbano, Bd. 16, fol. 805r–806r, Brief von A. Careno, Mitglied des Propaganda Fide, an K. A. von Reisach, Livorno, 21. August 1835.

S. 250 f.: „unglückliche Wesen“, „Infektion der Luft“ und „Cholera-Wäschereien“: AAV, Segr. Stato, Spogli curia, Zurla card. Placido, b. 2 B, fasc. 4.

S. 252: „Von wegen Missionieren und Fasten“: ARSI, Sic. 1004, fasc. 14, 2, Bericht von A. Vinci, Provinzial, Palermo, 3. August 1837.

S. 252: „Verblendeten … mit uns Frieden schließen“: ebd., Rom. 1026, fasc. 18, *A' Padri e Fratelli della Provincia Romana della Compagnia di Gesú. I Padri e Fratelli del Collegio Romano*, fol. 7.

S. 252: „Ich werde in … die Messe lesen“: ebd., Neap. 1005, fasc. 11, 3, G. Ferrari an J. P. Roothaan, Sora, November 1836.

S. 255: „ein einheitliches schwarzes Gewand aus Wolle … Barnabiter tragen“: Levati und Macciò, *Menologio*, Bd. IV, S. 33.

S. 255: „in ziemlich traurigem Zustand … aus Silber“: ARSI, Rom. 1003, fasc. 10, 60, T. Massa an L. Fortis, Ferrara, 6. August 1823.

S. 256: „merkwürdiger Bestürzung… befehligen müsste“: ebd., Neap. 1005/I, 127, F. Manera an J. P. Roothaan, Neapel, 28. Juni 1842.

S. 257: „Hypochondrien … titulierte“: AAV, Congr. Riti, *Processus*, 3659, fol. 43v.

S. 257 f.: „politischen Umsturz … Verfolgung ausgesetzt“: BAV, Vat. Lat. 10934, fol. 136v, 19. Februar 1848.

S. 258: „Er schien … im Leib zu haben“: ebd., fol. 139v, Beginn des Jahres 1849.

S. 259: „eine zu anstrengende und zu anspruchsvolle Tätigkeit für ihr Geschlecht“, ebd., Vat. Lat. 7292, *Discorso sopra Giovan Andrea Hamerani*, fol. 252v.

S. 260: „ein schweres Nervenleiden … nach Hause gebracht werden“: ebd., Vat. Lat. 10934, fol. 188r, 6. Mai 1862.

XLIII
12. April 1871
Testament von Maria Veronica Hamerani

Das Testament wird verwahrt in: ASR, Notai dei distretti riuniti di Roma e Velletri, F. M. Ciccolini, Bd. 473, fol. 199r/v. Dass Veronica zuvor bereits Testamente übergeben und zurückgezogen hatte, ist ersichtlich aus den Notariatsakten in ASR, Archivio Urbano, und aus ASR, Archivio Notarile distrettuale, Nuovo versamento, A. Poggioli, Bd. 12, 19. Dezember 1865.

Laut Alteri, *I disegni Hamerani*, hatte Veronica im Jahr vor Giovannis Tod geheiratet. Im *Liber mortuorum anni 1881–1914* der Pfarrei von San Carlo ai Catinari im ASVR, in dem der 2. März 1883 als Todestag vermerkt ist, wird ihr Stand jedoch mit ledig angegeben („mulier pientissima et innupta").

Außer diesen auf die Verwaltung der Güter bezogenen Zeugnissen habe ich keine weiteren zur Natur von Veronicas Beziehung mit Aquari und seiner Familie gefunden. Dem mit der Gräfin Teresa Antonelli verheirateten Aquari gehörte der nur wenige Schritte vom Haus der Hamerani entfernte Palazzo Baccelli Aquari aus dem 17. Jahrhundert, der im Zuge der archäologischen Erschließung des Largo Argentina abgetragen wurde (Gigli, *Guide rionali*, S. 84). Aquari war ein Sammler antiker Kunst, in seinem Weingut an der Via Latina stellte er von ihm entdeckte Fundstücke aus, wie der „Bullettino della Commissione Archeologica Comunale di Roma", V (1877), S. 147–159, berichtet. Wie aus der notariellen Dokumentation hervorgeht, erscheint Aquari erstmals 1865 bei der Eröffnung des Testaments von Veronicas Tante, Anna Maria Cecchi. Veronica, die gemeinsam mit einer Cousine als Erbin eingesetzt war, machte ihn zu ihrem Bevollmächtigen, in: ASR, TNC, uff. 6, C. Franchi, Bd. 688, fol. 262r–365v. Ein letztes Mal wird Aquari in den Quellen erwähnt, als er noch zu Lebzeiten Veronicas am 21. Juni 1881 den Bürgermeister von Rom „im Namen von Maria Veronica Hamerani" aufforderte, die bei Anhebung des Straßenniveaus an einem Gebäude in der Via Paola entstandenen Schäden auszubessern, in: ASC, Archivio del Comune, tit. 48, b. 94, fasc. 27, Prot. 36190/1881. Schriftquellen zu den im Text erwähnten Ankauf in: ASR, Notai dei distretti riuniti di Roma e Velletri, A. Alfieri, Bd. 247, fol. 143–170. Das Gebäude stand auf der nicht weit entfernten, heute verschwundenen Piazza dell'Olmo, Nr. 113; zur Compagnia del Rosario konnte ich keine Informationen finden. Der Verkauf des Geschäfts ist vermerkt ebd., Notai diversi, F. M. Ciccolini, 20. August 1863.

Aquari übte die zur damaligen Zeit verbreitete Funktion eines Vermögensverwalters aus. Wer über beträchtlichen Besitz verfügte, beauftragte jemanden mit dessen Verwaltung. Dann muss bedacht werden, dass eine ledige Frau aufgrund der Gesetzgebung im päpstlichen Rom eines männlichen Beistands bedurfte, der sie beschützte und vertrat (Frauen waren nicht klageberechtigt). Veronica erlebte unterschiedliche Rechtsordnungen: Im Rom nach der Einheit Italiens würde sie der Status als Ledige vor der Verpflichtung bewahren, unter die Obhut institutionalisierter Bevollmächtigter gestellt zu werden, wie es das Zivilgesetzbuch von 1865, das 1870 in Kraft trat, als notwendig festgelegt hatte. Tatsächlich wurde Veronica niemals entmündigt: „Rechtsfähigkeit" wurde ihr denn auch im Zuge des *Ricevimento di testamento olografo* attestiert, in: ASR, Notai dei distretti riuniti di Roma e Velletri, F. M. Ciccolini, Bd. 473, fol. 193r. Am 7. März 1845 hatte Giovanni Hamerani einen Verwalter für das Erbe seiner verstorbenen Frau bestimmt (ebd., TNC, uff. 14, T. Gradassi, Istromenti, 1845, fol. 188r–189r), einen Verwalter, den Veronica als einzige Erbin am 14. Juli zu handeln „autorisierte" (fol. 216r–217v).

Zu den familiären Beziehungen im päpstlichen Rom, mit besonderem Augenmerk auf Eigentumsfragen, verweise ich auf Arru, *La morte generosa*, und auf die vorangehenden Studien; siehe auch Palazzi, *Solitudini femminili*. Zum Rom der Moderne: Feci, *Pesci fuor d'acqua*.

Aquari verstarb im Jahr 1897. Keine Hinweise auf das Erbe der Hamerani in: ANDR, 4997, G. Lupi, Akt Nr. 3495, fol. 161r–171v, beinhaltend *Descrizione e stima dei mobili e mobilia di spettanza dell'eredità Antonio Aquari*, 24. Mai 1897. Hinton, *Forming Designs*, bestätigt, dass Aquaris Witwe die von Veronica geerbten Wachsmodelle der Medaillen an Graf Giuseppe Primoli verkaufte. Einige von diesen fielen dem British Museum, andere dem Museo Napoleonico zu (das Museumspersonal berichtet mir, es gäbe dazu in der Inventarisierung der Sammlung des Grafen Primoli keine Hinweise).

Die meteorologischen Gegebenenheiten in: *Confronto delle indicazioni*, S. 40.

Zitierte Texte

S. 262: „In Anbetracht… legitime Nachkommen": ASR, TNC, uff. 2, A. Blasi, Istromenti, Bd. 871, 10. Oktober 1873, S. 671–684.

XLIV
26. Februar 1883
Übergabe von Maria Veronicas Testament

Der *Processo verbale di pubblicazione del testamento* ist verwahrt in: ASR, Notai dei distretti riuniti di Roma e Velletri, F. M. Ciccolini, Bd. 473, fol. 186r–191v; die Beschreibung des Siegels auf fol. 189v. Hat Veronica ein Siegel benutzt, das von einem ihrer Vorfahren gefertigt worden war? Schwerlich kann es sich um das der Zeugen handeln, die einfache Kunsthandwerker waren. Es ist nicht auszuschließen, dass es sich um das Siegel des Notars handelt, bei dem das Testament hinterlegt war, Francesco Maria Ciccolini, der sein Amt beim Vikariatstribunal von Rom ausübte und die mit dem Erbe von Pius IX. verbundenen Fragen abwickelte. Unerwähnt, nach einem ersten Einblick, in: MacCarthy, *Heraldica*; und Sella, *I sigilli*. Eine Klärung der Herkunft des Siegels gäbe mir Hinweise zur Situation, in der Veronica ihren Letzten Willen übergeben hat.

Die Geschichte der durch ein Wunder geretteten Antonina, die zu Fuß nach Nemi geht, ist verzeichnet in: AAV, Congr. Riti, *Processus*, 1921, fol. 528v. Im Sommer 1825 kam es zu besonders hohen Temperaturen, berichteten die „Notizie del giorno" am Donnerstag, den 4. August 1825, Nr. 31; 11. August 1825, Nr. 32; 1. September 1825, Nr. 35. Über die Sezierung von Antoninas Körper wird gesprochen im *Exorzismus*.

Die Gewalttaten in Genzano sind aufgezeichnet in: ADAL, Archivio Vescovile, Atti civili, Vicaria foranea di Genzano, b. 526 (Genzano 1781–1830), fasc. 246, 248, 251. Zu Rom: Pelaja, *Matrimonio e sessualità*; und Bonacchi, *Legge e peccato*, S. 170–175.

Sterbedatum und -uhrzeit Veronicas sind vermerkt in: ASR, Notai dei distretti riuniti di Roma e Velletri, F. M. Ciccolini, Bd. 473, fol. 189r: Aquari teilte es dem Notar mit. War er zum Zeitpunkt ihres Todes anwesend? Oder hatte er seinerseits Nachricht davon erhalten? Dass Veronica die Sakramente erhielt, ist verzeichnet in: ASVR, Parrocchia di San Carlo ai Catinari, *Liber mortuorum 1881–1914*. Die Bestätigung, dass außer Aquari keine weiteren Erben existierten, vermerkt ASRGP, Preture mandamentali di Roma, secondo mandamento, b. 211.

ASC, Archivio del Comune, tit. 61, b. 15, fasc. 128, Kat. 1796, Prot. 36427/1883, verwahrt ein auf den 8. Juni 1883 datiertes Gesuch von Antonio Aquari an den Bürgermeister der Stadt Rom „zum Erwerb eines Areals in der Umgebungsmauer des Friedhofs, um dort den Leichnam von Hamerani Maria Veronica abzulegen, der zurzeit an einem provisorischen Ort begraben ist".

Zu den meteorologischen Bedingungen: „Gazzetta Ufficiale del Regno d'Italia", Teil I, 3. März 1883, Nr. 52, über die Messungen des Regio Osservatorio des Collegium Romanum, S. 916.

Die Jesuiten waren 1873 aus der Stadt Rom ausgewiesen und ihre Güter konfisziert worden.

Zitierte Texte

S. 265: „ein Dreckstück … in einem Tag": ADAL, Archivio Vescovile, Atti civili, Vivaria foranea di Genzano, b. 526, fasc. 251, Jahr 1821, Orsola Corsini *vs.* Raffaele Torelli.

S. 266: „Oh Jungfer … da rein": Stornello aus Genzano, aufgezeichnet auf der Internetseite *Il dialetto genzanese*, unter *Stornelli*: https://mgallenzi.wixsite.com/ilgenzanese/stornelli.

XLV
Rom, vor Kurzem
Meine Aufzeichnungen

Dank des Hinweises von Angela Groppi habe ich nach einer langen Recherche, das Testament von Veronica gefunden.

Den Gedenkstein in San Carlo ai Catinari hat Veronica, „unica gentis suae superstes posuit parenti suavissimo" [„von der einzigen Überlebenden ihrer Familie dem liebenswertesten Vater errichtet"], Giovanni Hamerani gewidmet, in: Forcella, *Iscrizione delle chiese*, Bd. VII, Nr. 583, S. 584. Den *Memorie intorno alla Chiesa die SS. Biagio e Carlo*, S. 120 f., zufolge stammt das lateinische Epitaph von dem Jesuiten Antonio Angelini Rota, Dozent am *Collegium Romanum* und bekannter Epigrafiker. Wenn dem so wäre, hätte die Beziehung zwischen Veronica und dem Jesuitenorden in irgendeiner Form fortbestanden oder wäre zumindest 1846 (dem Jahr von Giovannis Tod) wegen des Gedenksteins wieder aufgenommen worden. In der von Angelini erstellten Dokumentation habe ich zurzeit noch keine Spuren von Veronica gefunden.

Die nach dem *Exorzismus* zitierten Ereignisse datieren auf den 8. Mai, den 28. April sowie den 20. Mai 1835.

Bibliographie

Gedruckte Quellen

Die Titelangaben wurden möglichst der modernen Zitierweise angepasst.

Alfieri, V., *Vita di Vittorio Alfieri da Asti, scritta da esso*, in: dies., *Vita, giornali, lettere di Vittorio Alfieri*, hg. von E. Teza, Florenz 1861.

Andersen, H. C., Der Improvisator. Leipzig o. J. (1876).

Andres y Morell, J., *Dell'origine, progressi e stato attuale di ogni letteratura … nuova edizione conforme all'ultima di Roma* (1782–1799), 8 Bde., hg. von Niccolò Capurro, Pisa, 1829–1830.

Angelini, F. C., *Ad Adelaide Palombi vedova Degasperis*, in: Giornale arcadico di scienze, lettere ed arti, NS 61 (1863), S. 113–116.

Angelini Rota, A., *Ritratto storico politico letterario del marchese Carlo Antici*, Rom 1854.

Annuario politico, statistico, topografico e commerciale del Dipartimento di Roma per l'anno 1813 compilato per ordine del Signor Baron De Tournon, prefetto del Dipartimento, hg. von Domenico Rossi, Viterbo 1812.

Annuario politico, statistico, topografico e commerciale del Dipartimento di Roma per l'anno 1814 compilato per ordine del Signor Baron De Tournon, prefetto del Dipartimento, hg. von Paolo Salviucci, Rom 1814.

Antonacci, P., *Catechismo medico ragionato a complemento del manuale di medicina chirurgia e farmacia*, Rom 1854.

Arnold, T., *Neue englische Grammatica, oder kurtzgefasste, jedoch deutliche und sichere Anweisung zur richtigen Pronunciation, Accentuation und völligen Begreiffung der Englischen Sprache*, Hannover 1718.

Asdrubali, F., *Trattato generale di ostetricia teoretica e prattica, seconda edizione, con notabili aggiunte, animadversioni, e tavole in rame* (1795), 5 Bde., Rom 1812.

D'Azeglio, M. Taparelli, *I miei ricordi*, 3 Bde., Florenz 1867.

Azor, J., *Institutionum moralium pars prima* (1600), Lyon 1602.

Bartoli, D., *Della vita e dell'Istituto di S. Ignazio, fondatore della Compagnia di Gesú* (1659), Turin 1825.

Bayle, F./Grangeron, H., *Relation de l'état de quelques personnes prétenduës possédées, faite d'autorité du Parlement de Toulouse*, Toulouse 1682.

Belli, A., *Ad Antonio Trasmondo. Lettera del dott. Andrea Cav. Belli … lettore di chirurgia e casi pratici nel ven. Arcispedale di S. Maria della Consolazione intorno alla guarigione di quattro mortali malattie che fra le altre si curavano nel suddetto Arcispedale dal giorno 15 di maggio 1833 a tutto il mese di dicembre dell'anno stesso*, Rom 1834.

Belli, A., *Alle religiose claustrali salute e ricordazione della morte di Donna Maria Camilla cisterciense nel secolo Dorotea Tosti*, o. O. u. J.

Belli, A., *Cimelioteca delle monete pontificie del dott. Andrea Cav. Belli*, Rom 1835.

Belli, A., *L'ospitale delle donne presso S. Maria della Consolazione*, Rom 1835.

Belli, A., *Di parecchi illustri morti in Roma cenni biografici, del dott. Andrea Cav. Belli socio di piú accademie scientifiche, e letterarie*, Rom 1852.

Belli, G. G., *Poesie romanesche*, 10 Bde., Rom 1988–1993.

Berlioz, H., *Memorien* (1865), hg. von Frank Heidlberger, Kassel 2007.

Bettini, M. E./Manini, T., *Lettere*, Rom 1992.

Die Bibel. Einheitsübersetzung der Heiligen Schrift, vollständig durchgeseh. u. überarb. Ausgabe, Stuttgart, 2016.

Bildt, C. N. D. de, *Les médailles romaines de Christine de Suède*, Rom 1908.

Blomberg, K. J., *Description de la Livonie, avec une relation de l'origine, du progrès, & de la décadence de l'ordre teutonique, des révolutions, qui sont arrivées en ce pays jusqu'à nôtre temps, avec les guerres, que les Polonois, les Suedois, & les Moscovites ont eües ensemble pour cette province ; on y decrit les duchez de Courlande & de Semigalle, & la province de Pilten ; enfin on y trouve le voyage de l'auteur de Livonie en Hollande l'an 1698, avec quelques remarques sur la Prusse, Brandebourg, Hanover, Hesse, & plusieurs autres cours d'Allemagne* (1701), Utrecht 1705.

Boulaese, J., *Le manuel de l'admirable victoire du corps de Dieu sur l'esprit maling Beelzebub …*, Lüttich 1598.

Bourgoing, J. F. de, *Tableau de l'Espagne moderne*, 3 Bde., Paris 1803.

Bradshaw Fearon, H., *Sketches of America. A Narrative of a Journey of Five Thousand Miles through the Eastern and Western States of America*, 2. Aufl., London 1818.

Breventani, L., *Supplemento alle Cose notabili di Bologna e alla Miscellanea storico-patria di Giuseppe Guidicini*, Bologna 1908.

Brofferio, A., *I miei tempi. Memorie di Angelo Brofferio*, Bd. 15, Turin 1860.

Caldwell, J., *Dissertatio medica inauguralis de hysteria*, Edinburgh 1780.

Cappello, A./Lupi, A., *Storia medica del cholera indiano, osservato a Parigi da Agostino Cappello e da Achille Lupi colà inviati dal sommo pontefice Gregorio XVI nell'anno 1832*, Rom 1833.

Carayon, A., *Documents inédits concernant la Compagnie de Jésus*, Bd. 20: *Missions des Jésuites en Russie (1804–1824)*, Poitiers 1869.

G. Cardano, G., *Della mia vita* (1643), hg. von Alfonso Ingegno, Mailand 1982.

Carr, J., *Descriptive Travels in the Eastern and Southern Parts of Spain and the Balearic Isles in the Year 1809*, London 1811.

Catalogus Provinciae Romanae Societatis Iesu ineunte anno MDCCCXXXIV, Rom 1834.

Catalogus sociorum et officiorum Societatis Iesu in ditionibus Sacrae Catholicae Maiestatis ineunte anno MDCCCXVIII, Valenzia 1818.

Catalogus sociorum et officiorum Societatis Iesu in ditionibus Sacrae Catholicae Maiestatis ineunte anno MDCCCXIX, Valenzia 1819.

Catalogus sociorum et officiorum Societatis Iesu in ditionibus Sacrae Catholicae Maiestatis ineunte anno MDCCCXX, Valenzia 1820.

Cellini, B., *Traktate über die Goldschmiedekunst und die Bildhauerei* (1568), auf d. Grundlage der Übers. von Ruth u. Max Fröhlich hg. u. komm. von Erhard Brepohl, Köln 2005.

Chigi, A., *Il tempo del Papa-re. Diario del Principe Don Agostino Chigi: 1830–1855*, Mailand 1966.

Children's Employment Commission. Second Report of the Commissioners: Trades and Manufactures, London 1843.

A Collection of Affidavits. Relative to the Wonderful Cure of Mrs. Ann Mattingly, which Took Place in the City of Washington, D. C., on the Tenth of March 1824, Washington 1824.

Confronto delle indicazioni magnetiche e dei fenomeni meteorici, in: Bullettino meteorologico dell'osservatorio del Collegio romano (con corrispondenza e bibliografia per l'avanzamento della fisica terrestre) 10 (1871).

Corografia di Roma, ovvero descrizioni e cenni storici dei suoi monumenti, colla guida ai medesimi mercé di linee stradali, corredata di elenchi, Rom 1846.

Costello, F. B., *Kohlmann and Fenwick. Two New York Jesuits and a Treatise on Penance*, in: Archivum Historicum Societatis Iesu 23 (1954), S. 334–344.

Coxe, W., *Sketches of the State of Swisserland*, London 1779.

Cullen, W., *Nosology, Or, a Systematic Arrangement of Diseases, by Classes, Orders, Genera, and Species* (1769), Edinburgh 1800.

Cullen, W., *First Lines of the Practice of Physics. With Practical and Explanatory Notes by J. Rotheram* (1777), 2 Bde., New York 1806.

De'Buoi, T., *Diario delle cose principali accadute nella città di Bologna dall'anno 1796 fino all'anno 1821*, hg. von S. Benati, M. Gavelli u. F. Tarozzi, Bologna 2005.

Del cardinale Placido Zurla di Legnago monaco benedettino-camaldolese della Congregazione di S. Michele in isola di Murano presso Venezia: cenni biografici, 1769–1834, Verona 1879.

Della giurisdittione e prerogative del Vicario di Roma. Opera del canonico Antonio Cuggiò segretario del tribunale di Sua Eminenza, hg. von D. Rocciolo, Rom 2004.

Desanctis, L., *Roma papale descritta in una serie di lettere con note*, Florenz 1865.

Deseine, F.-J., *Description de la ville de Rome en faveur des étrangers*, Tl. 2, Lyon 1690.

Diario di Ferdinando IV di Borbone (1796–1799), hg. von U. Caldora, Neapel 1965.

Diario romano per l'anno 1834 nel quale si comprendono le feste di precetto, di devozione e di palazzo, Rom 1835.

Dickens, C., *Pictures from Italy*, Cambridge 1846.

Dod, R. P., *The Peerage, Baronetage, Knightage of Great Britain and Ireland for 1859*, London 1859.

Epistolario de Juan Andrés y Morell (1740–1817), 3 Bde., hg. von Livia Brunori, Valenzia 2006.

Esquirol, J.-E. D., *Démonomanie*, in: *Dictionnaire des sciences médicales. Par une société de médecins et de chirurgiens*, Bd. 8, Paris 1814, S. 294–318.

Exemplar litterarum P. Antonii Kohlmann ad A. R. P. N. datarum ex America foederata, in WL 35/1 (1906), S. 1–10.

Fifty Years Ago. Some Letters of Fr. Grivel, in WL 10/3 (1881), S. 244–259.

Fischer, C. A., Gemälde von Madrid, Berlin 1802.

Foscolo, U., *Epistolario*, Bd. 5: *1814–primo trimestre 1815*, hg. von P. Carli, Florenz 1956.

Galluzzi, F. M., *Vita del P. Antonio Baldinucci della Compagnia di Giesú*, Rom 1720.

Gell, W./Nibby, A., *Carta de' dintorni di Roma*, Rom 1827.

Gérard, C., *L'ancienne Alsace à table. Étude historique et archéologique, sur l'alimentation, les mœurs et les usages épulaires de l'ancienne province d'Alsace*, Colmar 1862.

Gigli, L., *Guide rionali di Roma, Rione XIV, Borgo*, Tl. 2, Rom 1992.

Giovannini, S. G., *Indicatore bolognese riferibile a ciascun edifizio componente la città: compilazione a vantaggio de' forestieri e a comodo di qualunque persona*, Bologna 1854.

Goethes Briefwechsel mit Wilhelm und Alexander von Humboldt, Berlin 1909.

Gonzaga College. A Sketch of its Presidents, Professors and Students, in: WL 18/3 (1889), S. 272–277.

Grassi, G. A. *Notizie sullo stato presente della Repubblica degli Stati Uniti dell'America Settentrionale scritte al principio del 1818*, Rom 1818.

Guidée, A., *Notices historiques sur quelques membres de la Société des Pères du Sacré Cœur, et de la Compagnie de Jésus, pour faire suite à la vie du R. P. Joseph Varin*, 2 Bde., Paris 1860.

Guidicini, G., *Cose notabili della Città di Bologna, ossia Storia cronologica de' suoi stabili sacri, pubblici e privati*, 5 Bde., Bologna 1972 (ND der Ausg. Bologna 1868–1873).

Guidicini, G., *Diario bolognese dall'anno 1796 al 1818, con un cenno cronologico dei governi di Bologna dalla sua fondazione in poi e notizie storiche sulle compagnie religiose e delle arti*, Bologna 1976 (ND der Ausg. Bologna 1886–1887).

Gutiérrez González, A., *Manual de Diligencias*, Madrid 1842.

History of the Maryland-New York Province, Goshenhoppen (1741–1889), in: WL 62/1 (1933), S. 1–12.

Hof- und Staats-Schematismus des österreichischen Kaiserthums, Wien 1835.

Holland, J., *The Picture of Sheffield; or, an Historical and Descriptive Wiew of the Town of Sheffield*, hg. von John Ridge, Sheffield 1824.

Karamsin, N. M., Briefe eines reisenden *Russen (1789–1790)*, 6 Bde., Leipzig 1800–1802.

Knight, *Letters on the Subject of Dr. Knight's Lecture „on the Causes which Have Contributed to Produce a Greater Degree of Intemperance in the Habits of the People of England that Prevails on the Continent"*, Sheffield 1836.

Kotzebue, A. F. F. von, Erinnerungen von einer Reise aus Liefland nach Rom und Neapel, Berlin 1805.

Laborde, A.-L.-J., *Itinerario descriptivo de las Provincias de España, traducción libre del que publicó en francés Alexandro Laborde* (1808), Valenzia 1826.

Lady Morgan [geb. Sydney Owensen], *Italy*, 3 Bde., Paris 1821.

Lalande, J., *Voyage d'un françois en Italie, fait dans les Années 1765 & 1766*, 8 Bde., Paris 1769.

Lambert, P. T., *Mémoires de Famille de L'Abbé Lambert, Dernier Confesseur du Duc de Penthièvre aumônier de la duchesse douairière d'Orleans, sur la Révolution et l'émigration (1791–1799)*, Paris 1894.

Lanteri, P. B., *Scritti e documenti d'archivio*, Bd. I: *Carteggio spirituale*, Rom/ Fossano 2002.

Leonardi, F., *Riflessioni sul tempo dell'animazione del feto umano*, Rom 1827.

Levati, L. M./Macciò, A. M., *Menologio dei barnabiti*, Bd. IV, Genf 1933.

Liber saecularis historiae Societatis Iesu, Rom 1914.

Majani, F., *Cose accadute nel tempo di mia vita*, hg. von A. Varni, Venedig 2003.

Massa, T., *Per la bramata guarigione del Signor Maestro Giuseppe Pilotti bolognese accademico filarmonico, stanze sdrucciole di Tommaso Massa*, Bologna 1812.

Matthews, H., *The Diary of an Invalid, Being the Journal of a Tour in Pursuit of Health in Portugal, Italy, Switzerland and France, in the Years 1817, 1818, and 1819*, London 1820.

Mease, J., *The Picture of Philadelphia, Giving an Account of its Origins …*, Philadelphia 1811.

Medical Jurisprudence and Medical Police, in: The American Journal of the Medical Science 9 (1831), S. 248–251.

Melchiorri, G., *Guida metodica di Roma e i suoi contorni. Opera arricchita di 4 tavole grandi e di 40 tavole incise in rame, rappresentanti i principali monumenti della città, compilata con nuovo metodo*, Rom 1834.

Melish, J., *Travels through the United States of America in the Years 1806 & 1807, and 1809, 1810, & 1811*, London 1818.

Memoria del ejercicio económico de 1924–25, Graus o. J.

Memorie intorno alla Chiesa dei SS. Biagio e Carlo ai Catinari in Roma, Rom 1861.

Ménerbes, J.-F. A. de, *Mes souvenirs d'une année. Promenades dans Rome* (1834), Paris 1839.

Il Mercurio di Roma. Ossia grande raccolta d'indirizzi e notizie de' pubblici e pri- vati stabilimenti, dei professori di scienze, lettere ed arti, de' commercianti, degli artisti …, Rom 1843.

Millin, A.-L., *Voyage en Savoie, en Piémont, à Nice et à Gènes*, 2 Bde., Paris 1816.

La Minerva: giornale per l'anno 1825 ad uso degli studenti della Regia Università di Torino, Turin 1825.

Mission du P. Dubuisson de la Compagnie de Jésus dans le nord de la Pennsylvanie et notice sur l'Église de St. Joseph à Philadelphie, Rom 1836.

Missirini, M., *Memorie per servire alla storia della romana Accademia di San Luca fino alla morte di Antonio Canova*, Rom 1823.

Montémont, A., *Voyage aux Alpes et en Italie*, 2 Bde., Paris 1821.

Muratori, L. A., *Della forza della fantasia umana* (1745), eingel. von C. Pogliano, Florenz 1995.

Nibby, A., *Roma nell'anno MDCCCXXXVIII, parte seconda moderna*, Rom 1841.

Nibby, A., *Analisi storico-topografico-antiquaria della carta de' dintorni di Roma*, 3 Bde., 2. Aufl., Rom 1848.

Notice sur le Révérend Père Léonor-François de Tournély et sur son œuvre la Congrégation des Pères du Sacré-Cœur, Wien 1886.

Osservazioni meteorologiche dal Collegio Romano, in: Giornale Arcadico di scienze, lettere ed arti 65 (1834–1835).

Osservazioni meteorologiche dal Collegio Romano, in: Giornale Arcadico di scienze, lettere ed arti 67 (1836).

Palumbo, L., *Vita Francisci Manerae sodalis Societatis Iesu*, Neapel 1848.

Parliamentary Papers, Great Britain, Reports from Commissioners, Bd. II: *Second Report of the Commission on the Working of Children*, London 1843.

Penada, J., *Delle osservazioni medico-pratico-meteorologiche*, Padua 1802.

Pericoli, P., *L'Ospedale di S. Maria della Consolazione di Roma. Dalle sue origini ai giorni nostri*, Rom 1879.

Petit-Radel, P., *Voyage historique, chorographique et philosophique dans les principales villes de l'Italie, en 1811 et 1812*, 3 Bde., Paris 1815.

Pieri, M., *Memorie*, hg. von R. Masini, Rom 2003.

Pietraganzili, V. S. di, *Travels in the Year 1806: From Italy to England through the Tyrol, Styria, Bohemia, Gallicia, Poland, and Livonia. By the Marquis De Salvo* (1807), Portsmouth 1808.

Poggioli, G., *Alcuni scritti inediti di Michelangiolo Poggioli pubblicati per cura di Giuseppe avv. Poggioli*, Rom 1862.

Ponz, A., *Viage de España*, 18 Bde., Madrid 1776.

Publikationen aus den königlich-preußischen Staatsarchiven, Bd. 78, Leipzig 1902.

Pujati, G. A., *Della preservazione della salute de' letterati e della gente applicata e sedentaria*, Venedig 1762.

Regulae Societatis Iesu, Avenione 1827.

Reichard, H. A. O., *Handbuch für Reisende aus allen Städten*, Leipzig 1784.

Reumont, A. von, *Della campagna di Roma*, Florenz 1842.

Rev. Anthony Kohlmann's SJ Visitation of Germans of Pennsylvania in 1807, in: American Catholic Historical Researches I/2 (1905), S 130 f.

Richard, M., *Traditions populaires, croyances superstitieuses, usages et costumes de l'ancienne Lorraine*, Remiremont/Mougins 1848.

Roberti, G. M., *Delle cose accadute nel collegio dei SS. Biagio e Carlo a' Catinari nei giorni della Repubblica Romana (9 febbraio–2 luglio 1849) e di una cronaca manoscritta del P. Carlo Giuseppe Vercellone*, Rom 1935.

Roma 1771–1819. I „Giornali" di Vincenzo Pacetti, hg. von A. Cipriani u. a., Rom 2011.

Rome Pagan and Papal, by an English Resident in That City, H. G. Wreford, London 1846.

Ruiz de Luzuriaga, *Tratado sobre el cólico de Madrid, por el Don Ignacio María Ruiz de Luzuriaga*, Madrid 1797.

Sala, G. A., *Diario romano degli anni 1798–99*, parte I: *Dal 1 gennaio al 30 giugno 1798*, Rom 1980.

Sampson, W., *The Catholic Question in America: Whether a Roman Catholic Clergyman Be in Any Case Compellable to Disclose the Secrets of Auricular Confession*, New York 1813.

Schnitzler, J. H., *La Russie, la Pologne et la Finlande. Tableau statistique, géographique et historique*, Paris 1835.

Sisco, G., *Saggio dell'Istituto Clinico Romano di medicina esterna esposto da Giuseppe Sisco … Primo, e secondo anno scolastico, 1816–17*, Rom 1817.

Sisco, G., *Saggio dell'Istituto Clinico Romano di medicina esterna esposto da Giuseppe Sisco … Ottavo e nono anno scolastico, 1823–24*, Rom 1824.

Some Old Letters (1801–1808), in: WL 12/1 (1883), S. 73–90.

Stendhal, *Römische Spaziergänge* (1829), Jena 1913.

Stendhal, *Rom, Neapel und Florenz im Jahre* 1817 (1826), Berlin (O) 1985.

Storia dell'origine dell'Infiorata di Genzano (1824), in: *Genzano di Roma. Testimonianze storiche e letterarie*, Genzano di Roma 1994, S. 10–22.

Story, W. W., *Roba di Roma* (1862), 2 Bde., London 1866.

Strazzullo, F., *Le lettere di Luigi Vanvitelli della Biblioteca Palatina di Caserta*, 3 Bde., Galatina 1976.

Taine, H., *Voyage en Italie*, Bd. I: *Naples et Rome*, Paris 1866.

Theiner, A., *Necrologia del Padre Antonio Kohlmann della Compagnia di Gesú*, Rom 1836.

Theiner, A., *Il seminario ecclesiastico, o, Gli otto giorni a Santo Eusebio in Roma* (1834), in: Annali di scienze religiose di Roma II/6 (1836).

Ticknor, G., *Life, Letters, and Journals*, 2 Bde., Boston/New York 1818.

Tissot, S. A. D., *Von der Gesundheit der Gelehrten*, Zürich 1768.

The Tocsin: or Sheffield Protestant Alarm-bell. An Occasional Paper on Popery, Mai bis Oktober 1840, Sheffield o. J.

Tournon, C. de, *Études statistiques sur Rome et la partie occidentale des États romains*, 2 Bde., Paris 1831.

Toytot, E. de, *Les romains chez eux. Scènes et mœurs de la vie romaine*, Paris 1868.

Traditions of Bally (1741–1941), in: WL 70/3 (1941), S. 350–362.

Unpublished Letters of Fr. Anthony Kohlmann, in: WL 4/2 (1875), S. 137–148.

Valesio, F., *Diario di Roma*, 6 Bde., hg. von G. Scano, Mailand 1969.

Vasi, M., *Itinéraire instructif de Rome, en faveur des étrangers* (1773), 2 Bde., Rom 1786.

Véron Réville, M., *Histoire de la Révolution Française dans le département du Haut-Rhin (1789–1795)*, Paris/Colmar 1865.

Verri, A., *Le notti romane al sepolcro de' Scipioni* (1792), 2 Bde., Florenz 1825.

Voyage d'une française en Suisse et en Franche-Comté depuis la Révolution, London 1790.

Waldy, J., *Sketches Descriptive of Italy in the Years 1816 and 1817*, 4 Bde., London 1820.

Ward, W., *The Life and Times of Cardinal Wiseman*, 2 Bde., London 1897.

Winckelmann, J. J., *Briefe*, 4 Bde., hg. von W. Rehm u. H. Diepolder, Berlin 1952–57.

Wiseman, N., *Recollections of the Last Four Popes*, London 1858.

Young, A., *Voyages en France pendant les années 1787, 1788, 1789 et 1790 …* (1792), 3 Bde., Paris 1794.

Zola, É., Meine Reise nach Rom (1896), Mainz 2014.

Sekundärliteratur

Abbate, E., *La cultura gesuitica a Napoli alla vigilia del 1848 tra innovazione e tradizione: Padre Francesco Manera*, in: Archivio storico per le province napoletane 117 (1999), S. 263–322.

Ago, R., *Il gusto delle cose. Una storia degli oggetti nella Roma del Seicento*, Rom 2006.

Alberti, G., *Di Andrea Belli, strano medico scrittore e delle prime medicazioni in Roma col cloruro calcico (1833)*, Auszug in: Policlinico (sezione pratica) 48/31 (1941).

Alfieri, F., *Pastorale dell'Indomabile. Conflitti di identità nella Compagnia di Gesú di fronte a una sospetta ossessione demoniaca (XIX secolo)*, in: Alfieri, F./Ferlan, C., (Hg.), *Avventure dell'obbedienza nella Compagnia di Gesú. Teorie e prassi fra XVI e XIX secolo*, Bologna 2012, S. 227–257.

Alfieri, F., *La Compagnia di Gesú e la medicina nel primo Ottocento. Ipotesi di ricerca*, in: Mélanges de l'École française de Rome. Italie et Méditerranée modernes et contemporaines 126/1 (2014), S. 83–100.

Alfieri, F., *„Unearthing Chaos and Giving Shape to it". The Society of Jesus after Suppression: Hiatus and Continuity*, in: Pombeni, P. (Hg.), *The Historiography of Transition. Critical Phases in the Development of Modernity (1494–1973)*, London/New York 2016, S. 105–122.

Alfieri, F., *Tracking Jesuit Psychologies. From Ubiquitous Discourse on the Soul to Institutionalized Discipline*, in: I. G. Županov (Hg.), *The Oxford Handbook of the Jesuits*, London/New York 2019, S. 783–810.

Alfieri, F., *L'anima o il cervello? Sant'Uffizio, Civiltà Cattolica e teologia morale di fronte alla teoria frenologica*, in: Fabre, P.-A./Morales, M./Goujon, P. (Hg.), *La Compagnie de Jésus des Anciens Régimes au monde contemporain (XVIIIe–XXe siècles)*, Rom 2020, S. 623–638.

Alteri, G., *Una grande famiglia di incisori romani: gli Hamerani*, in: *Il metallo e la forma*, Catalogo della Mostra (20. November 1997–1. Februar 1998), Vatikanstadt 1997, S. 13–41.

Alteri, G., *Summorum romanorum pontificum historia nomismatibus recensitis illustrata ab saeculo XV ad saeculum XX*, Vatikanstadt 2004.

Alteri, G., *I disegni Hamerani nell'Archivio del Medagliere Vaticano*, in: Bollettino di Numismatica – Studi e Ricerche 54 (2010), S. 299–324.

Alvazzi del Frate, P., *Università napoleoniche negli „Stati Romani". Il „Rapport" di Giovanni Ferri de Saint-Constant sull'istruzione pubblica (1812)*, Rom 1995.

Amadieu, J.-B., *Le censeur. Critique littéraire. Les jugements de l'Index du romantisme au naturalisme*, Paris 2019.

Andrey, G., *Les émigrés français dans le canton de Fribourg (1789–1815). Effectifs-Activités-Portraits*, Neuenburg 1972.

Araguás Pueyo, S./Muñoz Torrijos, N./Puyuelo Ortiz, E. (Hg.), *La sombra del olvido*, Bd. II: *Tradicción oral en el Somontano occidental de Barbastro*, Huesca 2006.

Armando, D./Cattaneo, M./Donato, M. P., *Una Rivoluzione difficile. La Repubblica Romana del 1798–1799*, Pisa/Rom 2000.

Arnaud, S., *L'invention de l'hystérie au temps des Lumières (1670–1820)*, Paris 2014.

Arru, A., *La morte generosa. Reciprocità e denaro nei legami familiari (Roma, sec. XIX)*, in: Quaderni storici 137/XLVI/2 (2011), S. 441–466.

Aston, N., *Christianity and Revolutionary Europe. C. 1750–1850*, Cambridge 2002.

Badini Confalonieri, L., *Presenza dei cattolici reazionari. Qualche riflessione a partire da Manzoni (con nuovi documenti su Manzoni e Lamennais)*, in: Marini, Q./Sertoli, G./Verdino, S./Cavaglieri, L. (Hg.), *L'officina letteraria e culturale dell'età mazziniana (1815–1870)*, Novi Ligure 2013, S. 165–181.

Basso, A., *I Mozart in Italia: cronistoria dei viaggi, documenti, lettere, dizionario dei luoghi e delle persone*, Bologna 2006.

Batllori, M., *La cultura hispano-italiana de los Jesuitas expulsos: españoles, hispanoamericanos, filipinos, 1767–1814*, Madrid 1966.

Bedera Bravo, M./Prado Moura, A., de, *Disidencia política y heterodoxia religiosa en la España del primer tercio del siglo XIX: la represión de los tribunales de Inquisición*, in: Serrano García, R./Prado Moura, A. de/Larriba, E. (Hg.), *Discursos y devociones religiosas en la Península Ibérica, 1780–1860. De la crisis del Antiguo Régimen a la consolidación del Liberalismo*, Valladolid 2014, S. 117–140.

Benigno, F./Lavenia, V., *Peccato o crimine. La Chiesa di fronte alla pedofilia*, Bari/Rom 2021.

Berti, F., *Illuminismo, rivoluzione, modernità. Lo spirito del secolo in alcuni significativi scritti dei gesuiti espulsi*, in: Baldini, U./Brizzi, G. P. (Hg.), *La presenza in Italia dei gesuiti iberici espulsi. Aspetti religiosi, politici, culturali*, Bologna 2010, S. 321–335.

Boffa, M., Die *Emigraten*, in: Furet, F./Ozouf, M. (Hg.), *Kritisches Wörterbuch der Französischen Revolution*, Frankfurt a. M. 1996, S. 546–564.

Bonacchi, G., *Legge e peccato. Anime, corpi, giustizia alla corte dei papi*, Bari/Rom 1995.

Bosi, M., *S. Maria in Campo Marzio*, Rom 1961.

Bottasso, E., *Brofferio, Angelo*, in: *DBI*, Bd. 14 (1972).

Bourdin, P./Boutry, P., *L'Église catholique en Révolution. L'historiographie récente*, in: Annales historiques de la Révolution française 355 (2009), S. 3–23.

Boutry, P., *Une théologie de la visibilité. Le projet zelante de resacralisation de Rome et son échec (1823–1829)*, in: Visceglia, M. A./Brice, C. (Hg.), *Cérémonial et rituel à Rome (XVIe-XIXe siècle)*, Rom 1997, S. 317–367.

Boutry, P., *Souverain et pontife: recherches prosopographiques sur la Curie romaine à l'âge de la Restauration (1814–1846)*, Rom 2002.

Boutry, P., *La tentative française de destruction du Saint Siège (1789–1814)*, in: Levillain, P. (Hg.), *„Rome, l'unique objet de mon ressentiment". Regards critiques sur la papauté*, Rom 2012, S. 79–100.

Brambilla, E., *Corpi invasi e viaggi dell'anima. Santità, possessione, esorcismo: dalla teologia barocca alla medicina illuminista*, Rom 2010.

Brambilla, E., *Felicità e infelicità delle donne nel Settecento: sensibilità, malattie nervose e passioni*, in: Rao, A. M. (Hg.), *Felicità pubblica e felicità privata nel Settecento*, Rom 2012, S. 100–131.

Braun, A., *Le père François-Antoine Kohlmann jésuite (1771–1836)*, in: 4 Sociétés d'histoire de la vallée de la Weiss, 1986, S. 57–67.

Brilli, A., *Quando viaggiare era un'arte. Il romanzo del Grand Tour* (1995), Bologna 2017.

Brilli, A./Neri, S., *Le viaggiatrici del Grand Tour. Storie, amori, avventure*, Bologna 2020.

Broers, M., *Europe under Napoleon. 1799–1815*, London/New York 1996.

Broers, M., *The Politics of Religion in Napoleonic Italy. The War against God. 1801–1814*, London/New York 2002.

Broers, M./Caiani, A. A., (Hg.), *A History of the European Restorations. Governments, States and Monarchy*, London 2020.

Broto Salanova, J., *La villa de las 11 puertas. El desarrollo urbano de Graus entre los siglos XI y XVIII*, Graus 2015.

Caffiero, M., *Un santo per le donne. Benedetto Giuseppe Labre e la femminilizzazione del cattolicesimo tra Settecento e Ottocento*, in: Memoria 30/3 (1990), S. 89–106.

Caffiero, M., *Profetesse a giudizio. Donne, religione e potere in età moderna*, Brescia 2020.

Caiani, A. A., *Introduction*, in: Broers, M./Caiani, A. A. (Hg.), *A History of the European Restorations. Governments, States and Monarchy*, S. 1–14.

Il campionario di medaglie devozionali della bottega Hamerani, in: „Notiziario del Portale Numismatico dello Stato" 13/1 (2019) https://www.numismaticadellostato.it/pns-pdf/notiziario/Notiziario_13_1_2019.pdf.

Capra, C., *Gli italiani prima dell'Italia. Un lungo Settecento, dalla fine della Controriforma a Napoleone*, Rom 2014.

Carboni, L., *Theiner, Augustin*, in: *DBI*, Bd. 95 (2019).

Cavina, M., *Il padre spodestato. L'autorità paterna dall'antichità a oggi*, Bari/Rom 2007.

Cavina, M., *Professori e studenti di diritto nel Regno d'Italia napoleonico. Primi appunti sul caso bolognese*, in: Angelozzi, G./Guerrini, M. T./Olmi, G. (Hg.), *Università e formazione dei ceti dirigenti. Per Gianpaolo Brizzi, pellegrino dei saperi*, Bologna 2015, S. 409–424.

Chiarini, M. (Hg.), *Vedute romane. Disegni dal XVI al XVIII secolo*, Rom 1971.

Chiosi, E., *Il Regno dal 1734 al 1799*, in: Galasso, G./Romeo, R. (Hg.), *Storia del Mezzogiorno*, Bd. 6: *Il Regno dagli Angioini ai Borboni*, Neapel 1986.

Clark, J. C. D., *Thomas Paine: Britain, America, and France in the Age of Enlightenment and Revolution*, Oxford 2018.

Conforti, M./Renzi, S. de, *Sapere anatomico negli ospedali romani: formazione dei chirurghi e pratiche sperimentali (1620–1720)*, in: Romano, A. (Hg.), *Rome et la Science Moderne. Entre Renaissance et Lumières*, Rom 2009, S. 433–472.

Craveri, P., *Berni degli Antoni, Vincenzo*, in *DBI*, Bd. 9 (1967).

Croce, B., *Notizie e osservazioni. IV. Il Manzoni e il gesuita padre Manera*, in: La Critica. Rivista di Letteratura, Storia e Filosofia diretta da B. Croce 38 (1940), S. 191.

Dafflon, A., *Fribourg au temps de Jane Austen: un carnet de Marie Anne Elisabeth d'Affry (janvier–juin 1800)*, in: Freiburger Geschichtsblätter 9 (2013), S. 155–181.

Danieluk, R., *„Archivum Romanum Societatis Iesu". Un luogo privilegiato per lo studio dell'attività evangelizzatrice dei gesuiti*, in: Archiva Ecclesiae 53–55 (2010–2012), S. 221–254.

Debenedetti, E. (Hg.), *Artisti e artigiani a Roma. Dagli stati delle Anime del 1700, 1725, 1750, 1775*, 3 Bde., Rom 2005.

Debenedetti, E. (Hg.), *Architetti e ingegneri a confronto. L'immagine di Roma fra Clemente XIII e Pio VII*, 3 Bde., Rom 2006–2008.

De Benedictis, A., *Bologna nello Stato della Chiesa secondo il diritto delle genti e il diritto pubblico (1780–1831)*, in: Berselli, A./Varni, A. (Hg.), *Storia di Bologna*, Bd. IV/1: *Bologna in età contemporanea (1796–1914)*, Bologna 2011, S. 137–191.

De Certeau, M., *La possessione di Loudun* (1970), Bologna 2011.

De Felice, R., *Aspetti e momenti della vita economica di Roma e del Lazio nei secoli XVIII e XIX*, Rom 1965.

De Francesco, A., *L'Italia di Bonaparte. Politica, statualità e nazione nella penisola tra due rivoluzioni, 1796–1821*, Turin 2011.

Del Re, N., *La curia romana. Lineamenti storico-giuridici* (1941), 4. aktual. Aufl., Vatikanstadt 1998.

De Marco, V., *I santi della Restaurazione*, in: De Rosa, G./Gregory, T./Vauchez, A. (Hg.), *Storia dell'Italia religiosa*, Bd. 3: *L'età contemporanea*, Bari/Rom 1995, S. 25–37.

De Rosa, G., *Storia del movimento cattolico in Italia*, Bd. I: *Dalla Restaurazione all'età giolittiana*, Bari/Rom 1996.

De Waardt, H., *Jesuit Propaganda and Faith Healing in the Dutch Republic*, in: History 94 (2009), S. 344–359.

Donato, M. P., *Cultura dell'antico e cultura dei Lumi a Roma nel Settecento: la politicizzazione dello scambio culturale durante il pontificato di Pio VI*, in: Mélanges de l'École française de Rome. Italie et Méditerranée 104/2 (1992), S. 503–548.

Donato, M. P., *Accademie romane. Una storia sociale, 1671–1824*, Neapel/Rom 2000.

Donato, M. P./Berlivet, L./Cabibbo, S./Michetti, R./Nicoud, M. (Hg.), *Médecine et religion. Compétitions, collaborations, conflits (XIIe–XXe siècles)*, Rom 2013.

Eisler, W., *The Construction of the Image of Martin Folkes (1690–1754). Tl. I: Art, Science and Masonic Sociability in the Age of the Grand Tour*, in: The Medal, 58 (2011), S. 4–29.

Epp, R./Lienhard, M./Raphaël, F., *Catholiques, protestants, juifs en Alsace*, Alsatia, Colmar 1992.

Erba, A. M., *Figlie della Divina Provvidenza*, in: *Dizionario degli Istituti di Perfezione*, Bd. 3, Mailand 1976, S. 1577 f.

Erba, A. M., *Manini, Tommaso Ludovico*, in: *Dizionario degli Istituti di Perfezione*, Bd. 5, Mailand 1978, S. 887 f.

Fabbri, M., *I gesuiti spagnoli ed ispano-americani in Emilia e Romagna …*, in: *Ateneo e Chiesa di Bologna*, Atti del convegno (Bologna, 13–15 aprile 1989), Bologna 1992, S. 243–50.

Fabre, P.-A./Morales, M./Goujon, P. (Hg.), *La Compagnie de Jésus des Anciens Régimes au monde contemporain (XVIIIe–XXe siècles)*, Rom 2020.

Fanti, M., *Personaggi e società della Bologna stendhaliana*, in: L'Archiginnasio 56–68 (1971–1973), S. 89–116.

Farge, A., *Vies oubliées. Au cœur du XVIIIe siècle*, Paris 2019.

Fassanelli, B., *La condanna all'oblio di Maria Lilia Mastacchini e la „congiura del silenzio" di una comunità religiosa femminile di primo Novecento*, in: Caffiero, M./Lirosi, A. (Hg.), *Donne e Inquisizione*, Rom 2020, S. 173–204.

Fattorini, E., *Italia devota. Religiosità e culti tra Otto e Novecento*, Rom 2012.

Favino, F., *Donne e scienza nella Roma dell'Ottocento*, Rom 2020.

Feci, S., *Pesci fuor d'acqua. Donne a Roma in età moderna: diritti e patrimoni*, Rom 2004.

Felicani, C. *Genzano*, Genzano di Roma 2008.

Ferber, S., *Demonic Possession and Exorcism in Early Modern France*, London/ New York 2004.

Ferlan, C., *I gesuiti*, Bologna 2015.

Fernández Arillaga, I./Marchetti, E., *La Bolonia que abitaron los jesuitas hispánicos* (1768–1773), Bologna 2012.

Ferrer Benimeli, J. A., *Sucedió en Graus hace doscientos años. Notas sobre Aranda y la expulsión de los Jesuitas*, in *Miscelánea ofrecida al Ilmo. Sr. D. José María Lacarra y de Miguel*, Saragossa 1968, S. 181–212.

Filippini, N. M., *Generare, partorire, nascere: una storia dall'antichità alla provetta*, Rom 2017.

Fontana Castelli, E., *La Compagnia di Gesú sotto altro nome: Niccolò Paccanari e la Compagnia della fede di Gesú (1797–1814)*, Rom 2007.

Forcella, V., *Iscrizioni delle chiese ed altri edifici di Roma*, Bd. 7, Rom 1876.

Frey, Y., *La kilbe et la République*, in: Kieffer, C. M. (Hg.), *La Révolution Française et l'Alsace*, Bd. 4: *L'Alsace et la République*, Sennheim 1992, S. 127–137.

Frías, L., *Historia de la Compañía de Jesús en su Asistencia moderna de España*, Madrid 1944.

Galasso, G., *Il Regno di Napoli. Il Mezzogiorno borbonico e napoleonico (1734–1815)*, Turin 2007.

Garofalo, F., *L'insegnamento e l'esercizio della medicina negli Stati romani durante l'occupazione napoleonica (1800–1814)*, in: Humana Studia, Serie III, 5/1 (1953), S. 3–20.

Genta, E., *Ruling over the Ruling Class: Doctrine and Practice of Government in the Kingdom of Sardinia*, in: Broers, M./Caiani, A. A. (Hg.), *A History of the European Restorations*, London 2020, S. 171–180.

Goujon, P., *Les politiques de l'âme. Direction spirituelle et Jésuites français à l'époque moderne*, Paris 2019.

Granata, S. A., *Monarchie mediterranee. Ferdinando IV di Borbone tra Sicilia ed Europa (1806–1815)*, Rom 2016.

Greco, G./Preti, A./Tarozzi, F., *Atlante storico delle città italiane. Emilia-Romagna, Bologna*, Bd. 4: *Dall'età dei Lumi agli anni Trenta (secoli XVIII–XX)*, Bologna 1998.

Griseri, G., *Lanteri, Pio Bruno*, in: *DBI*, Bd. 63 (2004).

Groppi, A., *I conservatori della virtú. Donne recluse nella Roma dei Papi*, Bari/Rom 1994.

Guasti, N., *L'esilio italiano dei gesuiti spagnoli. Identità, controllo sociale e pratiche culturali (1767–1798)*, Rom 2006.

Guasti, N., *Juan Andrés e la cultura del Settecento*, Mailand/Udine 2017.

Guasti, N., *The Age of Suppression: From the Expulsions to the Restoration of the Society of Jesus (1759–1820)*, in: Županov, I. G. (Hg.), *The Oxford Handbook of the Jesuits*, London/New York 2019, S. 918–949.

Guerrini, M. T., *Il lungo esilio. Forme di convivenza e integrazione nella società bolognese dei gesuiti espulsi*, in: Baldini, U./Brizzi, G. P. (Hg.), *La presenza in Italia dei gesuiti iberici espulsi*, Bologna 2010, S. 157–183.

Guirao Larrañaga, R., *Guerrilleros y patriotas en el Altoaragón (Guerra de la Independencia*), Huesca 2000.

Gutiérrez Lera, C., *Breve inventario de seres mitológicos, fantásticos y misteriosos de Aragón*, Saragossa 1999.

Haskell, Y., *Poetry or Pathology? Jesuit Hypochondria in Early Modern Naples*, in: Early Science and Medicine 12 (2007), S. 187–213.

Hazard, P., *Die Krise des europäischen Geistes. 1680–1715, Hamburg 1939.*

Henke, C., *Coblentz: Realität und symbolische Wirkung eines Emigrantenzentrums*, in: Schönpflug, D./Voss, J. (Hg.), *Révolutionnaires et émigrés. Transfer und Migration zwischen Frankreich und Deutschland: 1789–1806* (Beihefte der Francia, Bd. 56), Stuttgart 2002, S. 163–182.

Hinton, J., *Forming Designs, Shaping Medals. A Collection of Wax Models by the Hamerani*, in: The Medal 41 (2002), S. 3–57.

Hubert. H./Mauss, M., *Teoria generale della magia* (1904), Rom 1975.

Hughes, T., *History of the Society of Jesus in North America, Colonial and Federal*, 3 Bde., New York 1910.

Inglot, M., *La Compagnia di Gesú nell'Impero russo e la sua parte nella restaurazione generale della Compagnia (1772–1820)*, Rom 1997.

Ittel, J./Lichtle, F., *Listes d'admission à la bourgeoisie, 1571 à 1789*, Kaysersberg 1983.

Jacquiot, J., *Le diable dans les médailles. De la Renaissance au XVIIIème siècle*, in: M. T. Jones Davies (Hg.), *Diable, diables et diableries au temps de la Renaissance*, Paris 1988, S. 65–78.

Jedin, H., *Augustin Theiner. Zum 100. Jahrestag seines Todes am 9. August 1874*, in: Archiv für Schlesische Kirchengeschichte, 31 (1973), S. 134–174.

Joachim, J., *Antoine Kohlmann S. J. 1771–1836*, Paris o. J. [1936].

Joachim, J., *L'élection de l'évêque constitutionnel du Haut-Rhin (1791)*, in: Archives de l'Église d'Alsace 19 (1949–1950), S. 285–329.

Julia, D., *Gagner son jubilée à l'époque moderne*, in: Roma moderna e contemporanea 5 (1997), Hefte 2–3, S. 310–344.

Julia, D., *L'Extinction de la Compagnie de Jésus, l'Ancien Régime et la Révolution française*, in: Fabre, P.-A./Morales, M./Goujon, P. (Hg.), *La Compagnie de Jésus des Anciens Régimes au monde contemporain (XVIIIe–XXe siècles)*, Rom 2020, S. 35–50.

Julia, D., *La Restauration de la Compagnie de Jésus*, in: Fabre, P.-A./Morales, M./ Goujon, P. (Hg.), *La Compagnie de Jésus des Anciens Régimes au monde contemporain (XVIIIe–XXe siècles)*, Rom 2020, S. 51–70.

Kauffmann-Rauch, M.-C., *Les tribulations des frères Kohlmann de Kaysersberg sous la Révolution et l'Empire*, in: 4 Sociétés d'histoire de la vallée de la Weiss 1990, S. 47–54.

Klauss, J., *Goethe als Medaillensammler*, Weimar/Köln/Wien 1994.

Lamalle, E., *L'archivio di un grande Ordine religioso. L'Archivio Generale della Compagnia di Gesú*, in: Archiva Ecclesiae 24–25 (1981–1982), S. 89–120.

Langlois, C./Boutry, P./Vovelle, M., *Atlas de la Révolution française*, Bd. 9: *Religion*, Paris 1996.

La Parra López, E./Casado, M. A., *La Inquisición en España. Agonía y abolición*, Madrid 2013.

La Parra López, E., *Fernando VII. Un rey deseado y detestado*, Barcelona 2018.

Laudanna, L., *Le grandi ricchezze private di Roma agli inizi dell'Ottocento*, in: Dimensioni e problemi della ricerca storica 2 (1989), S. 104–152.

Lavenia, V., *„Tenere i malefici per cosa vera". Esorcismi e censura nell'Italia moderna*, in: Bonani, V. (Hg.), *Dal torchio alle fiamme. Inquisizione e censura*, Berichte der Fachtagung (Salerno, 5.–6. November 2004), Salerno 2005, S. 129–172.

Lavenia, V., *Possessione demoniaca*, in: *Dizionario storico dell'Inquisizione*, hrsg. von A. Prosperi in Zusammenarbeit mit V. Lavenia u. J. Tedeschi, Bd. 3, Pisa 2010, S. 1242–1250.

Levi, G., *L'eredità immateriale. Carriera di un esorcista nel Piemonte del Seicento* (1985), Mailand 2020.

Levra, U., *Da una modernizzazione passiva a una modernizzazione attiva*, in: Levra, U. (Hg.), *Storia di Torino*, Bd. 6: *La città nel Risorgimento (1798–1864)*, Turin 2000, xxi–clx.

Lichtle, F., *Biographie Kaysersbergeoise, XVIème–XVIIIème siècle*, Kaysersberg 1992.

Lichtle, F., *Les rigueurs de l'hiver 1788–1789 à Kaysersberg*, in: Kaysersberg transparence, 3. Dezember 1996, S. 15 f.

Lombardi, D./Bartoloni, S., *Introduzione*, in: Genesis 17/1 (2018), S. 5–14.

Lucrezio Monticelli, C., *La polizia del papa. Istituzioni di controllo sociale a Roma nella prima metà dell'Ottocento*, Soveria Mannelli (Catanzaro) 2012.

Lucrezio Monticelli, C., *Roma seconda città dell'Impero. La conquista napoleonica dell'Europa mediterranea*, Rom 2018.

Luengo, M., *El retorno de un jesuita desterrado. Viaje del Padre Luengo desde Bolonia a Nava del Rey (1798)*, hg. von I. Fernández Arillaga, Nava del Rey 2004.

MacCarthy, M. F. (Hg.), *Heraldica Collegii Cardinalium*, 2 Bde., Darlinghurst 2000–2002.

Macry, P., *Ottocento: famiglia, élites e patrimoni a Napoli*, Turin 1988.

Malinverni, A., *Panini, Giovanni Paolo*, in: *DBI*, Bd. 80 (2014).

Marcelli, U., *La vendita dei beni ecclesiastici a Bologna e nella Romagna (1797–1815)*, in: Atti e memorie della Deputazione di storia patria per le province di Romagna, NS 8 (1956–1957), S. 247–334.

Marcelli, U., *La realtà politica di Bologna e le meditazioni stendhaliane*, in: L'Archiginnasio 56–68 (1971–1973), S. 51–67.

Martina, G., *Continuità e novità della risorta Compagnia di Gesú in area veneta*, in: Zanardi, M. (Hg.), *I gesuiti e Venezia. Momenti e problemi di storia veneziana della Compagnia di Gesú*, Venedig/Padua 1994, S. 455 f.

Martina, G., *Il Collegio romano: 1824–1873*, in: Roma moderna e contemporanea 4/3 (1995), S. 667–691.

Martina, G., *Gregorio XVI*, in: *Enciclopedia dei papi*, Bd. 3, Rom 2000 (https://www.treccani.it/enciclopedia/gregorio-xvi_%28Enciclopedia-dei-Papi%29/).

Martina, G., *Storia della Compagnia di Gesú in Italia (1814–1983)*, Brescia 2003.

Martini, M., *Doti e successioni a Bologna nell'Ottocento. I comportamenti patrimoniali del ceto nobiliare*, in: Quaderni storici 92/XXXI/2 (1996). S. 269–304.

The Maryland Jesuits 1634–1844, Baltimore 1976.

Mauri, A., *Augustin Theiner*, in: Archivio storico italiano 21 (1875), S. 350–391.

Mazeau, G., *Émotions politiques. La Révolution française*, in: Corbin, A./Courtine, J.-J. (Hg.), *Histoire des émotions*, Bd. 2: *De l'Antiquité aux Lumières*, Paris 2016, S. 98–142.

McGreevy, J. T., *American Jesuits and the World: how an Embattled Religious Order Made Modern Catholicism Global*, Princeton/Oxford 2015.

Meehan, T. F., *Catholic Literary New York*, in: The Catholic Historical Review 4/4 (1919), S. 399–414.

Menozzi, D., *La risposta alla secolarizzazione*, in: Filoramo, G./Menozzi, D., (Hg.), *Storia del cristianesimo. L'età contemporanea*, Bari/Rom 1997, S. 131–257.

Menozzi, D., *Sacro Cuore. Un culto tra devozione interiore e restaurazione cristiana della società*, Rom 2001.

Minois, G., *Le diable*, Paris 1998.

Monsagrati, G., *Roma senza il papa. La Repubblica Romana del 1849*, Bari/Rom 2014.

Montagu, J., *Gold, Silver and Bronze: Metal Sculpture of the Roman Baroque*, New Haven/London 1996.

Mostaccio, S., *Spiritual Exercises: Obedience, Conscience, Conquest*, in: Županov, I. G., (Hg.), *The Oxford Handbook of the Jesuits*, London/New York 2019, S. 75–104.

Mostaccio, S., *Donne, clero e modello ignaziano. Riletture di genere delle pratiche di governo gesuite tra Rivoluzione e Restaurazioni*, in: Fabre, P.-A./Morales, M./ Goujon, P. (Hg.), *La Compagnie de Jésus des Anciens Régimes au monde contemporain (XVIIIe–XXe siècles)*, Rom 2020, S. 215–236.

Muller, C., *Les Récollets d'Alsace dans la tourmente révolutionnaire (II)*, in: Archivum Franciscanum Historicum 84 (1991), Hefte 3–4, S. 365–405.

Muller, C., *Religion et Révolution en Alsace*, in: Annales historiques de la Révolution française 337 (2004), S. 63–83.

Mur Laencuentra, J., *Graus Revisitado. Secuencia gráfica del progreso local*, Graus 2015.

Murphy, T., *Jesuit Slaveholding in Maryland, 1717–1838*, New York/London 2001.

Noack, F., *Das Deutschtum in Rom seit dem Ausgang des Mittelalters*, 2 Bde., Stuttgart/Berlin/Leipzig 1927.

Nussbaum, M., *Die neue religiöse Intoleranz. Ein Ausweg aus der Politik der Angst*, Darmstadt 2015.

Pagano, E., *Alle origini della Lombardia contemporanea: il governo delle province lombarde durante l'occupazione austro-russa, 1799–1800*, Mailand 1998.

Palazzi, *Solitudini femminili e patrilignaggio. Nubili e vedove tra Sette e Ottocento*, in: Barbagli, M./Kertzer, D. (Hg.), *Storia della famiglia italiana, 1750–1950*, Bologna 1992, S. 130–158.

Palmieri, P., *I taumaturghi della società. Santi e potere politico nel secolo dei Lumi*, Rom 2010.

Palmieri, P., *I miracoli fra scienza e storia. Il sangue di san Gennaro, la Sindone e altre reliquie*, in: Storica 23 (2017), S. 67–68.

Parsons, J.-F., *Rev. Anthony Kohlmann, S. J. (1771–1824)*, in: The Catholic Historical Review 4/1 (1918), S. 38–51.

Patrignani, A., *Le medaglie di Pio VII (1800–1823)*, Pescara/Chieti 1930.

Pavone, S., *Una strana alleanza. La Compagnia di Gesú in Russia dal 1772 al 1820*, Neapel 2010.

Paz y Meliá, A., *Papeles de Inquisición. Catálogo y extractos*, hg. von R. Paz, 2. Aufl., Madrid 1947.

Pazzini, A., *La storia della facoltà medica di Roma*, 2 Bde., Rom 1961.

Pelaja, M., *Matrimonio e sessualità a Roma nell'Ottocento*, Bari/Rom 1994.

Pellegri, M. (Hg.), *Concorsi dell'Accademia Reale di Belle Arti di Parma dal 1757 al 1796*, Parma 1988.

Pennestrí, S., *All'insegna della lupa. Il patrimonio della bottega Hamerani in due documenti dell'Archivio di Stato*, in: Rivista italiana di numismatica e scienze affini 110 (2009), S. 437–478; s. auch in: Notiziario del Portale Numismatico dello Stato 13/1 (2019), https://www.numismaticadellostato.it/pns-pdf/notiziario/Notiziario_13_1_2019.pdf.

Pericoli, P., *L'Ospedale di S. Maria della Consolazione di Roma, dalle sue origini ai giorni nostri*, Imola 1879.

Pirotta, L., *La donazione Molajoni all'Archivio Capitolino*, in: Capitolium 19/3–5 (1944), S. 76–79.

Pirri, P., *Un amico del Manzoni: Francesco Manera S. J.*, in: La Civiltà Cattolica 86 (1935), S. 372–390.

Pirri, P., *Vita del Servo di Dio Carlo Odescalchi già cardinale di s. Chiesa e Vicario di Roma, morto religioso della Compagnia di Gesú*, Isola dei Liri 1935.

Pizzorusso, G., *Agli antipodi di Babele. Propaganda Fide tra immagine cosmopolita e orizzonti romani (XVII–XIX secolo)*, in: Prosperi, A./Fiorani, L. (Hg.), *Storia d'Italia. Annali 16: Roma, la città del papa. Vita civile e religiosa dal giubileo di Bonifacio VIII al giubileo di papa Wojtyła*, Turin 2000, S. 479–518.

Pizzorusso, G., *The New World of the New Society of Jesus. Giovanni Antonio Grassi and his Notizie varie sullo stato presente della Repubblica degli Stati Uniti (1818)*, in: Fabre, P.-A./Morales, M./Goujon, P. (Hg.), *La Compagnie de Jésus des Anciens Régimes au monde contemporain (XVIIIe–Xe siècles)*, Rom 2020, S. 483–502.

Plongeron, B. (Hg.), *Pratiques religieuses dans l'Europe révolutionnaire (1770–1820)*, Berichte der Fachtagung (Chantilly, 27.–29. November 1986), Turnhout 1988.

Praz, M., *La carne, la morte e il diavolo* (1930), Florenz 1966.

Priesching, N., *Maria von Mörl (1812-1868): Leben und Bedeutung einer stigmatisierten Jungfrau aus Tirol im Kontext ultramontaner Frömmigkeit*, Brixen (Bolzano) 2004.

Prosperi, A., *La vocazione. Storie di gesuiti tra Cinquecento e Seicento*, Turin 2016.

Prosperi, A., *Un volgo disperso. Contadini d'Italia nell'Ottocento*, Turin 2019.

Raemy, T. de *L'émigration française au canton de Fribourg (1789–1798)*, Freiburg i. Ü. 1935.

Rance, K., *Les mémoires des nobles émigrés en Allemagne: Coblence, ou prédire un échec advenu*, in: Schönpflug, D./Voss, J. (Hg.), *Révolutionnaires et émigrés. Transfer und Migration zwischen Frankreich und Deutschland: 1789–1806*, Stuttgart 2002, S. 221–233.

Rao, A. M. (Hg.), *Folle controrivoluzionarie. Le insorgenze popolari nell'Italia giacobina e napoleonica*, Rom 1999.

Rao, A. M. (Hg.), *Napoli 1799 fra storia e storiografia*, Berichte der internationalen Fachtagung (Neapel, 21.–24. Januar 1999), Neapel 2002.

Risse, G. B., *New Medical Challenges during the Scottish Enlightenment*, Amsterdam/New York 2005.

Rochini, M./Colombo, E., *Ritorno alle missioni. Jan Philip Roothaan, Gregorio XVI e le missioni della „Nuova" Compagnia di Gesú*, in: Catto, M./ Ferlan, C. (Hg.), *I gesuiti e i papi*, Bologna 2016, S. 103–130.

La Roma di Achille Pinelli. Acquerelli 1832–1835, hg. von M. E. Tittoni, Rom 2007.

Roma e la Campagna romana nel Grand Tour, Berichte der Fachtagung (Monte Porzio Catone (Rom), 17.–18. Mai 2008), M. Formica (Hg.), Bari/Rom 2009.

Roma religiosa nell'età rivoluzionaria (Ricerche per la storia religiosa di Roma, Bd. 11), Rom 2006.

Romeo, R., *Cavour e il suo tempo* (1969), Bd. I: *1810–1842*, Rom/Bari 1971.

Roper, L., *Oedipus and the Devil. Witchcrafrm Religion and Sexuality in Psyche in Early Modern Europe*, London/New York 1994.

Roscioni, L., *La badessa di Castro. Storia di uno scandalo*, Bologna 2017.

Rossi, L., *Orsini, Domenico*, in: *DBI*, Bd. 79 (2013).

Rothe, A., *Das erste katholische Gymnasium in Berlin*, in: Wichmann-Jahrbuch für Kirchengeschichte im Bistum Berlin 9–10 (1955–1956), S. 5–9.

Sapienza, V., *Hamerani (Haimeran, Hameran)*, in: *DBI*, Bd. 61 (2004).

Saurer, E., *Melancolia e risveglio. Donne e religione nell'Europa romantica*, hg. von A. Arru u. S. Boesch Gajano, Rom 2013.

Schaedelin, F., *L'émigration révolutionnaire du Haut-Rhin*, Colmar 1937.

Schaer, A., *Le clergé paroissial catholique en haute Alsace sous l'Ancien régime (1648–1789)*, Paris 1966.

Scharf, J. T., *History of Maryland from the Earliest Period to the Present Day*, 2 Bde., Baltimore 1879.

Schechter, R., *Obstinate Hebrews: Representations of Jews in France, 1715–1815*, Berkeley 2003.

Schiavoni, C./Sonnino, E., *Aspects généraux de l'évolution démographique à Rome, 1598–1824*, in: Annales de démographie historique, 1982, S. 91–109.

Schlafly, D. L., *General Suppression, Russian Survival, American Success*, in: Burson, J. D./Wright, J. (Hg.), *The Jesuit Suppression in Global Context: Causes, Events, and Consequences*, Cambridge 2015, S. 201–215.

Schmid, J. E., *Amerikanisierung oder Gegenkultur? Jesuiten aus den deutschen Provinzen in Maryland und Pennsylvania 1740–1833*, Hamburg 2013.

Schulze, T., *Dante Alighieri als nationales Symbol Italiens (1793–1915)*, Tübingen 2005.

Sella, P. (Hg.), *I sigilli dell'Archivio Vaticano*, 3 Bde., Vatikanstadt 1987.

Simal, J. L., *„Strange Means of Governing": The Spanish Restoration in European Perspective (1813–1820)*, in: Journal of Modern European History 15/2 (2017), S. 197–220.

Simeoni, L., *Storia dell'Università di Bologna*, Bd. II: *L'età moderna (1500–1800)*, Bologna 1940.

Simonato, L. (Hg.), *Le arti a dialogo. Medaglie e medaglisti tra Quattro e Settecento*, Pisa 2014.

Sommervogel, C. (Hg.), *Bibliothèque de la Compagnie de Jésus. Nouvelle édition*, 11 Bde., Brüssel/Paris 1890–1932.

Starobinski, J., *L'encre de la mélancolie, Paris 2012.*

Subalterni in tempo di modernizzazione. Nove studi sulla società romana dell' Ottocento, in: Annali della fondazione Lelio e Lisli Basso-Issoco Roma 7, Mailand 1975.

Sulas, C., *Les amis de la religion et le bons livres. L'„Amicizia Cristiana" dal progetto di N. J. A. von Diessbach alla sua dissoluzione (1771–1817)*, Dissertation, Rom 2020.

Talamo, G., *Società segrete e gruppi politici*, in: Levra, U. (Hg.), *Storia di Torino*, Bd. 6: *La città nel Risorgimento (1798–1864)*, Turin 2000, S. 461–491.

Telluccini, A., *Un'officina monetaria provisionale in Roma*, in: Rivista italiana di numismatica e scienze affini 25 (1912), S. 53–64.

Toffanin, Y., *Il dominio austriaco in Padova. Dal 20 gennaio 1798 al 16 gennaio 1801*, Padua 1901.

Tognotti, E., *Il mostro asiatico. Storia del colera in Italia*, Rom/Bari 2000.

Tonquédec, J. de, *Les maladies nerveuses ou mentales et les manifestations diaboliques*, Paris 1938.

Tschaen, L., *Éléments de la vie économique au XVIIIe siècle des communautés de la Région de Kaysersberg*, in: 4 Sociétés d'histoire de la vallée de la Weiss, 2002, S. 73–89.

Turi, G., *Guerre civili in Italia: 1796–1799*, Rom 2019.

Turmo Mur, V., *Tradizions i cosas de Graus*, Huesca 2000.

Turricchia, A., *Tommaso Mercandetti e le sue medaglie*, Rom 2011.

Ubieto Arteta, A., *Aragón: territorio, evolución histórica y sociedad*, Saragossa 1994.

L'Università Gregoriana del Collegio romano nel primo secolo dalla restituzione, Rom 1924.

Vandenbroucke, F., *Démon*, in: *Dictionnaire de spiritualité, ascétique et mystique*, Bd. 4, Paris 1961, S. 141–238.

Veca, I., *La congiura immaginata. Opinione pubblica e accuse di complotto nella Roma dell'Ottocento*, Rom 2020.

Vernacchia Galli, J., *L'Archiginnasio romano secondo il diario del prof. Giuseppe Settele (1810–1836)*, Rom 1984.

Violardo, M., *Università ed accademie: le scienze giuridiche, storiche, economiche e filosofiche*, in: Levra, U. (Hg.), *Storia di Torino*, Bd. 6: *La città nel Risorgimento (1798–1864)*, Turin 2000, S. 619–642

Visceglia, M. A., *La città rituale. Roma e le sue cerimonie in età moderna*, Rom 2002.

Vogler, B., *Histoire culturelle de l'Alsace du Moyen Age à nos jours, les très riches heures d'une région frontière*, Straßburg 1992.

Vogler, B., *Histoire des chrétiens d'Alsace des origines à nos jours*, Paris 1994.

Volpe, M., *I gesuiti nel napoletano*, Bd. 3: *Dal 1837 al 1847*, Neapel 1915.

Wolf, H., *Index. Der Vatikan und die verbotenen Bücher*, München 2006.

Wolf, H., *Die Nonnen von Sant'Ambrogio. Eine wahre Geschichte*, München 2013.

Young, F., *Possessione. Esorcismo ed esorcisti nella storia della Chiesa cattolica* (2016), hg. von A. Nicolotti, Rom 2018.

Zangheri, R., *La proprietà terriera e le origini del Risorgimento nel bolognese*, Bd. I: *1789–1804*, Bologna 1961.

Die Familie Hamerani

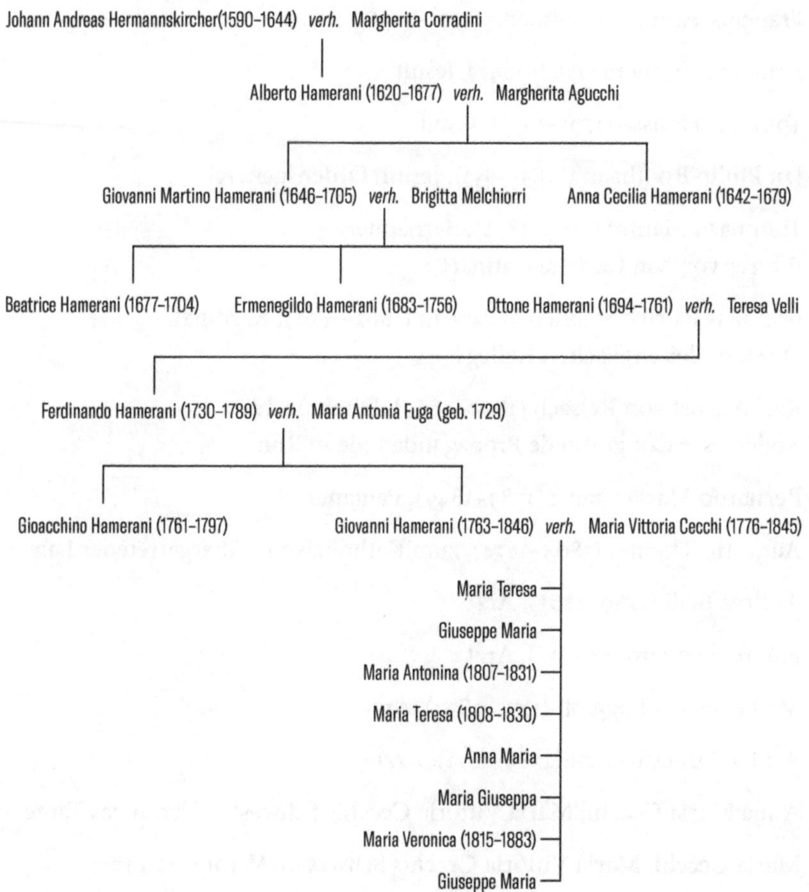

Anm. Die Daten für diesen vereinfachten Stammbaum der Familie Hamerani basieren zum größten Teil auf Recherchen über Medailleure und betreffen somit nur die in diesem Handwerk Tätigen. Veronicas Geschwister werden nach ihrem Geburtsdatum eingeordnet. Nur von Maria Antonina und Maria Teresa habe ich Geburts- und Sterbedaten angegeben, weil Veronica nur sie gekannt hat.

Die wichtigsten am Exorzismus beteiligten Personen außerhalb der Familie Hamerani

François-Antoine Kohlmann (1771–1836), Jesuit

Francesco Manera (1798–1847), Jesuit

Tommaso Massa (1791–1837), Jesuit

Jan Philip Roothaan (1785–1853), Jesuit, Ordensgeneral

Tommaso Manini (1803–1872), Barnabiter,
Pfarrer von San Carlo ai Catinari

Nicholas Patrick Stephen Wiseman (1802–1862), Kardinal,
Direktor des englischen Kollegs

Karl August von Reisach (1800–1869), Direktor des
Kollegs der Congratio de Propaganda Fide in Rom

Bernardo Maria Clausi (1789–1849), Paulaner

Augustin Theiner (1804–1874), zum Katholizismus übergetretener Laie

Andrea Belli (1789–1867), Arzt

Filippo Leonardi († 1837), Arzt

Michelangelo Poggioli (1775–1850), Arzt

Arnold James Knight (1789–1871), Arzt

Anna Maria Cecchi, Maria Vittoria Cecchis Schwester, Veronicas Tante

Maria Cecchi, Maria Vittoria Cecchis Schwester, Veronicas Tante

Giovanni Degasperis, Maria Cecchis Ehemann, Veronicas Onkel

Giuseppe Degasperis, Sohn von Giovanni und Maria Cecchi,
Veronicas Cousin

Personen mit gegenteiliger Meinung

So lautet der Titel einer Aufzählung, die unter dem Datum 24. Februar 1835 im *Exorzismus* eingeordnet ist und die fortlaufende Erzählung unterbricht. Die Tabelle ist in zwei Spalten gegliedert: Die Spalte *Gegen die Besessenheit* zählt die Personen auf, die Veronica als Kranke oder Simulantin betrachteten, und die Spalte *Für die Besessenheit* diejenigen, die sie für besessen hielten. Unter den Ersteren werden außer den bereits bekannten Placido Zurla, Antonio Piatti, Andrea Belli und Francesco Manera die Jesuiten Cornelius Van Everbroek, Ercole Luigi Savini und Johannes Jannsen genannt, dann die Priester Giovanni Giuseppe Canali, Francesco Anivitti und Giuseppe Righetti, jeweils Sekretär, stellvertretender Sekretär und Exorizist der Diözese Rom, außerdem der Sulpizianer Jean-Baptiste Thavenet, *viele Patres des Collegium Romanum* und *einige Koadjutoren und Mitbrüder der Jesuitenkirche*. Zu Letzteren gehören neben François-Antoine Kohlmann und Jan Philip Roothaan andere Mitglieder des Jesuitenordens wie Thomas Glower, Jean-Louis de Leissegues de Rozaven, Giuseppe Maria Vigitello, Luigi Ricasoli, Crispino Calisti; andere Kleriker neben Tommaso Manini, Bernardo Maria Clausi, Vincenzo Pallotti, Nicholas Patrick Stephen Wiseman, Karl August von Reisach, zum Beispiel der Minorit Cherubino da Arienzo, Lodovico Altieri, Castruccio Castracane degli Antelminelli, Paolo Barola, Gaspare del Bufalo, Gabriele della Genga Sermattei. Einige starben kurz danach, andere standen am Beginn einer glanzvollen Karriere innerhalb der Kirche, der Kurie oder des akademischen Lebens. Einer wurde seliggesprochen. Neben Belli werden nur zwei Laien aufgezählt, der Arzt Pietro Sciarra und der Marchese Carlo Antici, die zu den Personen mit gegenteiliger Meinung gerechnet werden.

Weitere Personen kommen im *Exorzismus* als Zuschauer der Exorzismen vor oder als Personen, die ihre Meinung darüber äußern. Genannt werden der Buchhalter der Familie Hamerani, ein Signor Malerbini, die vier Schüler des deutschen, von Pater Kohlmann geleiteten Kollegs, Sitz, ein junger deutscher Maler, mit richtigem Namen Alexander Maximilian Seitz, der zum Kreis der Nazarener in Rom gehörte.

Die genaue Zahl der Menschen, die in der Via di Sant'Anna 52 Zutritt zu Veronicas Zimmer hatten, ist nicht leicht zu ermitteln. Es waren aber mindestens fünfzig Personen, ohne auch nur einige der Priester vom *Trinità dei pellegrini* miteinzubeziehen, die einer der Geistlichen mitgebracht hatte, sowie *die vielen Patres des Collegium Romanum* und einige namentlich nicht genannte *Mitbrüder des Jesuitenordens*. Beeindruckend ist diese große Zahl – wenn so viele Personen mobilisiert wurden, musste viel auf dem Spiel stehen – und umso beeindruckender die große Leerstelle. Anscheinend hat keine Frau ihre Meinung zum Ausdruck gebracht, die irgendwie zählte. Und dies, obwohl Frauen anwesend waren. Signora Maria Vittoria, die Schwestern Cecchi und *eine Frau, die sie besuchte* und zu der Veronica sagte: *Wenn ich auf Euch losgehe, geht's Euch schlecht*. Auch die *Principessa di Campagnano, Donna Leopolda Chigi geb. Doria*, hätte gerne an den Exorzismen teilgenommen, wenn Pater Massa die Bitte nicht abgelehnt hätte mit der Begründung, man müsse Diskretion bewahren.